중견국의 공공외교

중견국의 공공외교

2013년 10월 7일 초판 1쇄 찍음
2013년 10월 14일 초판 1쇄 펴냄

지은이 김상배, 박종희, 배영자, 김준석, 조홍식, 이승주, 최성재, 조동준, 신범식, 손열

편집 안유정, 권현준, 박서운
마케팅 박현이, 전준구
디자인 김진운

펴낸이 윤철호
펴낸곳 ㈜사회평론
등록번호 10-876호(1993년 10월 6일)
전화 02-326-1182(영업) 02-326-1543(편집)
팩스 02-326-1626
주소 서울시 마포구 성산동 114-10

이메일 editor@sapyoung.com
홈페이지 www.sapyoung.com
ISBN 978-89-6435-683-8 93340

이 책에 실린 연구들은 2010년도 정부재원(교육과학기술부 인문사회연구역량강화사업비)으로 한국연구재단의 지원을 받아 연구되었음(NRF-2010-330-B00027; NRF-2010-330-B00042)

중견국의 공공외교

김상배, 이승주, 배영자 편

사회평론

책머리에

지난 2년 동안 한국연구재단 SSK 네트워킹 사업의 일환으로 진행된 중견국 공공외교 프로그램에 참여하면서, 공공외교 연구자는 물론 공공외교 현장의 전문가들과 공공외교에 관심 있는 서울대학교, 중앙대학교, 건국대학교 대학원생들을 만나는 소중한 기회를 가질 수 있었다. 처음에는 많은 기대 없이 참여한 것이 사실이다. 그러나 한류, 공적개발원조, 과학기술국제협력 등 다양한 분야의 전문가들을 통해 외교 현장의 목소리를 듣고, 또 방학 중에 진행된 대학원생들의 '공공외교의 관점으로 본 한류와 공적개발원조 연구' 세미나에 참여하면서, 21세기 중견국 한국의 지속적인 발전 방향 모색 및 위상 강화 과정에서 공공외교가 매우 중요하다고 확신하게 되었다.

중견국 한국의 공공외교는 현재 초보적인 수준에 머물러 있다고 평가된다. 그러나 한류, 과학기술국제협력, 공적개발원조 분야 등에서 이미 공공외교로 불릴 수 있는 다양한 활동들이 활발하게 진행되어 왔음을 확인할 수 있었고, 자생적인 공공외교 활동을 더욱 발전시키고 효과를 증대시킬 수 있는 전체적인 공공외교 전략에 대한 고민이 시작되어야 할 시점이라고 느꼈다. 아울러 대학원생들과 같은 젊은 세대들이 공공외교에 보다 적극적으로 관심을 가지도록 독려하고 미래지향적 관점에서 공공외교를 발전시킬 수 있도록 지원할 필요가 있다고 생각하였다.

공공외교에 대한 관심 확대와 깊이 있는 논의를 위해 공공외교가 규범, 인권, 이민 등 다양한 영역으로 어떻게 확대될 수 있는지, 다른 국가의 공공외교는 어떻게 수행되고 있는지 함께 논의하는 소박한 발표회가 열리게 되었고, 여기서 발표된 글들이 책으로 묶여 나오게 되었다. 이 글들은 공공외교에 대한 본격적인 연구라기보다는 각 연구자들이 자신의 연구 영역에서 공공외교가 어떤 방식으로 연결되고 논의될 수 있는지를 모색해 본 것이다. 공공외교에 대한 체계적인 연구라고 보기에는 여러 가지로 부족하고 빠진 부분들도 많지만 이 책에서 제기된 논의들이 향후 공공외교에 관한 이론과 현실을 발전시켜 나가는 데 유용하기를 소망한다.

이 책이 나오는 과정에서 각각 독립적인 SSK 프로젝트를 이끌고 있는 서울대 김상배 교수와 중앙대 이승주 교수의 수고가 절대적이었다. '네트워크 세계정치'와 '국익'이라는 각각의 연구주제가 공공외교로 만나는 과정이 어색하지 않고 자연스럽고 의미 있는 세미나들로 이어진 것은 두 연구책임자들의 헌신과 리더십이 있어서 가능한 것이었다. 서울대, 중앙대, 건국대 등에서 수차례에 걸쳐 진행된 세미나가 매번 성황리에 진행될 수 있도록 꾸준히 참여해준 대학원생들의 열정은 이 책을 받쳐주고 있는 반석 같은 것이다. 개인적으로 건국대 대학원생들과 함께 공공외교 연구에 참여하면서 많은 것을 배웠다. 재미있고 유익한 시간들이었다.

2013년 9월 3일

배영자

차례

서론

중견국 공공외교의 이론: 매력과 네트워크의 시각

김상배 (서울대학교 정치외교학부 교수)

I. 머리말

최근 지구화, 정보화, 민주화 등의 추세와 함께 국제정치학에서는 기술, 정보, 지식, 커뮤니케이션, 문화 등의 문제에 대한 관심이 날로 늘어나고 있다. 21세기 세계정치의 장에서는 '힘'과 '돈'뿐만 아니라 '서로 소통하고 공감하는 문제'가 중요하다는 인식이 늘어났기 때문이다. 이러한 맥락에서 소위 커뮤니케이션의 세계정치에 좀더 적극적으로 눈을 돌리게 되고, 이러한 변화의 일례로서 공공외교의 필요성이 강조되고 있다. 물론 이전에도 우리가 지금 공공외교라고 부르는 현상이 없었던 것은 아니다. 사실 외교와 국제정치의 과정에서 상대방의 정부나 국민들과 소통하여 설득하는 일이 중요하지 않았던 적은 없다. 하지만 오늘날에는 예전에 비해 커뮤니케이션의 세계정치와 공공외교에 남다른 관심이 쏟아지고 있다. 이러한 공공외교의 새로운 면모를 강조하기 위해 신(新)공공외교나 공공외교 2.0 등과 같은 용어가 쓰이기도 한다(김상배 2012).

새로운 공공외교의 부상은 두 가지 차원에서 파악되는 세계정치의 변화를 배경으로 한다. 먼저, 공공외교에 대한 관심의 뒤에는 소프트 파워(soft power)의 부상으로 요약되는 세계정치의 변화가 있다. 소프트 파워는 원래 미국의 국제정치학자인 조지프 나이(Joseph Nye)가 1990년대 초반에 소개한 개념이다. 소프트 파워에 대한 논의가 본격적으로 국제정치학계의 관심을 끈 것은 9·11테러 이후 미국이 반(反)테러를 명분으로 전쟁을 수행하면서 얻게 된 교훈과 맥을 같이한다. 탈냉전 이후 세계 유일의 초강대국으로 여겨지던 미국은 반테러 전쟁을 통해서 오히려 자국의 정책에 대한 국제여론의 악화를 경험해야만 했다. 미국은 이러한 과정에서 아무리 초강대국이라 하더라도 '힘'으로만 밀어붙여서는 안 되고, 궁극적으로 상대방을 설득하고 감동시켜 내 편으로 만드는 것이 중요하다는 교훈을 얻게 되었다(Nye 1991, 2004).

이러한 맥락에서 군사력이나 경제력과 같은 하드 파워(hard power)를 바탕으로 하는 부국강병(富國强兵)의 국제정치뿐만 아니라, 기술, 정보, 지식, 문화와 같은 소프트 파워의 자원을 바탕으로 세계인의 마음을 얻는 커뮤니케이션의 세계정치에 대한 관심이 늘어났다. 사실 국가의 경계를 넘나드는 국제커뮤니케이션이나 국제문화교류에 대한 논의는 예전부터 존재했다. 그럼에도 불구하고 최근의 논의가 각별한 의미를 갖는 이유는, 권력이라고 하는 (그것도 새로운 방식으로 이해된) 개념의 렌즈를 통해서 기술, 정보, 지식, 커뮤니케이션, 문화 등의 변수에 접근하기 때문이다. 이러한 관점에서 보면, 소프트 파워의 세계정치라고 하는 것도 미국이라는 강대국이 세계를 운영하는 전략적 관심을 반영한 이데올로기적 편향을 갖고 있다. 그러나 이러한 편향에도 불구하고, 21세기를 맞아 새로이 부각되는 커뮤니케이션의 세계정치를 소프트 파워의 잣대로 바라보아야 한다는 문제의식 그 자체가 지니는 중요성은 부인할 수 없다.

소프트 파워라는 용어와 더불어 공공외교의 화두를 장식하는 것은 다름 아닌 '네트워크'라는 말이다. 전통적인 의미에서 이해한 외교의 축은 정무외교(또는 안보외교)이고 외교적 행위의 주인공은 국민국가의 정부이다. 이에 비해 21세기 공공외교의 추진 과정에서는 정부뿐만 아니라 국가 영역 밖에서 활동하는 다양한 형태의 민간 행위자들이 나름대로 중요한 역할을 담당하게 되었다. 정부 조직 내에서는 전통적인 의미의 외교 담당부처 이외에도 다양한 국제교류 업무를 담당하는 실무부처의 외교적 역할이 중요시된다. 이러한 현상의 저변에는 다양한 비(非)국가 행위자들의 활동이 증대되고 있는 21세기 세계정치의 변화가 자리잡고 있다.

이렇듯 21세기 외교의 가장 큰 특징 중의 하나는 여럿이 함께해야 한다는 데 있다. 이러한 시각에서 보면 21세기 공공외교의 성격은 다양한 행위자들이 개방적인 환경에서 서로 협업하는 외교, 즉 네트워크 외교로 요약된다. 외교부의 정책홍보 활동, 기업들의 첨단 제품이 만들어내는 이미지, 그리고 한국 문화를 전파하는 대중문화 스타의 매력 등이 모두 공공외교의 네트워크를 만들어내는 주체들이다. 이러한 변화의 이면에 정보혁명과 인터넷의 지구적 확산, 그리고 이러한 기술의 네트워크를 바탕으로 활성화되고 있는 사람들의 네트워크(소위 소셜 네트워크)가 있다. 이렇게 다층적으로 작동하고 있는 네트워크의 시대를 맞이하여 다양한 행위자들을 엮어내는 공공외교의 역할을 새삼 되뇌게 된다.

사실 소프트 파워와 네트워크로 요약되는 공공외교가 지니는 중요성과 필요성에 대한 인식은 이미 한국에서도 체감되고 있다. 전통적인 하드 파워의 기준으로 보면, 한국은 세계적으로 대략 10~15위권을 차지하지만 소위 4강(强)에 둘러싸인 동북아시아에서는 북한을 제외하면

꼴찌를 면할 수 없다. 그렇지만 소프트 파워를 기준으로 한 세계정치 무대에서는 막연하게나마 희망이 보인다. 인터넷의 확산과 활용이라는 측면에서 보면, 한국은 이미 선진국이다. 이러한 IT인프라를 바탕으로 네티즌들은 국내외 정치 과정에 다양한 방식으로 참여한다. 여기에 담기는 콘텐츠의 생산이라는 차원에서도 한국은 두각을 드러내고 있는데, 한류(韓流)로 대변되는 한국의 대중문화와 예술활동 등이 대표적인 사례이다. 이러한 맥락에서 보면 외교부의 신세대 외교관들이 전통적으로 인기 부서인 북미국이나 한반도 안보 담당부서가 아닌 문화외교나 공공외교 또는 국제개발협력 등을 담당하는 부서를 선호하는 현상도 이해할 만하다.

최근 들려오는 소식은 한국의 공공외교에 희망적이다. 시장조사 기관 GfK가 발표한 2011년 한국의 국가 브랜드 지수(NBI)는 세계 27위로, 2008년의 33위, 2010년의 30위에서 꾸준히 상승 중이다. 이러한 수치가 절대적인 의미를 지닌 것은 아니겠지만 어느 정도 고무적인 것은 사실이다. 사실, 소통과 공감을 논하는 소프트 파워의 세계정치 영역에서 '협력'이 아니라 '경쟁'의 잣대를 들이댈 수밖에 없는 현실의 비애가 없지는 않다. 실제로 공공외교의 영역은 결과로 얻어지는 것을 목적으로 할 경우 오히려 낭패를 볼 수도 있는 분야이다. 그러나 매력경쟁의 틈바구니에서 한국은 한가로이 머물러 있을 수만은 없는 중견국의 처지에 있다. 따라서, 단순히 선진국의 모델을 따라가는 차원을 넘어 중견국인 한국의 실정에 맞는 공공외교의 전략을 모색할 필요성이 제기된다. 이 글은 이러한 문제의식을 품고서 공공외교의 세계정치를 강대국이 아닌 중견국의 시각에서 이해하는 이론적 틀을 마련해보고자 한다.

II. 공공외교의 개념적 이해

공공외교라는 용어는 일반적으로 '상대국의 정부가 아니라 상대국의 국민들을 대상으로 벌이는 외교'라는 의미로 사용되고 있다. 그런데 공공외교라는 말이 널리 사용되다 보니 그 어의가 확장되어 다른 개념들과 혼용되는 현상이 발생하기도 한다. 특히 최근 국내의 용례를 보면 공공외교는 문화외교라는 용어와 섞여서 사용되는 경향이 강하다. 예를 들어 2011년 후반 한국에서 논의되었던 문화외교 (또는 국제문화교류) 관련 특별법에서 사용되는 문화외교라는 용어는 실제로 공공외교를 의미한다. 다만 공공외교보다는 대중적 이해도가 높은 문화외교라는 명칭을 선호하는 것으로 보인다. 그러나 엄밀하게 보면 공공외교와 문화외교는 구별해서 이해할 필요가 있다. 대체적으로 문화외교가 자국의 고유한 '문화자원'을 국제적으로 교류하는 활동에 주목한다면, 공공외교는 '흐름'이라는 관점에서 국제적으로 이루어지는 '보편적인 소통'에 주목하는 것으로 볼 수 있다.

우리는 문화외교를 포함하는 좀더 포괄적인 개념으로서 공공외교에 대한 논의를 전개하고자 한다. 지금 공공외교(公共外交)라고 부르는 말은 1960년대 중반 미국에서 처음으로 사용되기 시작한 'public diplomacy'를 우리말로 번역한 것이다. 공공외교라는 용어가 새로이 출현한 것은 당시 국제정치 현실의 변화를 반영하는데, 흥미롭게도 그러한 변화의 내용은 'public', 즉 '공공'이라는 개념 안에 담겨 있다. 따라서 이 글에서는 공공외교에 대한 또 하나의 정의를 추가하기보다는 공공(公共, public)이라는 번역어에 담긴 말뜻을 되새겨보면서 그 의미를 살펴보고자 한다. 공공이라는 용어의 각 글자가 방법, 주체, 목적 등과 관련된 공공외교의 의미심장한 뜻을 담고 있기 때문이다(김상배 2012).

첫째, 공공외교라는 말에서 '공(公)'은 '숨김없이 드러내 놓다'라는 뜻, 즉 공개(公開)의 의미를 담고 있다. 이러한 점에서 보면 공공외교는 공개외교로 이해된다. 17~19세기 서구에 기원을 두는 근대외교는 베일에 가려진 비밀 영역에서 진행된다는 특징을 지니고 있었다. 그러나 1차 세계대전을 거치는 동안 이러한 비밀외교의 문제점들이 불거지면서 현대외교는 공개 영역에서 이루어져야 한다는 인식이 확산되었다. 이러한 맥락에서 볼 때 21세기 공공외교의 화두는 비밀과 폐쇄보다는 개방과 참여에 있다. '개방·협업·참여의 인터넷'을 뜻하는 웹2.0에서 유추한 공공외교 2.0이라는 말을 쓰는 이유도 바로 이러한 취지와 통한다. 최근에는 위키리크스와 같은 온라인 폭로사이트가 세간을 떠들썩하게 만들면서 외교 분야의 정보를 어디까지 공개할 것이냐 하는 논란이 벌어지고 있다.

공개외교로서 공공외교의 내용적 핵심은 국내외 대중들과 커뮤니케이션하는 외교, 즉 소통외교에 있다. 이는 공공외교에서 대내외적인 차원의 홍보가 강조되는 이유와도 통한다. 여기에선 대정부 홍보뿐만 아니라 대민 홍보가 소통외교의 기본을 이룬다. 공공외교를 가장 좁은 의미로 이해했을 때, 대민 홍보나 대민 관계로 보는 것은 바로 이러한 이유 때문이다. 그러나 이러한 과정에서 소통이 그리 쉬운 것은 아니다. 소통의 목적은 지적 교감과 감정적 공감을 통한 설득과 동의에 있다. 여기에 권력이라는 안경을 쓰고 보면, 소통·교감·공감·설득·동의 등은 상대방의 마음을 끌어서 내가 얻고자 하는 바를 싸우지 않고도 얻는 권력, 즉 소프트 파워의 개념으로 통한다. 이러한 점에서 소통외교로서의 공공외교는 중립적인 의미가 아닌 새로운 권력정치의 일례로서 이해된다.

둘째, 공공외교라는 말에서 '공(共)'은 여럿이 함께한다는 '집합'의 의미를 담고 있다. 이러한 점에서 보면, 공공외교는 공동(共同)외교의 뜻을 담고 있다. 사실 상대국 정부의 외교 담당자가 아니라 상대국 국민 전반, 그리고 경우에 따라서는 자국의 국민까지도 포함하는 세계시민을 대상으로 벌이는 외교에 소수의 외교관들만이 주체로 나선다는 것은 상상하기 어렵다. 다양한 층위에서 다양한 부류의 주체들이 함께 참여하는 방식으로 이루어져야 하는 것이 공공외교의 특징이기 때문이다. 이러한 맥락에서 보면 공공외교에는 외교 전담부처뿐만 아니라 다양한 정부 실무부처나 다양한 민간 행위자들의 참여라는 뜻이 담겨 있는 셈이다.

그러나 중구난방으로 참여해서는 외교라는 소기의 목적을 달성하기 어렵다. 이러한 점에서 '공(共)', 즉 여럿이 함께하는 집합은 조율되어야 한다. 다시 말해, 공공외교는 단순한 공동외교가 아니라 다양한 주체들을 엮는 네트워크 외교의 모습을 취해야 한다. 여기서 네트워크 외교라는 말은 다소 다의적(多義的)이다. 우선 외교 전담부처가 실무부처나 다양한 민간 행위자를 공공외교의 과정에 참여시킨다는 의미에서 '네트워킹'의 외교를 의미한다. 또한 외교공관들의 네트워크나 초국적으로 활동하는 민간 행위자들의 네트워크가 '새로운 공공외교의 주체'로서 등장한다는 의미로 이해될 수도 있다. 즉 21세기 공공외교는 여럿이 참여해서 공동으로 보조를 맞추어가는 모습을 특징으로 한다.

끝으로, 공공외교라는 말에서 '공(公)'은 '어느 한쪽으로 치우치지 않고 공평하다'는 뜻도 담고 있다. 이러한 점에서 보면 공공외교는 특수한 사익(私益)의 추구가 아니라 보편적인 공익(公益)을 추구하는 외교활동을 지향한다. 공공외교라는 말에서 '외교'라는 용어가 뜻하는 바도 이러한 공익성과 통하는 바가 크다. 외교란 기본적으로 국가 간의 관계를 전제로 하여 자국의 보편적 이익을 대표하는 활동이다. 그런데 여기서 민간 행위자들이 주를 이루는 공공(또는 문화) 분야의 활동에 외교라는 용어를 사용하는 이유를 음미해볼 필요가 있다. 다시 말해 이 분야에서도 여전히 국가 차원의 보편적인 이익을 위해서 정부가 담당할 역할의 여지가 있다는 것을 암시한다. 이는 네트워크 시대를 맞이하여 정부의 역할을 되새기게 하는 대목이다.

그런데 여기서 토론의 대상이 되는 것은 정부가 어떻게 개입할 것인가의 문제이다. 사실 공공외교(또는 문화외교)는 민간 행위자들의 자율적인 활동이 부각되는 분야이다. 따라서 획일적인 계획의 틀에 갇히지 않는 것이 장점이다. 그러나 역으로 자신들의 이해관계만을 앞세울 우려도 없지 않다. 따라서 공공외교의 성공적인 추진을 위해서는 일종의 '중심성'을 부여하는 누군가의 역할이 필요하다. 이러한 역할을 하는 주체는 다양한 각도에서 모색될 수 있겠지만, 일반적으로 공익의 담지자로서, 일종의 허브(hub) 역할을 하는 정부를 떠올려 볼 수 있다.

요컨대, 21세기 공공외교는 공개외교의 관념을 바탕으로 대내외적 커뮤니케이션을 강조하는 소통외교에 대한 강조, 외교 전담부처의 전통적인 역할론을 넘어서 정부 내뿐만 아니라 민간 부문까지도 포함하는 네트워크 외교의 부상, 그리고 다양한 형태로 공개되는 쟁점들을 조율하고 각자의 이익을 주장할 가능성이 있는 다양한 행위자들의 활동에 중심성을 제공하는 공익외교의 세 가지를 주요 내용으로 한다. 국제정치학의 시각에서 볼 때, 이러한 공공외교는 단순히 중립적인 상호소통과 문화교류의 의미를 넘어서 상대적으로 비대칭적인 관계를 염두에 두고 벌어지는 권력게임이다. 앞서 언급한 바와 같이, 최근 공공외교 연구가 소프트파워의 개념에서 그 출발점을 설정하는 것은 바로 이러한 맥락에서이다.

III. 소프트 파워, 공공외교의 일반 이론인가

공공외교에 대한 논의에 이론적 배경을 제공하는 대표적인 개념은 소프트 파워이다. 소프트 파워의 개념은 변환을 겪고 있는 국제정치에서의 권력의 모습을 간결하고도 쉬운 용어로 잡아냈다는 데 큰 의미가 있다. 무엇보다도 소프트 파워의 개념은 전통적인 국제정치 권력론에서 상대적으로 소홀히 취급되었던 문화·이념·신뢰 등과 같은 감성적이고 비물질적인 변수를 발굴하고, 이를 하드 파워와 연결시키는 경로를 제기했다는 점에서 그 담론적 파괴력이 있다. 또한 소프트 파워의 개념은 행위자의 속성이나 보유자원에서 우러나오는 권력의 차원을 넘어서 행위자들이 구성하는 관계적 맥락에서 발생하는 권력에 대한 국제정치학계의 주의를 환기시켰다는 데 그 의미가 있다(김상배 편 2009).

나이의 개념적 도식에서 소프트 파워란 '강제나 보상보다는 사람의 마음을 사로잡아 원하는 것을 얻어내는 능력'이다. 특히 국제적 차원에서 소프트 파워는 한 나라의 문화나 민주주의, 인권, 개인적 기회의 보장 등과 같이 그 나라가 추구하는 정치적 목표와 제반 정책 등에서 우러나오는 권력과 관련된다. 소프트 파워란 어느 나라가 추구하는 가치를 존중하여 그 나라의 본을 따르게 하는 권력이다. 소프트 파워는 국제정치 무대에서 의제를 설정하는 능력이고, 국가행위의 정당성과 도덕성에 기반을 두는 권력이다. 또한 소프트 파워는 하드 파워의 정당한 행사나 보편적인 국제규범의 추구 등과도 밀접한 관련이 있다(Nye 2004).

나이는 이러한 소프트 파워의 제 측면을 과학기술, 문화, 정치적 가치, 외교 등의 분야에서 구체적이고 다양한 지표를 통해서 파악하고 있다. 그는 소프트 파워의 지표로서, 이민자, 외국인 학자, 도서 출판, 웹사이트, 노벨상 수상자, SCI(science citation index), 삶의 질 지수, 국민 1

인당 특허 건수, GNP 대비 연구개발비 비율, 과학기술의 발전, 음악, 영화, TV, 민주주의의 원칙, 기업경영 방식, 미국적 이념과 관념 등에 대한 호감도 등을 제시한다. 이러한 지표들에 의거해서 나이가 평가한 미국의 소프트 파워는, 하드 파워의 경우와 마찬가지로 세계 제일이다. 교육체제의 수준이나 유학생 유입량, 할리우드와 맥도널드 및 프로 스포츠, 그리고 MTV와 CNN 등으로 대변되는 대중문화의 풍부함은 미국의 소프트 파워를 엿보게 하는 문화 분야의 사례들이다(Nye 2004: 33-34).

정치이념이나 가치와 관련하여 나이가 지적하는 미국의 소프트 파워로는 민주주의나 인권의 옹호 및 실천, 개인주의와 자유, 페미니즘 등을 들 수 있다. 또한 정책 및 외교와 관련된 미국의 소프트 파워는 바람직한 국내정책, 외교정책의 내용과 스타일, 국제적 공공재의 제공 등을 들고 있다(Nye 2004: 34-72). 이러한 연속선상에서 나이가 특별히 주목하는 미국의 소프트 파워는 소위 '워싱턴 컨센서스(Washington Consensus)'로 알려진, 시장경제와 자유민주주의를 골간으로 하는 미국의 정치경제 모델이다. 그야말로 미국의 경험을 바탕으로 하는 제도모델이 글로벌스탠더드(global standards)로서 보편화되는 과정에서 미국의 소프트 파워가 그 위력을 발휘하고 있다는 것이다.

이렇게 나이가 미국의 소프트 파워를 객관적으로 드러내기 위해서 사용한 지표와 방법론은 세계 각국의 소프트 파워를 측정하려는 작업들에 원용되는 '소프트 파워'를 발휘하고 있다. 이러한 학술적 의미와 더불어 소프트 파워의 개념은 부시 행정부의 외교정책과 차별화를 시도하는 오바마 행정부의 외교안보정책 실세들에 의해 채택됨으로써 실천적 파괴력을 획득했다. 2009년 오바마 행정부의 등장 이후 소프트 파워(좀더 넓게는 스마트 파워)의 개념은 공공외교를 중심으로 한 미국의 외교전략의 대명사처럼 인식되었다. 실제로 나이의 소프트 파워 개념은 많은 부분에서 강대국의 공공외교에 이론적 자원을 제공하였다. 하지만 바로 이러한 점 때문에 그 개념을 그대로 수용하기보다는 중견국 공공외교라는 시각에 맞춰 새로이 되새겨볼 필요가 있다(김상배 2009).

소프트 파워가 사용하고 있는 '부드러운 힘'이라는 은유의 활용은 합리적인 권력 논의를 회피하고, 더 나아가 그러한 권력이 생성되는 과정을 은폐함으로써 미국이라는 강대국의 이데올로기로서 작용할 가능성이 높다. 기본적으로 스마트 파워는 하드 파워가 모자라는 부분에 소프트 파워를 보완하고 이를 똑똑하게 섞어서 쓴다는 개념이다. 야구 경기에 비유하자면, 하드 파워가 일종의 선발투수라면 소프트 파워는 구원투수인 셈이다. 따라서 소프트 파워라는 구원투수는 그 이전에 하드 파워라는 선발투수가 어느 정도 상대팀의 타선을 막아준 이후에 등판해야 그 진가를 발휘해서 세이브를 올릴 수 있다. 이러한 관점에서 보면, 기본적으로 소프트 파워는 원래 하드 파워를 충분히 갖추고 있는 강대국의 사치스러운 고민인지도 모른다. 따라서 하드 파워도 변변히 갖추지 못한 비강대국에게 하드 파워의 열세를 소프트 파워의 신장으로 만회해보려는 시도는 어쩌면 일종의 신기루와 같은 것일 수도 있다.

나이의 소프트 파워에 대한 논의가 철저하게 그 생성 과정의 비법을 밝히기를 거부하는 점도 소프트 파워를 모방하려는 비강대국의 시도를 좌절케 한다. 이는 마치 최고급 레스토랑에 가서 맛있는 음식을 사먹을 수는 있지만 그 음식의 조리법에 대해서는 물어볼 수 없는 상황을 연상케 한다. 태생적인 자연미인과 구조적인 성형수술의 과학기술에 대한 논의 없이 피상적인 화장술의 기교에 대한 논의만 무성하다고나 할까? 사실 나이는 권력 논의에서 소프트 파워의 비법을 해부하는 대신에 그것을 적당한 수준에서 얼버무려 제시함으로써 그것이 생성되는 물적, 지적, 그리고 제도적 기반에 대한 논의를 회피하고 있다. 만약에 강대국이 아닌 나라들이 이러한 사정을 제대로 고려하지 않고 섣불리 소프트 파워라는, 그럴듯해 보이는 개념만을 가져다 쓰려고 한다면 오히려 큰 낭패를 볼 우려마저 있다. 따라서 중견국 공공외교의 잣대가 되는 개념의 개발을 위해서는 소프트 파워의 생성 공식에 대한 좀더 면밀한 탐색이 필요하다.

IV. 매력, 소프트 파워의 생성공식인가

2000년대 초중반부터 국내 학계에서 제기된 매력(魅力)에 대한 논의는 이러한 소프트 파워의 생성 공식에 대한 단서를 밝히고자 했다는 점에서 그 연구사적 의미가 있다(손열 편 2007; 평화포럼21 편 2005). 조지프 나이도 소프트 파워 개념의 핵심으로서 당기는 힘(attractive power)의 요소를 지적하고 있다. 그러나 이 글에서 주목하는 매력은 이러한 소프트 파워의 측면을 번역한 것은 아니다. 매력은 소프트 파워의 개념적 충분조건이 아니다. 역으로 소프트 파워가 매력의 개념을 모두 포괄하지도 못한다. 오히려 매력은 중견국 한국이 처한 새로운 권력정치와 공공외교의 현실을 담아내기 위해서 새로이 제안한 개념으로 보아야 한다. 그렇다면 매력의 본질은 무엇이며, 그 매력은 어떻게 발휘되는가?

매력의 '홀릴 매(魅)' 자에서 연상되는 이미지는, 소프트 파워라기보다는, 차밍파워(charming power)에 가깝다. 사실 매력의 사전적 의미는 '마음을 호리어 끄는 힘'이다. 매력의 개념은 그 정체가 무엇인가 하는 질문에서 출발해 이러한 매력을 어떻게 가공하고, 그 매력을 효과적으로 발산하기 위해서는 무엇을 어떻게 할 것이냐의 문제로 구성된다. 그러한 과정에서 매력에 대한 개념 정의를 단번에 내릴 수는 없겠지만 매력 개념의 몇 가지 핵심적 요소들을 추출하여 공공외교의 방향을 모색하는 데 힌트를 얻을 수 있다. 이 글에서는 매력 개념의 뼈대를 이루는 요소로서 머리의 힘, 기예의 힘, 마음의 힘, 제도의 힘, 규범의 힘, 지혜의 힘이라는 여섯 가지 은유를 제시하고자 한다(평화포럼21 편 2005).

첫째, 매력은 상대의 머리(mind)를 사로잡는 지식의 힘, 즉 지력(知力)을 바탕으로 한다. 이렇게 이성(理性)에 호소하여 상대를 홀리는 힘은 우리가 기술·과학·지식(통칭하여 지식)이라고 지칭하는 것에서 비롯된다. 이러한 지식은 기본적으로 실력(實力) 자원으로 이해될 수 있지만 동시에 매력의 구성 요소이기도 하다. 사실 어떤 사람이 남들에 비해 똑똑하다는 것은 매력을 풍길 수 있는 충분한 자원이자 능력이다. 내가 어렴풋이 알고 있는 생각을 명쾌하게 정리하여 말로 풀어주는 친구는 매력적이지 않을 수 없다. 마찬가지로 국가의 경우에도 뛰어난 지적 자산을 바탕으로 경제발전이나 부국강병을 이룩한 나라는 이웃 나라의 선망의 대상이 아닐 수 없다. 이는 가장 넓은 의미에서 본 '보편적 지적 능력'이다.

둘째, 매력은 이를 가공하는 기예(技藝)에도 크게 의존한다. 사실 아무리 심금을 울리는 고급문화라도 그것이 촌스러운 용기에 담겨 있으면 매력이 없다. 아무리 빼어난 자연미인이라도 떡칠 화장을 하면 흉물스럽게 보일 뿐이다. 화장술이 미인을 새로 태어나게도 하는 것이다. 최근 국가 브랜드나 이미지를 강조하는 것은 바로 이러한 맥락이다. 이러한 과정에서 지식은 도구적인 맥락에서 매력을 가꾸는 데 활용된다. 최근 공공외교에 대한 논의에서 과학기술이 중요한 매력자원으로 강조되는 것도 이러한 지식들이 매력의 구체적인 조건들을 향상시킬 수 있는 직접적인 수단이기 때문이다. 최근 IT산업 분야에서 거둔 성공이 한국 기업과 국가의 이미지를 높이는 것도 같은 맥락에서 이해할 수 있다. 이러한 점에서 지식은 국가의 매력을 가공하는 매력의 '도구론적 측면'이라고 할 수 있다.

셋째, 매력은 상대의 가슴(heart)을 품어내는 마음의 힘, 즉 심력(心力)을 바탕으로 한다. 이렇게 가슴으로 품어서 상대를 홀리는 힘은 우리가 문화라고 지칭하는 것에서 비롯되는데, 이는 매력의 '존재론적 측면'이라고 할 수 있다. 이는 상대방의 이성보다는 감성에 호소하는 힘이다. 어떤 나라가 다른 나라 사람들의 관심과 선망의 대상이 되는 가장 큰 이유 중 하나는 그 나라의 문화가 주는 특수한 매력 때문인 경우가 많다. 최근 문화외교에 대한 논의는 매력적인 대중문화와 그에 담기는 가치를 강조하고 있다. 20세기 후반 미국의 대중문화의 성공이나 1980~90년대 동아시아 대중문화의 전파, 그리고 이러한 연속선상에서 본 최근 한류(韓流)의 성공도 이러한 맥락에서 이해할 수 있다. 이 밖에도 한국의 전통문화, 음식문화, 한국어 등도 중요한 매력자원이다.

넷째, 매력은 일을 하는 방식이나 이를 뒷받침하는 제도의 힘에서도 비롯된다. 매력적인 첨단제품과 대중문화를 생산하는 기업 모델과 정부 정책, 그리고 기타 사회제도 등은 그 나라를 배우고 싶게 만드는 매력의 요소이다. 최근 한국의 제품이나 대중문화에 대한 관심의 이면에는 사회경제적 삶의 영역에서 한국이 이룩한 지난 50여 년 동안의 성과가 자리 잡고 있다. 즉 한국은 한국전쟁 이후 원조를 받는 나라에서 21세기 원조를 주는 나라로 우뚝 선 경험이 있다. 이러한 성공을 일궈낸 한국의 기업 모델과 기타 제도들은 비슷한 발전 경로를 밟아가려는 국가들에게는 닮고 싶은 대상이다. 최근 워싱턴 컨센서스나 베이징 컨센서스의 모델을 아우르는 서울 컨센서스의 모델에 대한 관심이 높아지는 것도 이러한 맥락에서 이해할 수 있다.

다섯째, 매력은 보편적 규범을 제시하는 힘, 즉 덕력(德力)으로 통한다. 현실적으로 어떤 나라가 다른 나라 사람들의 존경과 부러움의 대상이 되는 이유는, 그 나라 특유의 문화나 효율적인 제도 때문일 수도 있겠지만, 그 나라가 대내외적으로 행하는 바가 당시 국제사회 전체에 구현되고 있는 보편적 이념이나 규범에 부합하기 때문이기도 하다. 이는 매력의 '규범론적 측면'이라고 할 수 있다. 이러한 맥락에서 볼 때 모범적으로 행동함으로써 도덕적 우위를 확보하는 규범의 힘은 매력을 발산하는 매우 중요한 요소이다. 이러한 힘은 국내적으로는 민주주의의 이념과 제도를 통해서 나타나고, 대외적으로는 국제사회의 발전에 참여하는 기여외교나 봉사외교 등의 형태로 나타난다.

끝으로, 매력은 앞서 언급한 요소들을 슬기롭게 활용하는 지혜의 힘이다. 이는 매력자원의 보유 자체를 넘어서 교묘하게 행(行)함이 상대의 마음(心)을 홀리는 힘이다. 이는 상황에 맞추어 문제를 해결하는 매력의 '전략론적 측면'이다. 전략으로서 매력의 요체는 상대방의 존경과 사랑을 받기 위해 자신의 매력을 교묘하게 발산해야 한다는 점에 있다. 상대방의 존경과 사랑을 너무 노골적으로 요구하다가는 오히려 빈축과 경멸을 자초하기 마련이다. 이는 야구 경기에서 아무리 만루홈런을 칠 역량이 있는 타자라도, 풀 스윙만을 휘두르다가 스트라이크 아웃을 당하느니, 그라운드의 상황에 따라서 단타를 칠 수도 있고 2루타 혹은 3루타를 칠 수도 있으며, 경우에 따라서는 번트를 대는 유연성이 필요한 것과 같은 이치이다.

이상에서 살펴본 매력에 대한 논의는 베일에 싸인 소프트 파워의 생성공식을 엿볼 수 있게 한다. 그러나 그 생성의 비법을 알아냈다고 해도 쉽게 베낄 수 없는 것이 또한 소프트 파워라는 힘이 갖는 아이러니이다. 사실 약자의 입장에서는 하드 파워를 베끼는 것보다 소프트 파워를 베끼는 것이 더 어려울 수도 있다. 아무리 열심히 해도 강대국에 버금가는 소프트 파워나 매력의 자원을 창출하기는 쉽지 않을지도 모른다. 사정이 이렇다 보니 공공외교를 추구하는 중견국의 입장에서도 소프트 파워 또는 매력의 개념만을 잣대로 삼아 마냥 고민하는 것만이 능사가 아닐 수도 있다. 특히 강대국 미국의 세계전략이라는 문제의식에서 출발한 소프트 파워의 개념을 중견국 공공외교의 사례에 그대로 적용하는 일은 엉뚱한 방향으로 인도할 우려마저 있다. 그렇다면 중견국이 공공외교 전략을 모색하는 데 있어 준거로 삼을 만한 새로운 잣대는 무엇일까?

V. 네트워크, 중견국 공공외교의 잣대인가

1. 네트워크 시각의 도입

중견국 공공외교의 새로운 잣대를 고민하기 위해서 먼저 필요한 것은 '중견국(middle power)'이라는 존재적 위상에 대한 인식이다. 중견국이란 강대국도 아니고 약소국도 아닌 국가를 지칭하는 상대화된 개념이다. 따라서 중견국을 어떻게 규정하느냐가 관건일 수밖에 없다. 기존의 중견국 연구는 중견국의 개념을 행위자가 보유하고 있는 군사력이나 경제력과 같은 자원권력의 객관적 지표를 통해서 파악하거나, 또는 이와 병행하여 행위자들이 내보이는 행태적 속성이나 기질에 의거하여 파악하였다. 이러한 관점에서 보면 국제정치 현실에는 강대국도 아니고 약소국도 아닌 그 중간 규모의 능력을 지니고 있거나, 또는 소위 '중견국 스타일(middle powership)'의 행태를 보이는 동류집단의 국가들이 존재하는 것이 사실이다. 이러한 기준은 국제정치에서 중견국의 범주를 논하는 전제가 될 수밖에 없으며, 한국이 최근 중견국으로 인식되는 이유도 기본적으로 이러한 속성론의 잣대를 일정 부분 충족시켰기 때문이다(김상배

2011: 58).

그러나 이러한 속성론만으로 중견국의 소프트 파워나 매력 또는 공공외교의 본질을 제대로 가늠할 수는 없다. 기존의 속성론은 상대적으로 객관적 지표로 파악되는 하드 파워를 측정하여 중견국을 규정할 수 있지만, 기본적으로 주관적이고 관계적인 맥락에서 감지되는 소프트 파워의 분야에는 적용하기 쉽지 않다. 사실 속성론의 관점에서 소프트 파워를 충분히 보유하고 있더라도, 실제 세계정치 과정에서 이를 활용하여 상대방을 설득할 수 있느냐는 별개의 문제이다. 게다가 기존의 속성론은 어느 나라가 중견국인지 판별하는 데는 유용하지만 그 나라가 어떠한 역할을 하는지에 대해서는 설명이 부족했다. 다시 말해 속성론은 멤버십의 조건을 제시할 수는 있지만 전략적 행위의 내용을 설명하지는 못한다. 행태적 속성이나 기질에 대한 논의가 부분적으로 이러한 논제들을 탐구할 수는 있겠지만, 이도 역시 행위자 차원의 고정된 속성으로 환원하는 시각을 취하고 있다(김상배 2011: 58).

따라서 중견국이 취하는 매력전략이나 공공외교의 내용을 제대로 이해하기 위해서는 중견국의 개념 자체를 행위자의 속성이 아닌, 시스템상의 구조적 위치로부터 논하는 발상의 변화가 필요하다. 왜냐하면 중견국으로 구분되는 국가가 내보이는 특정한 행태는 그 국가가 주위의 다른 국가들과 맺는 관계의 패턴, 즉 네트워크의 구조와 그 구조하에서 그 국가가 차지하는 위치와 밀접한 관련이 있기 때문이다. 특히 소프트 파워나 매력이라는 변수는 국가들 간에 형성되는 관계적 맥락이나 어느 국가가 시스템 전체에서 차지하는 위상 등을 고려하여 이해해야 하는 성질의 것이다. 다시 말해 어느 나라가 매력적이라고 느끼는 이유는 그 나라의 고유한 속성 때문이기도 하겠지만, 많은 경우에 그 나라가 예전부터 유지해온 대외관계나 국제사회에서 그 나라가 맡고 있는 역할에서도 기인한다.

그야말로 소프트 파워와 매력은 네트워크의 시각에서 이해해야 하는 개념이다.

여기서 네트워크의 시각이 의미하는 바는, 중견국인 어느 나라가 보유한 자원이나 속성보다는 주변의 다른 나라들과 맺는 관계적 맥락에 주목하라는 것이다. 강대국이 아닌 중견국의 입장에서는 자신이 어떻게 하느냐보다는 주위 네트워크의 구도가 어떻게 짜이느냐가 더 중요할 수도 있기 때문이다. 이러한 네트워크의 시각은 상호 연결된 노드(node)들이 모여서 형성한 네트워크가 개별 노드들의 행위를 제약하거나 또는 촉진하는 구조를 만든다는 점에 착안한다. 다시 말해 여러 노드들이 서로 연결되어 교류하면서 네트워크를 형성하기 위해서는 나름대로의 규칙 또는 패턴이 있어야 하는데, 이러한 규칙과 패턴은 노드들의 행위에 의해서 생성되지만, 역으로 노드들의 행위와 노드 간의 흐름에 영향을 미치는 일종의 구조로서 작동한다는 것이다. 이러한 네트워크의 시각은 최근 학계에서 관심을 끌고 있는 네트워크 이론 중에서도 특히 소셜 네트워크 이론(social network theory)의 시각을 원용한 것이다(김상배 편 2011).

이러한 시각에서 볼 때, 소프트 파워의 개념을 원용하여 진행되고 있는 국내외의 공공외교 연구는 관계적 맥락에서 작동하는 커뮤니케이션의 세계정치를 지나치게 단순화해서 파악하는 아쉬움을 남긴다. 무엇보다도 기존의 소프트 파워와 공공외교 연구는 각 (국가) 행위자들이 지니고 있는 자원이나 속성의 분석에 치중하는 경향이 있다. 간혹 흐름의 관점에서 접근하는 연구도 없지 않지만, 이들은 기본적으로 양자 관계의 구도에서 발생하는 '발신자-수신자 모델'에 머물고 있다. 이는 이들 연구가 관심을 갖는 것은 행태주의적 차원에서 이해된 상호작용의 관계이다. 이는 이들 연구가 주로 단위 차원에서 본 행위자의 전략을 연구대상으로 삼기 때문에 생긴 결과이다. 그러나 커뮤니케이션의 세계정치, 좀더 구체적으로 공공외교의 세계정치는 단위 차원의 발상을 넘어서 행위자들이 구성하는 복합적인 관계, 즉 네트워크의 맥락에서 이해되어야 한다. 이러한 시각에서 보면 공공외교의 본질은, 소프트 파워의 논의가 암시하는 것처럼 일방적으로 우월한 이념과 가치를 전파하는 데 있기보다는, 많은 사람들과 쌍방향으로 소통하는 관계 맺기를 통해서 공감을 얻어내는 데 있다.

소프트 파워 개념이 지니는 이러한 한계는 나이의 개념화 자체가 안고 있는 '행위자 기반의 개념화'라는 특성에 그 원인이 있다. 다시 말해 소프트 파워의 개념은 행위자 간의 밀고 당기는 작용과 반작용의 인과관계를 염두에 둔 인식론을 바탕으로 한다. 이러한 개념 인식은 소프트 파워의 메커니즘을 행태주의적인 차원에서 너무 단순화해서 이해한다는 비판을 면하기 어렵다. 실제로 이러한 개념화는 행위자 차원을 넘어서 '구조' 차원에서 작용하는 권력의 존재를 파악하는 데 둔감하다. 예를 들어, 소프트 파워의 개념은 설득되고 매혹되어 자발적으로 따르는 권력의 메커니즘은 설명할 수 있지만, 구조 안에서 차지하는 위상에서 비롯되는 권력이나 싫으면서도 어쩔 수 없이 받아들여야 하는 권력의 메커니즘을 설명하지 못한다. 다시 말해 인간관계처럼 국가들 간의 관계에도 매력을 느끼고 호감을 갖는 것이 선택의 사항으로 다가오는 것이 아니라 오히려 선택의 여지가 없는 운명으로 주어지는 경우, 또는 내가 잘나서 그런 것이 아니라 내 주위에 펼쳐진 상황이 유리하게 작동해서 그러한 경우도 있을 수 있다(김상배 편 2009).

이러한 비판은 행위자 기반의 권력 개념만으로는 최근 벌어지고 있는 권력변환을 제대로 포착할 수 없다는 21세기 권력론의 문제의식과 통한다. 특히 네트워크 이론의 성과를 원용한 최근 국제정치학 분야의 권력론은 단순한 행위자 (즉 노드) 차원을 넘어서 행위자들이 구성하는 관계적 맥락에서 작동하는 권력에 관심을 기울이고 있다. 이는 네트워크에서 비롯되는 권력이라는 의미에서 네트워크 권력이라고 부를 수 있다(김상배 2008). 네트워크 권력은 노드의 속성이나 보유자원 차원으로 환원되는 권력이 아니라 노드들이 구성하는 네트워크 그 자체의 차원에서 발생하는 권력이다. 그러나 엄밀하게 말하면 네트워크라는 것이 노드와 링크 전체를 포괄하는 개념이라는 점에서 노드 차원에서 발생하는 권력을 완전히 배제하는 것은 아니고 노드라는 행위자와 네트워크라는 구조를 모두 품는 개념으로 보아야 할 것이다.

이러한 시각을 반영한 네트워크 권력의 개념은 세 가지 차원에서 파악된다(김상배 2008). 첫째, 가장 쉽게 이해하면 네트워크에서 비롯되는 권력은, 말뜻 그대로 네트워크를 구성한 노드들이 여럿 모여서 상대적으로 적은 수의 노드들에 대해서 발휘하는 권력이다. 이는 노드들이 모여서 세를 발휘한다는 의미로 집합권력(collective power)이라고 부를 수 있다. 둘째, 네트워크 권력은 네트워크라는 환경에서 노드들이 상호작용하는 과정에서 발휘하는 권력인데, 특히 네트워크상에서 특정한 위치를 차지함으로 인해서 생겨나는 권력이다. 이는 네트워크상에서 좋은 위치를 차지하여 노드 간 상호작용의 흐름을 통제한다는 의미에서 위치권력(positional power)이라고 부를 수 있다. 끝으로, 네트워크 권력은 네트워크의 기본적인 아키텍처와 작동 방식을 설계함으로써 행사되는 권력이다. 이는 하나의 시스템으로서 네트워크를 프로그래밍하는 권력이라는 의미에서 설계권력(programming power)이라고 부를 수 있다. 이렇게 세 가지 차원에서 파악된 네트워크 권력의 개념은, 기존의 어느 권력 개념보다도 중견국의 외교 전략, 특히 공공외교 전략의 방향을 제시하는데 도움을 준다.

2. 네트워크 권력으로 보는 중견국 공공외교

중견국의 네트워크 권력이라는 것은 가능할까? 사실 기존의 자원권력의 국제정치가 그랬듯이 새로운 네트워크 권력의 세계정치도 강대국들이 주도하고 있다. 그럼에도 불구하고 네트워크 권력의 게임은 자원권력의 게임에 비해서 강대국이 아닌 국가들이 운신할 수 있는 폭을 넓혀주는 것도 사실이다. 무엇보다도 네트워크 권력의 개념은 강자의 힘뿐만 아니라 약자의 힘도 상상해볼 수 있는 여지를 준다. 미국과 같은 강대국이 행사하는 권력에 비해서 한국과 같은 중견국이 추구하는 권력은 주변 행위자들과의 관계, 즉 네트워크 환경을 좀더 적극적으로 고려할 수밖에 없기 때문이다. 이러한 맥락에서 볼 때, 중견국은 세 가지 차원에서 파악된, 네트워크를 다루는 능력 또는 네트워크상에서 행동하는 전략을 터득해야 한다. 이를 바탕으로 한국이 추구할 공공외교의 방향도 가늠해볼 수 있다.

첫째, 중견국이 추구할 네트워크 권력의 핵심은 세(勢)를 모으는 힘에 있다. 이는 가능한 만큼 많이 내 편을 모으는 능력이다. 나이의 소프트 파워에 대한 논의는 기본적으로 개별 국가 차원에서 발휘되는 머리의 힘이나 기예의 힘, 또는 마음의 힘을 다룬다. 그런데 대부분의 경우 중견국은 개별 국가 차원에서는 강대국에 버금가는 머리와 기예와 마음의 힘을 갖추기 어렵다. 따라서 중견국의 경우에는 개별 국가의 발상을 넘어서 자신의 주위에 비슷한 세력들을 모아서 집합적으로 힘을 발휘하는 전략을 취하는 것이 유리하다. 이렇게 하여 자신과 함께 네트워크를 구성하는 노드들의 숫자가 많으면 많을수록 그렇게 형성된 네트워크 행위자가 발휘하는 힘은 더 커진다.

이렇게 세를 모으는 방식으로는 폭력과 금력을 기반으로 하는 하드 파워가 여전히 중요하다. 그러나 21세기 세계정치에서는 소프트 파워를 활용하여 세를 모으는 전략의 중요성이 강조되고 있다. 사실 나이의 소프트 파워 개념도 비록 초보적이지만 이렇게 네트워크의 세를 모으는 집합권력에 대한 논의를 담고 있다. 나이의 논의에서 주목할 점은 세를 모으는 과정에서, 하드 파워처럼 '밀어붙이는 완력'보다는, 소프트 파워처럼 '끌어당기는 매력'의 중요성을 강조했다는 사실이다. 그렇지만 중견국의 매력은 강대국처럼 혼자서 발산하는 방식으로는 얻어내기 어렵다. 중견국의 매력외교는 비슷한 세력들이 함께 힘을 합치는 구도에서 강대국의 그것을 앞설 가능성이 있다. 비유컨대, 강대국의 매력외교가 혼자서 네트워크를 치는 '거미줄 치기'을 연상케 한다면, 중견국의 매력외교는 여러 마리의 꿀벌들이 만드는 '벌집 짓기'를 떠올리게 한다(김상배 편 2011).

집합권력을 기반으로 한 중견국 매력외교의 사례는 최근 한국 외교의 곳곳에서 발견된다. 최근 한국은 2011년과 2012년에 걸쳐서 G20 정상회의나 핵안보정상회의, 또는 세계개발원조총회 등 여러 나라의 대표들을 불러 모아 성공적으로 회의를 개최함으로써 국제사회의 책임 있는 구성원으로 자리매김하는 효과를 얻었다. 이러한 여세를 몰아 2013년과 2014년에도 굵직굵직한 국제회의들이 한국에서 열리는데, 한국은 이러한 기회를 잘 살려서 국제사회에 좋은 이미지를 발신할 수 있을 것이다. 최근에는 SNS(social network service)로 대변되는 온라인상의 네트워크를 활용한 디지털 매력외교도 한창 진행되고 있다. 이렇게 SNS가 매력외교에서 차지하는 역할은 민간 차원의 대중문화 교류에서 더욱 두드러지게 나타나고 있는데, 글로벌 한류 열풍에 한몫을 담당하고 있는 현지 팬들의 소셜 네트워크에 주목할 필요가 있다. 이 밖에도 여러 나라에 흩어져 있는 한민족을 엮는 디아스포라 외교도 집합권력을 기반으로 한 매력외교의 일환으로 이해할 수 있다.

둘째, 중견국의 네트워크 권력에서는 네트워크에서 형성되는 관계적 구도를 활용하는 힘이 중요하다. 이러한 힘은 네트워크에서 자신의 위치를 파악하는 능력에서 시작된다. 사실 중견국의 입장에서 볼 때 자신의 주위에 형성된 네트워크는 강대국의 경우처럼 전략적으로 활용하는 단순한 환경을 의미하는 것만은 아니다. 오히려 그러한 네트워크가 중견국 자신의 행위를 제약하는 구조로 작동할 수도 있기 때문이다. 따라서 중견국이 이러한 구조하에서 매력을 발산하기 위해서는 우선 네트워크 전체의 형세를 파악하고 네트워크의 구조에서 차지하는 자신의 위치를 파악하는 지혜가 필요하다. 조지프 나이가 강대국의 '상황지성(contextual intelligence)'을 강조했다면(Nye 2008), 우리는 '위치지성(positional intelligence)'을 중요시한다. 이러한 시각에서 보면, 중견국이 매력국가가 되기 위해서 필요한 것은 소프트 파워의 생성 공식만을 열심히 외우는 것이 아니라 눈을 돌려 주위의 네트워크를 돌아보는 지혜이다.

비유컨대, 중견국이 네트워크의 관계적 구도를 활용하는 능력은 자신의 주위에 네트워크를 치는 거미의 능력이라기보다 이미 쳐져 있는 거미줄에서 떨어지지 않고 살아남는 종류의 능력이다. 이러한 점에서 중견국의 위치지성은 '거미줄 치기'의 발상을 넘어 '거미줄 타기'에 비유된다. 거미줄 타기의 위치지성은 전체 네트워크상에서, 또는 두 개 이상의 네트워크 사이에서 어느 특정 노드가 차지하는 위치나 기능 혹은 링크의 형태와 숫자, 통칭하여 네트워크의 구도로부터 발생하는 위치권력을 추구한다. 더 나아가 네트워크에 숨어 있는 틈새나 공백을 찾아 이를 잇거나 메워주는 중개자의 전략도 중견국의 주요 관심사이다. 이러한 과정에서 다른 행위자들을 기존의 네트워크에서 형성된 관계로부터 분리하여 자신의 편으로 편입시키는 세 모으기의 전략도 병행된다.

이러한 중견국의 위치권력이나 중개권력이 공공외교 차원에서 발휘된 사례는 최근 한국의 외교에서 많이 발견된다. 아마도 가장 많은 관심의 대상이 되는 것은 미국과 중국의 사이에서 한국이 지혜로운 중개자의 이미지를 만들어낼 수 있느냐의 문제일 것이다. 최근 한국에서 주관했던 여러 차례의 다자간 정상회의에서 중견국 한국은 선진국 그룹과 개도국 그룹의 사이에서 양 그룹이 모두 받아들일 수 있는 합리적인 중재안을 내는 이미지를 구축해왔다. 이 밖에도 최근 환경 분야의 세계질서 형성 과정에서 한국은 선진국과 개도국의 입장을 중개하는 새로운 국제규범을 마련하는 데 일정한 역할을 담당했다. 향후 이러한 중개자의 역할이 성공하기 위해서는 글로벌 매력망의 구도에서 중견국으로서 한국의 위상을 적절히 설정하는 것이 무엇보다도 중요하다.

끝으로, 중견국의 네트워크 권력은 네트워크의 아키텍처나 작동 방식에 대한 새로운 발상을 제시하는 힘을 필요로 한다. 이러한 힘은 행위자들의 상호작용이 이루어지는 네트워크의 기본 구도를 설계하는 권력과 동일한 맥락에서 이해할 수 있다. 사실 국제정치의 역사에서 설계권력은 주로 강대국에 의해 독점되어 왔다. 국제정치에서 이러한 설계권력이 중요한 이유는, 만약에 어느 네트워크가 특정한 방식으로 작동하도록 미리 설계될 수만 있다면 그 네트워크 자체가 실행되기도 전에 이미 승부가 결정될 가능성이 있기 때문이다. 국제정치 영역에서 이러한 설계권력은 명시적 제도와 암묵적 규범을 설계하는 힘을 의미하며, 더 나아가 그러한 제도와 규범에 설득력 있는 이념과 존재론적 보편성을 담아내는 능력과도 연결된다.

그렇다면 강대국의 전유물이라고 할 수 있는 설계권력의 영역에서 중견국이 할 수 있는 역할은 무엇일까? 강대국의 경우와 마찬가지로 중견국 공공외교의 목표도 자신에게 유리한 프레임을 짜고 이를 일종의 표준으로 세우는 것일 수밖에 없다. 그렇다고 중견국이 강대국을 능가하는 설계자가 될 수 있는 것은 아니다. 그러나 중견국이 전체 프로그램을 설계할 수는 없더라도 적어도 주어진 플랫폼 위에서 응용 프로그램을 개발하거나 틈새를 메우는 정도의 설계는 할 수 있을 것이다. 최근 서울 컨센서스나 한류의 모델에서 발견되는 것처럼 기존에 존재하는 두세 개의 모델들을 엮어내는 '메타 설계'의 발상이 좋은 사례가 될 수 있다.

한편 중견국의 설계권력이 효과를 볼 수 있는 또 하나의 전략은 강대국이 설계한 프로그램의 규범적 타당성에 도전하는 것이다. 이러한 맥락에서 최근 중견국 공공외교의 단골 메뉴로 등장하는 것은 규범외교이다. 중견국은 지배 네트워크와는 상이한 대안적 채널의 비전을 제시함으로써 어느 정도의 반론을 제기하는 효과를 노릴 수도 있다. 여기에 지배 네트워크가 운영하는 프로그램의 구조적 편향을 지적하거나 이러한 행보에 힘을 싣기 위해서 세를 규합하는 전략이 동원될 수 있다. 사실 강대국의 일방적 권력을 비판하고 약소국의 동조를 끌어낼 수 있는 규범의 힘은 여럿이 나서서 네트워크를 형성할 때 더 쉽게 만들어진다. 이러한 과정에서 중견국이 얻게 되는 공공외교의 효과는 약자의 표준을 세우는 모범국가로서의 이미지이다.

요컨대, 한국과 같은 중견국이 네트워크 권력을 행사하기 위해서는 노드 차원의 전략을 넘어서는 네트워크의 발상이 필요하다. 네트워크의 발상에 입각한 중견국의 공공외교는 개별 매력의 발산 차원을 넘어서 주위의 세를 모으는 집합의 매력전략을 고민해야 한다. 또한 중견국의 네트워크 권력은 네트워크의 구조에서 자신이 차지하는 위상과 역할을 적절히 활용하는 위치잡기의 매력전략을 추구해야 한다. 아울러 중견국의 네트워크 권력은 주어진 네트워크 프로그램의 판세를 정확히 읽고 그 안에서 새로운 디자인을 제시하는 발상도 포기하지 말아야 할 것이다. 이러한 점들을 고려해서 볼 때, 한국과 같은 중견국이 추구할 수 있는 네트워크 권력과 공공외교는 미국과 같은 강대국이 추구하는 그것과는 내용과 형태가 다를 수밖에 없다.

3. 네트워크로 보는 공공외교 추진체계

국내 네트워크의 구축이라는 관점에서 볼 때 한국의 공공외교는 어떻게 추진되어야 하는가? 공공외교의 효과적 추진을 위해서 어떠한 제도적 장치를 마련해야 하는가? 최근 공공외교의 추진체계 정비와 제도적 여건의 구비를 놓고 토론이 벌어지고 있다. 커뮤니케이션과 네트워크 세계정치의 부상으로 대변되는 바깥세상의 변화에 대한 대응책의 마련이라는 차원에서 이러한 토론 자체는 매우 고무적이다. 게다가 기존에 진행되어온 공공외교나 문화외교 또는 국제문화교류의 새로운 방향을 모색한다는 차원에서도 의미가 크다. 그리고 무엇보다도 예산과 인력의 확보라는 점에서 새로운 전기가 마련될 것이다. 네트워크의 시각에서 볼 때, 이렇게 공공외교의 추진체계를 정비하려는 노력이 결실을 이루기 위해서는 몇 가지 고려해야 할 점들이 있다(김상배 2012).

외교 전담부처 내에서 현재 각 지역국이나 기능국에 분산되어 있는 공공외교의 업무를 좀더 체계적으로 조율하는 체계 정비가 필요하다. 최근 외교부는 공공외교에 대해 전례 없이 진지한 접근을 하고 있다. 예를 들어, 공공외교 대사직을 신설하여 예전에는 문화외교국 차원에서 진행되어온 공공외교의 도약을 모색하고 있다. 또한 세계의 변화는 정무외교와 통상외교를 양대 축으로 하여 진행되어온 기존의 구도를 넘어서는 새로운 발상을 요구하고 있다. 이러한 맥락에서 한국 외교의 '제3의 축'으로서 공공외교를 추진하는 새로운 체계를 고민해야 할 것이다. 어떠한 형태이건 외교 현안에 너무 바쁘게 쫓기는 현실을 넘어서 느긋하게 장기적인 구상을 가지고서, '24시간' 공공외교를 고민하는 조직지(組織知)가 필요하다.

더불어 실무부처 차원에서 진행되고 있는 국제교류를 넓은 의미의 공공외교라는 구도에서 이해하려는 노력도 필요하다. 사실 국제교류나 공공외교의 추진은 외교 전담부처뿐 아니라 범정부 차원에서 여러 실무부처들이 나서고 있는 업무이다. 예를 들어, 문화관광부가 추진하는 국제문화교류 사업이나 교육부의 학술·지식·언어 분야의 국제교류, 정보통신과 과학기술 담당부처의 IT 분야 국제교류협력사업, 그리고 기획재정부와 수출입은행이 관여하는 국제개발협력사업 등을 들 수 있다. 따라서 공공외교를 이 중의 어느 한 실무부처가 담당하는 국제교류정책의 차원에서만 이해해서는 곤란하다. 최근 문화관광부를 중심으로 좁은 의미의 '문화외교'로서 공공외교를 이해하려는 경향이 나타나고 있는데, 이는 '문화외교'의 개념이 다른 부처에서 수행하고 있는 업무를 모두 포괄하지 못한다는 점에서 한계가 있다. 궁극적으로 넓은 의미의 공공외교는 문화외교뿐만 아니라 과학기술외교, 기여외교, 교육과 지식 외교 등을 모두 아우르는 한국 외교의 새로운 밑그림을 그리는 작업과 연결되어야 한다.

이러한 맥락에서 파악된 공공외교는 네트워크 외교로서의 특성상 어느 한 주체가 독점하는 것이 아님을 명심해야 한다. 이러한 맥락에서 단일한 '조직'이 아니더라도 국가적 차원에서 공공외교를 전체적으로 네트워킹하는 존재가 필요하다. 물론 네트워킹을 통한 조율의 기능이라고 하는 것은 말은 쉽지만 실제로는 어려운 경우가 많다. 특히 각기 이권이 달려 있는 정부 부처들 사이에서 공조의 네트워크를 만든다는 것은 생각처럼 쉽지 않다. 그렇지만 범정부적 차원에서 공공외교 분야의 '메타-거버넌스(meta-governance)'의 기능을 담당하는 추진체계를 만든다면 효용성이 매우 클 것이다. 이러한 연속선상에서 청와대나 국무총리실에 공공외교를 조율하는 기구의 신설에 대한 논의가 최근 피어나고 있음을 되새겨볼 필요가 있다.

그렇다면 이러한 범정부적 조율기구는 무슨 역할을 해야 하는가? 우선 기존 한국의 경제발전을 이끌었던 '발전국가'의 경우처럼 모든 것을 통제하려는 발상을 넘어서야 할 것이다. 이는 중장기 기본계획을 세우는 기존의 '독(獨) 마인드'로부터 여럿이 함께하는 '공(共) 마인드'로의 이행을 의미한다. 이러한 과정에서 한국의 네트워크를 상대국의 네트워크로 연결시켜주는 중개자의 역할이나 현장에서 토론과 소통의 장을 만들어주는 플랫폼 제공자로서 역할을 떠올려볼 수 있다. 어떠한 형태가 되건 새로이 마련되는 범정부적 공공외교 추진체계에는 일사불란(一絲不亂)과 중구난방(衆口難防), 또는 집중과 분산의 이분법적 발상을 넘어서는 조율의 기능을 마련하는 지혜가 필요하다.

VI. 이 책의 구성

이 책은 크게 세 부분으로 구성되었다. 제1부 '공공외교의 세계정치'는 글로벌 차원에서 벌어지고 있는 공공외교의 양상을 미국이나 중국과 같은 강대국들의 전략을 통해서 살펴보는 동시에 미디어 외교나 해외개발원조, 그리고 무역이나 과학기술 등과 같은 영역에서 논의되고 있는 공공외교의 쟁점들을 짚어 보았다.

제1장 '매력경쟁으로서 공공외교: 미국과 중국의 사례'는 최근 미국

과 중국이 펼치고 있는 공공외교의 전략과 이를 둘러싼 세계정치의 동학을 살펴보았다. 특히 미국과 중국이 추구하는 공공외교의 전략이 주변 환경과의 관계 속에서 어떻게 매력을 발산하고 있는지, 그리고 이러한 과정에서 물질적·사회적 환경 변수들은 양국 정부의 전략에 어떠한 영향을 미치는지를 탐구하였다. 이러한 시도를 통해서 밝혀보고자 한 것은 양국 정부가 전개하는 매력공세의 전략에 대한 단순한 서술이 아니라, 정부뿐만 아니라 민간 부문의 다양한 행위자들이 복합적으로 참여하면서 형성하는 매력망 또는 소프트 파워의 네트워크였다. 이러한 공공외교의 세계정치를 좀더 분석적으로 살펴보기 위해서 원용한 것은 최근 과학사회학 분야에서 주목받고 있는 행위자-네트워크 이론(Actor-Network Theory, ANT)이었다. ANT의 시각을 도입하여 특히 도움을 얻고자 한 것은 '말'과 '돈'이라는 두 가지 점에서 착안한 비인간(non-human) 행위자 변수, 즉 소셜 미디어와 해외개발원조가 미국과 중국의 매력경쟁에서 차지하는 역할에 대한 분석이었다.

제2장 '무역과 공공외교: 비(非)전략적 전략'은 무역 분야에서 소통적 소프트 파워, 즉 매력을 추구하는 것이 중견국의 공공외교 전략에 주는 의미를 살펴보았다. 소통적 소프트 파워의 추구를 통해서 무역이 국가들 간의 적대와 불신을 무너뜨리고 인류 공영의 가능성을 증진할 것이라는 계몽사상가들의 믿음을 구현할 수 있다는 것이다. 오늘날 무역이 소통적 소프트 파워에 미치는 영향은 긍정적 측면과 부정적 측면이 혼재한다. 특히 산업 내 무역의 등장과 자원 무역의 중요성 부각, 일본 때리기와 중국 때리기와 같은 희생양 정치의 등장과 무역의 안보화 현상, 중국의 희토류 수출제한 조치와 같은 안보의 무역화 현상 등이 공공외교에 미치는 영향은 기존 사상가들의 상상을 뛰어넘는 새로운 현상이다. 이러한 현상을 드러내기 위한 탐험연구(pilot study)로 미국의 공중(公衆)들이 한국,

중국, 일본과의 무역에 대해 어떻게 생각하는지를 살펴보았다. 이를 통해 일본과의 무역에 대한 긍정적인 인식이 상당히 뿌리 깊게 형성되었으나, 중국과의 무역에 대해서는 부정적인 인식이 매우 강하며, 한국과의 무역은 일본과 중국의 중간 정도에 위치한다는 점을 확인하였다.

제3장 '과학기술과 공공외교'는 최근 주목받는 과학기술외교가 공공외교로서 가지고 있는 성격을 이론적 시각에서 살펴보았다. 정체성과 규범의 중요성을 강조하는 구성주의 과학기술관이 소통, 설득, 공유에 기반을 두고 소프트 파워 강화를 추구하는 공공외교와 만나면서, 최근 공공외교의 한 형태로서 과학기술외교가 활성화되고 있다. 이러한 현상은 미국과 일본 등이 추진하는 공공외교 프로그램에서 나타났는데, 중견국 한국의 외교전략에도 활용될 수 있다. 사실 여태까지 한국 과학기술외교는 하드 파워의 관점에서 추진되었다. 그러나 최근에는 과학기술을 소프트 파워 측면에서 이해하고 이를 공공외교 자원으로 활용하려는 노력이 벌어지고 있다. 실제로 다양한 기관들이 개도국 과학기술 연수사업 등을 주관하면서 과학기술 선진국으로서 한국의 이미지를 널리 전파하였다. 이러한 연속선상에서 한국의 과학기술외교는 다양한 민간 행위자들의 적극적인 참여를 고취시키고 정부 차원에서 현재 진행되고 있는 과학기술 해외개발원조를 공공외교 차원에서 활용할 것을 제안하였다. 아울러 남·북한 및 한·중·일의 과학기술협력도 공공외교의 차원에서 전략적으로 추진할 필요가 있다고 지적하였다.

제2부 '유럽의 공공외교 전략'은 강대국이 아닌 국가들의 공공외교 전략 사례로서 유럽연합과 프랑스, 그리고 북유럽 국가들의 사례를 살펴보았다. 제2부에서 주목한 것은 규범외교와 매력외교, 그리고 국제개발협력의 분야에서 유럽의 국가들이 내보이는 독특한 공공외교의 전략을 면밀히 살펴보는 것이었다.

제4장 '공공외교로서 규범외교: 유럽연합의 사례'는 공공외교의 시각에서 유럽연합의 규범외교를 살펴보았다. 규범외교는 얼핏 보기에 소프트 파워 외교와 비슷하게 보이지만, 양자 사이의 큰 차이가 존재한다. 소프트 파워 외교의 본질이 주로 문화적 수단을 통해 타 국가와 타 국가의 시민들을 '매혹'시키는 데 있다면, 규범외교의 본질은 윤리적 행위자로서의 정체성을 통해 상대방으로부터 '존중'을 얻는 데 있다. 이러한 차이를 염두에 둘 때, 외교정책을 통해 규범적으로 바람직한 것으로 존중받고 인정받기 위해서는 지속적이고 일관되게 윤리적으로 행동할 필요가 있다. 이는 윤리적인 외교정책의 내용이 자국의 이해관계에 부합하지 않거나 국익에 상치되더라도 적어도 단기적으로는 그러한 정책을 포기하지 않고 고수할 수 있어야 함을 의미한다. 이러한 규범외교의 특징이 실제 현실에서 구체화된 대표적인 사례는 1990년대 이후 현저하게 강화되고 있는 국제정치 행위자로서 유럽연합의 외교이다. 실제로 유럽연합은 군사력과 경제력을 매개로 하는 통상적인 권력 추구와는 별개의 차원에서 민주주의, 인권 등의 규범을 확산하고 전파하는 데 주된 관심을 기울여왔다고 평가할 수 있다.

제5장 '중견국 공공외교의 인프라와 한계: 프랑스의 매력적 권력'은 국제무대에서 성공적인 매력적 권력을 구축하여 행사하는 프랑스의 사례를 통해 중견국 공공외교라는 문제의식을 비판적으로 살펴보았다. 전문가 집단을 넘어서서 대중을 향해 행해지는 공공외교는 해당 국가가 역사적으로 축적한 명성과 정체성과 문화와 매력이라는 전반적 인프라에 기초할 수밖에 없으며, 공공외교를 이러한 인프라와 구별해서 분석하기 어렵다는 주장이다. 이러한 주장을 뒷받침하는 것이 매력적 권력의 인프라를 활용하는 프랑스의 공공외교 사례이다. 프랑스의 매력과 권력을 대변하는 사례로서 예술과 포도주, 그리고 학문의 분야를 살펴보면, 현재

프랑스의 정책이나 제도, 사회적 실천이 프랑스의 소프트 파워나 공공외교에 주는 의미를 이해할 수 있다. 그러나 이에 못지않게 과거 프랑스의 정책과 제도와 실천이 물질이나 물리적 기반에 담겨 현재까지 영향력을 행사하고 있음을 간과해서는 안 된다. 행위소(actant)라는 개념을 통해서 밝히고자 한 것은 프랑스의 매력적 권력이 다른 국가들이 쉽게 모방할 수 있는 정책, 제도, 실천적 차원을 넘어서 구조적, 장기적, 강제적 차원을 포괄하고 있다는 사실이다.

제6장 '중견국의 개발협력외교: 노르딕 플러스의 사례'는 북유럽 국가들의 국제개발협력 정책이 중견국의 공공외교에 주는 함의를 끌어내고자 시도하였다. 특히 원조 공여국들이 원조 조화를 위해 협력하는 과정에서 협력의 수준과 범위를 어떻게 선택하느냐의 문제에 초점을 맞추었다. 공여국들이 원조 조화를 실행하는 제도적 메커니즘은 어떻게 설계하였으며, 현장에서 원조 조화를 어떻게 실행하였는가, 그리고 이러한 원조 조화의 성과와 한계는 무엇인지 등이 검토의 대상이다. 소위 노르딕 플러스로 알려진 북유럽 국가들이 실행한 위임협력(delegated cooperation)은 이러한 원조 조화의 정치경제와 중견국의 공공외교에 던지는 함의를 잘 보여준다. 북유럽 국가들은 인도주의적 규범에 기초한 국제규범을 주도하였을 뿐 아니라, 원조 분절화와 같은 문제를 해결하는 데 있어 실질적인 리더십을 발휘하였다. 이러한 가정에서 위임협력이 무난히 실행된 것은 개발협력정책의 동질성이 매우 높았을 뿐 아니라, 소위 대리인 문제를 극복할 수 있었기 때문이었다. 노르딕 플러스 국가들은 위임협력을 통해 규모와 범위의 경제 달성, 공여국 간 비교우위의 향상, 거래비용의 축소, 수원국과의 일치성의 증진 등의 성과를 낼 수 있었다.

제3부 '한국의 공공외교 전략'은 최근 공공외교에 대해 많은 관심과 노력을 쏟고 있는 한국의 사례를 국제회의의 성공적 유치를 통한 이미지

제고의 전략, 세계적으로 분산되어 있는 한민족 디아스포라를 활용하는 네트워크 외교 전략, 그리고 한국이 이룩한 경제성장과 정치발전의 기반을 제도 모델의 활용 전략이라는 세 가지 차원에서 살펴보았다.

제7장 '글로벌 협력을 통한 국가 브랜드 제고: G20 세계경제정상회의 참가의 사례'는 한국이 이명박 정부 당시 추진했던 국가 브랜드 제고 전략의 의미와 한계를 살펴보았다. 국가 브랜드의 제고는 대내적으로 통합과 국민국가 건설에 기여할 수 있으며, 대외적으로 다른 정치공동체와 차별성을 추구한다는 점에서 공공외교의 핵심으로 인식된다. 최근 국가 브랜드가 고정적인 것이 아니라 유동적인 것으로 인식되면서 각 국가들은 국가 브랜드를 인위적으로 높이기 위한 정책을 실시하고 있다. 이명박 정부는 출범 초기부터 한국의 국가 브랜드를 높이기 위한 글로벌 협력을 추구하였다. 2008년 경제위기를 계기로 중견국이 세계경제운영에 참여할 수 있는 환경이 조성되자, 이명박 행정부는 G20 세계경제정상회의에서 회의소집자와 중재자의 역할을 적극적으로 수행하였다. 특히, 미국과 중국의 의견충돌이 악화되지 않고 최대공약수를 찾는 중개자의 역할을 성공적으로 수행하였다. 이명박 정부의 G20 참여는 단기적으로 한국의 국가 브랜드 제고로 이어졌는데, 국제사회의 여론에서 한국에 대한 호감도가 상승했으며, 다른 쟁점 영역에서 대규모 회합을 한국에서 유치하는 데 성공하였다. 이에 따라 단기적인 경제적 이익이 발생하는 효과가 있었으나, G20 서울 정상회의의 결과를 제도화하는 데에는 실패함으로써 글로벌 협력을 통한 국가 브랜드 제고 추구의 한계를 드러내기도 했다.

제8장 '한민족 디아스포라와 공공외교: 외국 사례의 시사점과 한국 공공외교의 과제'는 한인 디아스포라가 한국의 공공외교에 던지는 의미를 살펴보았다. 특히 중견국 한국이 하드 파워의 한계를 극복하는 데 필

요한 소프트 파워를 강화하기 위해서는 약 700여 만 명으로 추산되는 한인 디아스포라가 지니는 외교 자산으로서의 가치를 활용해야 한다고 강조하였다. 존재론적 취약성에도 불구하고 디아스포라는 소프트 파워의 주요 자산으로 현실화될 가능성이 매우 높지만 좀더 높은 도약을 위해서는 네트워크의 사고가 필요하다. 일찍이 유태인들이 세계 각지에서 조직화된 이외에도 중국, 인도, 아르메니아 등은 자국의 디아스포라를 네트워크화하여 정치적, 경제적, 외교적 목적에 맞게 동원하여 왔다. 그러나 지구화와 급변하는 국제환경은 새로운 디아스포라 네트워크의 창출을 요청하고 있다. 이러한 시대적 변화에 대응하기 위하여 한국도 재외동포재단을 설립하고 한상대회를 활성화하며 한민족 네트워크를 강화하는 등의 디아스포라 정책을 강화하고 있다. 이러한 노력은 네트워크의 사고를 바탕으로 한인 디아스포라 커뮤니티의 포괄적 형성 및 분화를 촉진하고, 이에 조응할 수 있는 국내의 다양한 공공외교 민간 주체들을 활성화시키는 정책으로 연결되어야 한다. 더 나아가 정부 수준에서 포괄적 분산적 전략과 분야별 네트워킹에서의 선택과 집중을 추진하고, 정부 내 유관부처를 포괄하는 정책네트워크 형태로 디아스포라 공공외교 조직을 정비할 필요가 있다.

제9장 '서울 컨센서스와 공공외교'는 동아시아 지역질서 건축을 놓고 워싱턴 컨센서스와 베이징 컨센서스가 경합하는 현실에서 서울발 컨센서스를 제시하여 새로운 동아시아 질서를 모색하는 데 일조할 수 있는 공공외교의 전략을 제시하였다. 워싱턴 컨센서스는 미국의 이념을 확산하는 제국적 모델이고 베이징 컨센서스는 일당 지배의 국가주의 모델로서 개도국에 어필하는 한정성을 노정하고 있다. 따라서 동아시아는 새로운 컨센서스의 등장을 기다리고 있다. 한국은 경제성장과 함께 정치발전을 이룩하였으며 우수한 인적자원에 선진 정보기술 환경, 한류(韓流) 등

문화자원을 보유하고 있고 평화국가로서 국제사회에서 중견국의 역할을 수행할 위치에 있다. 한국은 이러한 다양하고 풍부한 소프트 파워 자원을 활용하여 동아시아 국가들의 공생발전 모델을 제시할 수 있다. 그 추진 방향은 동아시아 자본주의 모델을 창조하고 적극적으로 발신하는 공공외교 체제를 갖추는 일이다. 과거 고도성장기 발전국가 모델은 이른바 '후진국의 중진국화' 모델로서 그 효용성에 한계가 있다. 서울 컨센서스는 21세기 지구자본주의의 진화 추세에 맞추어 동아시아의 여건에 맞는, 구성원 모두가 공유할 수 있는 새로운 자본주의 모델이다.

참고문헌

김상배. 2008. "네트워크 권력의 세계정치: 전통적인 국제정치 권력이론을 넘어서." 『한국정치학회보』 42(4), pp.397-408.

______. 2009. "스마트 파워의 개념적 이해와 비판적 검토: 중견국 네트워크 권력론의 시각." 『국제정치논총』 49(4), pp.7-33.

______. 2011. "네트워크로 보는 중견국 외교전략: 구조적 공백과 위치권력 이론의 원용." 『국제정치논총』 51(3), pp.51-77.

______. 2012. "21세기 공공외교의 도전과 과제," 『한일협력』 봄호, pp.70-78.

김상배 편. 2009. 『소프트 파워와 21세기 권력: 네트워크 권력론의 모색』. 한울.

______. 2011. 『거미줄 치기와 벌집 짓기: 네트워크 이론으로 보는 세계정치의 변환』. 한울.

손열 편. 2007. 『매력으로 엮는 동아시아』. 지식마당.

평화포럼21 편. 2005. 『매력국가 만들기: 소프트 파워의 미래전략』. 21세기평화재단 평화연구소.

Nye, Joseph S. 1991. *Bound to Lead: The Changing Nature of American Power*. Basic Books.

______. 2004. *Soft Power: The Means to Success in World Politics*. New York: Public Affairs.

______. 2008. *The Powers to Lead*. Oxford and New York: Oxford University Press.

제1부 공공외교의 세계정치

1

매력경쟁으로서 공공외교: 미국과 중국의 사례

김상배 (서울대학교 정치외교학부 교수)

20세기는 미국의 세기였다고 해도 과언이 아니다. 1차 대전과 2차 대전을 겪으면서 미국은 세계 패권국가로 등장했다. 하지만 국제정치의 역사가 보여주듯이 '영원한 제국'은 없는 것처럼 보인다. 과거 포르투갈과 네덜란드, 그리고 영국의 패권이 부침을 겼었듯이, 20세기 후반 미국의 패권이 하강하고 있다는 논의가 시작된 지 이미 수십 년이나 되었다. 특히 1980~90년대 새로운 세계경제 대국으로서 일본의 약진은 미국의 힘이 약화되고 곧 새로운 세력에 의해서 대체될지도 모른다는 전망을 더욱 부추겼다. 그러나 2000년대로 들어서면서 이제는 어느 누구도 일본의 행보에서 21세기 패권의 향배를 읽으려 하지는 않는다.

오히려 일본의 '잃어버린 20년'의 자리에 새로이 들어서는 세력은 중국이다. 중국은 20세기의 사회주의 체제에서 개혁개방 정책을 추진하며 새로운 도약의 실험을 벌이고 있다. 중국의 부상은 어느 한 국가의 국력이 성장한다는 차원을 넘어서 21세기 세계경제의 성장을 추동할 지역으로서 동아시아가 행세하는 새로운 시대의 도래를 예견케까지 한다. 실제로 중국의 부상은 경제나 외교, 그리고 문화의 차원에서 동아시아에 새로운 활력을 불어넣고 있다. 이러한 중국의 부상은 기성 세계 패권으로서 미국에게 새로운 도전이자 위협이 아닐 수 없다. 실제로 최근 들어 미국과 중국은 동아시아 질서뿐만 아니라 세계질서의 새로운 설계와 운영의 주도권을 놓고 치열한 경쟁을 벌일 조짐을 보이고 있다.

미국과 중국의 패권경쟁을 가늠하기 위해서 흔히 원용되는 국제정치학 분야의 이론적 시각은 소위 세력전이론이다. 이는 군사력이나 경제력과 같은 물질적인 국력자원을 잣대로 하여 기성의 패권국과 새로운 도전국의 경쟁과 그 결과를 읽어내려는 이론적 시도이다. 요즘 자주 인용되는 '하드 파워'의 기준으로 보는 국가 간 경쟁과 이러한 과정에서 파생되는 지역질서와 세계질서의 변환을 이해하려는 시각이라고 할 수 있다. 그러나 지구화와 정보화 및 민주화의 시대로 대변되는 21세기 세계정치에서 이렇게 하드 파워에 기반을 둔 세력전이론의 시각만으로는 복합적으로 발생하는 21세기 변환의 부분적 단면밖에 볼 수 없다.

최근 미국과 중국은 하드 파워의 경쟁 못지않게 소위 '소프트 파워'의 관점에서 이해되는 다층적인 경쟁을 벌이고 있다. 이 글에서 다루고 있는 공공외교의 경쟁이 대표적인 사례이다. 이는 '말'과 '돈'을 앞세워 자국의 이미지를 개선하고 인기를 얻으려는 경쟁이라는 의미에서 매력경쟁이다. 커뮤니케이션 전략의 차원에서 인터넷 미디어를 활용하거나 통제하고, 대외경제 전략의 차원에서 해외 개발원조를 단순한 경제적 지원이 아닌 소프트 파워의 수단으로 이용하는 양상이 나타나고 있다. 이렇게 드러나는 미국과 중국의 행보는 보이지 않게 이루어지는 21세기 세계 패권경쟁의 숨은 단면이다. 이 글은 미국과 중국의 매력경쟁이 중견국 한국의 공공외교에 주는 시사점을 끌어내고자 하였다.

I. 머리말

최근 상대국의 정부가 아니라 상대국 국민들을 대상으로 하여 벌이는 외교, 즉 공공외교에 대한 관심이 국내외에서 높아지고 있다. 미국이나 중국과 같은 강대국들이 다양한 방식으로 매력 공세를 펼치고, 한국 정부도 외교적 홍보나 국제개발협력 등의 수단을 통해서 국가 브랜드 제고의 노력을 벌이고 있다. 한국 기업들이 수출하는 첨단 IT(Information

Technology) 제품의 인기나 민간 부문이 주도하여 불을 지핀 한류(韓流) 열풍도 국가적 매력을 발산하는 공공외교의 일환으로 이해된다. 게다가 최근 널리 확산된 글로벌 미디어와 SNS(social network service)는 새로운 방식의 공공외교를 시험하는 계기를 만들었다. 군사안보나 정치경제와 달리 공공외교는 비(非)제로섬(zero-sum) 게임의 분야로 알려져 있지만, 최근의 양상을 보면 이 분야에서도 치열한 매력경쟁이 벌어지고 있다(Sohn 2011).

앞서 머리말에서 지적하였듯이, 매력경쟁으로서 공공외교에 대한 논의의 배경에는 소프트 파워에 대한 이론적 논의가 자리 잡고 있다. 이 글에서 다루는 공공외교의 화두도 조지프 나이의 작업을 통해서 학계에 상대적으로 쉬운 용어로 소개된 이후 다양한 후속 연구들이 진행되고 있다(키스 디니 2009; Melissen ed. 2005; Nye 2004, 2008). 그러나 이 책에서 제시하는 중견국의 시각에서 볼 때, 기존의 공공외교 연구는 좀더 복합적인 구도로 설정될 필요가 있다(김상배 편 2009). 사실 인문학이나 사회과학에 기반을 두는 넓은 의미의 국제정치학에서는, 소프트 파워와 같은 협애한 개념이 아니라 다양한 개념을 앞세운 세계정치의 권력변환 문제가 탐구되었다. 쉽게 떠올려볼 수 있는 논제들로는 문화권력, 헤게모니, 상징권력, 문화제국주의, 문화제국, 신식민주의 등이 있다. 이 연구들의 공통점은 행위자 차원에서 추진되는 전략의 차원을 넘어서 세계정치가 내재하고 있는 구조적 편향과 권력정치의 비대칭성을 탐구했다는 데 있다. 그렇지만 이러한 연구들은 너무 포괄적이고 거시적인 의미의 구조 (또는 탈구조) 분석으로 치우치는 경향이 있어, 최근 매력경쟁의 양상으로 확대되고 있는 공공외교의 세계정치가 보여주는 구체적인 과정에 대한 탐색이 부족하다는 한계를 안고 있다.

이러한 문제의식을 바탕으로 볼 때, 현시점에서 중견국 공공외교의 논의에서 필요한 것은 행위자 또는 구조 중 어느 한쪽으로 치우치지 않고 양자가 상호작용하는 구도에서 문제를 분석하는 발상이다. 이러한 맥락에서 이 글은 행위자-구조의 동시적 파악이라는 차원에서 21세기 공공외교와 매력의 세계정치가 작동하는 구체적 과정을 살펴보고자 한다. 다시 말해 국가 행위자들이 추구하는 공공외교의 전략이 주변 환경과의 관계 속에서 어떻게 매력의 네트워크를 쳐나가는지, 그리고 이러한 과정에서 주변의 물질적·사회적 환경 변수들은 역으로 행위자들의 전략에 어떠한 영향을 미치는지를 이론적으로, 그리고 경험적으로 탐구하고자 한다. 이러한 시도를 통해서 이 글이 밝혀보고자 하는 것은, 각 (국가) 행위자들이 전개하는 매력공세의 전략에 대한 단순한 서술이 아니라, 다양한 행위자들이 복합적으로 관여하면서 형성하는 소프트 파워의 네트워크 또는 매력망의 모습이다.

이러한 분석을 위해서 이 글은 최근 자연과학과 사회과학에서 관심을 끌고 있는 네트워크 이론의 성과를 원용하고자 한다. 현재 사회학이나 물리학, 그리고 역사학 (주로 과학사) 등에서 논의되고 있는 네트워크 이론은 그 인식론이나 방법론의 기준으로 보았을 때 매우 다양하다(김상배 편 2011). 이 글에서는 이렇게 다양한 각도에서 벌어지는 네트워크에 대한 이론적 시도들 중에서, 앞서 던진 문제에 대하여 가장 실용적인 이론적 자원을 제공하는 것으로 판단되는, 행위자-네트워크이론(Actor-Network Theory, 이하 ANT)에 주목하고자 한다. ANT는 1980년대 초반부터 주로 과학기술사회학 분야를 중심으로 프랑스의 두 사회과학자인 브루노 라투르(Bruno Latour)와 미셸 칼롱(Michel Callon)을 중심으로 시작되어, 이들의 영국 동료이자 공저자인 존 로(John Law)의 지원을 받아서 발전해왔다(홍성욱 편 2010; Harman 2009; Latour 1987, 1993, 2005; Law and Hassard eds. 1999).

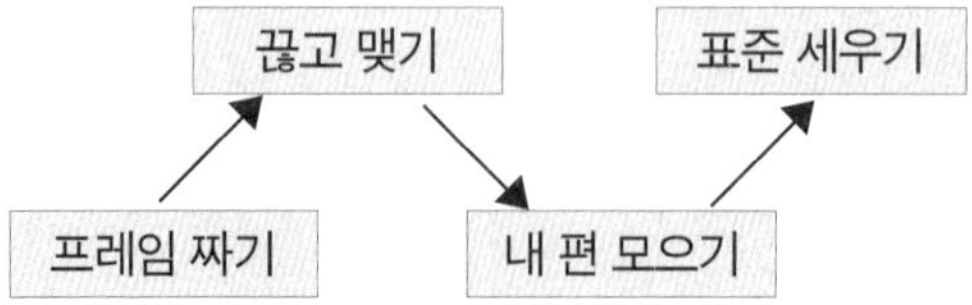

그림 1-1. 네트워크로 보는 공공외교 전략의 네 단계(김상배 2011: 15)

ANT를 원용하는 작업은 국제정치의 행위자들이 주변의 물질적·사회적 환경 변수들을 활용하여 네트워크를 만들어가는 동태적 과정을 탐구하는 데 도움을 준다는 유용성이 있다. 이렇게 네트워크를 쳐나가는 과정을 전형적인 권력정치의 메커니즘으로 이해한다는 점에서 ANT의 시도는 이 글의 문제의식과 통하는 바가 크다. 특히 이 글이 관심을 갖는 ANT의 논제 중 하나는 인간 및 비인간(non-human) 행위자들이 '어떻게' 네트워크를 구성하느냐이다. ANT에서는 이렇게 행위자들이 네트워크를 치는 과정을 '번역(translation)'이라고 하는데, 정치학의 시각에서 볼 때 이러한 '번역'의 과정은 바로 권력 획득의 과정이다(Law 1992). 미셸 칼롱은 이러한 '번역'의 과정을 1) 문제 제기(problematization), 2) 관심 끌기(*interessement*), 3) 등록하기(enrollment), 4) 동원하기(mobilization) 등의 네 단계로 제시하였다(Callon 1986a, 1986b). 이 글에서는 칼롱의 네 단계 번역에 대한 논의를 공공외교 분야의 특성을 반영하여 1) 프레임 짜기, 2) 끊고 맺기, 3) 내 편 모으기, 4) 표준 세우기 등으로 개작하여 원용하였다(김상배 2011).

첫째, '프레임 짜기'는 네트워크의 전체적인 상황을 파악하고 정의하는 것을 의미한다. 어느 행위자가 기존의 네트워크를 교란시키고 다른 행위자들을 자신의 네트워크로 끌어들이기 위해서는, 가장 먼저 프레임 짜기의 과정을 통해서 남들이 자신에게 의존할 수밖에 없게 만드는 것이 중요하다. 둘째, '끊고 맺기'는 다른 행위자들을 기존의 네트워크에서 형성된 관계들로부터 분리하고 이들의 관심을 끌면서 새로운 관계로 편입시키는 것을 의미한다. 기존의 관계에 끼어들어 관심을 끄는 행위를 통해 질서를 '해체'함으로써 자신이 설정한 프레임으로 네트워크를 구성하는 조건을 만든다는 의미이다. 셋째, '내 편 모으기'는 새로운 관계를 맺게 된 다른 행위자들에게 좀더 적극적인 의미에서 새로운 역할을 부여하는 것을 의미한다. 기존의 관계를 끊고 새로운 관계를 맺는 전략이 아무리 효과적으로 이루어지더라도 그것이 곧바로 '번역'의 성공을 의미하지는 않는다. 기존의 관계를 '해체'한 이후에는 새로운 관계를 '건설'하여 내 편으로 만들어야 하기 때문이다. 끝으로, '표준 세우기'는 새로이 역할을 부여받은 행위자들을 자신의 네트워크로 편입시키는 것이다. 이는 주변의 행위자들을 자신의 네트워크에 편입시켜서 단순히 관계를 맺고 숫자를 늘리는 양적인 차원의 변화를 넘어선다. 이는 자신이 건설한 네트워크가 일반적 보편성을 획득하게 되는, 즉 표준의 지위를 얻게 되는 단계를 의미한다(김상배 2011).

이러한 시각을 원용하여 이 글이 주목한 구체적인 사례는 미국과 중국의 공공외교 전략이다. 미국과 중국의 사례를 살펴보는 것의 취지는 두 강대국의 패권경쟁을 통해서 세계정치와 동아시아 지역정치의 구조변환을 읽어내기 위함이다. 이러한 문제의식은 세계정치의 구조를 보기 위해서 패권경쟁을 벌이는 국가들의 세력구도를 엿보는 국제정치 이론적 탐구의 연속선상에 있다. 새롭게 부상할 세계질서와 동아시아질서의 미래를 보여준다는 점에서 핵심적인 문제이다. 공공외교 또는 매력경쟁은 이러한 21세기 패권경쟁의 향배를 보여주는 일종의 시금석이다(Committee on Foreign Relations U.S. Senate 2011). 이 글에서는 미국과 중국의 공공외교 전략의 분석을 통해서 새롭게 전개되고 있는 매력경쟁의 세계정치를 밝혀내고, 이러한 미·중 대결의 구도에서 한국이 추구해야 할 실천 전략의 방향을 가늠해보고자 한다.

II. 미국의 공공외교 전략

냉전이 종식되면서 동서 진영 간의 이데올로기 대결의 방편으로서 인식되었던 공공외교의 역할과 위상에 대한 재조정의 작업이 전 세계적으로 진행되었다. 특히 자본주의 진영의 맹주였던 미국은 탈냉전기에 접어들어 공공외교에 대한 전략적 입장과 그 담당 조직에 대한 개편 등을 통해 새로운 적응의 작업을 펼쳐왔다. 가장 주목해야 할 변화는 1999년 미국 해외공보처(USIA, United States Information Agency)가 국무부 산하의 조직으로 편입됨으로써 공공외교의 관리기능을 담당하던 독립기구 소관으로부터 국무부 내의 조직으로 편입된 일이었다. 이러한 개편 작업의 명분은 공공외교를 미국 외교정책의 중심으로 전환시킨다는 것이었으나, 사실상 냉전이 종식된 이후 공공외교의 필요성에 대한 관심이 현저히 줄어든 것이 원인이었다. 따라서 그 이후 미국의 공공외교는 예산 자체가 감축되면서 전체적으로 하향 조정되는 길을 걷게 되었다.

그러나 9·11 테러 이후 미국 내에서는 탈냉전기 공공외교의 필요성에 대한 고민이 다시 시작되었다. 사실 9·11 테러는 미국인들뿐만 아니라 외교정책 담당자들에게 큰 충격을 주었다. 이러한 고민과 충격은 이슬람권을 중심으로 확산되고 있는 반미 정서와 미국 주도의 지구화에 대항하는 움직임을 다른 눈으로 보게 하였다. 이는 미국이 추구하는 세계질서의 운영 방식이나 그 기저에 깔려 있는 미국의 이미지나 가치, 그리고 이를 홍보하는 방식에 대한 전반적인 재고의 노력으로 연결되었다. 이러한 맥락에서 한때 위상이 위축되는 듯했던 미국의 공공외교는 다시 관심의 대상으로 부각되었다(Seib ed. 2009).

이러한 맥락에서 미국 정부는 공공외교 관련 예산을 증액시키는 한편, 다른 국가의 대중들과 미국 국민들이 소통하고 교류하는 프로그램을 확대하는 조치를 취했다. 예를 들어 국무부에 공공외교 및 공보담당 차관을 신설하고, 그 아래에 문화·교육 차관보, 홍보 조정관, 공보 차관보 등 3개 차관보를 두어 공공외교 총괄 조정 체제를 구축하였다. 각 지역 담당부서도 지역별로 공공외교 부차관보를 두어 본부에서의 지역별 기획과 공공외교 사업을 지원하는 체제를 갖추었다. 또한 국무장관이 임명한 공공외교 특사를 파견하고 정부 주요 인사가 외국을 공식 방문하는 기회에 직접 대민 접촉 일정을 갖는 등 적극성을 발휘하고 있다. 그렇다면 이러한 9·11 테러 이후 미국의 공공외교 전략을 앞서 제시한 ANT의 시각, 특히 네 단계의 네트워킹 전략이라는 시각에서 어떻게 볼 것인가?

우선, '프레임 짜기'라는 시각에서 볼 때 미국의 공공외교는 현재 미국이 주도하는 세계질서를 유지하고 정당화하는 이념의 전파를 목표로 하고 있다. 냉전의 종식 이후 사회주의 국가들의 몰락으로 더 이상 자본주의 체제에 도전하는 세력이 없는 상황에서 미국 외교의 주요 관심은 자유와 민주주의의 전파를 통해 미국 주도의 질서를 옹호하는 세력을 확보하는 데 있었다. 특히 9·11 테러라는 초유의 충격을 경험했던 미국은 패권국으로서 자신이 주도하는 세계질서의 정당성을 주장하고 미국 외교정책의 선의를 강조하려는 목표를 가지고 있다. 미국 외교안보정책의 목표로서 세계국가들의 정치사회적 개방이나 민주주의 기반 구축을 위한 개발 프로젝트의 제공을 강조하는 것도 같은 맥락이다. 이러한 이념과 가치의 전파는, 21세기 들어 공공외교의 추진이라는 차원에서는 노선의 차이를 보였던 부시 행정부나 오바마 행정부에 있어서도 이견이 드러나지 않는 부분이다.

이러한 맥락에서 추구된 미국의 '끊고 맺기' 전략의 중심에는 테러 및 대량살상무기와의 전쟁이 자리 잡고 있다. 특히 9·11 이후 테러와 대량살상무기의 확산은 세계질서를 주도해 나가고 있는 미국에게 가장 중대한 위협요소로 부각되었다. 다시 말해, 테러와 대량살상무기는 미국 주도의 세계질서에서 발견되는 치명적 안보위협, 네트워크 이론의 용어를 사용하면 구조적 공백(structural hole)이자 착취혈(exploit)이라 할 수 있다(Burt 1992; Galloway and Thacker 2007). 이러한 맥락에서 미국은 테러집단과 같은 초국적 행위자들과 대량살상무기를 생산하고 확산시킬 가능성이 있는 국가들의 연계를 막기 위한 '끊기' 전략에 주안점을 두어왔다. 아프가니스탄과 이라크에 대해 군사적 행동을 감행한 것이나 동북아에서 북한에 대해서 취하고 있는 미국 외교의 기조는 이러한 전략의 내용을 여실히 보여준다. 사실 이러한 전략은 이 글에서 논하는 공공외교보다 상위에서 작동하는 미국의 대전략의 맥락에서 이해할 수 있다. 그러나 대테러 전쟁, 특히 이라크 전쟁을 수행하는 과정에서 나타난 미국의 리더십에 대한 회의는 이러한 '끊기' 전략의 효과성을 의심케 하였다.

이러한 맥락에서 미국은 부시 행정부 2기에 들어서면서 다각적으로 새로운 차원의 '끊고 맺기'의 전략을 모색하였다. 무엇보다도 압도적 군사력을 기반으로 한 하드 파워의 추구만으로는 미국의 리더십을 효과적으로 확보하기 어렵다는 현실 인식이 작용하였다. 미국이 주도하는 세계질서의 유지를 위해서는 단기적 효과만을 고려하는 군사력의 사용을 자제하고 장기적 목표를 달성하기 위한 소프트 파워의 활용에 대한 새로운 프레임 짜기가 등장하였다. 이러한 맥락에서 2006년 콘돌리자 라이스 미 국무장관이 제시한 미국 외교의 전면적 개혁, 즉 '변환외교(transformational diplomacy)'를 이해할 수 있다(전재성 2006).

변환외교는 21세기의 새로운 목표인 자유의 세계적 전파를 위해 전세계에 배치돼 있는 외교 인력을 21세기적 수요에 따라 재배치하는 네트워크 외교를 본격적으로 추진하겠다는 것으로 요약된다. 구체적으로 인구 8,000만 명의 독일과 10억 명이 넘는 인도에 같은 수의 외교관이 배치돼 있는 유럽 우선주의를 과감하게 재조정하고, 동시에 외교관들을 각국의 수도에 중점적으로 배치하는 대신 여러 국가를 동시에 포함하는 지역 중심 외교센터를 본격적으로 확충하며, 지방 및 1인 포스트 외교를 활용하겠다는 것이다. 그리고 이러한 네트워크 외교를 추진하는 과정에서 미국은 이제까지의 안보외교와 경제외교 이외에 혁명적으로 발전하고 있는 IT의 도움을 얻어 세계 시민들에게 직접적으로 미국식 자유를 전파하기 위한 공공외교를 본격적으로 전개하겠다는 것이다.

오바마 행정부에 이르러서는 새로운 프레임 짜기에 기반을 둔 소프트 파워의 '끊고 맺기' 전략이 스마트파워(smart power)라는 새로운 이름으로 추진되었다. 부시 행정부가 추진했던 테러와의 전쟁과는 다른 기조의 외교정책을 선보이며 출범한 오바마 행정부는 초기부터 스마트파워를 기치로 한 공공외교를 강조하였다. 사실 이러한 정책 선회의 기저에는 미국에 대한 국제사회의 부정적 여론이 미국의 리더십을 위협하는 수준에 이르렀다는 인식이 깔려 있었다. 오바마 대통령은 대통령 당선이 확정되고 난 직후 행한 연설에서부터 "미국의 진정한 힘은 우리가 지닌 무기의 위력이나 부의 규모에서 나오는 것이 아니라 항구적인 우리의 이상, 즉 민주주의, 자유, 기회, 불굴의 희망으로부터 나오는 것"이라고 역설하면서 외교정책 기조의 변화를 암시한 바 있다. 힐러리 클린턴 미 국무장관이나 로버트 게이츠 미 국방장관 등과 같은 오바마 행정부의 외교안보정책 실세들은 향후 미국의 외교안보정책이 하드 파워와 소프트 파워를 적절히 섞은 스마트파워를 지향할 것임을 명시적으로 천명한 바 있다. 게다가 2008년 후반기에 밀어닥친 미국 발(發) 세계 금융위기의 충격은 이러한 외교정책의 변화를 한층 더 부추겼다.

이렇게 스마트 파워의 개념에 기반을 둔 공공외교의 실천은 힐러리 클린턴 미 국무장관의 행보에서 나타났는데, 이는 '내 편 모으기' 전략이 구체적으로 실천되는 양상을 보여준다. 2010년 발간된 "Leading Through Civilian Power"라는 제목의 QDDR(Quadrennial Diplomacy and Development Review)은 시민권력에 대한 강조와 함께 IT를 적극적으로 활용하여 정부 간 상호작용을 넘어서는 비국가 행위자들 간 네트워킹의 필요성을 강조하고 있다. 또한 여론과 비국가 행위자들의 역할이 증대되는 작금의 현실에 대응하여 소통 혁명이 이러한 현실의 변화를 가속화시키고 있음을 언급하고 있다. 아울러 이러한 변환의 저변에 청소년과 여성의 증대라는 인구학적 변화가 발생하고 있음을 절실히 인식하고 있다. 이러한 변화에 대응하기 위해서 미국 외교는 전통적인 외교관(觀)의 경계를 넘어서 비즈니스, 시민 그룹을 활용함으로써 시민외교에 나서야 한다는 것이다(Clinton 2010; USAID 2010).

이러한 일련의 공공외교 전략을 통해서 미국이 지향하는 것은 물론 미국이 주도하는 세계질서의 안정성을 지원하는 '표준 세우기'이다. 미국이 공공외교의 형식에 담고 싶은 메시지는 자유와 민주주의라는 미국의 가치관과 이념이다. 이러한 메시지는 정치적 자유주의와 경제적 시장논리의 결합을 의미하는 소위 워싱턴 컨센서스로 알려져 있다. 워싱턴 컨센서스란 1990년 미국 IIE(Institute of International Economics)의 존 윌리엄슨(John Williamson)이 라틴아메리카의 경제문제를 해결하기 위한 정책을 제안하면서 고안했던 용어이다(Williamson 1990). 그 이후 워싱턴 컨센서스는 미국과 IMF, 세계은행 등의 입장을 대변하는 신자유주의 정책의 대명사가 되었는데, 미국이 제시하는 '글로벌스탠더드

(global standard)'(ANT의 용어로 말하면 표준 세우기)로서의 시장경제와 자유민주주의 체제의 조합 모델로 인식되었다.

III. 중국의 공공외교 전략

군사력이나 경제력이라는 전통적인 권력의 잣대로 본 지난 20여 년간의 중국의 부상과 더불어 중국의 소프트 파워와 공공외교에 대한 관심이 커지고 있다. 사실 사회주의 국가 수립 이후 공산주의 이념의 선전이라는 차원에서 중국은 공공외교에 해당하는 노력을 다양하게 벌여왔다. 그리고 마오쩌둥 사후의 중국은 개혁개방의 이미지를 만들고 전파하는 데 주력하였다. 그러나 1989년 천안문 사태를 거치면서 중국의 개혁개방에 대한 호의적인 국제여론은 급격히 악화되었고, 여기에 소련과 동유럽이 붕괴되는 세계적 격변이 겹치면서 중국 지도부는 공공외교에 새롭게 접근하기 시작했다. 게다가 중국의 급속한 부상으로 인해 확산되는 소위 중국 위협론을 불식시키고 국제사회에 기여하는 중국의 새로운 이미지를 창출할 필요성이 제기되었다. 이러한 변화는 사회주의 체제에서 행해지던 대외선전과는 전혀 다른 발상을 필요로 했다. 이러한 맥락에서 중국 정부는 공공외교 조직을 대대적으로 정비하는 한편 막대한 자금을 투입하여 공공외교를 추진하는 노력을 기울이고 있다(Cho and Jeong 2008; Wang 2008).

현재 중국 공공외교의 추진체계는 공산당 대외선전판공실과 국무원 신문판공실을 두 축으로 하여 구축되어 있다(이희옥 2010). 비록 공산당과 국가체제의 제도적 특성 때문에 조직이 형식적으로 이원화되어 있으나 실제로는 인적 구성을 통일하여 단일 조직을 구축하였다. 국무원신문판공실은 1991년에 설립된 이후 상하이 부시장이었던 자오치정(趙啓正)이 1998년부터 2005년까지 이 조직의 수장을 맡아 중국 공공외교의 틀을 구축했다. 국가 수준의 공공외교를 지원하는 또 하나의 조직은 중국 인민정치협상회의(이하 정협)이다. 이 기구는 원래 중국 내 공산당과 민주당파와의 소통, 다양한 영역에서 통일전선을 위해 만들어졌지만 현재 국가 차원에서 가장 활발하게 공공외교 관련 사업을 벌이고 있다. 이렇게 신문판공실과 정협이 중국의 공공외교에서 일종의 '컨트롤 타워'의 역할을 담당한다면 국무원의 각 부서인 외교부, 문화부, 교육부, 미디어 등이 이들 기관의 관할 속에서 업무를 분담하고 있다. 2009년 말 중국 외교부는 기존의 공공외교처를 공공외교판공실로 격상시켜 공공외교 기관 간의 소통과 협력을 강화할 수 있는 제도를 만들었다. 그렇다면 앞서 살펴본 미국의 공공외교 전략의 연속선상에서 볼 때, 중국의 공공외교 전략을 어떻게 볼 것인가?

먼저, '프레임 짜기'의 시각에서 보았을 때, 중국 공공외교의 주 관심사는 소위 '중국위협론'을 차단하고 평화 지향적이고 책임감 있는 국가의 이미지를 구축하는 데 있다. 중국의 부상은 국제사회(특히 미국)와 아시아 국가들로부터 찬사와 두려움을 동시에 불러일으켰다. 이러한 맥락에서 중국은 지속적인 경제적 성장을 유지하면서 평화적 발전과 공동번영을 원할 뿐, 동아시아 지역에서 패권을 장악할 의사가 없음을 피력하고 있다. 미국의 중국위협론과 아시아 각국의 우려에 대응하여 중국의 이미지를 다듬는 과정에서 중국은 화평굴기(和平崛起), 즉 평화적 부상이라는 프레임을 만들어냈다. 중국의 지도자들은 언제 어디서나 주변국과 상호이익이 되는 성장을 통해 공동번영을 추구한다고 강조해왔다. 현재 중국의 평화적 부상은 중국 공공외교의 이념적 초석이 되었다. 최근에는 부상이라는 단어가 갖는 위협적 의미 때문에 중국의 평화적 발전으로 대체하여 사용하고 있다(d'Hooghe 2005; Sheng 2011).

중국 공공외교 전략의 전체적인 프레임이 평화적 부상(또는 발전)을 기초로 하고 있는 것과는 달리 '끊고 맺기'의 시각에서 이해하는 중국의 속내는 좀 다르게 이해할 수 있다. 중국의 국력이 일정한 수준에 도달할 때까지는 미국과의 안정된 관계의 유지를 선호하겠지만, 공공외교의 차원에서는 미국이 주도하고 있는 세계질서에 대한 대안을 구상하는 차별화의 전략이 없지 않다. 사실 이러한 경향은 2008년 미국 발 금융위기 이후 새로운 지구 거버넌스의 틀을 모색하는 과정에서 그 가능성이 드러나고 있다. 이러한 맥락에서 중국이 꾸준히 추진해오고 있는 동남아시아나 아프리카 국가들을 상대로 한 공적개발원조(Official Development Aid, ODA)가 지니고 있는 '끊고 맺기'의 공공외교적 의미를 음미해볼 수 있다. 중국은 이들 지역의 빈곤국에 대해 채무탕감, 이자감면, 차관 등을 제공하면서 이 지역에 진출했고, 국제적 자원봉사활동이나 국제기구에서의 협력을 강화하는 공공외교를 벌여왔다.

동북아시아에서 소위 북핵 문제와 6자회담의 진행 과정에서 중국이 담당하는 역할도 '끊고 맺기'의 전략이라는 차원에서 이해할 수 있는 사례이다. 사실 동북아시아에서 북한 문제는, 네트워크 이론에서 말하는 대표적인 구조적 공백이자 착취혈이다. 북핵 문제와 6자회담에서 중국이 어떠한 역할을 담당했느냐, 그리고 얼마만큼의 역할을 담당할 의도가 있느냐는 좀더 면밀한 검토가 필요한 논제이지만, 적어도 이러한 문제에서 중국이 '책임감 있는 강대국'으로서 중개자의 역할을 자임함으로써 소프트 파워를 발휘할 수 있는 구도는 충분히 형성되어 있다고 볼 수 있다. 이와 맥을 같이하여 2000년대 들어 중국 내에서는 하드 파워와 함께 소프트 파워를 동시에 중시하는 '종합국력'의 개념이 등장했으며, 중국은 이를 통해 세계무대에 자리매김하기 위한 노력을 경주하고 있다.

이러한 소프트 파워에 대한 논의는 중국의 공공외교가 지향하고 있는 '내 편 모으기'로 연결된다. 중국은 개발원조 등을 통해서 동남아시아, 라틴 아메리카, 아프리카 등 제3세계 국가들에 대한 '매력공세'를 강화하고 있다(Kurlantzick 2007). 또한 적극적인 다자기구 참여, 평화유지 활동 지지, 마약과 인신매매와의 전쟁 등을 통해 제3세계와의 관계를 강화하고 있다. 이러한 과정에서 중국 특유의 선전선동 전통에 입각해서 언론, 인터넷, 각종 행사, 출판물 등과 같은 다양한 형태의 미디어를 공공외교의 도구로 활용해왔다. 한편 정부 차원은 물론이고 반관반민 단체를 통한 교류외교나 보아오(博鰲) 포럼, 세계 싱크탱크회의, 아프리카 정상회담 등과 같은 포럼외교도 벌여왔다. 민간 교류도 공공외교의 중요한 창구이다. 매년 외국인 유학생이 꾸준히 늘어나고 있고 중국어의 국제화도 확산되고 있으며 외국인들의 중국 여행도 늘어나고 있다.

내 편 모으기의 맥락에서 거론되는 가장 대표적 사례는 '공자학원(孔子學院)'이다. 중국 정부는 2002년부터 본격적으로 해외에 중국어를 확산시키는 데 관심을 기울였고 2004년 유교문화의 대표인 공자의 이름으로 중국어 교육기관을 설립했다. 현재 공자학원은 100여 개국에 340개 이상이 설립되었고 이보다 규모가 작은 공자학당까지 합치면 670개를 넘어섰다. 한국에도 2004년 11월 서울에 처음으로 공자학원이 설립된 후 그 숫자가 급속히 늘어났다. 이처럼 공자학원이 급속히 확대된 배경에는 급증하는 중국어 수요와 공자로 상징되는 중국 문화를 전 세계에 알리고자 하는 중국 정부의 정치적 고려가 있었다. 다시 말해 이러한 공자학원은 단순히 중국어를 보급하는 것이 아니라 장기적인 공공외교의 일환으로 중국적 가치와 문화를 전파하는 첨병의 역할을 하고 있다(Paradise 2009).

중국어와 더불어 중국의 전통문화는 '내 편 모으기'의 가장 중요한 자산의 하나이다. 특히 중국 영화, 회화, 서예, 노벨문학상, 의학, 침술, 무예, 요리 등은 중국 정부의 적극적인 보급 노력 없이도 긍정적인 중국 이미지를 형성하는 데 기여한다. 최근에도 새로운 예술가들이 전통예술에 현대적 표현양식을 결합하여 서구에서 매력을 끌고 있다. 동남아 지역 같이 중국의 문화를 경험했었던 곳에서는 화교사회를 중심으로 전통문화에 현대적 요소가 결합된 새로운 중국문화가 넓게 확산되고 있다. 중국은 2008년 베이징 올림픽과 2010년 상하이 엑스포를 개최하면서 이러한 중국의 전통문화를 세계를 향해서 널리 알리려는 노력을 펼쳤다(이희옥 2010).

중국의 이러한 공공외교 전략이 궁극적으로 추구하는 목표는 '표준 세우기'일 것이다. 예를 들어, 앞서 언급한 미국의 이념과 가치를 표상하는 워싱턴 컨센서스에 대응하는 중국의 표준을 세우려는 노력을 생각해 볼 수 있다. 실제로 최근 소위 베이징 컨센서스에 대한 논의가 주목을 받고 있다. 2004년 5월 영국의 대외정책센터(Foreign Policy Centre)의 조슈아 라모(Joshua Ramo)의 연구보고서에서 처음 사용된 베이징 컨센서스라는 용어는 경제의 개혁개방을 추진하면서도 정치적 권위주의를 유지하는 중국의 정치경제 모델을 지칭한다. 미국적 글로벌스탠더드의 대안적 경로를 보여주는 것으로 인식된 베이징 컨센서스는 아프리카나 라틴아메리카의 비민주국가의 통치 엘리트들에게 일정한 호소력을 발휘하였다(Ramo 2004). 그러나 아직까지는 베이징 컨센서스의 현실화를 논하기에는 이를 뿐만 아니라 중국 정부도 이러한 대안적 표준에 대한 논의에 조심스러운 입장을 보이고 있다.

이상에서 살펴본 미국과 중국의 공공외교 전략은 양국의 정부가 중심이 되어 주위의 물질적 및 사회적 환경을 아우르며 네트워크를 구축하려는 권력정치의 과정으로 이해할 수 있다. 다시 말해 미국과 중국이 공공외교의 분야에서 벌이고 있는 경쟁은 소프트 파워의 발산을 놓고 벌이는 매력의 표준 세우기 경쟁, 즉 매력경쟁이다. ANT의 이론적 논의는 이러한 매력경쟁에서 행위자들이 네트워킹을 하는 구체적인 과정을 탐구하는 데 도움을 준다. 특히 ANT는 국제정치 분석에서 여태까지 상대적으로 등한시되었던 비인간 행위자 변수를 적극적으로 고려케 하는 이론적 자원을 제시한다. 이 글에서는 '말'과 '돈'이라는 두 가지 점에서 착안한 비인간 행위자 변수, 즉 인터넷 미디어와 해외개발원조가 공공외교와 매력경쟁의 과정에서 차지하는 역할을 탐구하고자 한다. 미디어와 개발원조는 미국의 힐러리 클린턴 국무장관이 새로운 미국 외교의 방향을 제시한 '두 개의 D', 즉 외교(Diplomacy)와 개발(Development)과 일맥상통한다(Clinton 2010).

IV. 미·중 매력경쟁 1: 미디어의 활용

다양한 형태의 미디어를 공공외교에 활용하는 것은 어제오늘의 일이 아니다. 방송통신 미디어의 경우만 보더라도, 미국의 CNN이나 미국의 소리(Voice of America) 및 자유아시아(Radio Free Asia), 영국의 BBC, 그리고 AP나 로이터 같은 국제적 통신사 등은 각국이 펼치는 공공외교의 과정에서 일정한 역할을 담당한 것으로 평가된다. 또한 중국(CCTV9)이나 러시아(Russia Today), 프랑스(France24) 등도 24시간 영어채널을 통해 적극적인 활동을 벌여왔다(김성해·강국진 2009). 최근에는 트위터, 페이스북, 유튜브 등과 같은 SNS 또는 소셜 미디어의 역할에 관심이 집중되고 있다. 이러한 현상은 특히 2011년 상반기 중동과 아프리카에서 발생한 정치변동이 큰 계기가 되었다. 튀니지와 이집트에서 시발되어 중

력적 극단주의의 출현을 미연에 방지할 수 있다는 것이다(USAID 2010).

인터넷과 SNS라고 하는 비인간 행위자 변수는 어떻게 네트워크를 구성하느냐에 따라서 그 '구성되는 방식'이 다르게 나타날 수 있다. 동일한 IT기기를 활용할지라도 현재까지 진행된 미국과 중국의 공공외교가 다른 양상으로 나타나고 있는 이유이다. 다시 말해, 미국과 중국은 인터넷이 지니고 있는, 다소 모순적으로 보이는 양면적 속성을 각기 다르게 활용한다. 미국의 공공외교가 인터넷의 분산적 측면을 강조하는 경향을 갖고 있었다면, 반대로 중국의 공공외교는 인터넷의 집중 네트워크로서의 특징과 친화적이다. 인터넷과 소셜 미디어라고 하는 비인간 변수가 단순한 중립적 환경이 아니라 인간 행위자의 네트워킹 전략의 성격에 따라서 나름대로의 행위능력을 발휘할 수 있음을 엿보게 하는 대목이다.

실제로 현재까지 진행된 상황을 보면, 중국이 IT를 활용하는 패턴은 미국의 경우와는 사뭇 다른 것이 사실이다. 미국의 경우처럼 상대방 국가의 국민 또는 자국 국민 속으로 파고들어 시민권력을 활용하는 방편으로 IT를 활용하기보다는 오히려 인터넷을 매개로 하여 형성된 시민권력을 정치와 외교로부터 분리하는 방편으로 활용하고 있다. 즉 ANT의 용어를 빌려 말하면 중국 정부는 비인간 네트워크로서의 IT 또는 인터넷, SNS 등과 관련해서는 상대국의 '블랙박스'를 여는 전략을 추구하기보다는 오히려 자신들의 '블랙박스'를 치는 전략에 주안점을 두고 있다.

이러한 중국 정부의 인터넷 통제를 단적으로 보여주는 사례가 1998년부터 시행되어온 소위 금순공정(金盾工程, Golden Shield Project)이다. 중국 정부는 다양한 통로를 통해서 해외 IT기업들로 하여금 최첨단의 기술을 활용하여 정부 주도의 인터넷 통제를 지원하는 금순공정의 물리적 인프라를 닦는 사업을 벌인 바 있다. 중국 전역에 디지털 감시체제를 구축하여 지방과 중앙이 긴밀히 연결되는 감시 네트워크를 치고자 한 것이다. 중국에 처음으로 인터넷이 보급되기 시작한 것이 1994년이라는 점을 감안할 때 금순공정이 시작된 시점은 중국에서 디지털 감시 네트워크의 출발이 중국 내 인터넷의 보편화 시기와 비슷하다고 할 수 있다.

중국은 인터넷에 대해서 폐쇄적인 태도를 취하는 것에 비해 공공외교의 과정에서는 매스미디어를 적극 활용해왔다. 전통적으로 중국은 '라디오 베이징'을 통해 해외에 중국 뉴스를 전달해왔는데, 2000년 이후에는 CCTV9과 같은 영어방송을 세계 곳곳으로 송출하게 되었다. 그 결과 케냐와 같은 아프리카 국가에서는 중국의 영어방송이 CNN을 대체할 정도로 발전하게 되었다. 이러한 매스미디어에 담기는 중국 공공외교의 아이템은 중국의 전통 문화이다. 특히 중국은 공자라는 인물과 사상을 공공외교 콘텐츠에 적극 활용하고 있다. 특히 공자를 브랜드로 내세운 공자학원은 최근 중국의 언어와 문화를 세계에 전파하는 교두보로서 입지를 강화하고 있다. 그러나 현재까지 공자학원은 공자의 사상을 교육하는 과정을 개설한 곳이라기보다는 공자의 이름을 빌려 중국 문화를 홍보하고, 영어의 표준에 대응하여 세계적으로 중국어를 보급하기 위한 기능을 담당하고 있다(채하연 2008).

이렇게 미국과 중국이 비인간 행위자를 공공외교의 네트워크에 활용하는 방식의 차이는 인간 행위자를 동원해내는 방식의 차이로 연결된다. 이는 공공외교를 추진하는 주체의 성격과 참여하는 행위자의 범위와 관련된 양국의 차이를 의미한다. 사실 공공외교의 한 축이 디지털 변수를 적극적으로 활용하는 디지털 외교에 있다면, 다른 한 축은 정부 이외의 다양한 행위자들이 참여하는 네트워크 외교에 있다. 쉽게 말해 공공외교는 정부가 혼자서 외교의 주체로 나서는 것이 아니라 민간 부문을 적극적으로 품어내는 과정이다. 그러나 공공외교라는 것은 기본적으로 정부가 나서서 벌이는 게임이어서, 정부의 전략적 입장에 따라 어떠한 행위자들을 추가로 포함시킬 것인지, 그리고 어떠한 행위자들을 대상으로 공공외교를 펼쳐나갈 것인지가 달라진다(Pigman 2008).

바로 이 대목에서 미국과 중국이 벌이고 있는 공공외교에서 나타나는 큰 차이가 발견된다. 이러한 차이는 양국에서 비국가 행위자들, 특히 시민사회 영역을 어떠한 방식으로 다루고 있느냐에서 나타난다. 미국이 시민사회 포용적 네트워크 게임을 벌인다면, 중국은 시민사회 배제적 게임을 벌인다고 개념화할 수 있을 것이다. 2010년 QDDR에서 드러난 바와 같이, 미국의 공공외교는 아직 쌍방향의 소통외교를 충실히 구현하고 있지는 못하지만 적어도 명목상으로는 시민권력을 활용하는 전략을 강조한다. 이에 비해 중국의 공공외교는 정부가 공공외교의 모든 수단을 광범위하게 통제하고 있는 양상이며 명목상으로도 정부의 통제로부터 벗어난 민간단체들의 활동을 용인하지 않고 있다. 중국의 경우 민간단체의 자율성이 여전히 취약하여 정부의 보호 아래 움직이고 있다. 다만 중국은 해외의 화교 네트워크를 적극적으로 활용하는 모습을 보이고 있다는 점이 특징이다. 해외의 화교 단체는 세계적으로 약 1만 개에 이르는데, 그중 세계적 활동 수준을 갖춘 단체는 100개 정도이며, 이들의 약 70%는 1980년대 이후에 창립된 것이다. 이들 단체는 중화민족으로서 긍지감과 자부심을 가지고 모국 문화를 전파하는 데 큰 역할을 하고 있다(리단 2009; 전형권 2005).

요컨대, 미국과 중국의 공공외교는 두 개의 다른 방식으로 작동하는 아키텍처를 가진 매력 네트워크를 떠올리게 한다. 쌍방향의 소셜 미디어를 적극적으로 활용하는 양상을 보이는 미국의 매력망이 중심에서부터 시발되어, 적어도 이론적으로는, 주변의 곳곳으로 스며들어가는 21세기형 제국의 네트워크를 지향한다면, 중국의 경우에는 사뭇 다른 양상을 내보이고 있다. 중국이 짜는 매력망의 특징은 일방향의 매스미디어를 애용하는 공공외교의 패턴과도 밀접한 관련이 있다. 이는 중심으로부터 주변으로 간헐적 발신을 던지는 동심원적 네트워크 모델을 연상케 한다. 이러한 매력망에 담기는 콘텐츠와 참여의 주체라는 차원에서도 미국이 디지털 문화 콘텐츠를 기반으로 한 시민사회의 협력 모델을 지향한다면, 중국은 아날로그 시대의 전통문화 콘텐츠의 가치를 선양하려는 전통적인 민족(ethnic) 네트워크(즉 화교 네트워크)의 모델이라고 할 수 있다.

V. 미·중 매력경쟁 2: 해외개발원조

해외개발원조는 '돈'과 '자원'이라는 비인간 변수가 관련된 공공외교의 문제로 이해할 수 있다. 사실 개발원조에서 제공되는 물질적 자원은 채찍이 아닌 당근을 통해서 상대국 국민들의 마음을 얻는 유용한 매력자원 중의 하나다. 2차 세계대전 이후 미국을 비롯한 선진국들은 개도국에 대규모 개발원조를 제공함으로써 개도국의 경제발전을 돕는 것 이상의 성과를 기대해왔다. 실제로 넓은 의미에서 개발원조는 공여국의 이익을 보장하는 외교적 수단이었으며, 더 나아가 공여국의 가치와 이념을 널리 전파하는 창구로서 작용하기도 하였다.

이러한 맥락에서 볼 때 9·11 테러 이후 미국의 개발원조는 외교적 의도가 경제적 의도를 압도한 전형적인 사례를 보여주었다. 특히 미국의 부시 행정부가 추진한 테러와의 전쟁은 탈냉전 이후 국가이익과 지구안보에 해외개발원조가 던지는 전략적 의미를 재조명하는 계기를 마련했다. 9·11 테러 이후 많은 정치인들과 시민사회 지도자들이 지구안보와 지구시장에 대한 위협을 무마하는 차원에서 해외개발원조를 증대할 필요성을 역설했다. 그렇지만 해외개발원조를 외교안보정책에 노골적으로 편입시키는 조치들이 도입되면서 전후 유지되어온 해외원조의 프레임이 새로이 짜이는 양상을 띠었다(Fowler and Sen 2010; Howell 2006). 그러던 것이 오바마 행정부의 출범 이후 공공외교의 차원에서 본 해외개발원조의 필요성을 새삼스레 되뇌는 계기가 마련되었다. 앞서 언급한 클린턴 국무장관의 QDDR은 그 제목에 '개발'이라는 말을 명시적으로 담고 있듯이 개발원조의 문제를 공공외교의 차원에서 접근하는 발상의 전환을 보여주었다. 만약에 효과적으로 사용되기만 한다면, 개발의 문제는 미국의 안정과 번영을 신장하는 데 최선의 수단이 될 것이라는 인식이 표출된 것이다.

과거에는 수원국이었던 중국도 1990년대 중반 이후부터는 해외개발원조를 제공해왔는데, 최근에는 개도국에 대한 채무탕감, 이자감면, 차관제공 등을 공세적으로 제공하고 있다. 중국은 2003년에는 31개 아프리카 국가들의 12억 달러에 달하는 채무를 탕감해준 바 있다. 2006년에는 후진타오 주석이 중국-아프리카 협력 포럼에서 2009년까지 아프리카에 원조를 두 배로 증가시키고, 50억 달러의 우대차관 및 신용차관 제공, 그리고 약 100억 달러에 이르는 2005년 말 만기 무이자 차관 및 채권전액 탕감 등을 포함하는 원조계획을 발표하기도 했다(김관옥 2008; Ortiz 2007).

이러한 중국의 해외개발원조는 미국을 비롯한 선진국들의 그것과는 다른 특징을 보인다. 선진국들이 사회 부문에 초점을 둔다면 중국은 인프라와 생산시설에 초점을 두었다. 선진국들이 초등교육을 강조했다면 중국은 대학장학금 지원에 역점을 두었다. 선진국들이 해외원조를 빈곤국들의 발전의 요소로서 보았다면 중국은 투자와 인프라의 관점에서 접근하였다. 일반적으로 중국은 대부분의 경우 수원국에 대한 현금 공세를 지양하고 준(準)무역의 형태로 원조를 제공하였다. 이러한 경우 중국의 원조무역은 산업원자재, 식량, 기타 1차산품의 수입을 중심으로 이루어졌다(Bräutigam 2011; McKinnon 2010).

중국이 행하고 있는 해외개발원조의 가장 큰 특징은 특정한 정치적 목표나 표준을 요구하는 조건성 원조를 거부한다는 데 있다. 실제로 중국수출입은행이 제공하는 차관은 공여 한도와 단위, 이율을 제외하고는 특별한 정책 조건이나 환경 기준 등의 부대 조건을 제시하지 않았다. 중국의 입장은 대외원조를 수원국의 국내문제 간섭을 위한 수단으로 이용하지 않는다는 것이었다. 이처럼 중국의 개발원조 정책은 서방의 원조 공여국들과는 달리 정치적 조건을 배제하여 정치개혁을 수용하지 않으면서도 대외원조를 자신들의 정치적 기반을 유지·강화하는 데 활용하려는 독재정권의 지도자들의 환영을 받았다(김애경 2008; 설규상 2009).

이러한 중국의 행보에 대해 서방의 정부와 시민사회 단체들은 중국이 자국의 자원 수요를 충족시키고, 자국 상품 수출을 촉진하기 위한 목적으로 불량원조를 제공하고 있다고 비판하였다. 다시 말해, 중국의 원조정책은 수원국의 자연자원, 특히 석유에 대한 관심을 바탕에 깔고 있으며, 궁극적으로 저소득국의 새로운 부채를 창출할 것이라고 비판하였다. 또한 중국의 원조 행태는 저개발 빈곤국들에게 새로운 부채를 부담시킬 뿐만 아니라 환경 기준과 인권을 강화하고 부패를 척결하려는 국제사회의 노력을 잠식하고 있다는 것이었다. 더 나아가 중국의 행태는 결과적으로 독재정권을 지원하는 결과를 낳는다고 비판하였다(Tan-Mullins et al. 2010).

이러한 비판에 직면하여 중국은 인권 관행 개선과 민주주의 증진을 원조의 원칙으로 제시하고 있는 서방 국가들이 오히려 개도국 국내정치에 개입하고 이들의 안정과 진보를 해치는 '제국주의적 의도'를 갖고 있다고 비난해왔다. 이러한 대응담론의 생성을 통해서 중국은 정치적 권위주의와 인권탄압의 관행을 공유하고 있는 개도국들과 유대함으로써 궁극적으로 서방의 공세에 맞서려는 의도를 갖고 있다고 볼 수 있다. 이러한 과정에서 '세계에서 가장 큰 개도국'의 정체성을 주장하는 중국이 나서서 개도국들의 이익을 수호하겠다는 것으로도 풀이된다. 사실 중국이 발신하는 이러한 정치적 연대감의 메시지가 일정 정도 호소력을 갖는 것은 지난 수십 년 동안 중국이 이룩해온 발전모델, 즉 베이징 컨센서스의 매력과 무관하지 않다. 사실 많은 개도국들은 워싱턴 컨센서스로 대변되는 신자유주의적 경제발전모델을 수용하려 했지만, 성공적 결과를 얻은 국가들은 극소수에 불과하다. 따라서 식민지 지배와 내부적 혼돈을 극복하고 급속한 경제성장을 성취한 중국의 발전모델은 개도국들에게 대안모델로서 인식되고 있다.

이러한 맥락에서 보면 해외개발원조 정책의 성격을 둘러싼 논란은 미국과 중국이 벌이고 있는 공공외교모델 또는 제도모델 경쟁의 성격을 갖는다. 개도국에 대한 중국의 해외원조 정책은 세계은행, IMF, OECD 등에서 채택되고 있는 미국의 가이드라인과 충돌하는 점이 없지 않다. 원조모델의 변천사라는 맥락에서 볼 때, 중국의 부상은 1980~90년대의 신자유주의적 지구주의에 기반을 둔 서구의 원조모델에 대한 경쟁모델의 부상을 의미하는 것으로 볼 수 있다(Tan-Mullins ed. 2010: 860). 따라서 중국의 대외원조가 실용주의적이고 실리주의적인 방향으로 흐르는 것은 맞지만, 미국을 비롯한 서방 진영의 대외원조모델이 규범적으로 우월하다고 단정할 근거는 약하다. 미국이나 중국 모두 아프리카 대륙에서 자신들의 이익과 정치적 담론을 감추고 좀더 많이 내 편을 모으기 위한 매력경쟁을 벌이고 있기는 마찬가지이기 때문이다. 가장 포괄적인 차원에서 보면 미국과 중국은 공공외교의 전략을 통해서 21세기 세계정치의 '매력표준'을 만들어가는 경쟁을 벌이고 있는 것으로 평가할 수 있다.

이러한 과정에서 누구의 모델이 상대방 국가나 전 세계 시민들을 상대로 보편성을 얻어내느냐가 중요한 관전 포인트가 될 것이다.

VI. 맺음말

이 글에서는 미국과 중국의 공공외교 전략을 중심으로 매력경쟁이라는 변수가 세계정치에서 차지하는 의미에 대해서 살펴보았다. 이와 관련하여 흥미로운 것은 매력경쟁의 중요성에 대한 논의가 단지 학계에서 진행되는 추상적인 논의가 아니라 현실의 세계정치에서도 자리 잡아가고 있다는 점이다. 예를 들어 2000년에 이르러 21세기 세계정치의 두 강대국인 미국과 중국에서 공공외교 관련 조직 정비의 형태로 이러한 문제의식들이 현실에 투영되었다. 그렇지만 미국과 중국에서 나타나는 공공외교의 전략은 상당한 차이를 보인다. 특히 행위자-네트워크 이론, 즉 ANT의 시각에서 볼 때, 공공외교를 추진하는 인간 행위자의 성격이나 범위, 그리고 이 과정에 동원되는 비인간 행위자의 성격 등에서 미국과 중국의 공공외교 전략은 상이한 특징을 지니고 있다.

사실 ANT를 원용하는 작업의 유용성은 국제정치 분석에서 여태까지 상대적으로 등한시되었던 비인간 행위자 변수를 적극적으로 포함시킨다는 점에 있다. 사실 이 글의 주제와 관련하여 기존 연구에서 아쉬움으로 남는 부분은 구체적으로 공공외교나 매력경쟁이 벌어지는 환경이나 수단 또는 과정과 관련된 변수로서 디지털 정보기기들이 동원되고 정보, 문화, 커뮤니케이션의 권력이 작동하는 메커니즘에 대해서 관심이 적다는 점이다.

이러한 시각에서 볼 때, IT라는 변수가 만들어내는 환경은 단순한 수단이나 도구의 변수가 아니라 좀더 '구성적'인 구도에서 파악되어야 한다. 동일한 인터넷 또는 SNS를 활용하더라도 그것을 활용하는 정치적 주체의 마인드와 전략에 따라서 그 의미와 결과는 다르게 나타난다. 실제로 미국과 중국의 공공외교 전략을 비교하면 두 나라가 인터넷이나 SNS를 활용하는 방식에서 차이가 나타난다. 미국의 공공외교가 인터넷의 분산적 측면을 강조하는 경향이 있다면, 반대로 중국의 공공외교는 인터넷의 집중 네트워크로서의 특징과 친화적이다. 그런데 이러한 차이는 단순히 얼마나 적극적으로 디지털 도구를 채택하고 적용하느냐의 문제를 넘어선다. 특히 IT를 구성적 변수로 이해하면 공공외교를 뒷받침하는 외교조직의 변환이나, 국가 행위자가 아닌 민간 행위자들을 얼마나 활용할 것인가의 여부와도 관련되기 때문이다.

ANT의 시각에서 볼 때, 해외개발원조에서 오고 가는 돈과 자원도 미국과 중국의 공공외교의 성격을 규정하는 비인간 행위자의 변수이다. 해외개발원조 분야에서 나타나는 미국 또는 넓은 의미의 서방의 정책과 대비되는 중국 정책의 특징은 원조의 과정에서 제기되는 정치적 조건을 거부한다는 데 있다. 중국은 대외원조를 수원국의 국내문제 간섭을 위한 수단으로 이용하는 것을 반대한다. 이처럼 중국이 서방의 원조 공여국들과는 다른 개발원조 정책을 취하는 것은, 정치개혁을 수용하지 않으면서도 대외원조를 자신들의 정치적 기반을 유지·강화하는 데 활용하려는 독재정권의 지도자들에게 나름 매력적인 카드로 비춰졌다. 이러한 점에서 볼 때 개발원조는 단순한 경제 문제가 아니라 공여국의 이미지 발산과 관련된 소통정치의 문제로 보아야 할 것이다.

이렇듯 미국과 중국의 공공외교에서 차이가 나타나는 원인은 양국의 국내체제의 속성에서 기인하는 측면도 있으나 양국이 국제체제에서 차지하고 있는 관계적 위상에 의해서도 영향을 받는다. 즉 패권국과 도전국이라고 하는 미국과 중국의 국제체제에서의 위상이 각국의 공공외교 패턴에 영향을 미친다. 이러한 차이는 미국과 중국이 제시하는 공공외교의 프레임 짜기에서 드러난다. 미국이 패권의 보편주의를 기반으로 한 공세적 담론의 전파를 내세운다면, 중국은 급속히 성장하는 자국의 국력에 대한 우려를 불식시키려는 방어적 담론을 생성하고 있다. 다시 말해 미국이 자유와 민주주의를 확산시키는 방향으로 공공외교의 프레임을 짜고 있다면, 중국은 자신들이 처한 특수성을 국제사회에 호소하는 논리를 내세우는 프레임으로 대응하고 있다.

이러한 공공외교는 궁극적으로 충분한 소통을 통해서 얼마나 많이 내 편을 모을 것이냐, 즉 누가 더 영향력 있는 네트워크를 구축하느냐의 게임이다. 내 나라에 대해서 좀더 우호적인 이미지를 갖도록 상대방의 국민, 그리고 동시에 자국민들을 설득하고 동의를 얻어내는 소프트 파워 정치의 과정이다. 이러한 과정에서 SNS와 같은 IT 변수를 활용하여 자국의 외교적 논리를 다듬고 널리 전파하는 것이 일차적으로는 중요할 것이다. 그리고 그러한 디지털 용기에 어떠한 내용을 채울 것이냐의 문제도 외교적인 차원에서 매력과 비(非)호감을 결정하는 주요한 변수이다. 그러나 궁극적으로는 자국의 '존재적 삶의 모습'이 내 편 모으기의 숨은 비결일 가능성이 크다. 이러한 맥락에서 볼 때, 미국과 중국이 벌이고 있는 매력경쟁은 자신의 제도와 생각이 상대방 국가나 전 세계 시민들을 상대로 보편성을 얻어내느냐를 놓고 벌이는 21세기 세계정치의 '표준'을 만들어가는 경쟁이라고 평가할 수 있다.

이 글에서 살펴본 공공외교의 세계정치는 한국 외교에도 큰 함의를 던져준다. 사실 최근 한국에서도 공공외교, 좀더 넓게는 매력외교에 대한 관심이 크게 증대되고 있다. 이러한 관심을 반영하듯이, 국가브랜드위원회나 한국공공외교포럼(KPDF)과 같은 기구와 제도가 발족되기도

Technology: Sociology of Science in the Real World. London: Macmillan, pp.19-34.

Cho, Young Nam and Jong Ho Jeong. 2008. "China's Soft Power: Discussions, Resources, and Prospects." *Asian Survey* 48(3), pp.453 - 472.

Clinton, Hillary Rodham. 2010. "Leading Through Civilian Power: Redefining American Diplomacy and Development." *Foreign Affairs* 89(6), pp.13-24.

Committee on Foreign Relations U.S. Senate. 2011. *Another U.S. Deficit: China and America-Public Diplomacy in the Age of the Internet*.

Dale, Helle C. 2009. "Public Diplomacy 2.0: Where the U.S. Government Meets 'New Media." *Backgrounder* No.2346, December 8, pp.1-11.

d'Hooghe, Ingrid. 2005. "Public Diplomacy in the People's Republic of China." in Jan Melissen. ed. 2005. *The New Public Diplomacy: Soft Power in International Relations*. New York: Palgrave Macmillan, pp.88-105.

Fowler, Alan and Kasturi Sen. 2010. "Embedding the War on Terror: State and Civil Society Relations." *Development and Change* 41(1), pp.1-27.

Galloway, Alexander R. and Eugene Thacker. 2007. *The Exploit: A Theory of Networks*. Minneapolis and London: University of Minnesota Press.

Graffy, Colleen. 2009. "The Rise of Public Diplomacy 2.0." *The Journal of International Security Affairs* 17. 〈http://www.securityaffairs.org/issues/2009/17/graffy.php〉(검색일: 2011년 10월 6일).

Harman, Graham. 2009. *Prince of Networks: Bruno Latour and Metaphysics*. Melbourne: re.press.

Howell, Jude. 2006. "The Global War on Terror, Development and Civil Society." *Journal of International Development* 18(1), pp.121-135

Khatib, Lina et al. 2011. "Public Diplomacy 2.0: An Exploratory Case Study of the US Digital Outreach Team." Prepared as a joint working paper of the Oxford Internet Institute at the University of Oxford and the Center on Democracy, Development, and the Rule of Law at Stanford University.

Kurlantzick, Joshua. 2007. *Charmoffensive: How China's Soft Power is Transforming the World*. New Haven and London: Yale University Press.

Latour, Bruno. 1987. *Science in Action: How to Follow Scientists and Engineers through Society*. Milton Keynes: Open University Press.

______. 1993. *We Have Never Been Modern*. Cambridge, MA: Harvard University Press.

______. 2005. *Reassessing the Social: An Introduction to Actor-network Theory*. Oxford and New York: Oxford University Press.

Law, John. 1992. "Notes on the Theory of the Actor Network: Ordering, Strategy and Heterogeneity." *Systems Practice* 5(4), pp.379-393.

Law, John and J. Hassard eds. 1999. *Actor Network Theory and After*. Oxford: Blackwell.

McKinnon, R. I. 2010, "China in Africa: The Washington Consensus versus the Beijing Consensus." *International Finance* 13, pp.495 - 506.

Melissen, Jan. ed. 2005. *The New Public Diplomacy: Soft Power in International Relations*. New York: Palgrave Macmillan.

Nye, Joseph S. 2004. *Soft Power: The Means to Success in World Politics*. New York: Public Affairs.

______. 2008. "Public Diplomacy and Soft Power." *The ANNALS of the American Academy of Political and Social Science* 616(1), pp.94-109.

Ortiz, Isabel. 2007. "New Developments in South-South Cooperation: China ODA, Alternative Regionalisms, Banco Del Sur." *International Development Economics Association*. 〈http://www.networkideas.org/news/aug2007/news22_new_developments.htm〉

Paradise, James F. 2009. "China and International Harmony: The Role of Confucius Institutes in Bolstering Beijing's Soft Power." *Asian Survey* 49(4), pp.647-669.

Pigman, Geoffrey Allen. 2008. "Consuls for Hire: Private Actors, Public Diplomacy." *Place Branding and Public Diplomacy* 4(1), pp.85-96.

Ramo, Joshua Cooper. 2004. "The Beijing Consensus," The Foreign Policy Centre.

Seib, Philip. ed. 2009. *Toward a New Public Diplomacy: Redirecting U.S. Foreign Policy*. New York: Palgrave Macmillan.

Sheng, Ding. 2011. "Branding a Rising China: An Analysis of Beijing's National Image Management in the Age of China's Rise." *Journal of Asian and African Studies* 46(3), pp.293-306.

Shirky, Clay. 2011. "The Political Power of Social Media." *Foreign Affairs* 90(1), pp.28-41

Sohn, Yul. 2011. "Attracting Neighbors: Soft Power Competition in East Asia." *The Korean Journal of Policy Studies* 26(11), pp.77-96.

Tan-Mullins, May, Mohan Giles and Marcus Power. 2010. "Redefining 'Aid' in the China-Africa Context." *Development and Change* 41(5), pp.857-881

US Department of State and US Agency of International Development(USAID). 2010. *Leading Through Civilian Power: The First Quadrennial Diplomacy and Development Review*.

Wang, Yiwei. 2008. "Public Diplomacy and the Rise of Chinese Soft Power." *The ANNALS of the American Academy of Political and Social Science* 616(1), pp.257-273.

Williamson, John. 1990. "What Washington Consensus Means by Policy Reform," John Williams, ed. *Latin American Adjustment: How Much has Happened?*. Washington, DC: Institute for International Economics.

2

무역과 공공외교: 비(非)전략적 전략

박종희 (서울대학교 정치외교학부 부교수)

계몽사상가들은 국제무역을 "신의 외교"라고 보았다. 그들은 무역이 서로 다른 국가에 살고 있는 시민들로 하여금 서로 공유하는 이익이 존재한다는 사실을 깨닫게 하여, 적대와 갈등보다는 협력과 공존의 씨앗을 뿌릴 수 있다고 믿었다. 이러한 계몽사상가들의 믿음은 무역이 공공외교에 미치는 긍정적 영향에 대한 지적 기원을 이룬다고 볼 수 있다. 이와 대조적으로 국가 이외의 행위자들에게 그다지 큰 이론적 중요성을 부여하지 않는 국제정치의 현실주의자들은 무역이 공공외교 혹은 전통적 외교에 미칠 영향에 부정적인 전망을 내놓는다. 이 글은 무역이 공공외교에 미치는 영향에 대한 비관론과 낙관론을 간략히 살펴본 뒤, 이러한 견해가 공히 19세기와 20세기 초에 왕성히 진행된 완제품 교역에 기반한 국제무역에 기초해 있음을 지적할 것이다.

20세기 중후반, 그리고 21세기 초에 세계가 목도하고 있는 국제무역의 양상은 계몽사상가들이나 현실주의자들이 관측했던 것보다 더 다양해지고 더 복잡해졌다. 또한 국제무역이 국내정치에 미치는 영향 또한 민주주의가 확산된 20세기 중후반에 이르면 근본적인 변화를 겪고 있다. 이 글은 국제무역의 다면적이고 복합적인 변화를 검토한 뒤, 소프트 파워의 생산이라는 측면에서 무역이 공공외교에 미치는 영향을 살펴볼 것이다. 이 과정에서 중견국 한국에게 유용한 소프트 파워의 개념은 나이(Joseph Nye)에 의해 주장된 도구적·목적합리적 소프트 파워 개념이 아니라 동의와 공감에 기반한 소통적 소프트 파워라는 점을 주장할 것이다. 이 소통적 소프트 파워 개념이 기존의 매력이론과 어떤 측면에서 일맥상통하는 것인지도 논의될 것이다.

소통적 소프트 파워의 중요한 자원은 국민들에 의해 형성된 특정 국가에 대한 긍정적 집합 이미지이다. 그 긍정적 집합 이미지를 구성함에 있어서 국제무역은 매우 중요한 역할을 하고 있다. 이 글은 국제무역이 특정 국가에 대한 집합 이미지를 구성함에 있어서 영향을 미치는 경로를 네 가지로 나누어 살펴보고, 그 사례로 한국과 중국, 그리고 일본과의 무역이 미국인들에게 어떤 집합적 이미지를 형성했는가를 비교·검토해볼 것이다. 이러한 논의를 토대로 국제무역에서 소프트 파워를 추구하기 위해서는 어떤 접근이 필요한가에 대해서 논의할 것이다.

I. 무역과 국제관계

무역이 국가들 간 적대와 불신을 무너뜨리고 인류 공영(共榮)의 가능성을 증진할 것이라는 믿음은 18~19세기 계몽사상가들의 공통된 믿음이었다. 유럽 자유무역의 시작을 알리는 콥든-슈발리에 협정(Cobden-Chevalier Treaty)을 이끌었던 콥든(Richard Cobden)은 "자유무역은 신에 의한 외교이다. 인류를 평화의 끈으로 묶을 수 있는 방법 중에 무역보다 더 좋은 방법은 없다"고 말했으며,[1] 몽테스키외(Baron de Montesquieu)는 『법의 정신』에서 "평화는 무역의 자연스러운 결과이다. 서로 교역하는 두 국가는 구매와 판매의 이해를 가지고 서로 의존하게 되어 상호 필요성에 근거한 연합을 이루게 된다"라고 주장했다.[2] 또한 칸트(Immanuel Kant)는 『영구평화론』에서 무역의 본령(the spirit of commerce)은 전쟁과 양립할 수 없음을 강조하면서, 무역으로부터 오는 이익에 대한 기대가 평화를 촉진하고 분쟁이 전쟁으로 비화되는 것을 막는 중요한 역할을 할 것으로 예측했다.[3] 칸트에 따르면 영구평화의 기초를 이루는 세계 시민들 간의 국경을 초월한 보편적 친절(universal hospitality)은 무역이 가져다주는 이익의 그물망을 통해서 확보된다.

그러나 계몽사상가들의 무역에 대한 낙관론적 기대는 크리미아 전쟁, 보불전쟁, 그리고 1·2차 세계대전에 의해 무참히 무너지고 말았다. 특히 전간기(戰間期)에 진행된 보호무역 경쟁은, 무역정책은 국가이익과 생존이라는 국제정치의 '현실'에 철저히 종속된 것이라는 현실주의자들의 해석에 힘을 실어주었다. 현실주의자들은 무역에 대한 경쟁 자체가 군사적 경쟁과 다를 바 없는 생존경쟁의 일환이며 무역이 가져오는 상호의존이 오히려 갈등의 가능성을 증가시킬 수 있다고 경고하였다(Carr 1939; Gilpin 1977; Mearesheimer 1992; Morgenthau 1948; Waltz 1970). 두 번의 세계대전을 거치면서, 무역이 국가 간 관계를 평화롭게 만들 것이라는 계몽사상가들의 이상(理想)은 민족주의의 등장과 중상주의적 경제전쟁, 무역의 안보화 또는 안보의 무역화 같은 국제정치의 새

1 Dufour에게 보내는 편지, John M. Hobson. *The Eastern Origins of Western Civilization*. Cambridge University Press, p.259에서 재인용.

2 Baron de Montesquieu. 1752[1914] "Book XX Of Laws in Relation to Commer, Considered in its Nature and Distinctions." *The Spirit of the Laws*. G. Bell & Sons, Ltd., p.341.

3 Immanuel Kant. 1795. "First Supplement: Of the Guarantee for Perpetual Peace." *Perpetual Peace: A Philosophical Sketch*. The Online Library of Liberty.

로운 현실을 보지 못한 망상처럼 여겨졌다.

그럼에도 불구하고 무역에 대한 낙관론은 그렇게 쉽게 역사 저편으로 사라지지 않았다. 세계대전의 상흔이 사라지자마자 무역이 국가 간 관계를 평화적으로 이끌 것이라는 주장은 다시 국제정치 안에서 재등장했다. 쿠퍼(Richard Cooper)와 코헤인·나이(Robert O. Keohane and Joseph S. Nye)는 2차 세계대전 후 급증하는 자본주의 국가들 간의 교역을 목도하면서 복합상호의존(complex interdependence)이 외교정책 수단으로서 군사력의 중요성을 약화시키는 반면 비군사적 정책수단의 중요성과 효과를 증가시켜 군사적 충돌의 가능성이 줄어들 것이라고 주장했다(Cooper 1968; Keohane and Nye 1987). 한편 도일(Michael Doyle)과 러셋·오닐(Bruce Russet and John Oneal) 등은 민주주의 국가들 간의 전쟁 발발이 지극히 드물었다는 역사적 사실을 토대로 칸트의 영구평화론을 현대적으로 재해석한 민주평화론(Democratic peace theory)을 제시한다. 이들은 칸트가 제시한 영구평화의 세 가지 조건(공화정과 국가연합, 그리고 보편적 친절)을 현대적으로 재해석하여 민주평화론의 세 가지 조건으로 민주주의와 국제제도, 그리고 자유무역을 필두로 한 경제적 상호의존을 제시하였다(Doyle 1986; Oneal et al. 1996; Oneal and Russett 1997). 하버마스(Jürgen Habermas)는 여기서 한발 더 나아가 칸트의 영구평화론은 공론장의 힘에 기반을 둔 세계시민주의 평화기획(cosmopolitan pacification)이라는 급진적 해석을 내놓는다.

이와 같이 무역이 국경과 주권으로 나누어진 세계의 시민들을 평화라는 거대한 목표 아래로 묶어낼 것이라는 계몽사상가들의 믿음은 그 형태와 내용이 바뀌어오면서 오늘날까지 끈질기게 이어지고 있다. 이 글은 무역이 공공외교에 미치는 영향이라는 주세를 통해 계몽사상가들의 무역에 대한 믿음이 오늘날에도 여전히 타당한지 검토해볼 것이다. 이를 위해 우선 공공외교의 핵심 개념인 소프트 파워에 대한 논의를 비판적으로 재검토하고 미국 중심의 소프트 파워 논의가 도구적·행태주의적 권력 개념에 치중되었음을 지적할 것이다. 하버마스에 의해 제기된 의사소통행위이론에 기반하여 도구적 소프트 파워와 구분되는 소통적 소프트 파워의 개념을 제시한 뒤, 소통적 소프트 파워 개념이 중견국을 위한 소프트 파워 이론으로 제기된 매력론과 일맥상통할 뿐만 아니라 계몽사상가들에 의해 지적된 무역의 평화추구적 순기능과도 직결되어 있음을 논의할 것이다. 다음으로 무역이 소통적 소프트 파워에 미치는 경로와 효과를 제품, 무역의 종류, 무역 수지의 비대칭성, 그리고 무역의 분배적 효과라는 측면에서 각각 살펴볼 것이다. 이를 통해 계몽사상가들이 주목하던 시대의 무역과 오늘날의 무역이 양적·질적으로 판이하게 다르며 무역이 소통적 소프트 파워에 미치는 영향도 계몽사상가들의 기대대로 순기능적이지만은 않다는 점을 논의할 것이다. 끝으로 한·중·일 동아시아 3국의 무역이 미국의 공론장에 어떤 영향을 주었는지를 미국 여론조사 자료를 이용하여 살펴볼 것이다.

II. 도구적 소프트 파워와 소통적 소프트 파워, 그리고 무역을 통한 공공외교

앞에서 설명한 내용에 따르면, 공공외교란 "상대국의 정부가 아니라 상대국의 국민들을 대상으로 하여 벌이는 외교"라고 간단히 정의되며 공개성, 공동성, 그리고 공익성이라는 세 가지 측면에서 전통적 외교와 구분된다. 공공외교의 실체를 보여주는 대표 개념은 나이(Joseph S, Nye)의 소프트 파워(soft power)이다(Nye 2004, 2008). 나이에 따르면 소프트 파워란 강제력을 사용하지 않고 다른 사람으로 하여금 내가 원하는 것을 하도록 하는 힘이다(Nye 2008: 95). 소프트 파워를 행사하는 가장 효과적인 방법은 상대의 선호를 나의 선호에 맞게 바꾸는 것에 있다. 여기서 바로 공공외교의 중요성이 등장한다. 나이에게 있어서 공공외교란 상대 국가 국민들의 생각과 마음을 우리의 이익에 맞게 바꾸는 것이다. 나이는 미국의 문화, 미디어, 정책, 이데올로기 등이 상대 국가로 흘러들어가 상대 국가 국민들의 생각과 마음속에서 미국에 대한 매력을 재생산해낸다면 해당 국가에 대한 미국의 외교정책은 훨씬 더 효과적일 것이라고 주장한다. 여기에서 나이가 강조하는 것은 소프트 파워 생산을 가능케 하는 자원(resources)의 중요성이다.

한 가지 주목할 점은 나이의 소프트 파워에 대한 논의가 철저하게 도구적인 의미에 초점을 두고 있다는 점이다. 즉 소프트 파워가 상대 국가 국민들의 생각과 마음을 바꾸는 내적 방식이 상대국 국민들의 이성과 양심, 감성의 '울림'을 통해 얻게 되는 지지와 동의인지 아니면 강제와 유인, 선전에 기반한 '홀림'인지 구분하지 않고 행위자의 행태 변화라는 목적에만 초점을 맞춘 도구적 효율성의 관점을 가지고 있다.

이러한 나이의 소프트 파워 담론은 철저하게 초강대국 미국의 입장과 구조적 지위를 반영하고 있다. 경제, 문화, 학문, 기술 등의 전 분야에서 가장 강력한 구조적 지위를 누리고 있는 미국은 어떤 국가보다도 다양한 소프트 파워 자원을 보유하고 있다. 따라서 미국의 주관심사는 그러한 소프트 파워 자원을 어떻게 '이용'할 것인가이다. 미국을 제외한 대부분의 국가들은 상호의존의 세계질서 속에서 미국의 소프트 파워 자원들로부터 절연될 수 없는 위치에 있다. 결국 소프트 파워를 도구적으로 규정하고 이에 대한 국가 간 경쟁을 새로운 국제정치의 장으로 그리는 것은 미국의 이익을 철저하게 반영하는 국제질서 담론인 것이다.

이런 측면에서 한국과 같은 국제 사회의 중견국들이나 약소국들이 미국 중심의 소프트 파워 논의를 무비판적으로 수용하는 것은 유익하지도 바람직하지도 않다. 미국과 같은 소프트 파워 자원을 가지고 있지 못한 상태에서 도구적인 의미의 소프트 파워 생산 경쟁에 뛰어들 경우 경쟁에서 뒤처질 것이 뻔하다. 더 나아가 소프트 파워 자원이 부족한 상황에서 상대 국가 국민들의 생각과 마음에 대해 도구적인 접근을 고집할 경우, 상대 국민들에게 전략적 접근의 얕은 수를 간파당해 심각한 역효과를 낳을 수 있다. 예를 들어, 일본 내에서 한국 대중문화가 확산되어 있는 상황을 한국 정부가 소프트 파워 자원으로 활용하고자 할 경우 자연 발생적 문화현상을 도구적으로 이용하려는 움직임에 대한 반발이 일본 국민들 내에서 생겨날 수 있으며 결과적으로 한국 대중문화의 확산 자체가 역풍을 맞을 가능성이 있다.[4]

따라서 소프트 파워에 대한 미국 학자들의 도구적 정의와 전략에 대한 논의는 중견국인 한국의 입장에서 상당히 신중하게 받아들여질 필요가 있다. 이런 측면에서 중견국의 입장에서 소프트 파워를 매력(魅力)으로 이해하려는 일련의 시도(김상배 본 편저; 손열 편 2007; 평화포럼21 편 2005)는 중요한 의의를 지닌다. 앞에서 매력의 핵심 개념을 머리의 힘, 기예의 힘, 마음의 힘, 제도의 힘, 규범의 힘, 지혜의 힘으로 나누어 설명하였다. 이러한 설명을 관통하는 것은, 바로 매력은 도구적 의미의 소프트 파워처럼 소프트 파워 자원에 기반하여 상대를 강제하거나 유인하는 것이 아니라 과학기술이나 문화적 실력, 도덕적 지도력, 예술적 우수성

4 다행히 한국 정부의 문화정책 담당자들도 이러한 시각에 공감하고 있는 듯하다. 박근혜 정부의 초기 문화관광부 장관(유진홍)은 한류에 대한 정부지원 여부에 대해 민간 부문의 문화활동에 대한 정부지원이 자칫 상대 국민들의 반발을 불러일으킬 수 있음을 지적하며 부정적인 반응을 보였다고 한다. "한류 정부지원 바람직하지 않다." 『조선일보』, 2013년 2월 27일.

등에 바탕을 둔 것이라는 점이다. 그리고 이러한 매력이 작동하는 방식을 설명하면서 "전략으로서 매력의 요체는 상대방의 존경과 사랑을 받기 위해 자신의 매력을 은연중에 교묘하게 발산해야" 하며 "존경과 사랑을 너무 노골적으로 요구하다가는 오히려 빈축과 경멸을 자초하기 일쑤"라고 지적하고 있다(김상배 본 편저: 25).

이러한 매력론은 이 글에서 제시하고자 하는 소프트 파워에 대한 소통적 접근(communicative approach to soft power)과 일맥상통한다. 즉 소프트 파워가 만들어내고자 하는 권력을 도구적 권력과 소통적 권력으로 크게 나눈다면 나이의 권력자원에 기반한 접근은 상대방의 선호(preference)에 영향을 주어 상대의 행위를 내 목적에 맞게 바꾸려는 도구적 접근에 가깝다고 볼 수 있다. 반면 매력론은 상대의 소통적 이성(생각과 마음)에 호소하여 감동 혹은 동의에 바탕을 둔 지지를 이끌어내는 것을 목표로 한다는 측면에서 도구적 (혹은 목적) 합리성보다는 소통적 (혹은 간주관적) 합리성에 더 가까운 개념이라고 할 수 있다. 권력에 대한 소통적 접근을 가장 일관되게 주장해온 하버마스의 견해를 중심으로 소프트 파워에 대한 소통적 접근의 가능성을 탐색해보자.

하버마스의 소통적 권력이론의 핵심 개념은 공론장(the public sphere)이다. 공론장은 정보와 견해를 소통하는 하나의 네트워크인데, 이러한 정보의 흐름이 걸러지고 종합되어 하나의 묶음으로 모아진 것이 우리가 흔히 여론이라고 부르는 공론(public opinion)이다(Habermas 1998: 360). 하버마스에 따르면 이 공론장을 지배하는 원리는 목적 지향적(goal-oriented)·도구적 합리성이 아니라 이해를 지향하는(understanding-oriented) 소통적 합리성이다. 공론장의 속성상 목적 지향적·도구적 합리성이 공론장을 잠시 지배할 수 있지만 결코 소통적 합리성을 밀어내고 공론장을 장악할 수는 없다. 이런 이유로 하버마스는 매스미디어가 공론장에 영향을 미치는 것은 분명하지만 그 영향은 제한적이라고 선을 긋는다. 공론의 틀을 형성하는 것은 공유하는 소통행위의 규칙(the rules of a shared practice of communication)이며 어떤 이슈에 대한 합의는 정보와 논증, 제안들이 서로 합리적으로 교환되는 가운데 서서히 등장하는(develop) 것이기 때문에 매스미디어가 공론을 장악하고 틀을 형성한다는 주장은 공론장의 특성을 이해하지 못한 것이라고 비판한다(Habermas 1998: 362).

이런 관점에서 볼 때 나이의 소프트 파워 전략은 한 국가의 공론장에 영향을 줄 수 있는 자원들을 활용하여 여론 형성에 개입하고자 하는 철저한 목적 지향적·도구적 행위라고 할 수 있다. 공론장의 기본 합리성이 이해 지향적 소통적 합리성이라고 가정하면 목적 지향적인 나이의 소프트 파워 전략은 공론장의 기본 작동 원리와 충돌할 수밖에 없다. 바로 이 점이 앞에서 설명되었듯 매력에 대한 노골적 요구가 "빈축과 경멸"을 초래한다고 지적했던 지점과 일맥상통하는 부분이다.

그렇다면 왜 우리는 도구적 소프트 파워보다는 소통적 소프트 파워에 주목해야 하는가? 먼저 효율성의 관점에서 생각해보자. 도구적 접근의 효율성은 누가 가장 많은 자원을 보유했는가에 상당 부분 좌우된다. 따라서 소프트 파워 자원을 많이 보유하지 못한 우리는 도구적 접근을 고집하는 경우 자원 격차로 인한 권력생산 격차의 문제를 피할 수 없다. 반면 소통적 합리성에 기반하여 상대 국민들의 생각과 마음에 접근하려는 전략은 자원 격차로 인한 권력생산 격차의 문제를 완화할 수 있어서 좀더 효율적인 전략이다.

그러나 우리가 소통적 소프트 파워의 추구에 주목해야 하는 보다 근본적인 이유는 따로 있다. 그것은 소통적 합리성에 충실한 소프트 파워 전략이 민주주의와 인권이 보장된 모든 국가에 대해 공론장-친화적인 소프트 파워 전략(a public sphere friendly soft power strategy)이라는 점이다. 따라서 소통적 합리성에 충실한 소프트 파워 전략은 도구적 소프트 파워 전략과는 달리 해당 국가 국민들의 반발 없이 장기적이고 안정적으로 소프트 파워를 구축할 수 있다는 장점이 있다.

우리가 소통적 소프트 파워를 추구해야 할 두 번째 근본적 이유는 소통적 합리성에 충실한 소프트 파워 전략이 갖는 정합게임(positive sum game)의 성격 때문이다. 프랑스의 국가적 매력은 이탈리아의 국가적 매력의 감소 없이 얼마든지 증가할 수 있다. 한국 자동차의 성능과 품질에 대한 선호가 개선되어 한국의 국가 이미지가 호전되는 것이 반드시 경쟁 회사의 제품에 대한 부정적 이미지의 증가로 이어지거나 그 회사를 배출한 국가에 대한 부정적 이미지로 귀결되는 것은 아니다. 반면 도구적 소프트 파워 전략은 소프트 파워 자원에 대한 경쟁을 동반하고 선전·선동에서의 무기경쟁(arms race)를 촉발하여 부정적 외부성을 생산하는 근린궁핍화정책(beggar-my-neighbor policy)의 효과를 낳을 수 있다.

이와 같은 논의를 통해 결국 칸트가 구상했던 영구평화의 세 번째 조건인 보편적 친절의 세계시민주의는 소통적 소프트 파워 전략과 맞닿아 있음을 확인할 수 있다. 소통적 합리성에 충실한 소프트 파워 전략은 다른 국가를 경쟁자로 간주하거나 적으로 여기지 않는 세계시민주의의 원칙, 혹은 보편성의 원칙을 충족시킬 수 있기 때문이다. 결국 무역이 공공외교에 미치는 영향에 대한 계몽기획은 무역이 각 국가의 공론장에 미치는 긍정적 영향을 통해 세계시민에 대한 상(像)을 세계인의 가슴속에 새겨 넣는 것이라고 정리해볼 수 있다. 그렇다면 이러한 계몽기획은 오늘날의 현실에 비추어 얼마나 '현실'적인가?

III. 무역과 소통적 소프트 파워

이제 국제무역이 소통적 소프트 파워에 어떤 영향을 주는지를 서로 다른 경로를 고려하여 논의해보자. 구체적으로 무역이 공론장의 영역에서 형성되는 한 국가에 대한 집합 이미지에 어떠한 영향을 주는지를 제품의 이미지, 제품의 종류, 무역관계의 대칭성, 그리고 무역의 분배적 효과의 측면에서 각각 살펴보고자 한다.

1. 제품의 종류

계몽사상가들이 목도했던 국제무역은 서로 다른 완제품들이 국경을 넘어 교환되는 산업 간 무역(inter-industry trade)이었다. 예를 들어, 리카도는 영국의 와인과 포르투갈의 의류를 가지고 비교우위를 설명하였다(Ricardo 1817: 82-83). 그러나 오늘날의 무역은 이로부터 근본적인 변화를 겪었다.

본 절에서는 산업 간 무역과 구별되는 산업 내 무역(intra-industry trade)과 자원무역(trade in natural resources)에 주목한다. 첫째, 산업 내 무역이란 제품의 생산공정이 국제적 분업으로 이루어지는 것을 말한다. 따라서 산업 내 무역의 대상은 원자재와 중간 생산재이며 최종 조립공정 국가에서 완제품이 생산되는, 수직적으로 분화된 상품(vertically differentiated goods)의 무역이다. 수직적 분화에 의한 산업 내 무역의 대표적인 예가 바로 애플의 아이폰이다. 아이폰 4S의 경우 미국 애플 본사에서 디자인과 설계, 부품 구매 계획이 수립된다. 이 계획은 대만의 두 조립공장으로 넘겨진다. 이와 동시에 독일, 한국, 일본, 대만, 미국 등지에서 아이폰의 제조에 필요한 각종 부품들이 주문되어 대만의 최종 조립공장으로 보내진다. 대만의 조립공장에서 완성된 아이폰은 미국을 비롯한 전 세계로 배송된다. 한 연구에 따르면 산업 내 무역은 2006년 현재 전 세계 무역의 44%(세 자릿수 산업구분법을 따름)를 차지하고 있는 것으로 추정된다(Brulhart 2008).

산업 내 무역이 이루어지는 원리는 비교우위가 아니라 규모의 경제와 상품의 다양화에 있다. 독과점적인 경쟁구조에서 규모의 경제(economy of scale)와 상품 다양화(product diversification)로 국제무역에서 유리한 위치를 점하게 되면 이로부터 지속적으로 얻게 될 이익이 매우 크기 때문에 해당 국가들의 유대가 더 증가하게 된다. 이런 이유로 수직적 분화에 의한 산업 내 무역은 다른 무역과는 달리 무역관계의 지속성과 긴밀성이라는 특징을 지닌다. 무역관계가 지속적이라는 것은 상품의 질과 가격에 따라 급변하는 스폿무역(spot-trade)이 아니라 장기적인 계약에 기초한 관계를 의미한다. 무역관계의 긴밀성은 무역 중단 시에 입게 될 피해가 수직적 관계에 포함된 모든 국가에게 매우 크다는 점을 가리킨다.

〈그림 2-1〉은 산업 내 무역이 이루어지는 국가들의 특성을 발전 수준과 지역으로 구분한 것이다. 선진국 간의 북-북 무역이 전체 산업 내 무역의 37%를 차지하고 있음을 확인할 수 있다. 즉 산업 내 무역이 그 지속성과 긴밀성으로 국가들 간의 복합적 상호의존을 가장 효과적으로 구현하는 무역 형태라고 가정하면 그 긍정적 효과가 선진국들로 집중되어 있음을 확인할 수 있다.

다음으로 천연자원 중심의 무역(trade in natural resources, 이하 자원무역)을 고려해보자. 산업화가 전 세계로 확산되면서 자원무역은 2011년 현재 전 세계 무역의 약 20%를 넘어서고 있다(Ruta and Venables 2012). 자원무역은 산업 간 무역이나 산업 내 무역과 매우 다른 양상을

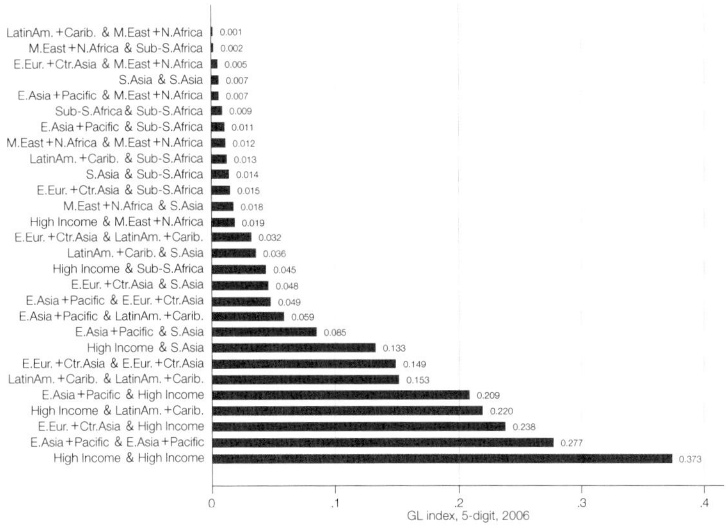

그림 2-1. 양자무역에서 산업 내 무역이 차지하는 비중

GL Index는 Grubel and Lloyd Index로 산업 내 무역이 양자무역에서 차지하는 비중을 나타낸다. 0은 최저치이며 1은 최대치이다. 그림에 표시된 국가군은 세계은행의 표기법에 따른 것이다. High Income은 2012년 기준 일인당 국민소득이 USD 12,615 이상인 국가를 가리킨다. 좀더 자세한 국가군 구분에 대해서는 http://data.worldbank.org/about/country-classifications 참조.

출처: Brulhart 2008.

보인다. 먼저 자원 수출 국가들의 수가 지극히 제한되어 있으며 이들의 시장영향력이 매우 크다. Ruta and Venables(2012)에 따르면 천연자원 수출의 80% 이상이 21개 국가에 집중되어 있으며, 그중에서 9개 국가는 천연자원의 수출이 국내총생산의 50%를 넘는다(Ruta and Venables 2012: 332). 또한 자원수출에 집중한 국가들은 대부분 민주주의와 산업발전의 수준이 취약하다는 공통점이 있다. 따라서 자원무역의 경우, 산업 간 무역과는 달리 무역의 증가가 자유주의자들이 기대하는 상호의존의 긍정적인 효과를 자동적으로 가져오지는 않을 것임을 쉽게 예측할 수 있다. 오히려 자원 수출국에 대한 의존을 강화시키고 자원 확보 경쟁을 심화시켜 국가 간 갈등의 잠재적 가능성이 증가할 수 있다.

이와 같이 무역 형태가 복잡화되고 다양화되면서 무역이 국가 간 관계에 미치는 영향을 일반화하는 것이 점차 어려워지고 있다. 다음 절에서는 산업 간 무역이 국가 간 관계에 영향을 미치는 중요한 통로인 제품 이미지를 통한 무역의 공공외교 효과를 살펴보도록 한다.

2. 제품의 이미지

완제품의 교환으로 이루어지는 산업 간 무역이 공공외교에 영향을 미칠 수 있는 중요한 통로는 교역품에 대한 이미지를 통해서이다. 소비자들은 교역품을 통해 원제조국에 대한 긍정적 혹은 부정적 인식을 형성할 수 있으며 이러한 개별적 인식들이 공론장을 통해 해당 국가에 대한 집합이미지로 발전할 수 있다. 예를 들어, 도요타의 자동차와 소니의 워크맨을 사용해본 소비자들이 이들 제품의 품질과 성능에 매료되어 일본이라는 국가에 대해 혁신적인 생산방식과 발전된 전자기술을 가진 매력적인 국가라는 긍정적인 인상을 가질 수 있다. 본 절에서는 그 인식의 진화과정을 이론적으로 규명하기보다는 몇 가지 사례연구를 통해 교역품의 이미지와 국가이미지가 맺는 관계를 살펴보고자 한다.

애플은 20세기 후반과 21세기 초반에 혁신적이고 훌륭한 디자인을 갖춘 휴대용 전자기기를 선보여왔다. 그 결과 혁신과 창의성을 대변하는 전 세계적인 브랜드로 확고하게 자리 잡았다. 『포브스』에 따르면 애플은 2012년 세계에서 가장 강력한 브랜드로 조사되며, 마케팅 조사업체인 J.D. Power and Associates의 조사에 따르면 애플의 아이폰은 2005년부터 2013년까지 미국 소비자들에 의해 가장 만족스러운 스마트폰으로 꼽혀왔다.[5] 이러한 애플의 긍정적인 이미지는 창업자와 핵심인력들이 기반을 잡고 있는 미국이라는 국가에 대한 긍정적 이미지로 자연스럽게 이어졌을 것으로 쉽게 예측할 수 있다.

그런데 여기서 한 가지 주목할 사실은 애플 제품에 들어가는 수많은 부품들 중 상당수가 미국이 아닌 곳에서 만들어진다는 점이다. 그럼에도 불구하고 애플의 긍정적 이미지는 대부분 애플과 애플의 본부가 위치한 미국이 독차지하고 있다. 결국 소프트 파워의 생산이라는 관점에서 보면 산업 내 무역이 국가브랜드에 미치는 긍정적 영향은 참여 국가들 사이에서 상당히 불평등하게 분배됨을 알 수 있다.

이와 반대로 교역품에 대한 부정적 이미지가 그 제품을 만든 국가 이미지에 심각한 손상을 주는 경우도 있다. 부정적 영향은 특히 식품과 농산물의 무역에서 두드러진다. 그 대표적인 예가 한국에서의 미국산 쇠고기이다. 2007년 미국은 한국 정부로부터 쇠고기 검역조건을 대폭 완화하는 양보를 얻어냈다. 그러나 이 과정에서 검역조건 완화에 대한 한국 내 여론의 반발에 부딪혀 미국산 쇠고기는 안전하지 않다는 인식이 확산되었다. 〈표 2-1〉에서 보는 바와 같이 미국산 쇠고기에 대한 부정적인 인식은 한국 소비자들의 미국산 쇠고기 기피현상을 낳게 되어 미국산 쇠고기의 한국 시장 점유율은 2010년 현재까지 호주산에 밀려 2위에 머물러 있다. 구체적인 양적 지표를 찾을 수는 없으나 미국산 쇠고기에 대한 부정적 인식은 미국에 대한 한국인들의 부정적 인식을 증가시키는 데에 일조했다고 볼 수 있다.

또 다른 예는 2008년 중국 멜라민(melamine) 우유 파동이다. 이 사

5 *Forbes*, "Apple Tops List Of The World's Most Powerful Brands" 10/02/2012; J.D. Power and Associates, "2013 U.S. Wireless Smartphone Satisfaction Study" Published: 3/21/2013.

표 2-1. 쇠고기 국가별 수입 현황(2007~2010)

	2007	2008	2009	2010
미국	14,616(7.2)	53,293(23.8)	49,975(25.3)	90,567(37.0)
호주	147,376(72.7)	130,427(58.2)	116,712(59.0)	121,791(49.7)
뉴질랜드	38,244(18.9)	37,385(16.7)	30,163(15.2)	30,948(12.6)

단위: 톤, 괄호 안의 숫자는 %.
출처: (사)한국수입육협회, "쇠고기 국가별 부위별 수입현황" 각 연도.

건은 Sanlu group이 멜라민을 우유에 섞어 판매해 6명의 아이가 신장 질환으로 죽고 우유를 원료로 한 2차 상품으로까지 오염되어 30만 명 이상의 피해자가 발생한 사건이다. 사건 발생 직후 유럽연합과 각 국가들은 중국산 유제품의 수입을 중단하고 중국산 식품에 대한 검역을 대폭 강화하였다. 이 사건은 중국에서 발생한 일련의 식품안전사건들과 함께 중국에서 제조된 식품에 대한 안전성에 심각한 경종을 울렸을 뿐만 아니라 중국이라는 국가브랜드에 치명적인 타격을 준 것으로 알려지고 있다. Chang and Fujii(2012)는 BBC World Opinion Poll을 통한 연구에서 연이은 식품안전사고로 인해 세계인들에게서 중국의 국가이미지가 2009년 최저점을 찍었음을 보여주고 있다.

식품과 농산물을 제외한다면, 제품이미지에 의한 긍정적인 영향은 고부가가치 산업이나 첨단산업 제품, 혹은 사치재에 집중되어 있다고 볼 수 있다. 반대로 부정적인 영향은 저가의 노동집약적 제품에 집중되어 있다. 이러한 제품 이미지생산의 불평등한 구조는 개발도상국들에게 이중적 어려움을 준다. 개발도상국들이 참여하는 산업 내 무역에 의해 조성되는 긍정적 이미지는 완제품의 모회사와 해당 국가에 의해 독점되는 반면, 개발도상국들이 산업 간 무역을 통해 수출하는 저가의 노동집약 상품은 제조국에 대한 부정적인 이미지를 만들어낼 수 있다. 예를 들어, 최근 미국 갤럽과 『차이나 데일리』에 의해 실시된 조사에 따르면 미국 일반인 2007명의 응답자 중에서 단 1%만이 중국에서 만들어진 제품의 품질이 아주 훌륭하다(Excellent)라고 답했으며 여론주도층 250명 중에서는 아무도 중국 제품이 아주 훌륭하다고 생각하지 않았다고 한다.[6] 그러한 부정적 기억은 한 번 형성되면 꽤 오랫동안 소비자들의 기억 속에 머무를 수 있어 해당 개발도상국이 좀더 고부가가치 제품으로 옮겨가는 것을 가로막을 수 있다.

3. 무역관계의 대칭성

무역관계의 대칭성이란 무역수지의 측면에서 한 국가가 특정 국가에 대해 지속적인 흑자 또는 적자를 기록하는 정도를 말한다. 무역관계의 비대칭성은 무역이 소통적 소프트 파워에 부정적인 영향을 미치는 대표적인 경로이다. 그 이유는 특정 국가에 대한 지속적인 무역 적자가 불공정성(unfairness) 혹은 경제적 종속성(economic dependency)에 대한 우려를 불러일으켜 해당 국가에 대한 부정적인 공론을 생성시킬 수 있기 때문이다.

그 대표적인 예가 1978년 한국에 도입되었던 수입선 다변화 제도이다(신현수 1999). 수입선 다변화 제도는 특정 국가에 대한 수입 의존도가 지나치게 높아지는 것을 막는다는 취지에서 도입된 제도이지만, 실은 일본으로부터의 수입에 제한을 가하고자 하는 보호무역 정책이었음은 주지의 사실이다. 일본으로부터의 수입 증가와 지속적인 무역수지 적자는 국민들로 하여금 한국 경제가 일본에 종속될 수 있다는 인식을 가져

6 일반인과 여론주도층의 순서로 나머지 응답을 정리하면 다음과 같다. Very good(9%, 12%), Good(30%, 41%), Only fair(41%, 34%), Poor(17%, 11%). "Americans Split on Whether China's Economy is Good for US" *China Daily*/Gallup, 4/12/2012.

와 반일의식을 자극하였다. 이에 대한 정치적인 대응책으로 제시된 것이 수입이 특정 국가로 쏠리는 것을 방지하는 수입선 다변화 제도였다. 한국·미국·일본 안보동맹의 영향으로 일본은 한국의 이 보호무역 조치를 GATT에 제소하지 않은 것으로 알려지고 있다(James 2001: 7-8). 수입선 다변화 제도는 1997년 외환위기 협상에서 폐지되었다.

또 다른 예는 미국에서 나타난 '일본 때리기(Japan bashing)'와 '중국 때리기(China bashing)' 현상이다.[7] 일본 때리기는 1980년대에 일본과의 지속적인 무역적자 속에 미국 언론과 대중문화, 정치권에 의해 등장한 반일정서를 일컫는다. 일본 때리기의 배경에는 일본이 2차 세계대전 당시 진주만 습격을 통해 미국 본토를 공격했던 적대국이었다는 기억과 문화적 이질성, 그리고 중상주의적 경제정책 운영에 대한 대중적 거부감 등이 자리 잡고 있었던 것으로 추정된다(Morris 2010). 2000년대 중반부터 나타나기 시작한 미국의 '중국 때리기' 역시 일본 때리기와 유사하게 중국에 대한 거부감과 이질성, 그리고 패권경쟁국이라는 견제심리가 중요한 영향을 주었을 것이다. 그러나 그러한 대중적 반감이 언론에 의해 집중적으로 거론되고 여론 주도층에 의해 사회적 이슈로 선정되게 된 근본적인 배경에는 미국의 국익이 이들 국가에 의해 침식되고 있다는 공감대가 존재했기 때문이며 그 공감대 형성의 근저에는 이들 국가의 대미 수출 비중이 수입에 비해 지나치게 높다는 사실이 있다.

7 예를 들어, 1987년 3월 일본의 전자회사 후지쯔(Fujitsu)는 레이건 행정부의 집중적인 반대에 부딪혀 페어차일드 반도체 회사의 인수를 포기하게 된다. 명목상의 이유는 전략산업의 해외매각에 대한 우려였지만 실은 일본과의 무역마찰에 대한 보복성 조치였다는 것이 일반적인 해석이었다. David E. Sanger, "Japanese Purchase of Chib Maker Canceled after Objections in U.S." *New York Times*. 3/17/1987. 전략산업의 해외매각에 대한 우려가 중요한 이유가 아니었다는 주장이 설득력을 얻은 이유는 페어차일드 반도체 회사 자체가 프랑스 소유 회사라는 사실 때문이다(Krasner 1988: 29).

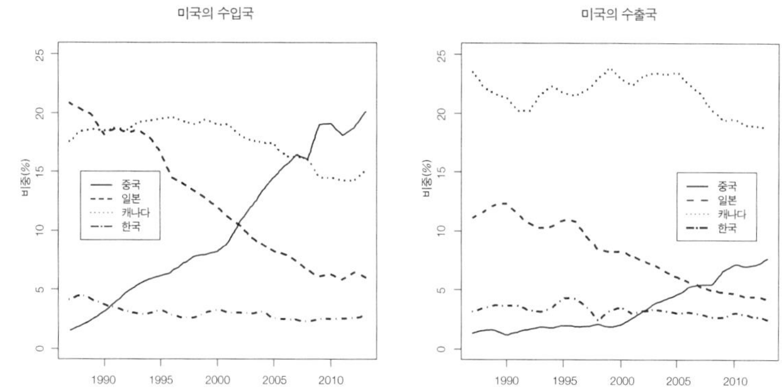

그림 2-2. 미국의 수입과 수출에서 중국, 일본, 캐나다, 한국이 차지하는 비중
출처: UNCTADstat

〈그림 2-2〉는 미국의 제1수입국이 1990년대까지 일본이었다가 2000년대 중반까지는 캐나다, 그리고 2000년대 중반부터 중국으로 바뀌는 양상을 보여주고 있다. 그래프에서 한 가지 주목할 사실은 바로 일본과 중국이 미국 언론, 정치권, 그리고 대중들로부터 집중적인 견제와 비난을 받은 시점이 무역관계에서 비대칭성이 두드러졌던 시기와 일치한다는 점이다. 구체적으로 '일본 때리기'는 1980년대와 90년대 초반에 정점을 이뤘는데, 이 당시 일본의 대미 수출 비중(그림 2-2의 왼쪽 그래프)은 일본의 대미 수입 비중(그림 2-2의 오른쪽 그래프)을 크게 앞서고 있었다. 마찬가지로 중국의 대미 수출은 2000년 중반 이후에 급증하였으나 미국 상품의 중국 수출은 미미한 증가에 머물고 있다. 미국과 중·일 간의 이러한 비대칭적 양자무역 패턴은 미국과 캐나다의 대칭적 무역 패턴과 큰 대비를 이룬다.

2011년 말 미국 갤럽과 『차이나 데일리』는 미-중 간의 무역 불균형이 양국의 관계에 어떤 영향을 미치는지에 대해 물었다. 이에 대해 일반인 2,007명의 66%와 여론 주도층 250명의 78%가 무역 불균형이 중대한 장애물(major barrier)이라고 답했으며 장애물이 아니라고 생각한 응답자는 각각 8%와 2%에 불과했다. 즉 압도적인 수의 미국 여론 주도층과 일반인들은 중국과의 무역 불균형 해소가 양국 관계 개선의 선결 조건이라고 생각하고 있는 것이다.[8]

무역의 비대칭성이 국가이익에 대한 경각심을 불러일으켜 공공외교에 부정적인 영향을 줄 수 있다는 주장은 무역정치가 안보화(securitization of trade politics)될 수 있다는 버디에(Daniel Verdier)의 주장과 일맥상통한다. 버디에는 『민주주의와 국제무역(*Democracy and International Trade*)』이라는 저서에서 무역정치가 이루어지는 양상을 이익정치와 정당정치, 관료정치로 삼분한 뒤, 무역이 안보적 이슈로 전환되면 이익정치적 로비나 당파적 분쟁의 대상이 아니라 국가안보의 관점에서 행정부에 의해 장악되는 관료정치의 양상을 보이게 된다고 주장하였다(Verdier 1994). 수입선 다변화 제도나 일본 때리기, 중국 때리기와 같은 현상은 모두 무역을 통해 국가이익이 중대한 도전에 직면해 있다는 안보적 인식이 팽배한 가운데 나타난 현상임에 주목할 필요가 있다. 예를 들어, 1987년 3월 일본의 전자회사 후지쯔는 레이건 행정부의 강한 반대에 부딪혀 페어차일드 반도체 회사의 인수를 포기하게 된다. 전략 산업의 해외 매각에 대한 우려를 이용한 대일무역 마찰에 대한 보복성 조치였다는 것이 일반적인 해석이다(Krasner 1988: 29).[9]

무역정치가 안보화되는 것은 무역이 공공외교에 미칠 수 있는 가장 큰 위협이라고 할 수 있다. 상대 국가가 무역을 통한 이익을 안보적인 위

8 "Americans Split on Whether China's Economy is Good for US." *China Daily*/Gallup, 4/12/2012.

9 David E. Sanger, "Japanese Purchase of Chib Maker Canceled after Objections in U.S." *New York Times*, 3/17/1987.

협으로 전환할 것이라는 우려 혹은 상대 국가가 공정한 규칙에 따르지 않음으로써 부당한 이득을 챙기고 있다는 인식이 공론장에 자리 잡게 되면, 자유주의자들과 계몽사상가들이 주목했던 무역이 가져다줄 절대적 이익(absolute gains)은 더 이상 중요한 고려사항이 아니다. 상대적 이익(relative gains) 혹은 상대적 박탈(relative deprivation)에 대한 고려가 공론장을 지배하게 되면 계몽주의자들의 구상과는 정반대로 무역이 국가 간 갈등의 씨앗을 뿌리고 해당 국가의 국민들 사이에 반목과 적대감을 증폭시키는 원인이 될 수 있다(Grieco et al. 1993).

4. 무역의 분배적 효과

무역은 국내시장에서 승자와 패자를 만들어내는 분배적 효과를 가지고 있다. 이에 대한 가장 중요한 이론적 발견은 스톨퍼와 사무엘슨에 의해 제시된 스톨퍼-사무엘슨 정리이다(Stolper and Samuelson 1941). 이 정리는 시장에서의 상품 가격 변화가 상품 생산에 소요된 생산 요소의 수익에 미치는 영향을 분석한 것인데, 이를 무역에 따른 상품 가격의 변화에 적용해보면, 자유무역은 그 국가에 풍부하게 존재하는 생산 요소들의 수익을 증가시켜주고 희소하게 존재하는 생산 요소들의 수익을 감소시키는 경향이 있다는 것이다. 자본과 노동의 산업 간 이동이 자유롭다는 전제 아래, 자본이 풍부하고 노동이 희소한 미국에게 자유무역은 자본 집약적 상품에 대한 수요를 증가시켜 자본에게는 이익을 가져다주지만 노동에게는 피해를 준다는 것이다. 피해의 정도는 교역 상대국이 요소부존도(factor endowment)의 측면에서 이질적인 국가일수록 더 심해진다. 예를 들어, 미국의 미숙련 노동자들은 독일이나 캐나다와의 무역보다는 중국과의 무역에서 더 큰 타격을 입을 것이다.

다음으로 무역이 노동시장에 미치는 영향은 바로 국내의 노동이 해외의 노동으로 대체될 수 있는 가능성(substitutability)과 폭이 증가한다는 점이다. 즉 국내의 노동이 해외의 노동으로 쉽게 대체될 수 있다는 것이다. 그 경로는 상품무역, 해외투자, 아웃소싱 등 다양하다. 로드릭(Dani Rodrik)에 따르면 노동의 대체 가능성이 노동시장에 미치는 영향을 크게 세 가지이다. 첫째, 생산에서 발생되는 비용을 사용자보다는 노동자가 더 부담하게 될 가능성이 높아진다. 둘째, 노동 수요의 불안정성이 증가하면서 노동자들의 경제적 불안정성도 같이 증가한다. 셋째, 노동자들의 사용자에 대한 협상력이 하락한다(Rodrik 1997: 16-25). 결국 대체 가능성의 증가는 자본과 노동의 힘의 균형추를 자본 쪽으로 옮겨놓는 효과가 있고 그 결과 실질임금의 하락과 고용조건의 악화로 이어질 수 있다.

무역의 분배적 효과를 완화하는 사회적 제도가 마련되어 있지 않은 곳에서는 무역을 통한 분배적 결과가 사회갈등으로 이어질 수 있다. 무역 확대를 통해 피해를 입게 된 집단은 무역의 폐해를 줄일 수 있는 보호조치를 요구하고 무역 확대를 통해 잃게 될 사회적 가치들이 무엇인지 강조할 것이다. 그 속에서 그 사회적 가치를 파괴하는 원인으로서 교역 상대국에 대한 부정적인 인식이 조장될 수 있다.

무역정치의 딜레마는 패자의 조직화가 승자의 조직화보다 더 쉽다는 점에 있다. 무역 확대를 통해 이익을 얻는 세력들이 공론장에서 적극적으로 자유무역을 옹호하려는 유인은 매우 취약하다. 대표적으로 소비자들은 자유무역을 통해 가장 큰 이익을 누리지만 그 수가 매우 많고 개별적인 이익의 크기가 미미하여 정치적으로 조직화하기 어렵다(Destler 2005: 1-2장; Olson 1965).

특히 보호무역에 대한 주장이 민족주의 감정과 결합하면 자유무역을 통해 이익을 얻는 세력들의 주장은 공론장에서 힘을 얻기 어렵다. 따라서 무역의 분배적 효과의 부정적인 면은 특정 국가에 대한 대중적 반감을 쉽게 조성하지만 그러한 반감을 약화시킬 수 있는 대중적 지지를 조직화하기란 쉽지 않다. 예를 들어, 일본 자동차의 수입 증가는 일본 자동차에 일자리와 시장을 빼앗긴 미국 자동차 산업의 노동자들과 기업들, 그리고 이들 기업들이 밀집한 지역에서 일본 자동차에 대한 반감을 생성시켰으며 이러한 반감이 '일본 때리기'라는 사회현상의 심리적 기반이 되었다. 그러나 값싼 양질의 일본 차를 구매할 수 있게 된 소비자들이 일본 제품에 대한 지지운동을 주도했다는 기록은 찾을 수 없다. 이러한 집단행동의 비대칭성을 고려할 때 정치인들은 무역을 통한 분배적 갈등을 직접 해결하기보다는 경제적 패자들의 분노를 특정 국가로 향하도록 유도하는 희생양 정치(scapegoat politics)를 시도할 유인이 크다.

그 대표적인 예로 2012년 미국 대선에서 공화당의 롬니 후보는 재임자인 오바마 후보를 중국에 대해 지나치게 유약한 모습을 보여왔다고 비판하였다. 더 나아가 롬니는 중국이 미국을 속여 왔으며 이를 막기 위해 "중국을 때려잡아(crack down on China)"야 한다고 강하게 주장하였다. 이는 전통적으로 자유무역을 주장해온 공화당이 무역에 대한 공약을 대폭 수정하지 않으면서 개방경제의 분배적 결과에 대한 사회적 불만을 중국이라는 외부의 대상으로 유도하는 희생양 정치의 예라고 할 수 있다. 문제는 이러한 희생양 정치가 종종 레토릭으로 끝나지만은 않는다는 점이다. 그 예로 최근 애플은 매킨토시 제조 공장 일부를 중국에서 미국으로 옮길 것이라고 발표하였는데 이것은 2012년 대선기간 동안의 중국 때리기의 여파 때문인 것으로 보도되고 있다.[10]

10 "CEO Tim Cook says Apple will build some Macs in U.S. next year." *LA Times*, 12/7/2012. http://articles.latimes.com/2012/dec/07/business/la-fi-apple-manufac-

IV. 무역과 국가 이미지: 미국인들은 한국, 중국, 일본과의 무역을 어떻게 생각하는가

2010년 11월 미국의 여론조사 기관인 퓨 리서치 센터(Pew Research Center)는 무역에 대한 미국인들의 인식에 대한 설문 결과를 발표했다.[11] 이 조사에 따르면 미국인들의 상당수는 무역에 대해 대체로 긍정적인 인식을 가지고 있지만 한국과 중국과의 무역에 대해서는 심각한 우려를 표하고 있는 것으로 나타났다. 구체적으로 한국과의 무역이나 중국과의 무역이 미국에게 도움이 된다고 답한 응답자는 45%에 불과했다. 한국과의 무역이나 중국과의 무역이 미국에게 해가 된다는 응답은 41%(한국)와 46%(중국)에 달하여 긍정적인 입장과 평행선을 그리고 있었다. 반면 캐나다와의 무역에 대해서는 긍정적인 대답이 76%, 부정적인 대답이 14%에 불과했다. 한 가지 주목할 만한 사실은 일본과의 무역에 대한 태도이다. 응답자의 60%가 일본과의 무역을 긍정적인 것으로, 30%가 부정적인 것으로 보았다. 이는 과거 '일본 때리기'에서 보여준 미국인들의 태도와 사뭇 다른 것이다.

한국과 중국과의 무역이 가져다주는 이익에 대해 미국인들이 회의적인 태도를 보이고 있는 이유는 무엇일까? 그 이유가 무역의 분배적 효과 때문이라면, 미국인들은 왜 중국과의 무역과 비슷한 분배적 효과를 가져다주는 멕시코와의 무역에 대해서 52%가 긍정적으로, 37%가 부정적으로 생각하는지 쉽게 설명되지 않는다. 아시아 국가에 대한 문화적인

turing-20121207

11 "Public Support for Increased Trade, Except with South Korea and China" November 9, 2010. 조사방법은 임의걸기(Random digit dialing) 방식에 의한 휴대전화 설문이며, 조사 기간은 2010년 11월 4~7일, 샘플 크기는 996명이다.

이질감이 원인이라고 생각하는 것도 일본에 대한 긍정적인 응답을 설명하지 못한다.

이에 대한 답을 찾아보기 위해 설문에 대한 응답을 토대로 로짓 회귀분석(logit regression analysis)을 시도했다. 종속변수는 동아시아 3국과의 무역이 미국에게 좋은 것인가라는 질문에 대한 응답자들의 대답('예' 또는 '아니오')이며 설명 변수는 소득 수준과 교육 수준이다. 즉 교육 수준과 소득 수준에 따라 해당 국가와의 무역에 대한 인식이 어떻게 변화하는지 살펴보는 것이 분석의 목적이다. 더 구체적으로 중국과 한국과의 무역에 대한 회의적인 태도가 교육 수준과 소득 수준 전체에 걸쳐 유사한 형태로 나타나는지, 아니면 소득집단이나 교육 정도에 따라 상이하게 나타나는지 살펴볼 수 있다.

분석의 신빙성을 위해서 무역에 대한 인식에 영향을 줄 수 있는 다른 요인들을 통제하였다. 먼저 응답자의 인종과 연령 수준을 통제하였으며 다음으로는 지지 정당과 티파티운동(Tea Party movement)에 대한 입장을 통제하였다. 미국의 무역정치에서 전통적으로 민주당 지지자들은 무역에 대해 부정적인 인식이 강한 편이며 공화당 지지자들은 자유무역에 대한 선호가 민주당 지지자들보다 강한 편이다. 그러나 최근 티파티운동을 통해 등장한 공화당 내의 새로운 세력은 무역에 대해 매우 부정적인 입장을 취하고 있어 주목된다. 예를 들어, 퓨 리서치 센터의 설문에 따르면 자유무역협정이나 세계무역기구의 정책들이 미국에게 해가 되는가에 대한 질문에 공화당 지지자 중에서 티파티운동을 지지하는 응답자는 63%가 그렇다고 답한 반면 티파티운동을 지지하지 않는 공화당 지지자들은 단지 42%만이 그렇다고 답했다.

〈그림 2-3〉은 소득 수준과 교육 수준에 따라 해당 국가와의 무역이 미국에게 해가 된다고 답할 확률이 어떻게 변하는지 보여주고 있다. 중

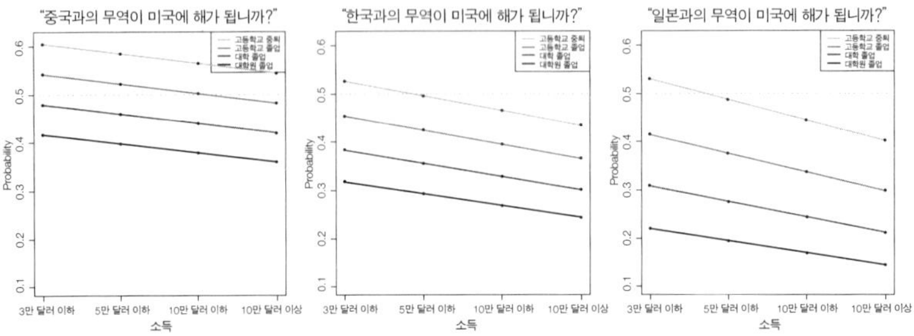

그림 2-3. 소득 수준, 교육 수준, 그리고 동아시아 국가와의 무역에 대한 부정적 인식

국, 한국, 일본 모두에 걸쳐 소득 수준이 높을수록, 그리고 교육 수준이 높을수록 해가 된다고 답할 확률이 낮아짐을 확인할 수 있다. 특히 소득 수준보다는 교육 수준이 미치는 영향이 훨씬 큰 것으로 나타났다.

그러나 그 변화의 정도는 무역 상대가 어떤 국가인지에 따라 큰 차이를 보였다. 먼저 중국의 경우 소득 수준보다는 교육 수준의 영향이 컸으며 대학 졸업 이상의 학력을 가진 경우에만 중국과의 무역을 부정적으로 인식할 확률이 0.5 이하로 내려가는 경향을 보였다.[12] 반면 일본의 경우 고등학교 졸업자들에서부터 일본과의 무역을 부정적으로 인식할 확률이 0.5 이하에 머물러, 일본과의 무역에 대한 긍정적인 인식이 상당히 뿌리 깊게 형성되었음을 확인할 수 있었다. 한국과의 무역의 경우는 일본과 중국의 중간 정도에 위치해 있는 것으로 보인다. 고등학교 졸업 이상의 응답자들은 대부분 한국과의 무역에 그리 부정적이지 않았지만 일본의 경우에서처럼 대학이나 대학원 이상 졸업자들에게서 매우 낮은 수준의 부정적 인식을 확인할 수는 없었다.

12 0.5의 확률은 응답자가 질문에 대해 긍정도 부정도 하지 않는 분계점이라 할 수 있다. 따라서 분석 결과를 해석함에 있어서 0.5를 기준으로 어떤 요인이 0.5보다 높은 혹은 낮은 확률로 이끄는지를 살펴보는 것이 유용하다.

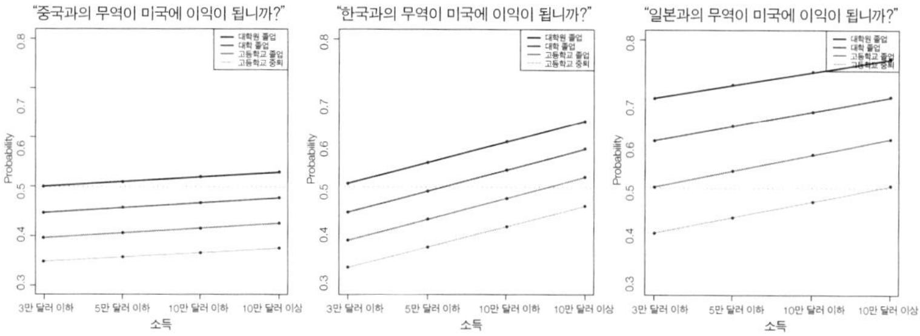

그림 2-4. 소득 수준, 교육 수준, 그리고 동아시아 국가와의 무역에 대한 긍정적 인식

〈그림 2-4〉는 이들 국가와의 무역이 미국에 도움이 될 것인가라는 질문에 대한 응답을 분석한 것이다. 〈그림 2-3〉과 비교할 때 가장 눈에 띄는 점은 국가별 소득효과의 차이이다. 중국의 경우 교육 수준이 중요한 요인일 뿐, 소득 수준의 차이는 중국과의 무역이 미국에게 이익이 될 것이라는 응답에 미치는 영향이 미미하다. 그러나 한국의 경우 연소득 3만 달러 이하의 저소득층에서 생각하는 무역의 이익은 중국과 비슷하지만 소득이 상승할수록 한국과의 무역이 가져다주는 이익에 대해 점차 긍정적인 것으로 생각하는 경향이 있음을 확인할 수 있다. 고등학교 졸업자의 경우, 연소득 10만 달러 이상의 고소득자들은 한국과의 무역에 대해 긍정적으로 생각할 확률이 0.5 이상이 됨을 확인할 수 있다. 반면 중국과의 무역의 경우, 연소득 10만 달러 이상의 고등학교 졸업자는 여전히 중국과의 무역에 대해 부정적임을 알 수 있다. 일본의 경우, 소득효과보다는 교육 수준에 의한 차이가 더 두드러진다. 고등학교 이상의 교육을 받은 경우 일본과의 무역은 미국에게 이익이 된다는 생각을 가지고 있음을 확인할 수 있다. 응답자들의 연소득이 3만 달러 이하의 저소득층이라 하더라도 교육 수준이 고등학교 이상만 된다면 일본과의 무역이 미국에게 이익이 된다고 생각한다는 점은 시사하는 바가 크다.

미국의 저학력·저소득층이 중국과의 무역에 대해 대체로 부정적인 인식을 가지고 있는 것은 앞서 언급한 네 가지 요인의 복합적 영향으로 볼 수 있다. 먼저 미국과 중국 간의 산업 내 무역이 저학력 · 저소득층 소비자들의 인식에까지 영향을 주지 못한 반면 중국산으로 표시되는 산업 간 무역제품들은 중국에 대한 부정적인 국가이미지에 직접적인 영향을 주었을 것으로 추측해볼 수 있다. 더 나아가 미·중 간의 무역수지 불균형과 위안화의 평가절하 문제 등은 중국과의 무역에서 미국이 손해보고 있다는 인식을 강화했을 수 있다. 중국이나 멕시코와 같이 실질임금이 현격히 차이 나는 국가들과의 무역이 증가하면서 노동집약적 산업이 미국내에서 점차 줄어들고 저학력·저소득층의 고용구조와 소득이 하락한 것도 중요한 영향을 미쳤을 것이다. 마지막으로 무역에 의한 사회적 변화가 가져오는 불만을 국외로 분출시켜 정치적 인기를 얻고자 하는 정치인들이 중국과의 무역에 대한 부정적 인식의 증가에 기여했을 것이다.

V. 무역을 통한 소통적 소프트 파워 전략

국제무역의 관점에서 소통적 소프트 파워를 높이기 위한 전략은 무엇인가? 앞서 지적한 바와 같이 국가가 직접 무역정책을 통해 소프트 파워의 생성에 나서는 것은 바람직하지 않다. 오히려 국가는 소통적 소프트 파워가 생성될 수 있는 제도적 기반을 마련하는 것에 집중해야 한다. 창의적인 제품이 쏟아져 나올 수 있는 기반을 마련하기 위해 공정경쟁의 틀을 보장하고 독과점 행위를 철저하게 단속해야 한다. 노동자들이 숙련된 기술을 토대로 품질 향상에 매진할 수 있도록 노동시장에서의 위험을 흡수하는 사회보험제도를 구축하고 노동 참여적 기업 운영 풍토를 제도적으로 장려해야 한다. 또한 산업 단위의 단체교섭을 장려하여 노동조합이 임금협상보다는 작업장 관리와 품질 관리에 집중할 수 있도록 해야 할 것이다. 나아가 인권과 노동 기본권을 충실히 보장하여 기업들이 국제시장에서 임금억제를 통한 가격경쟁이 아니라 품질경쟁에서의 비교우위를 추구하도록 유도해야 할 것이다. 마지막으로 중소기업의 경쟁력을 높이는 것은 국제 노동 분업에 유기적으로 편입되는 가장 중요한 전략인데, 이를 위해서는 대기업과 중소기업 간의 하청관계를 수평적 협력관계로 전환시킬 수 있는 제도적 장치들을 마련하는 것이 중요하다.

예를 들어, 현대·기아자동차는 2012년 미국에서 마일리지를 과장한 것으로 피소된 바 있다.[13] 미국 환경보호국(Environmental Protection Agency)의 조사 결과 13개 모델에서 마일리지를 과장한 것으로 나타난 것이다. 현대·기아자동차가 자동차 구매 시 소비자가 고려하는 가장 중요한 양적 지표 중 하나인 마일리지를 과장했다는 주장이 사실로 밝혀지면서 현대·기아자동차의 신뢰성은 심각한 타격을 입었고 1억 달러가량의 금전적 보상금 지출이 발생할 것으로 예상된다. 미국에서 현대·기아자동차가 한국을 대표하는 다국적기업임을 고려하면, 이 사건은 한국 제품 전반에 대한 신뢰성에 영향을 줄 것이고 나아가 한국이라는 국가의 이미지에도 부정적인 영향을 줄 수 있다. 그런데 여기서 한 가지 던질 수 있는 의문은 왜 마일리지 과장 문제가 국내에서 먼저 제기되고 시정되지 못했는가 하는 점이다. 이 소송을 제기한 조직 컨슈머 워치독(Consumer Watchdog)은 미국의 진보적인 비영리 소비자 운동조직으로 정치권과 미디어, 그리고 미국 사회의 여론 주도층에 상당한 영향력을 가진 단체이다. 또한 이 사례를 조사한 곳은 미국의 환경보호국이

13 "Hyundai Is Sued Over Elantra Mileage." *New York Times*, 7/13/2012; "Hyundai, Kia Sued again over Inflated Mileage Claims." *LA Times*, 11/8/2012.

다. 현대·기아자동차가 미국과 한국에서 동일한 마일리지를 사용했다는 점을 고려하면, 혹시 현대·기아의 준독점적 국내 지위가 마일리지 과장이라는 도덕적 해이를 조장한 것이 아닌가 하는 의문을 제기할 수 있다. 한국 정부나 시민단체, 그리고 언론이 현대·기아자동차의 마일리지 과장에 대해 엄격하게 감시하고 단속했다면 위와 같은 기업 이미지와 국가 이미지의 손상을 미연에 방지할 수 있었을 것이다.

결국 '무역을 통한 소통적 소프트 파워 전략이란 무엇인가?'라는 질문에 대한 대답은 비전략적 전략이라는 역설적인 표현으로 정리될 수 있다. 상대 국가 국민들의 선호와 행동을 억지로 혹은 허위로 바꾸려는 전략은 설사 초강대국이라 하더라도 공론장이 정상적으로 작동하는 국가의 국민들을 상대로 성공을 거둘 수 없다. 상대국 국민들의 생각과 마음이 우리의 매력을 발견하고, 인정하고, 긍정할 수 있게 노력하고 준비하는 것이 소통적 합리성에 충실한 소프트 파워의 전략이라고 할 수 있다. 이러한 비전략적 전략을 무역에서 구현하는 방법은 품질과 성능, 디자인이 우수하여 한 번 사용하고 나면 열혈 애호가가 되고 마는 제품을 만들어내는 능력, 국제적인 분업 구조에서 우리가 아니면 만들 수 없는 제품을 만들어내는 능력, 그리고 그러한 분업 구조의 연주자가 되기보다는 지휘자가 되기 위한 능력을 갖추는 것이라고 할 수 있다.

참고문헌

국립수의과학검역원, "쇠고기 국가별 부위별 수입현황" 각 연도.

손열 편. 2007. 매력으로 엮는 동아시아. 지식마당.

신현수. 1999. 『수입선다변화제도 해제의 영향과 대응』. 산업연구원.

평화포럼21 편. 2005. 매력국가 만들기: 소프트 파워의 미래전략 21세기 평화재단 평화연구소.

황태연. 1999. "칸트의 계몽기획과 정치사상" 『계간 사상』 여름호. 185-232.

Brulhart, Marius. 2008. "An Account of Global Intraindustry Trade, 1962-2006." Unpublished Manuscript.

Carr, Edward H. 1939. *The Twenty Years' Crisis: 1919-1939*. London: Macmillan.

Chang, Pao-li and Tomoki Fujii. 2012. "Country Image and International Trade" Unpublished Manuscript 2012.

Cooper, Richard N. 1968. *The Economics of Interdependence: Economic Policy in the Atlantic Community*. McGraw-Hill

Destler, I.M. 2005. *American Trade Politics. Institute for International Economics*. Fourth Edition.

Doyle, Michael W. 1986. "Liberalism and World Politics." *American Political Science Review* 80(4), pp.1151-1169.

Grieco, Joseph, Robert Powell and Duncan Snidal. 1993. "The Relative-Gains Problem for International Cooperation" *American Political Science Review*, Vol. 87, No. 3 (Sep., 1993), pp.727-743

Habermas, Jürgen. 1997. "Kant's Idea of Perpetual Peace, with the Benefit of Two Hundred Years' Hindsight." Edited by James Bohman, Matthias Lutz-Bachmann. *Perpetual Peace: Essays on Kant's Cosmopolitan Ideal*. Cambridge: MIT Press.

Habermas, Jürgen. 1998. *Between Facts and Norms: Contributions to a Discourse Theory of Law and Democracy*. Translated by Willam Rehg. Cambridge: MIT Press.

Hobson, John M. 2004. *The Eastern Origins of Western Civilization*, Cambridge University Press.

Immanuel Kant. 1795. "First Supplement: Of the Guarantee for Perpetual Peace." *Perpetual Peace: A Philosophical Sketch*. The Online Library of Liberty.

James, William E. 2001. "Trade Relations of Korea and Japan: Moving from Conflict to Cooperation?" East-West Center Working Papers.

John M. Hobson. 2004. *The Eastern Origins of Western Civilization*. Cambridge University Press.

Keohane, Robert O. and Joseph S. Nye. 1987. "Power and Interdependence Revisited" *International Organization* 41(4), pp.725-753.

Krasner, Stephen. 1988. "A Trade Strategy for the United States" *Ethics and International Affairs*, Vol. 2, No.1, pp.17-35.

Krueger, Alan B. 1996. "Observations on International Labor Standards and Trade." NBER Working Papers 5632, National Bureau of Economic Research, Inc.

Krugman, Paul and Maurice Obstfeld. 2005. *International Economics: Theory and Policy*. Addison-Wesley.

Gilpin, Robert. 1977. "Economic Interdependence and National Security in Historical Perspective." in Klaus Knorr and Frank N. Trager, eds. *Economic Issues and National Security*. Allen.

Mearsheimer, John J. 1992. "Disorder Restored," in Graham Allison and Gregory F. Treverton, eds. *Rethinking America's Security* W.W. Norton.

Milner, Helen and Benjamin Judkins. 2004. "Partisanship, Trade Policy, and Globalization. Is there left-right Divide on Trade Policy?" *International Studies Quarterly* 48(1), pp.95-119.

Montesquieu, Baron de. 1752[1914]. *The Spirit of the Laws*, "Book XX Of Laws in Relation to Commer, Considered in its Nature and Distinctions" G. Bell & Sons, Ltd.

Morgenthau, Hans J. 1948. *Politics Among Nations: The Struggle for Power and Peace*. New York: Knopf.

Morris, Narrelle. 2010. *Japan-Bashing: Anti-Japanism since the 1980s*. Routledge.

Nye, Joseph S. 2004. *Soft Power: The Means to Success in World Politics*. New York: Public Affairs.

______. 2004. 2008. "Public Diplomacy and Soft Power" *Annals of the American Academy of Political and Social Science*, Vol. 616, Public Diplomacy in a Changing World, pp.94-106.

Olson, Mancur. 1965. *The Logic of Collective Action: Public Goods and the Theory of Groups*. Harvard University Press.

Oneal, John and Bruce Russett. 1997. "The Classic Liberals Were Right: Democracy, Interdependence, and Conflict, 1950-1985." *International Studies Quarterly* 41, pp.267-294.

Oneal, John, Francis Oneal, Zeev Maoz and Bruce Russett. 1996. "The Liberal Peace: Interdependence, Democracy, and International Conflict, 1950-85." *Journal of Peace Research* 33, pp.11-28.

Park, Jong Hee and Adam Dean. 2012. "Does a Rise in Japanese Imports Affect Partisan Positions in Trade?" Unpublished Working Paper.

Ricardo, David. 1817. "On Foreign Trade." *On the Principles of Political Economy and Taxation*.

Rodrik, Dani. 1997. *Has Globalization Gone Too Far?* Institute for International Economics.

Ruta, Michele and Anthony J. Venables. 2012. "International Trade in Natural Resources: practice and policy." WTO Staff Working Paper ERSD-2012-07

Stolper, Wolfgang F. and Paul A. Samuelson. 1941. "Protection and Real Wages." *Review of Economic Studies* 9(1), pp.58-73.

Verdier, Daniel. 1994. *Democracy and International Trade: Britain, France, and the United States, 1860-1990.* Princeton University Press.

Waltz, Kenneth. 1970. "The Myth of National Interdependence." Charles P. Kindleberger ed. *The International Corportation*. Cambridge: MIT Press.

3

과학기술과 공공외교*

배영자 (건국대학교 정치행정학부 정치외교학과 부교수)

* 이 글은 배영자. "공공외교로서 과학기술외교: 이론적 이해와 현황", 『국가전략』, 제17권 1호(2011년 봄), pp.127-154에 게재된 글을 수정한 것임.

'과학기술의 세기'로 불릴 만큼 20세기에는 급속한 과학기술 발전이 이루어졌고 현재 과학기술 발전 속도는 더욱 빨라지고 있다. 정보통신, 생명공학, 나노, 항공우주 등 다양한 과학기술 성과에 토대하여 일상생활이 달라졌으며 산업구조와 국가경쟁력의 틀이 재편되었다. 과학기술 발전은 국제정치질서에도 많은 변화를 가져왔다. 예컨대 핵무기의 등장으로 새로운 전략 개념들이 제시되었고 국가 간 갈등 양상이 변모하였으며, 우주항공기술의 발전은 국제정치의 무대를 확장시켰다.

전통적으로 과학기술외교는 최신 무기와 최첨단 상품의 기반이 되는 과학기술을 확보하려는 국가 간 경쟁을 중심 내용으로 전개되었다. 상대국의 최신 과학기술 정보를 알아내고 이를 확보하려는 첩보 활동이 대표적 예다. 20세기 후반 세계화의 물결을 타고 국경을 넘는 과학기술 경쟁과 협력이 확대되면서 과학기술외교가 활발하게 수행되었다. 국가적 차원의 전략적 과학기술외교 이외에도 기업, 대학, 개인들이 다양한 형태의 과학기술외교 활동에 참여해왔다.

과학기술외교의 양적 증대에도 불구하고 국제관계에서 과학기술외교 자체에 대한 관심은 여전히 주변에 머물러 있다. 이에 대해서는 여러 가지 해석이 가능하다. 과학기술 이슈가 전문적이어서 관심이 확대되기 어렵다는 점, 안보나 무역 이슈가 국익을 둘러싼 명백하고 분명한 갈등의 형태로 전개됨에 반해, 과학기술 부문에서는 갈등이 발생하기도 하지만 협력의 영역이 훨씬 광범위하게 존재하기 때문에 소위 외교 이슈화하는 경우가 많지 않았다는 점, 과학기술의 범위가 넓어서 과학기술외교 일반 차원보다는 원자력외교, 에너지외교, 환경외교 등 문제가 되는 특정 기술이나 영역을 중심으로 논의되어왔다는 점 등이 언급될 수 있다.

이 글에서는 국제관계 저변에서 진행되는 과학기술외교의 중요성을 환기시킴과 동시에 최근 부상하는 공공외교 차원에서 과학기술외교가 매우 유용하게 활용될 수 있음을 지적하였다. 주지되듯 일방적으로 자신의 이야기를 전달하고 홍보하는 프로파간다와는 달리 공공외교는 상대국 일반 시민들과 쌍방향적 의사소통을 통해 가치, 희망, 존경을 공유하고 확대하면서 자국의 소프트 파워를 증대시키는 과정이다. 과학기술의 보편성과 합리성은 국제관계에서 상호이해와 협력에 토대한 공동의 규범과 정체성을 만드는 데 기여할 수 있는 소중한 자산이다. 실제로 현재 미국과 일본에서는 각각 아프리카 및 중동 국가들과 과학기술 협력 프로그램 강화, 아시아 개도국에 대한 과학기술 공적개발원조 확대 등 과학기술을 활용한 공공외교 프로그램들이 활성화되고 있다.

과학기술외교는 일방적 강요나 강압보다는 설득과 동의, 협력을 중요시하면서 수행되며 이는 소통, 설득, 공유에 기반한 소프트 파워 증대라는 공공외교의 방향과 일치한다. 한국은 평화, 환경, 개발 등 지구적 차원 문제 해결과 인류 보편 가치의 실현을 위한 과학기술외교에 적극적으로 동참하고, 개도국 지원, 남북 과학기술 협력 증대 등 다양한 과학기술외교 의제를 발굴하고 수행하면서 중견국 한국의 소프트 파워를 증대시키고 한국의 위상을 강화해나가야 한다.

I. 머리말

전통적으로 외교는 외부 침략, 영토 갈등 등 국가의 생존과 밀접하게 관련된 사안에 대해 최고 통치자를 비롯한 소수 권력자가 자국의 이익을 최대화하기 위해 상대국을 대상으로 벌이는 협상 행위였다. 그러나 지난 수십 년 동안 국가의 활동 범위가 확대되면서 외교의 영역, 수행 주체, 대상이 변모되어 왔다. 외교의 영역이 무역, 투자, 환경, 인권, 과학기술, 문화 등으로 확산되었다. 또한 외교의 수행자가 정치가나 직업 외교관 이외 공무원, 기업가, 시민운동가 등으로 다양해졌으며, 외교의 수행 대상도 상대국의 엘리트뿐 아니라 일반 시민까지 포함하게 되었다.

근대외교는 15세기 유럽에서 기독교에 기반을 둔 동질적인 정치 단위체가 다수의 근대 주권국가로 분화되는 과정에서 새로운 정치 단위체들 간의 의사소통을 위한 제도로 등장하게 되었다(해롤드 니콜슨 2004; Watson 1984). 유럽 국가들에 의해 발전된 근대외교가 서구의 팽창으로 근대국가체제와 함께 세계로 확산되면서 현대 외교의 기본 틀이 형성되었다. 1차 세계대전 이후 소수 엘리트 중심의 비밀외교를 특징으로 하는 전통적인 외교의 주체와 수행 방식이 변화하기 시작하여, 외교에 대한 여론의 영향력 증대와 비밀외교 비판, 국제기구 등을 통한 다자외교의 활성화 등을 주 내용으로 하는 신외교가 등장하게 된다. 20세기 후반에 가속화된 세계화와 정보화의 흐름 속에서 외교는 다시 한 번 주체, 영역, 수행 방식 등에서 변모하고 있으며 새로운 외교의 특징은 디지털외교, 버추얼외교, 탈근대외교, 공공외교, 지식외교, 네트워크외교 등 다양한 이름으로 규정된다(Burt and Robinson 1998; Dizard 2001; Potter ed. 2002; Snow and Taylor eds. 2009).

외교혁명(RDA: Revolution in Diplomatic Affairs)으로 일컬어지는 최근의 외교 변화에서 특히 주목되는 점은 외교의 영역이 군사나 경제 이외 환경, 과학기술, 문화 등으로 확산되고 있으며, 외교가 정부 간 관계를 넘어 시민 사회나 일반 국민들을 대상으로 이루어진다는 것이다. 특정 사안에 대한 교섭이나 협상 이외에 타국 정부와 시민들에게 자국의 위상을 높이고 정책을 널리 알리는 의사소통 과정이 외교의 주요 내용 가운데 하나로 부상하고 있다는 점이다. 즉 한편으로는 환경외교, 과학기술외교, 문화외교 등 좀더 전문적인 영역에서 외교가 활발하게 진행되는 동시에 다른 한편으로는 군사력이나 경제력 등 소위 하드 파워를 근간으로 하는 외교에 한계가 노정되면서 좀더 적극적으로 소프트 파워를 외교에 활용하는 공공외교(public diplomacy)가 부상하고 있다(Snow and Taylor eds. 2009; Waller 2007).

이 글은 과학기술외교에 관심을 가진다. 특히 최근 과학기술외교와 공공외교가 만나고 있는 현상에 주목한다. 전통적인 의미의 과학기술외교는 주로 상대국의 선진 과학기술 지식을 염탐하거나 습득하는 것을 목적으로 이루어졌다. 예컨대 영국은 2차 세계대전 전후 1942년에서 1946년 동안 다윈(Charles Galton Darwin, 찰스 다윈의 손자)을 미국에 파견하여 워싱턴에 중앙과학사무국(Central Scientific Office)을 설립하고 미국 과학자들과 과학기술정보를 교환하고 협력하는 임무를 부여하였다(Royal Society 2010). 조지프 니덤(Joseph Needham) 역시 과학파견관(British Scientific Mission)으로 중국에 체류하면서 이 기간 동안 얻은 지식을 토대로 그의 역작 『중국의 과학과 문명』을 집필한 것으로 알려져 있다. 외국과 과학기술 경쟁을 하거나 상대국의 첨단 과학기술에 대한 정보를 수집하는 것은 현재까지도 과학기술외교의 중요한 부분이다. 그러나 국경을 넘는 자본, 인력, 기술 교류가 더욱 빈번해지면서 국가 간 과학기술 경쟁을 넘어 과학기술 협력의 필요성이 증대되어 왔다. 아울러 기후변화, 핵 비확산, 저개발국 빈곤 등 21세기 국제사회 당면 문제에 대한 해결책을 모색하는 과정에서 과학기술의 역할이 강조되고 있다. 최근에는 보편성과 객관성이라는 과학기술이 추구하는 가치가 일종의 소프트 파워로 인식되면서, 자국의 과학기술력을 공공외교의 기반으로 활용하여 상대국 국민들을 대상으로 다양한 프로그램들을 운영하고 자국의 대외적 위상 및 이미지를 제고하고자 하는 노력들이 진행되고 있다.

과학기술외교에 대한 관심을 배경으로 하여 이 글은 다음과 같은 내용을 탐구하고자 한다. 첫째, 현실에서 수행되고 있는 다양한 형태의 과학기술외교를 더욱 깊이 있게 이해하기 위해 과학기술외교에 대한 이론적 이해를 시도한다. 과학기술외교는 상대국과의 과학기술 경쟁 및 협력은 물론, 평화, 발전 등 세계가 당면한 공동과제를 풀어나가기 위한 과학기술 활용 등 다양한 방식으로 진행되고 있다. 따라서 다양한 형태의 과학기술외교가 각각 어떤 과학기술관에 기반하고 있으며 추구하는 목적이 무엇인지를 좀더 자세하게 이해하는 것이 필요하다. 여기서는 특히 국제정치 주요 이론인 현실주의, 자유주의, 구성주의 이론에 내재된 과학기술관을 간략히 고찰하고 각 이론들 속에서 과학기술외교가 어떻게 인식되고 있는지 알아본다.

둘째, 최근 과학기술외교가 공공외교와 서로 만나 결합되고 있음을 주목하고 과학기술외교에 대한 이론적 이해에 근거하여 양자가 결합되는 기반을 고찰한다. 외교 영역의 확장과 함께 부상해온 과학기술외교가 외교수행 방식 및 대상의 변화를 요구하는 공공외교와 결합되어 전개되고 있다. 공공외교는 과학기술외교를 상대국과의 단순한 과학기술 협력을 넘어 국민들 간 공동의 가치와 이념을 형성하고 상호 이해의 기반을 넓혀가는 과정으로 활용하면서 좀더 구체화되고 있다. 다른 한편 과학기술외교가 공공외교의 관점에서 이해되면서 과학기술외교 어젠다가 넓게 확장되고 활성화되고 있다. 이 글은 과학기술외교에 대한 이론적 이해에 기반하여 과학기술외교의 어떤 특성이 공공외교와 연결되고 있는지를 분석한다.

셋째, 미국과 일본에서 과학기술외교가 어떻게 전개되어왔는지를 과학기술외교에 대한 이론적 이해의 틀 속에서 간략히 살펴보고, 특히 최근 미국과 일본에서 공공외교로서 과학기술외교가 어떤 모습으로 구체화되고 있는지 고찰한다. 그리고 중견국 한국의 과학기술외교를 특징적으로 정리하고 발전 방향을 논의한다.

II. 이론적 배경

1. 과학기술외교의 이론적 이해

과학기술은 국제정치나 외교의 주변적인 주제였고 국제정치와 과학기술의 관계는 본격적으로 분석되지 않았었다(배영자 2004). 여기서는 국제정치의 주요 이론인 현실주의, 자유주의, 구성주의의 주요 주장에 내재된 과학기술관과 과학기술외교에 대한 이해를 살펴본다. 각 이론들 내에 과학기술관이나 과학기술외교를 명시적으로 언급하고 있는 저작은 매우 드물다. 하지만 이론의 주요 주장과 저작들의 행간 의미를 통해 각 이론들이 과학기술과 과학기술외교를 어떻게 이해하고 있는지 부분적으로 유추해볼 수 있다.

현실주의 국제정치이론의 경우 과학기술이나 과학기술외교를 본격적으로 다루는 저작이 많지 않지만 여러 저작들 속에서 과학기술이 근대국민국가의 물질적 토대인 군사력 및 경제력의 토대가 되며, 국가이성을 실현하는 부국강병을 위한 수단으로 인식되고 있음을 알 수 있다(Hieronymi 1987). 특히 신현실주의는 국제관계의 무정부(anarchy)성을 강조하며 무정부라는 국제관계의 특성 자체가 국가 간 협력 가능성을 제약한다고 설명한다(Waltz 1979). 무정부 상태에서 스스로의 생존을 지켜내야 하는 국가들에게 협력으로 인한 절대적 이득(absolute gains)보다는 상대적 이득(relative gain)이 문제시될 수밖에 없고, 협력으로 인한 이득을 상대국이 더 많이 가져갈 수 있는 위험을 피하려고 하기 때문에 협력이 이루어지기 어렵다고 주장한다(Greico 1988). 상대적 이득과 협력 가능성의 제약이라는 신현실주의의 핵심적인 주장을 토대로 보면 과학기술력을 둘러싼 국가들 간 관계는 자국 과학기술력 향상 및 우위를 위해 서로 경쟁하고 갈등하는 제로섬 게임으로 이해되고, 상대적 이득에 대한 고려 때문에 협력보다는 갈등의 양상으로 전개된다.

현실주의 과학기술외교는 자국의 과학기술력을 끌어올리거나 상대적 우위를 유지하는 것을 국익의 주요 목표로 설정하면서, 상대국의 첨단 과학기술 정보를 공식, 비공식 채널을 통해 파악하고 핵심기술이 상대국으로 유출되지 않도록 견제하거나, 핵심기술 빼오기, 상대국 과학기술 개발을 저지하며 경쟁하기 등을 주요 내용으로 수행된다(Nelson and Ostry 1995). 현실주의적 과학기술외교는 오랜 역사를 갖지만 1차 세계대전을 전후로 더욱 본격적으로 수행되기 시작했다. 영국은 이미 1차 세계대전 무렵부터 과학기술 파견관을 외교 사절단에 포함시키거나 상대국에 주둔시키면서 첨단 무기 및 산업과 관련된 과학기술 정보를 수집하여 본국에 보고하는 임무를 부여하였다(Royal Society 2010). 오늘날 대부분의 국가들은 과학기술 파견관 제도를 유사한 목적으로 활용하고 있으며 첨단 과학기술을 둘러싼 국가 간 경쟁, 견제, 보호, 첩보전 역시 현재까지 지속되고 있다.

1970년대 이후 국제관계에서 군사적 분쟁보다는 무역, 투자 등 경제적 협력이 주목되고 초국적 기업의 위상이 부상하면서, 근대국가 간 군사적 갈등만을 중시했던 현실주의 국제정치이론에 대한 비판이 제기되고 자유주의적 전통을 수용한 복합상호의존론(Interdependence), 통합이론 등이 등장하였다(Haas 1976; Keohane and Nye 1977). 자유주의 국제정치이론들 속에서도 과학기술에 대한 명료하고 일관된 분석은 찾기 어렵다. 하지만 과학기술이 상호의존 관계 심화의 주요 원인 혹은 국가들 간 협력을 촉진시킬 수 있는 기제로 이해되고 있음을 알 수 있다. 예컨대 초기 통합이론은 유럽 국가들 간 원자력 기술개발 및 평화적 이용을 목적으로 설립된 유럽원자력공동체(European Atomic Energy Community)가 유럽 통합 과정에 주요한 발판이 되었듯이, 비정치적인 과학기술 분야에서 각국의 필요에 기반하여 협력을 시작하면 이것이 다른 부문의 협력으로 확대되어 궁극적으로 평화나 통합을 촉진할 수 있다고 보았다(Mitrany 1975). 아울러 군사적 갈등이 지배적이었던 국가들 간의 관계가 갈등 및 협력이 공존하는 복합적인 상호의존 상태로 변화되어온 배경에 과학기술 발전이 중요했음이 언급되고 있다. 현실주의가 과학기술을 물질적 권력의 수단으로 보고 국가 간 과학기술 경쟁과 갈등을 강조하는 것과는 달리 자유주의는 과학기술을 국제협력이나 평화를 촉진하는 요인으로 인식하며 협력적 과학기술외교에 주목한다. 과학기술을 둘러싼 국가들 간의 관계는 포지티브섬 게임으로 이해되며 국가 과학기술이 협력을 통해 좀더 효과적으로 발전할 수 있다고 본다. 국가 간 과학기술 협력이 모두에게 절대적 이득을 가져오며 나아가 다른 부문의 협력으로까지 확대 및 심화되어 평화를 가져올 수 있다고 보는 자유주의입장에서, 과학기술외교는 과학기술 국제협력과 동의어로 볼 수 있을 정도로 협력적 측면이 강조되고 있다.

자유주의 과학기술외교는 외국의 자본, 인력, 기술 등과 적극적으로 협력하는 양상으로 구체화된다(Archibugi and Michie 1997). 자원, 자본, 기술, 인력의 국경을 넘는 이동이 빈번하게 이루어지는 상황에서 타국과의 협력 없이 자국의 자원과 인력만으로 국가의 과학기술 발전을 이루기 어렵다는 인식이 증대되었다. 이와 함께 정부 차원의 양자 혹은 다자간 과학기술 협력, 해외 투자, 기업 간 기술 제휴, 고급 인력 해외 연수 등 다양한 형태로 자유주의 과학기술외교가 수행된다. 다른 한편 인류 공동의 과제인 평화, 환경 보존, 빈곤 퇴치 등을 위해 과학기술이 중요한 역할을 해야 한다는 주장에 힘입어 주요 외교문제에 대한 과학기술의 참여라는 형태로 과학기술외교가 활성화되어 왔다. 2차 세계대전 종전 직후 개발된 핵무기의 가공할 위력과 미국과 소련 간의 핵무기 경쟁에 대한 우려를 배경으로 진행된 퍼그워시(Pugwash) 회의나[1] 유엔환경계획(UNEP)과 세계기상기구(WMO)가 공동으로 설립한 국제과학기술자 네트워크인 기후 변화에 관한 정부 간 패널(Intergovernmental Panel on Climate Change, IPCC)[2] 등을 구체적 사례로 볼 수 있다.

몇몇의 학자들은 국제정치에서 과학기술이 가지는 의미에 대해 핵무기, 정보기술, 원자력기술, 철도기술 등을 사례로 연구한 바 있다(Deibert 1997; Herrera 1995; Skolnikoff 1993; Talalay, Ferrands and Tooze 1997). 이들은 과학기술이 국제관계의 주요 행위자인 국가의 속성과 국제적 환경을 변화시켰고, 이러한 결과로 국제관계가 변화되어왔다고 주장한다. 예컨대 디버트(Deibert)는 인쇄술, 인터넷 등 특정한 유형의 통신기술 발전은 그 기술과 선택적 친화성을 가지는 특정 집단이나

1 1955년 버트런드 러셀(Bertrand Russell)과 아인슈타인(Albert Einstein) 등 저명한 철학자와 과학자들이 핵전쟁 위험에 대해 공식적으로 경고하고 핵무기 없는 세계를 위한 선언을 발표했다. 1957년 7월 캐나다 남동부 노바스코샤의 작은 마을 퍼그워시(Pugwash)에서 핵무기 철폐 등에 관한 공식적인 회의가 개최되었다. 이후 퍼그워시 회의는 지속적으로 개최되며 핵무기 철폐를 포함한 무기감축과 군사경쟁 완화를 위해 노력해왔다.

2 저명한 기후변화 과학자와 전문가들의 네트워크인 IPCC는 독립적인 연구를 수행하지는 않지만 기후변화의 과학적, 기술적, 사회경제적 측면에 관한 기존 자료를 객관적으로 종합하고 평가하는 과정을 통해 권위 있는 영향력을 행사하고 있다. 이들이 제공한 정보와 지식에 기초하여 1990년 세계기후회의 각료선언, 1992년 브라질 리우 기후변화협약이 채택되었다.

사회 세력을 부상시킴으로써, 사회 세력 간의 물질적 힘의 배분 관계와 인식 및 사고 체계에 영향을 미치면서 국제정치 변화를 구성해왔다고 주장한다. 그는 국제 관계에서 초국적 NGO 등 세계시민사회의 활성화가 정보통신기술 발전과 밀접하게 관련되어 있다고 분석한다. 이러한 연구들은 국제정치에서 규범과 정체성을 중요시하는 구성주의로부터 영향을 받고 있다.

구성주의는 국가 행위자들 간의 상호 관계나 국제정치 구조에 대한 관심을 넘어, 구조와 행위자 간의 상호 관계, 행위자들 간의 사회적 관계, 특히 규범과 정체성에 기반한 상호 관계를 분석해 왔다(Wendt 1999). 주요 구성주의 국제정치 이론가들이 현재까지 과학기술이나 과학기술외교에 대해 명시적으로 언급하고 있지 않지만, 구성주의 입장에서 과학기술은 사회 세력 및 국가 간의 관계는 물론 이들 간의 집합적 정체성이나 가치를 형성하는 데 기여하거나 저해할 수 있는 요소로 주목된다. 구성주의는 규범이나 집합적 정체성이 협력적으로 형성된다고 낙관하거나 비관하지 않고 상황에 따라 자유주의적 혹은 현실주의적 경향을 띠어 왔다(전재성 2010). 구성주의가 현실주의와 결합될 때 과학기술외교는 자국의 상대적 이득 극대화를 위해 과학기술을 소프트 파워로 활용하는 양상으로 진행되며, 자유주의와 구성주의가 결합될 때 과학기술외교는 과학기술을 매개로 국가 및 사회세력들 간 상호의존적 관계, 세계 평화 및 공동 번영 등 집합적 정체성과 공동의 가치 형성을 지향하는 과정이 된다. 목적이나 진행 양상은 다소 상이할 수 있으나, 양자는 과학기술을 규범과 정체성 형성의 매개로 활용하고 일방적 강요나 강압보다는 설득과 동의, 협력을 중요시하는 구성주의 과학기술외교의 특성을 공유한다.

구성주의 과학기술외교와 자유주의 과학기술외교는 출발점은 다르지만 과학기술외교의 협력적 측면을 강조하기 때문에 현실 속에서 양자의 과학기술외교 양상이 유사하게 나타나기도 한다. 하지만 양자 사이에는 중요한 차이가 존재한다. 자유주의 이론에서 과학기술은 비정치적인 영역으로 인식되고, 과학기술 협력은 자국의 필요에서 출발하여 결과적으로 통합, 평화, 발전 등으로 이어진다고 주장한다. 즉 자유주의 이론은 국가의 필요가 국가 간 협력으로, 나아가 협력에서 발전이나 통합으로 이어지는 메커니즘에 대해서는 충분히 설명하지 못한 채, 평화나 발전을 협력의 부산물로 이해하고 있다. 이에 반해, 구성주의 이론에서는 과학기술이 비정치적인 속성을 가지기 때문이 아니라 가치와 정체성을 형성하는 데 중요한 역할을 하기 때문에 이에 주목한다. 구성주의는 정체성이나 가치 형성, 설득과 공유가 과학기술외교의 주요 목표이자 협력을 이끌어내는 메커니즘임을 명시적으로 드러낸다. 구성주의 과학기술외교는 현실주의, 자유주의 과학기술외교에 비해 현실에서 수행되어온 역사가 짧고 최근 들어 활성화되기 시작했다. 갈등 관계에 있는 국가들과의 과학기술 협력을 통한 공동이해 창출, 개도국에 대한 과학기술 공적개발원조(ODA) 증대, 지구 온난화 해결을 위한 다자간 과학기술 협력 등의 형태로 구체화되고 있다(D'Arcy and Levi 2005).

1차 세계대전 이후 현재까지 과학기술외교 전개의 흐름 속에서 국가들은 다양한 목적을 지향하며 다양한 형태로 과학기술외교를 수행하여 왔다. 현실주의, 자유주의, 구성주의의 과학기술관과 과학기술외교의 이론적 이해를 활용하면 현실에서 수행되고 있는 다양한 방식의 과학기술외교의 차이들을 더욱 정리된 모습으로 깊이 있게 이해할 수 있다. 현실의 과학기술외교는 복합적인 양상으로 진행된다. 복합적인 현실 과학기술외교를 분석적으로 인식하는 것은 현재 진행 중인 과학기술외교의 큰 흐름을 이해하면서 좀더 분명한 목표와 과정을 염두에 둔 과학기술외교 전략을 수립하는 데 도움이 된다.

2. 과학기술과 공공외교의 만남

세계화와 정보혁명 이후 진행되고 있는 다양한 외교 방식의 변화 가운데, 특히 인터넷상에서 이루어지는 사이버외교, 일반 대중들을 대상으로 하는 공공외교, 지식 확산과 네트워크 형태의 외교 등이 주목받고 있다(김상배 2004; 전재성 2006). 세계화와 정보화는 사이버 공간이라는 새로운 외교 공간을 창출하였다. 인터넷은 외교 관련 정보를 수집하는 주요한 장이 되고 인터넷을 새로운 의사소통 수단으로 적극 활용하는 사이버외교, 버추얼외교, 디지털외교 등이 외교의 새로운 영역으로 등장하였다. 아울러 인터넷이 정보와 지식 생산 및 확산의 주요한 수단으로 활용되면서 외교의 대상이 전통적인 의미의 여론 주도층보다 넓은 일반 대중에게까지 확대되었다. 다양한 매체를 통해 외교협상 과정이 여과 없이 보도되며 협상 이슈에 관해 전문가들의 분석 및 평가와 일반 국민들의 반응이 실시간으로 인터넷에 올라오고 있다. 비정부기구들이나 시민사회가 외교에 미치는 영향력이 확대되고 때로는 이들이 외교수행 과정에 직접 참여하기 시작하면서 과거처럼 직업 외교관이 독자적으로 외교 협상을 주도하는 것이 불가능하게 되었다.

이러한 과정에서 군사력이나 경제력을 토대로 이루어져왔던 강압외교나 달러외교의 효력이 상대적으로 감소되고 상대방의 마음과 이성에 호소하는 소프트 파워를 활용하는 공공외교의 중요성이 부상하게 된다(Snow and Tayor eds. 2009; Waller 2007). 공공외교는 1965년 미국에서 처음 시작되었고[3] 당시 공공외교는 외교정책의 형성과 집행에 있

3 미국 터프츠대학 플레쳐스쿨(Fletcher School of Law of Diplomacy, Tufts University)의 걸리온(Edmund Gullion)이 공공외교센터(The Edward R. Murrow Center of Public Diplomacy)를 설립하면서 처음으로 언급한 것으로 알려져 있다. http://fletcher.tufts.

어 타국 정부와 국민들의 견해와 태도에 미치는 영향력을 다루는 것으로 이해되었다. 냉전기 미국의 공공외교는 미국해외공보처(United States Information Agency, USIA)를 중심으로 공산 진영에 대항하는 자유민주주의의 우월성을 널리 홍보하는 방식으로 수행되었다.

냉전기 체제 선전(propaganda)용으로 이해되었던 공공외교는 소프트 파워 개념과 함께 다시 부상했다. 미국의 국제정치학자 조지프 나이(Joseph Nye)는 미국 부시 행정부의 대외정책이 지나치게 하드 파워 중심으로 수행되어왔고 소프트 파워를 소홀히 함으로써 미국이 가진 수많은 장점과 매력에도 불구하고 전 세계적으로 미국에 대한 여론이 악화될 수밖에 없었다고 진단한다(Nye 2004). 그는 미국이 가진 소프트 파워, 즉 미국의 매력과 장점을 널리 알리는 더욱 적극적인 공공외교가 필요하다고 역설하였다.

21세기 세계정치에서 소프트 파워와 공공외교의 중요성에 많은 국가들이 공감하면서 공공외교 담론과 프로그램들이 확산되어왔다. 현재 유럽 국가들은 물론 중국이나 일본도 공공외교를 자국 외교정책의 주요한 축으로 삼고 있다. 미국은 1999년 미국해외공보처(USIA)를 폐지하고 국무부에 공공외교담당관(Under Secretary for Public Diplomacy and Public Affairs)직을 신설하였고 9·11 테러 이후 상대국 국민들을 이해하고 포용하면서 영향을 미치는 공공외교를 강조해왔다(김기정 2009; 김명섭·안혜경 2007; Nakamura and Weed 2009).[4] 영국 정부도 최근 공공외교에 관심을 보이기 시작했다. 2005년 카터 영국 상원의원이 작성한 카터 보고서(Public Diplomacy Review by Lord Carter of Coles)[5]에

edu/murrow/pd/definitions.html(검색일 2010년 9월)

4 미 국무성 공공외교사이트 http://www.state.gov/r/(검색일 2010년 9월)

5 영국 외부부 http://www.fco.gov.uk/resources/en/pdf/public-diplomacy-review(검

따르면 공공외교는 '영국에 대한 이해를 높이고 영향력을 강화하기 위해 해외의 개인과 단체들에 정보 제공을 목적으로 하는 활동'으로 정의된다. 영국 정부는 영국의 긍정적인 이미지를 홍보하는 수동적인 방식에서 벗어나 현지 국민에게 쉽게 다가가는 공공외교를 강조하고 있다. 중국의 경우 공공외교의 중요성을 인식하고 대중매체, 교육문화 교류, 대외원조 등에 주력하는 정책을 채택하고 있다(d'Hooghe 2007). 수년 전부터 한국을 비롯해 세계 곳곳에 설립된 공자학원 역시 공공외교의 한 측면으로 이해할 수 있다.

냉전을 전후로 수행된 정부정책 홍보성 공공외교와 현재 부상하고 있는 소프트 파워에 기반을 둔 공공외교는 몇 가지 점에서 차이가 있다(Snow 2009). 전자가 주로 정부 대 정부 차원에서 이루어진 반면 후자는 정부뿐만이 아니라 시민단체나 일반 국민들을 대상으로 하며 실제 이들이 공공외교 수행에 참여한다. 아울러 전자가 상대국 국민에게 정보를 일방적으로 전달하는 비대칭적 의사소통 과정임에 반해 후자는 의견 형성에 적극적으로 함께 참여하는 일반 국민과 대화하며 의견을 주고받는 쌍방향적 의사소통 과정이다. 요는 전자가 일방적으로 자신의 이야기를 전달하는 것임에 반해 후자는 가치, 희망, 존경을 상대방과 공유하는 것이다.[6]

소프트 파워를 활용하는 공공외교가 부상하고, 일방적으로 자국의 이해를 추구하고 홍보하기보다 국가들 간 공동의 가치와 정체성을 형성하는 데 기여하며 자국의 대외적 이미지와 위상을 증대하는 노력의 중요성이 인식되기 시작하면서 과학기술의 역할이 새롭게 주목받고 있다. 과

색일 2010년 9월)

6 "shift from telling America's story to the world to sharing values, hopes, dreams, and common respect with the world"(Snow 2009)

학기술에 관한 다양한 이해 가운데, 특히 구성주의 과학기술관이 공공외교와 과학기술외교의 접점을 마련하고 확대하는 기반으로 작동한다. 구성주의 과학기술외교는 과학기술을 규범과 정체성 형성의 매개로 활용하고, 일방적 강요나 강압보다는 설득과 동의, 협력을 중요시하는 특성을 보인다. 구성주의의 과학기술외교 이해에는 정체성과 규범의 중요성 인식 및 과학기술을 소프트 파워 자산으로 보는 관점이 내재되어 있다. 이러한 시각은 소통, 설득, 공유에 기반한 소프트 파워 강화라는 공공외교의 존립 기반과 공통점을 가진다.

과학기술외교와 공공외교의 외연이 일치하는 것은 아니다. 공공외교는 과학기술 이외의 문화, 교육 등 다양한 수단을 활용한다. 과학기술외교는 과학기술 경쟁은 물론 공동의 규범이나 가치 형성을 목적으로 하지 않는 다양한 과학기술 협력을 모두 포함한다. 하지만 정체성과 가치, 소프트 파워를 공동 기반으로 양자가 만나면서 일종의 시너지효과가 나타나고 있다. 공공외교는 기본적으로 소프트 파워 증대라는 명분하에 자국의 이해를 추구한다. 이때 자국 이해 추구가 일방적인 과정이 되지 않도록 전략적으로 상대와의 소통, 설득, 공유를 중시한다. 적대국과의 과학기술 협력 강화, 과학기술 공적개발원조 증대 등 다양한 과학기술외교 프로그램과 결합되면서 공동의 가치와 정체성을 만들어가고자 하는 공공외교가 공허한 구호가 아닌 실질적인 사업과 성과를 이끌어내는 모습으로 발전할 수 있게 된다. 즉 자국의 이해를 추구하는 과정이나 자국의 위상을 강화하는 과정이 현실주의가 주장하듯 반드시 경쟁적, 갈등적 양상으로 전개되는 것이 아니라, 오히려 협력적으로 공동의 정체성을 형성하고 세계 문제 해결에 기여하는 방향으로 전개될 수 있게 된다.

이 과정에서 현실주의의 경쟁적이고 갈등을 빚는 과학기술외교나 협력을 위한 협력을 지향하는 자유주의 과학기술외교보다는 집합적 정체성과 가치의 공유, 설득과 소통을 중시하는 구성주의 과학기술외교의 입지가 확대되고 강화된다. 공공외교의 관점으로 인해 하드 파워인 동시에 소프트 파워인 과학기술의 복합적인 속성이, 더욱 전략적이고 명시적으로 외교에 통합되는 계기가 마련된다. 공공외교는 세계정치에서 과학기술외교가 가지는 의미를 좀더 분명하게 드러내고 확장시키는 데 기여한다. 즉 공공외교와 구성주의 과학기술외교의 만남을 통해 소프트 파워 강화 및 정체성과 가치의 중시라는 양자의 목적이 결합되고 과학기술이 수단으로 활용되면서 국익의 추구와 세계가 당면한 문제 해결을 위한 노력이 조화될 수 있는 공공외교로서의 과학기술외교가 본격적으로 출현할 수 있게 되는 것이다.

III. 과학기술외교와 공공외교: 미국, 일본, 한국

과학기술외교 발전에 대한 본격적인 분석을 위해서는 각국이 과학기술외교를 어떻게 전개시켜왔는지, 그 속에서 현재 과학기술외교가 어떤 변화의 과정을 겪고 있는지를 포괄적이고 상세하게 검토해야 한다. 각국 과학기술외교의 역사적 전개 과정을 본격적으로 고찰하는 것은 이 글의 연구 범위를 넘는 것이다. 여기서는 과학기술외교에 대한 이론적 이해를 활용하여 미국과 일본에서 추진되고 있는 과학기술외교의 양상을 간략하게 정리한다. 양국은 현재 현실주의, 자유주의, 구성주의 과학기술외교를 자국의 상황에 맞도록 혼합하여 복합적인 과학기술외교를 수행하고 있다. 최근 과학기술외교를 공공외교로 활용하는 시도가 두드러진다. 특히 미국과 일본에서 최근 과학기술외교와 공공외교가 구체적으로 어떤 모습으로 만나고 있는지 과학기술 관련 주요 문건들을 중심으로 알아

본다. 계속해서 한국 과학기술외교의 특징을 정리하고 발전 방향을 논의해본다.

1. 미국: 경쟁력 강화와 소프트 파워 증진을 위한 과학기술외교

미국은 건국 초기부터 활발한 과학기술외교를 수행하였다. 미국 건국 시조들 가운데 특히 토머스 제퍼슨과 벤저민 프랭클린은 과학에 관심이 많았다. 독립선언서와 미국헌법 작성에 참여하고 미국 독립전쟁 때 프랑스의 경제 및 군사적 원조를 얻어내는 데 중추적 역할을 했던 프랭클린은, 유럽 과학자들과 활발하게 교류하였으며 피뢰침, 다초점 렌즈 등을 만든 발명가이기도 했다(Chaplin 2007). 미국 건국 시조들은 초기부터 과학기술이 국정 운영에 중요하다고 인식하고 있었고 실제로 지도 작성, 세관, 보건 등의 영역에서 과학기술을 적극 활용하였다(Dupree 1986; Smith 1990 등).

그러나 미국에서 과학기술이 크게 발전하기 시작한 것은 남북전쟁 이후 급속한 산업화 과정을 겪으면서였다. 2차 세계대전 이후 명실상부한 패권국이자 과학기술 선두주자로 부상하면서 미국은 본격적으로 과학기술외교를 수행하게 되었다(Huddle 1980). 이전 과학기술외교가 선진 기술을 습득하기 위한 노력이나 자국의 이익을 지켜내려는 현실주의 과학기술외교에 초점을 두었음에 반해(Chalecki 2008), 2차 세계대전 이후 미국 과학기술외교는 좀더 다양한 내용으로 진행되었다. 소련을 위시한 공산주의 세력에 대항하여 자유민주주의 진영의 영향력 강화를 위해 서유럽 국가 및 아시아, 아프리카, 남미 등 신생 국가들을 대상으로 과학기술을 외교에 활용하는 한편, 적대국이었던 소련, 중국 과학자 공동체들 간 상호 교류를 유지하였다(National Academy of Sciences 2004).

아울러 1970년대 중반 이후 자본과 기술의 국경을 넘는 이동이 가속화되는 과정 속에서 자유주의 과학기술외교의 내용을 담은 미국 과학기술 국제협력이 범위와 규모 면에서 크게 증대된다(Wagner et al. 2002). 1980년대 이후 미국 과학기술 국제협력 예산이 크게 증대되었고 외국과 맺은 과학기술협정이 수백여 개가 넘는 것으로 보고되고 있다. 과학기술 협력을 통해 미국 과학기술의 경쟁력을 유지하거나 강화하려는 노력은 현재까지 지속되고 있다. 예컨대 2008년 국가과학위원회(National Science Board)는 『국제 과학기술 협력 보고서(*International Science and Engineering Partnerships: A Priority for U.S. Foreign Policy and Our Nation's Innovation Enterprise*)』를 통해 미국의 과학기술력 증대가 미 외교정책의 우선적인 내용이 되어야 함을 역설하였다(NSB 2008). 오바마 행정부 역시 미국 경제의 지속적인 성장을 위해 과학기술력이 중요하다고 인식하고 2009년 미국 혁신전략(A Strategy for American Innovation) 보고서를 통해 국제협력의 지속과 확충 지원을 밝힌 바 있다(Executive Office of the President 2009).

다른 한편 미국은 연방정부 차원에서 해외 유출 가능성이 있는 첨단기술 보호를 위해 1996년 외국인에게 주요 기술을 유출할 경우 15년의 실형 또는 50만 달러의 벌금형에 처할 수 있는 경제스파이법(Economic Espionage Act)을 제정한 바 있다(김재봉 2001). 과학기술 국제협력이 심화되면서 첨단기술 유출 또한 증대된 것인데, 의회는 매년 보고서를 통해 경제스파이의 실태를 보고하고 이에 대한 법적 대응을 강화하고 있다(ONCIX 2008). 자유주의 과학기술외교가 확대되면서 동시에 현실주의 과학기술외교도 공존 및 심화되고 있다.

최근 미국 과학기술외교에서 가장 주목할 만한 변화는 과학기술외교가 공공외교로 적극 활용되고 있다는 점이다. 미 국부부의 '2025 변환외교 보고서'는 과학기술을 미국의 주요 소프트 파워 자산으로 인식하면서 공공외교 자원으로 적극 활용할 것을 제안하였다(State Department Advisory Committee on Transformational Diplomacy 2007). 2000년 국무부 내에 과학기술자문관실(The Office of the Science and Technology Adviser to the Secretary)이 설치되었고, 미국 외교정책 수립 시 포괄적이고 정확하며 최신의 과학기술 전문지식을 장관에게 제공하는 것을 주요 임무로 하여 현재 미국 소프트 파워 증진을 위한 과학기술외교 프로그램을 만들어 운영하고 있다(Stine 2009). 아프리카 개발(Geospatial Sciences for Sustainable Development in Africa)을 위한 과학기술, 이라크 과학기술 멘토링(Science, Technology and Engineering Mentorship Initiative in Iraq), 번영하며 안전한 사회를 위한 과학기술(Science and Technology for Secure and Prosperous Societies) 등의 프로그램은 과학기술외교가 공공외교로 추진되고 있는 대표적인 사례로 볼 수 있다.[7]

백악관의 과학기술정책국(Office of Science and Technology Policy, OSTP)은 다양한 관련 기구들 간의 연계를 담당하면서 과학기술외교 업무를 수행한다. OSTP가 주도한 오바마 행정부의 과학기술외교 가운데 가장 주목받고 있는 것은 2009년 6월 카이로 연설에서 선언된 중동 지역과의 과학기술 협력 프로그램이다.[8] 9·11 테러 이후 걷잡을 수 없이

7 미 국무부 과학기술자문관실 http://www.state.gov/g/stas/130872.htm(검색일 2010년 9월)

8 카이로선언 중 관련 부분 참조 http://www.msnbc.msn.com/id/31102929/.(검색일 2010년 9월) "On science and technology, we will launch a new fund to support technological development in Muslim-majority countries, and to help transfer ideas to the marketplace so they can create more jobs. We'll open centers of scientific excellence in Africa, the Middle East and Southeast Asia, and appoint new science envoys to collaborate on programs that develop new sources of energy, create

악화된 미국과 중동 지역 국가들 간의 공동 이해와 가치를 형성하기 위한 기반으로 중동 국가들에 대한 과학기술 지원 및 협력을 대폭 강화하는 다양한 프로그램들이 마련되어 진행되고 있다(OSTP 2010).[9] 이러한 프로그램은 정부뿐 아니라 양국의 대학, 기업, 시민단체 등 민간 부분도 적극 참여하며 실질적인 과학기술 성과와 함께 가치와 이해 공유에 초점을 두고 있어 구성주의 과학기술외교와 공공외교가 결합된 구체적 사례로 볼 수 있다. 21세기에 접어들어 미국 과학기술외교는 공공외교의 일환으로 미국의 우수한 과학기술력을 활용해 대외 소프트 파워를 증대한다는 목적을 추구하는 면이 두드러지게 나타난다. 이는 과학기술이 미국 사회에서 가장 존중받는 부분이며 과학기술이야말로 미국의 소프트 파워를 강화시키고, 과학기술 협력을 기반으로 가치와 정체성 공유를 향해 나아가는 과정에서 국제적 존경과 신임을 얻어내고 평화와 발전에 기여할 수 있다는 인식을 반영한 것이다(Dobriansky 2006).

현재 미국은 이전부터 수행해오던 현실주의, 자유주의 과학기술외교를 지속하고 확대하는 가운데 공공외교와 결합된 구성주의 과학기술외교를 새로이 도입하고 강화하는 양상을 보이고 있다. 미국의 과학기술

green jobs, digitize records, clean water, grow new crops. Today I'm announcing a new global effort with the Organization of the Islamic Conference to eradicate polio. And we will also expand partnerships with Muslim communities to promote child and maternal health."

9 미국 중동 과학기술 협력 문서 http://www.whitehouse.gov/sites/default/files/microsites/ostp/cairo-fact-sheet.pdf(검색일 2010년 9월)
현재 진행중인 프로그램은
- OPIC 기금: OPIC(해외민간투자협회) 글로벌 테크놀로지 혁신 기금은 전 세계의 무슬림 커뮤니티에서 진행되는 기술 개발 프로젝트에 도움을 주기 위해 약 20억 달러의 민간 투자금을 유치.
- 미 국무부와 에너지부는 칼리파 과학기술연구 종합대학, 에미리트 원자력 에너지 공사, 그 밖의 여러 기관들과 공동으로, 걸프(Gulf) 원자력 에너지 인프라 연구소를 건립 등등.

경쟁력과 리더십을 강화하기 위해 기존 과학기술 경쟁 및 협력을 지속 및 확대하는 한편, 미국의 소프트 파워를 증진시키기 위한 과학기술외교 프로그램들을 개발하고 수행 중이다. 특히 중동, 아프리카 지역 등 미국의 영향력이 취약한 곳이나 개발이 긴급한 분야에 과학기술외교를 적극 활용하면서 미국의 소프트 파워를 강화하고 이것이 평화나 번영을 위한 공동의 노력으로 확산될 수 있도록 노력하고 있다.

2. 일본: 경제 회복과 대 개도국 협력 강화를 위한 과학기술외교

2차 세계대전 이후 급속한 경제 발전을 이룬 일본은 1980년대에 반도체, 자동차 등 첨단기술 부문에서 미국을 추격하면서 미국을 이어받을 차세대 패권국가로 세계의 주목을 받았다. 일본의 경제 성장에는 일찍부터 서구 국가들과의 접촉을 통해 습득한 과학기술 발전이 중요한 토대가 되었다(후루야 게이치 1993; Inkster 1991). 산업화 후발국인 일본은 오랫동안 자국 과학기술력 강화를 목표로 선진국과의 경쟁을 염두에 두고 자국에 필요한 과학기술을 다양한 통로로 습득하는 과학기술외교에 초점을 맞추어왔다. 일본은 산업화 초기에는 선진국의 성숙기 기술을 도입하여 국내 산업 발전을 위해 활용하였고 점차 과학기술 수준이 향상되면서 1980년대 이후부터 본격적으로 선진국과 경쟁적인 과학기술외교를 수행하게 된다(배정호 1994).

1990년대 초부터 시작된 일본 경제의 장기 불황에 직면하여 과학기술력 향상을 통한 경제 성장을 모색하기 위해 일본 정부는 2001년 과학기술 관련 행정 조직을 대폭 개편한 바 있다. 기존 과학기술청과 문부성이 문부과학성으로 통합되고 국가 연구개발 사업을 총괄하는 종합과학기술회의(CSTP)가 설치된 것이 개편의 주요 내용이었다(조현정 외

2009). 이후 일본 정부는 과학기술력 증진을 위한 다양한 노력 가운데 과학기술 국제협력을 강조해왔다. 한 연구자는 일본 과학기술 국제협력의 목표가 탐색 및 발전(Search and Develop)이었다고 분석한다(정성철 2002). 해외 기술에 대한 접근을 극대화하고 해외 기술을 국내로 들여와 새로 개발한다는 것이었다. 이에 따라 일본 과학기술 국제협력은 주로 선진국들을 중심으로 이루어져왔다. 일본은 국제핵융합 프로젝트(ITER), 국제선형가속기(ILC) 등 소위 거대 과학 국제공동연구사업에 주도적으로 참여하여 왔다. 아울러 일본의 과학기술력을 제고하기 위해 해외 기술과 인력 교류 및 협력을 대폭 확대하는 내용의 자유주의 과학기술외교가 1990년대 이후 적극 추진되어 왔다. 다른 한편 과학기술 국제협력에 대한 강조와 함께 최근 일본에서 첨단기술 유출에 대한 우려가 증대되었다. 일본 정부가 첨단기술의 해외 유출 실태가 심각하다는 인식하에 기업의 경쟁력을 확보하고 군사적 목적으로 전용될 수 있는 기술의 유출을 사전에 방지할 수 있도록 정보 유출 자체만으로도 처벌할 수 있는 법안인 〈기술정보 적정 관리〉(가칭)을 제정하는 방안을 추진하고 있다(讀賣新聞 2008/1/15).

21세기 들어 일본은 과학기술을 소프트 파워 자원으로 인식하면서 아시아 및 개도국에서 일본의 영향력을 증대시키는 목적으로 공공외교와 결합하여 좀더 적극적인 과학기술외교를 수행하고 있다. 제3기 과학기술기본계획(2006~2010)[10]은 특히 과학기술외교와 관련하여 세 가지 목표를 설정하고 있다.[11] 첫째, 세계 공동 과제의 해결과 타국으로부터의

10 2006-2010, 과학기술법에 근거하여 5년마다 작성, 종합과학기술회의(CSTP)가 심의하고 내각에서 결정.

11 일본 제3기 과학기술기본계획 전문 http://www.mext.go.jp/a_menu/kagaku/kihon/06032816/001.htm(검색일 2010년 9월)

국제적 요청 및 기대에 부응하며 일본의 신뢰도를 증대시키는 것, 둘째, 과학기술에 관련된 국제 표준과 규범 형성에 공헌하는 것, 셋째, 일본 연구자를 세계적인 수준의 인재로 육성하고 동시에 우수한 외국인 연구자의 수용을 통해 일본의 과학기술력을 강화하는 것이다. 이 계획은 이전 일본 과학기술 국제협력과 다소 차이 나는 내용을 담고 있다. 먼저 이전과 달리 과학기술외교라는 용어가 빈번하게 사용되고 있다. 2008년 일본에서 개최된 G8 정상회의는 일본 과학기술외교를 활성화시키는 주요한 계기가 되었다. 2008년 30여 개국이 참여한 과학기술장관회의, 일본-아프리카 과학기술장관회의 등이 연속적으로 개최되면서 일본은 과학기술외교라는 용어를 본격적으로 사용하기 시작했다. 아울러 소프트파워로서 과학기술을 적극 활용하면서 세계 공동 과제 해결에의 참여나 과학기술 국제 규범 형성에 적극 기여한다는 목적을 강조하고 있다. 일본이 구성주의 과학기술외교와 결합된 공공외교를 염두에 두기 시작했다고 볼 수 있는 부분이다. 이 계획에서는 특히 기존 선진국 일변도의 국제협력에서 벗어나 특히 아시아 국가와의 협력을 강조하고 있다. 기존 정부 간 대화나 연구자를 통한 교류를 바탕으로 아시아 각국과 고위급 정책대화 '아시아지역 과학기술각료회의'를 실시하고 이와 병행해 아시아 각국과의 연구자 교류를 촉진하고 아시아 공동 과제 참여를 통해 과학기술공동체 간의 네트워킹을 강화하였다.

2010년 2월 종합과학기술회의는 이제까지 마련되었던 과학기술외교 전략 가운데 가장 포괄적인 내용을 담고 있는 '2010 과학기술외교전략 보고서'를 발표하였다.[12] 보고서는 향후 과학기술 국제협력의 기본 방침으로 일본과 상대국 간 상호호혜 관계 구축, 일본의 과학기술력을 활

12 2010 과학기술외교전략 보고서 전문은 http://www8.cao.go.jp/cstp/siryo/haihu89/siryo3-2-1.pdf(검색일 2010년 9월)

용하여 아시아 국가들의 문제 해결, 정부의 외교 과제인 동아시아 공동체의 구축에 과학기술 분야가 선두에 서서 실현할 것 등을 제시하고 있다. 특히 일본은 과학기술과 공적개발원조의 전략적 연대를 강화할 것을 강조하고 있다. 일본은 세계 제2위 원조 공여국으로 자국의 경제적 이해에 기반을 둔 실리형 공적개발원조를 발전시켜왔다(박홍영 2003; 손혁상 2010). 그러나 탈냉전 후 일본은 점차 세계평화와 안정에 기여하는 목적의 공적개발원조에 대한 관심을 증대시켰고, 이것이 공공외교의 관점과 결합되면서 개도국 정보 격차 해소 지원 프로그램, 기술 원조 프로그램 등 과학기술을 활용하는 프로그램들을 늘리고 있다.[13] 이 계획은 이전에 비해 과학기술외교를 공공외교로 활용하고자 하는 일본 정부의 의지를 한층 더 강하게 드러내고 있다.

일본은 현재 42개국과 과학기술협정을 맺고 있다. 과학기술협정은 선진국 대 개도국의 두 개 트랙으로 양분되어 있고 선진국과의 협력이 대부분을 차지하며 전체 협정 가운데 개도국 협정의 비율은 16.7%에 불과하다(Yakushiji 2009). 이는 미국의 48.6%, 독일의 37.9%, 프랑스의 48.1%와 비교하여 낮은 수준이다. 지역별로 보면 아시아 국가의 비율이 11.9%이고(미국 24.3%, 독일 20.7%, 프랑스 14.8%), 아프리카 국가의 비율이 2.4%에 불과하다(미국 13.5%, 독일 3.4%, 프랑스 11.1%). 이러한 상황에서 일본의 소프트 파워 증진과 개도국과의 연대를 통한 세계 사회 문제 해결을 위해 과학기술외교를 활성화시켜야 한다는 주장이 힘을 받고 있다.

이상에서 2000년대 중반 이후 과학기술외교가 일본 과학기술 정책의 주요 의제로 부상했음을 확인할 수 있다. 현재까지 자국 과학기술력

13 일본 외교부 ODA 홈페이지 참조 http://www.mofa.go.jp/policy/oda/index.html

의 증대를 위한 해외 자원 활용이나 대 선진국 협력이 과학기술외교의 주요 내용이다. 그러나 21세기에 접어들면서 일본의 국제적 위상에 걸맞는 과학기술외교를 수행해야 한다는 취지로 환경, 에너지 등 인류 공동의 문제 해결을 위한 과학기술 협력 강조, 기존 선진국 중심의 과학기술외교에서 벗어나 개도국 과학기술외교 강화, 특히 아시아 국가들과의 과학기술 협력 강조, 공적개발원조와의 연계 방안 모색 등을 공공외교와 연결시켜 새롭게 추진하고 있다. 일본의 과학기술외교 역시 현실주의, 자유주의 과학기술외교를 지속적으로 확대하는 가운데 최근 들어 인류 공동 문제 해결 및 아시아 개도국과의 공동의 가치 및 정체성 형성을 위한 과학기술 협력이라는 과학기술외교를 공공외교의 주요 내용으로 적극적으로 추진하고 있음을 알 수 있다.

3. 한국: 과학기술력 제고를 위한 경쟁과 협력의 과학기술외교

1948년 대한민국 정부 수립 이후 한국 과학기술 발전은 국제협력을 통해 시작되었다고 볼 수 있다. 당시 후진국 수준에 머물러 있던 과학기술력을 향상시키는 중요한 계기가 된 것이 외국으로부터의 기술 도입과 과학기술 연구소 설립이었다. 1956년 원자력행정조직 설치와 함께 한미원자력협정이 체결되었고, 연구용 원자로(TRIGA MARK-II) 도입 및 운영을 위해 미국과 협력이 이루어졌다(고대승 1998). 1966년 미국과의 협력으로 종합과학기술연구소인 과학기술연구소(KIST)가 설립되어 한국 내 과학기술 연구의 중심지 역할을 하였다(김근배 1998). 1970년대까지 외국으로부터 유무상 원조나 기술 도입을 확대하여 한국 과학기술력을 높이는 과학기술외교가 중심이 되었다.

한국의 경제 성장이 일정 수준에 도달하면서 1980년대 들어 정부가 국제공동연구사업에 참여하기 시작하고 기업들도 해외 연구개발 거점을 형성하기 시작했다(권용수 외 2003; 엄천일 2009). 이 시기 과학기술외교의 초점은 해외에 널리 퍼져 있는 과학기술 인력, 연구 기관, 연구 시설 등 해외 우수 자원을 활용하여 연구개발 효율성을 제고하고 국가 과학기술 역량을 강화하는 데에 맞추어졌다. 이를 위해 1985년부터 과학기술 국제협력 업무를 연구사업화하여 추진하고 국제공동연구사업을 시작하였다(과학기술처 1997). 1990년대 이후 경제활동의 개방화, 자유화, 세계화와 함께 과학기술 국제협력은 선택의 문제가 아니라 생존을 위한 필수 전략으로 부상되었고 이에 따라 정부도 더욱 적극적으로 해외 자원을 활용하는 과학기술외교 전략을 수립하고 추진하였다. 전략기술 분야에서 국제공동연구의 활성화 및 전략적 기술제휴를 확대하며, 선진국 수준의 연구개발 환경 조성으로 우리나라를 세계 주요 기술혁신 중심지로 육성하는 것이 과학기술외교의 주요 목표로 설정되었다. 여기서 자유주의 과학기술외교가 적극적으로 추진되었음을 확인할 수 있다.

1990년대 후반 이후 한국의 국제적 위상이 제고되면서 국제사회에서 책임 있는 국가로서 세계 과학기술 발전에 기여하고 범지구적 문제 해결에 동참해야 한다는 논의가 제기되기 시작한다. 2001년 과학기술기본법에 따라 마련된 1차 과학기술기본계획(2002~2007)은 주요 내용으로 과학기술 국제화를 담고 있다(재정경제부 외 2001). 구체적인 내용으로 해외 과학기술자원의 효율적 활용, 과학기술 국제화 촉진을 위한 기반 구축 이외 지구적 현안 문제 해결과 세계 과학기술 발전에의 기여 등을 포함하고 있다. 하지만 구성주의 과학기술외교에 대한 인식 증대와 필요성의 제기에도 불구하고 구체적으로 추진된 사업의 비중과 성과는 미미했다.

2010년 현재 교육과학기술부 과학기술 국제화 시행 계획에 드러난

한국의 과학기술외교는 현재까지도 과학기술력 강화를 위한 국제협력을 중점적으로 강조하고 있다(교육과학기술부 2010). 예컨대 해외 과학기술 자원의 효율적 활용을 통한 전략 분야 글로벌 협력 지원 강화, 국내 인재 양성 및 연구 역량 제고를 위한 글로벌 자원 확보 활용 체계 구축, 다자간 과학기술 공동 프로그램 참여 확대를 통한 연구 역량 강화 및 협력 네트워크 구축 지원 등의 내용이 대부분이다. 여기에 동남아, 아프리카, 한·중·일 등 권역별, 전략적 국제협력 강화 및 성장 잠재 개도국, 신흥경제국 등과 특화된 협력 활동 확대를 언급하면서 개도국 지원 증대의 필요성을 제기하고 있다. 이러한 사업은 2010년 전체 교육과학기술부 과학기술외교 예산 250억 원 가운데 25억 원으로 10% 정도의 비중을 차지한다.

한국에서는 북한이나 경제성장 등 전통적인 외교의제에 밀려 과학기술외교가 미국이나 일본에 비해 상대적으로 주변적인 위치에 머무르고 있고, 과학기술외교 내에서도 가치와 규범에 중점을 두고 과학기술을 소프트 파워 자원으로 인식하는 구성주의 과학기술외교의 비중이 매우 낮다. 공공외교 역시 필요성에 대한 논의가 제기되고 있으나 구체적인 프로그램이나 사업으로 활성화되지 못하고 있다. 과학기술외교와 공공외교가 모두 전반적으로 취약한 상황에서 과학기술을 하드 파워로 보는 인식이 지배적이고 과학기술을 소프트 파워로 활용하는 공공외교로서의 과학기술외교에 대한 인식은 더욱 낮은 편이다.

한국 과학기술외교의 전개 양상은 정부의 대외 과학기술 협력 협정, 조약, 협약 등을 통해서도 단편적으로 살펴볼 수 있다. 외교통상부의 조약 관련 자료를 분석한 결과 건국 이후 2000년대 초반까지 외국의 정부 혹은 국제기구와 체결한 과학기술 관련 양자 간 협약, 협정 등은 총 213건으로 나타난다(권용수 외 2003). 구체적인 내용을 살펴보면, 양자협력협정 중 외국으로부터의 수원(受援)과 관련된 것이 총 67건, 상호호혜적 협력을 위한 것이 132건, 우리가 외국을 도와주는 원조와 관련된 것이 11건, 그리고 기타 국제기구 가입 등과 관련된 것이 3건으로 되어 있다. 수원의 경우 67건 중 66건이 1980년대 이전에 체결된 것으로서, 우리의 과학기술외교 관계가 1980년대 이후 크게 변화되었음을 잘 설명해준다. 1990년대 이후 체결된 외국 정부와의 과학기술 협약은 대부분 상호 호혜적 협력에 관련된 것이다. 과학기술부문의 외국 원조나 국제기구활동은 1990년대 후반 이후 소규모로 진행되어 왔다.

이제까지 살펴본 바와 같이 각 국가들은 다양한 과학기술외교를 수행하고 있다. 국가별로 현실주의, 자유주의, 구성주의 과학기술외교의 비중이 다르고 구체적인 내용에도 차이가 있다. 하지만 과학기술력 강화, 다양한 국가와의 과학기술 협력, 소프트 파워 증대 혹은 공동의 가치나 정체성 형성에 기여하는 과학기술 활용이 과학기술외교의 핵심 내용인 점은 공통적으로 드러나고 있다. 특히 최근 공공외교의 부상으로 자국 소프트 파워 증진과 과학기술을 긴밀하게 연계시키는 과학기술외교가 활성화되고 있어 주목된다. 한국의 과학기술외교도 큰 방향에 있어서는 과학기술 경쟁과 협력, 그리고 국제사회에 기여라는 흐름을 타고 있으나 특히 공공외교의 관점에서 과학기술외교를 활용하는 부분이 상대적으로 매우 취약하다.

IV. 맺음말

이 글에서는 최근 부상하고 있는 과학기술외교에 주목하고 이에 대한 이론적 이해를 시도하였다. 국제정치 주요 이론인 현실주의, 자유주의, 구성주의는 서로 다른 과학기술관 및 과학기술외교에 대한 이해를 내재하고 있다. 국제관계에서 국가의 상대적 이득에 대한 고려와 협력 가능성의 제약을 주장하는 신현실주의에서 과학기술을 둘러싼 국가들 간 관계는 자국 과학기술력 향상 및 우위를 위해 서로 경쟁하고 갈등하는 제로섬 게임으로 이해되고, 협력보다는 갈등의 양상으로 과학기술외교가 전개된다고 본다. 자유주의는 과학기술이 비정치적 속성을 가지며 이로 인해 협력이 용이하고, 과학기술을 둘러싼 국가들 간의 관계는 절대적 이득이 중시되는 포지티브섬 게임이며 상대국과의 과학기술 협력을 주요 내용으로 하는 과학기술외교가 다른 부문의 협력으로 발전되어 평화를 가져올 수 있다고 강조한다. 구성주의는 과학기술이 규범과 정체성 형성의 매개라는 점에 주목하고 과학기술외교가 일방적 강요나 강압보다는 설득과 동의, 협력 과정을 중요시하는 특성을 가진다고 이해한다. 과학기술외교에 대한 이론적 이해는 현실 속에서 수행되고 있는 다양하고 복합적인 과학기술외교를 정리된 모습으로 파악하게 하며, 좀더 분명한 목표와 과정을 지향하는 과학기술외교 전략을 수립하는 데 기여한다.

현재 세계 각국은 현실주의, 자유주의, 구성주의 과학기술외교를 자국의 상황에 맞도록 혼합하여 복합적인 과학기술외교를 수행하고 있다. 최근 과학기술외교에서 두드러지는 점은 공공외교와의 결합이다. 정체성과 규범의 중요성을 강조하는 구성주의 과학기술관과 소통, 설득, 공유에 기반한 소프트 파워 강화를 추구하는 공공외교가 만나면서 공공외교의 한 형태로서 과학기술외교가 활성화되고 있다. 공공외교와 구성주의 과학기술외교가 만나 소프트 파워 강화와 정체성과 가치 중시라는 목적이 결합되고 과학기술이 수단으로 활용되고 있다. 소프트 파워 강화라는 국익의 추구가 공동의 정체성과 가치형성 과정과 만나고 이를 통해 세계 당면 문제 해결을 위한 기반을 넓혀가는 공공외교로서의 과학기술외교가 본격적으로 출현하고 있다. 실제로 미국과 일본에서는 21세기에 접어들어 각각 아프리카 및 중동국가들과의 과학기술 협력 프로그램 강화, 아시아 개도국에 대한 과학기술 공적개발원조의 확대 등 자국의 상황에 맞는 과학기술을 활용한 공공외교 프로그램들이 활성화되고 있음을 확인할 수 있다.

한국은 지난 수십 년 동안 소위 압축 성장 과정을 통해 중진국으로 진입하였다. 현재까지 한국이 이룬 경제성장과 민주화, 과학기술 발전 등은 외교정책에서 한국의 소프트 파워 증대를 위해 활용될 수 있는 자산이다. 최근 한국에서도 공공외교 강화 논의가 이루어지고 있지만 이러한 공공외교를 활발히 전개하고 있는 선진국들에 비해서는 아직 목표와 전략 및 구체적 내용이 부족한 형편이다. 특히 소프트 파워를 증대시키는 공공외교에서 구체적인 성과를 낼 수 있는 과학기술외교가 현재까지 잘 활용되지 못하고 있다.

현재까지 이루어진 과학기술외교는 과학기술을 하드 파워의 관점에서 접근하고 한국의 과학기술력을 강화한다는 목표에 중심을 두어왔다. 최근 과학기술을 소프트 파워 측면에서 접근하면서 이를 공공외교 자원으로 활용하고자 하는 추세를 인식하고, 또 국제사회 문제에 대한 다자적인 접근과 의제설정을 주도하는 중견국가로서의 위상을 고려한다면, 한국의 과학기술외교는 공공외교 측면을 강화해야 할 필요가 있다. 다양한 공공외교 전략 가운데 과학기술을 활용한 공공외교에 주목할 필요가 있다. 현재 다양한 기관들이 개도국 과학기술 연수사업 등을 주관하면서 과학기술 발전 국가로서 한국의 위상을 높이고 있다. 다양한 행위자들의 적극적인 과학기술외교와 더불어 정부 차원에서도 현재 이루어지고 있는 과학기술 공적개발원조를 소프트 파워 자원으로 활용하여 과학기술외교를 강화할 수 있는 방안을 모색해야 한다. 남·북 과학기술 협력이나 한·중·일 과학기술 협력도 공공외교의 차원에서 좀더 전략적이고 지속적인 정책을 마련할 필요가 있다.

한국 과학기술외교는 주요국의 과학기술외교 흐름을 고려하고 중견국가로서 한국의 위상을 고려하여 복합적인 내용으로 수행되어야 한다. 이제까지 진행해왔던 대로 국가 과학기술력 강화를 위해 선진국과의 전략적 과학기술외교를 확대해나가야 한다. 아울러 현재 저평가되어 있는 국가 브랜드 가치를 높이고 공공외교의 활성화를 위해 평화, 환경, 발전 등 지구적 차원 문제 해결을 위한 과학기술외교에 보다 적극적으로 참여하여야 한다. 이를 위해 현재 선진국 중심의 국제협력에서 벗어나 개도국과의 국제협력을 좀더 적극적으로 추진하면서, 특히 2009년 OECD DAC(Development Assistant Committee) 가입을 계기로 공적개발원조의 양적·질적 확대가 요구되는 바, 이와 연계한 과학기술외교 전략을 구체적으로 수립할 필요가 있다.

영국 한림원이 제시한 과학기술외교의 세 가지 내용을 토대로 한국 과학기술외교의 향후 의제를 제시해본다(Royal Society 2010). 먼저 한국 과학기술외교(science in diplomacy)가 강화되어야 한다. 기후변화, 핵 비확산, 생물 다양성 등 외교 현안에서 과학기술 관련 이슈가 증대하고 있고 이에 적합하게 대응하기 위해 과학기술 전문지식의 체계적인 도움이 필요하다. 또 현재 각 부처나 기관에서 산발적이거나 중복적으로 이루어지는 과학기술외교 관련 사업들을 조정하는 것이 필요하다. 현재 청와대에 과학기술자문관 제도가 운영되고 있으나 과학기술외교와 관련한 총괄적인 업무를 수행하기에는 부족하다. 과학기술에 대한 전문 지식과 함께 외교적 감각을 고루 갖춘 전문가를 외교부와 행정부처에서 적극 활용할 수 있는 방안이 마련되어야 하고 장기적 관점에서 과학기술외교 전문가를 육성할 수 있는 프로그램이 필요하다.

둘째, 한국의 과학기술 발전을 위한 외교(diplomacy for science)도 좀더 다양한 내용으로 내실 있게 추진되어야 한다. 현재 다양한 국제 공동연구(글로벌연구실〔GRL〕, 지구적 생물 다양성 협력 네트워크), 국제화 기반 조성(국가 및 다자간 권역별 협력사업, KOSEN 운영 지원, ERN, J-PARC, EU-FP 네트워킹 등), 글로벌 R&D 기반 구축(해외 우수 연구 기관 유치, 한국 파스퇴르 연구소 운영 등) 사업이 수행되고 있다. 새로운 사업들을 발굴하여 이들이 실제 국내 연구자들의 연구 역량을 제고시키고 국가 혁신 체제를 한 단계 업그레이드시킬 수 있는 촉매 역할을 할 수 있도록 활용되어야 한다.

셋째, 국가의 대외정책목표를 달성하거나 국가 간 관계 증진에 기여하는 과학기술외교(science for diplomacy)가 좀더 활성화되어야 한다. 현재 미국과 일본의 사례에서 볼 수 있듯 과학기술을 자국 소프트 파워 자산으로 활용하기 위한 과학기술외교가 주목받고 있다. 한국의 과학기술외교도 이러한 관점에서 더욱 적극적으로 새로운 이슈들을 발굴해야 한다. 현재 과학기술을 우리의 소프트 파워 자원으로 활용할 수 있는 이슈 가운데 하나가 한국의 과학기술 발전 경험을 개도국과 공유하는 것이다. 개도국과의 과학기술 협력은 한국 과학기술외교 전체에서 차지하는 비중이 매우 작으며 그나마 산발적으로 여기저기에서 중복되어 이루어지고 있다. 한국의 공적개발원조 사업을 강화하고 이를 과학기술외교의 핵심 어젠다로 활용해야 한다. 아울러 기후변화 등 국제사회가 당면한 공동의 문제를 해결하기 위한 다자간 과학기술 협력에 지속적으로 동참하여야 한다. 한·중·일 과학기술 협력이나 남·북과학기술 협력 사업도 단기적이고 가시적인 성과에 급급하기보다, 공공외교와 장기적인 관점에서 한국의 소프트 파워를 증진시킬 수 있도록 추진되어야 한다.

참고문헌

고대승. 1998. "원자력기구 출현과정과 그 배경." 김영식·김근배 공저. 『근현대 한국사회의 과학』. 창비.

과학기술처. 1997. 『과학기술30년사』.

교육과학기술부. 2010. 『과학기술국제화 시행계획』.

권용수 외. 2003. 『우리나라 과학기술 국제화 추진 실태 분석 및 개선 과제』. 과학기술정책연구원.

김근배. 1998. "한국과학기술연구소 설립과 미국의 역할." 김영식·김근배 공저. 『근현대 한국사회의 과학』. 창비.

김기정. 2009. "21세기 미국 외교정책과 공공외교." 『국가안보전략연구』 제9권 제3호.

김명섭·안혜경. 2007. "9·11 이후 미국 공공외교의 변화." 『세계지역연구논총』 제25집 3호.

김상배. 2004. "지식/네트워크의 국가전략: 외교 분야를 중심으로." 『국가전략』. 세종연구소.

김재봉. 2001. 미국의 경제스파이법. 『법학연구』. 충남대학교 법학연구소.

김치욱. 2009. "국제정치의 분석단위로서 중견국가: 그 개념화와 시사점." 『국제정치논총』.

박홍영. 2003. "일본형 원조외교의 특징 및 변화상 고찰." 『국제정치논총』 43집.

배영자. 2004. "과학기술의 국제정치: 글로벌 거버넌스 개념을 중심으로." 『한국정치학회보』.

배정호. 1994. "국가전략과 과학기술력-일본의 발전전략과 과학기술력." 『전략논총』.

손혁상. 2010. "일본과 네델란드의 인도네시아 원조 전략비교와 한국적 함의." 『OUGHTOPIA』 25권.

엄천일. 2009. "과학기술 협력 정책 방향." 『물리학과 첨단기술』. http://www.kps.or.kr/storage/webzine_uploadfiles/1162_article.pdf (검색일 2010년 9월)

이명진. 2002. 『과학기술 국제화 환경분석 및 대응방안』. 과학기술정책연구원.

재정경제부 외. 2001. 『과학기술기본계획(2002~2006)』.

전재성. 2006. "미국 부시행정부의 변환외교: 정보화시대 제국적 지식외교의 등장." 『국가전략』. 세종연구소.

______. 2010. "구성주의 국제정치이론에 대한 탈근대론과 현실주의의 비판 고찰." 『국제정치논총』.

정성철. 2002. 『주요국의 과학기술 국제협력 정책 비교연구』. 과학기술정책연구원.

조현정 외. 2009. "한국과 일본의 과학기술행정체제 비교·분석: 정부연구개발예산의 편성구조를 중심으로." 기술혁신학회 추계학술대회 발표논문.

해롤드 니콜슨. 신복룡 역. 2004. 『외교론』. 평민사.

후루야 게이치. 1993. "근대 일본의 과학기술 수용사." 『과학사상』 6호.

Archibugi, Daniele and Jonathan Michie 1997. *Technology, Globalisation and Economic Performance*. Cambridge: Cambridge University Press.

Bull, Hedley. 1977. *The Anarchical Society*. London: Macmillan.

Burt, Richard and Olin Robison. 1998. "Reinventing Diplomacy in the Information Age." CSIS.

Chalecki, Elizabeth.2008. "Knowledge in Sheep's Clothing: How Science Informs American Diplomacy." Paper presented at the annual meeting of the ISA's 49th Annual Convention.

Chaplin, Joyce E. 2007. *The First Scientific American: Benjamin Franklin and the Pursuit of Genius*. New York: Basic Books.

D'Arcy M and M. Levi. 2005. *Untapped Potential: US Science and Technology Cooperation with the Islamic World*. Brookings Institution: Washington, DC. www.brookings.edu/~/media/Files/rc/papers/2005/04islamicworld_levi/darcy20050419.pdf

Deibert, Ronald. 1997. *Parchment, Printing, and Hypermedia: Communication in World Order Transformation*. New York: Columbia University Press.

d'Hooghe Ingrid 2007. "The Rise of China's Public Diplomacy." *Clingendael Diplomacy Paper* No. 12. The Hague, Clingendael Institute.

Dizard, W. 2001. *Digital Diplomacy: U.S. Foreign Policy in the Information Age*. Westport, CT, Praeger.

Dobriansky Paula, 2006. "The Art of Science Diplomacy." *State Magazine*.

Dupree, A. Hunter. 1986. *Science and the Federal Government: A History of Policies and Activities*. Baltimore: Johns Hopkins University Press.

Executive Office of the President. 2009. "A Strategy for American Innovation."

Fedoroff, Nina V. 2009. "Science Diplomacy in the 21st Century." *Cell*.

Greico, Joseph. 1988. "Anarchy and the Limits of Cooperation: A Realist Critique of the Newest Liberal Institutionalism." *International Organization* 42.

Haas, Ernst. 1976. "Turbulent fields and the theory of regional integration." *International Organization*.

Herrera, Geoffrey. 1995. "The Mobility of Power: Technology, Diffusion, and International System Change." Ph.D. Dissertation, Princeton University.

Hieronymi, Otto. 1987. *Technology and International Relations*. London: Macmillan Press.

Holdren, John. 2009. "Science and Technology Policy Priorities and Opportunities in the Obama Administration." OSTP.

Huddle, Franklin. 1980. "Science, technology, U.S. diplomacy: History and 1978 legislation." *Technological Forcasting and Social Change* 17.

Inkster, Ian. 1991. "Science, technology and economic development—Japanese historical experience in context." *Annals of Science* Volume 48, Issue 6.

Keohane, Robert and J. Nye. 1977. *Power and Interdependence*. Boston: Little, Brown.

Koppelman & Wilsdon. 2009. "Where to draw the line in science diplomacy." *Research Fortnight*.

Lord, Kristin M. and Vaughan C. Turekian. 2007. "Time for a New Era of Science Diplomacy." *Science and Society.*

Metzl, J.F. 2001. "Network Diplomacy." *Georgetown Journal of International Affairs* 3.

Mitrany, David. 1975. *The Functional Theory of Politics.* New York: St. Martin's Press.

Nakamura, K.H., and M.C. Weed. 2009. *US Public Diplomacy: Background and Current Issues.* Washington DC: Congressional Research Service.

National Academy of Sciences. 2004. *Scientists, engineers and Track Two Diplomacy: a half century of US-Russian Interacademy cooperation.* The National Academies Press: Washington, DC. www.nap.edu/catalog. php?record_id=10888.

NSB. 2008. *International Science and Engineering Partnerships: A Priority for U.S. Foreign Policy and Our Nation's Innovation Enterprise.*

Nelson, Richard and Sylvia Ostry. 1995. *Techno-nationalism and techno-globalism: conflict and cooperation.* Washington, D.C.: Brookings Institution.

Nye, Joseph S. 2004. *Soft Power: The Means to Success in World Politics.* New York: Public Affairs.

Office of the National Counter-intelligence Executive(ONCIX). 2008. *Annual Report to Congress on Foreign Economic Collection and Industrial Espionage 2008.*

OSTP. 2008. *A Strategy for American Innovation.*

______. 2010. *Fact Sheet U.S. Government Science and Technology Engagement With the Muslim World: Progress in Realizing the President's Vision of Enhanced Science and Technology Partnership in the Muslim World.*

Potter, E.H., ed. 2002. *Cyber-Diplomacy: Managing Foreign Policy in the Twenty-First Century.* Montréeal, London: McGill-Queen's University Press.

Royal Society. 2010. *New Frontiers in Science Diplomacy.*

Skolnikoff, Eugene. 1993. *The Elusive Transformation: Science, Technology and the Evolution of International Politics.* New Jersey: Princeton University Press.

Smith, B. 1990. *American Science Policy since World War II.* Brookings Institution.

Snow, Nancy. 2009. "Rethinking the public diplomacy." in Snow, Nancy and Philip M. Taylor. eds. *Handbook of Public Diplomacy.* New York: Routledge.

Snow, Nancy and Philip M. Taylor. eds. 2009. *Handbook of Public Diplomacy.* New York: Routledge.

State Department Advisory Committee on Transformational Diplomacy. 2007. *Final report of the State Department in 2025 Working Group.* http://pdf.usaid.gov/pdf_docs/PCAAB757.pdf

Stine, Deborah D. 2009. *Science, Technology, and American Diplomacy: Background and Issues for Congress.* CRS Report.

Talalay, Michael, Chris Ferrands, and Roger Tooze. 1997. *Technology, Culture and Competitiveness: Change and the World Political Economy.* London and New York: Routledge.

UN. 2002. *Knowledge and Diplomacy: Science Advice in the United Nations System.*

UNCTAD. 2003. *Science and Technology Diplomacy: Concepts and Elements of a Work Programme.*

Wagner, Caroline S. et al. 2002. *Linking Effectively: Learning Lessons from Successful Collaboration in Science and Technology.*

Waltz, Kenneth. 1979. *Theory of international politics. Reading*, MA: Addison-Wesley.

Watson, Adam. 1984. *Diplomacy: The dialogue between states.* Methuen & Co.

Waller, Michael. 2007. *Public Diplomacy Reader.* The Institute of World Politics Press.

Wendt, Alexander. 1999. *Social Theory of International Politics.* Cambridge: Cambridge University Press.

Yakushiji, Taizo. 2009. "The Potential of Science and Technology Diplomacy." Asia Pacific Review.

Zhong Xiwei and Yang Xiangdong. 2007. "Science and technology policy reform and its impact on China's national innovation system." *Technology in Society* 29.

터프츠대학 플레처스쿨 공공외교센터 http://fletcher.tufts.edu/murrow/pd/definitions.html(검색일 2010년 9월)

미 국무성 공공외교사이트 http://www.state.gov/r/(검색일 2010년 9월)

영국 외부부 http://www.fco.gov.uk/resources/en/pdf/public-diplomacy-review(검색일 2010년 9월)

미 국무부 과학기술자문관실 http://www.state.gov/g/stas/130872.htm(검색일 2010년 9월)

미국 오바마대통령 카이로연설 전문 http://www.msnbc.msn.com/id/31102929/(검색일 2010년 9월)

미국 중동 과학기술 협력 문서 http://www.whitehouse.gov/sites/default/files/microsites/ostp/cairo-fact-sheet.pdf(검색일 2010년 9월)

일본 외교부 ODA 홈페이지 참조 http://www.mofa.go.jp/policy/oda/index.html(검색일 2010년 9월)

일본 제3기 과학기술기본계획 전문 http://www.mext.go.jp/a_menu/kagaku/kihon/06032816/001.htm(검색일 2010년 9월)

2010 과학기술외교전략 보고서 전문 http://www8.cao.go.jp/cstp/siryo/haihu89/siryo3-2-1.pdf(검색일 2010년 9월)

讀賣新聞 2008/1/15

제2부 유럽의 공공외교 전략

4

공공외교로서 규범외교: 유럽연합의 사례*

김준석 (가톨릭대학교 국제학부 국제관계학과 조교수)

* 이 글은 김준석, "규범권력과 유럽연합: 새로운 국제정치 행위자의 등장?" 『국제·지역연구』 제16권 제2호(2007년 여름), pp.1-29를 부분적으로 수정한 것임.

공공외교의 중요한 목적이 정부 간 차원에서뿐만 아니라 비정부, 민간 차원에서 자국에 대한 평판을 제고하는 데 있다고 할 때, 이러한 목적을 달성하는 방법들 중의 하나는 외교정책의 규범성을 강조함으로써 윤리적인 국제정치 행위자로서의 정체성을 강화하는 것이다. 즉 오늘날의 국제정치 무대에서 국가는 윤리적, 규범적인 행위자로 인식됨으로써 자국의 평판과 위상을 제고할 기회를 얻게 된다. 규범외교는 국제정치에서 보편적인 혹은 보편화될 수 있는 가치를 전파하고, 또 그러한 가치에 근거하여 행동함으로써 타 행위자에 대한 영향력과 자국의 국제정치 위상을 제고하는 것을 목표로 정책을 입안하고 실천하는 외교 전략을 의미한다. 얼핏 보기에 규범외교는 소프트 파워 외교와 유사한 것처럼 보일 수 있다. 하지만 소프트 파워 외교의 본질이 주로 문화적인 수단을 통해 타 국가와 타 국가의 시민들을 '매혹'시키는 데 있다면, 규범외교의 본질은 윤리적 행위자로서의 정체성을 통해 타 국가, 타 국가 시민들을 '매혹'시키는 것을 넘어 그들로부터 '존중'을 받는 데 있다. 문화적으로 매혹적인 것과 규범적, 윤리적으로 바람직하고 존중받을 만한 것 사이에는 상당한 차이가 있다. 존중받기 위해서는 다른 무엇보다도 규범외교 전략을 지속적이고 일관되게 전개해나가는 것이 중요하다. 이는 규범외교가 단기적으로 가시적인 성과를 가져오지 않거나 실질적인 국가이익과 상충하더라도 이를 포기하거나 중단하지 않고 유지 내지는 고수할 수 있어야 함을 의미한다.

이러한 규범외교의 특징이 실제 현실에서 어떻게 구체화되는지 살펴보기 위해 유럽연합의 국제정치 행위자로서의 정체성을 '규범권력(normative power)'의 관점에서 정의하고자 하는 일련의 시도들의 타당성을 검토한다. 1990년대 이후 외교-안보 분야에서 협력의 진전에도 불구하고 유럽연합이 국제정치의 장에서 장차 어떤 모습을 취할지에 관해 현재 정확한 예측이 어려운 상황인데, 일부 연구자들을 중심으로 유럽연합을 군사력과 경제력을 매개로 하는 통상적인 권력 추구와는 별개의 차원에서 민주주의, 인권 등의 규범을 확산하고 전파하는 데 주된 관심을 가진 새로운 종류의 국제정치 행위자로 이해하고자 하는 움직임이 본격화되고 있다. 이러한 유럽연합의 규범권력 개념을 비판적으로 검토함으로써 규범외교가 어떻게 가능한지의 문제에 대한 단서를 제공하고자 한다.

I. 머리말

전통적으로 국제정치학에서 윤리적 이상이나 도덕 원칙을 앞세운 외교정책은 실질적인 중요성을 가지기 어려운 비현실적이고 이상주의적인 정책으로 백안시되거나, 경우에 따라서는 위험천만한 결과를 초래할 수도 있는 정책으로 터부시되었다. 이는 특히 현실주의 국제정치학의 경우에 그러하다. 현실주의자들은 윤리적 외교정책이 국가이익에 별다른 영향을 끼치지 못하는 경우에는 그저 변덕스럽고 무의미한 정책일 뿐이며, 일정한 영향을 끼치는 경우에는 국가를 약화시키고 국익에 해를 끼칠 뿐이라고 주장한다. 현실주의자들은 또한 윤리적인 외교정책이 어떤 효용성을 갖는다면 그것은 그러한 정책이 “영리한 이념적 책략”으로 사용되는 경우뿐이라고 지적하기도 한다. 즉 국익을 초월해서 행동하는 것처럼 보이지만 사실상 국익에 도움이 되는 경우에만 윤리적 외교는 유용할 수 있다는 것이다(Heins and Chandler 2007: 3-4).

이 장에서는 윤리적인 외교정책에 대한 이와 같은 비판과 회의론을 넘어 오늘날의 세계에서 공공외교로서 규범외교의 중요성이 증가하고 있음을 주장하고자 한다. 규범외교는 국제정치의 장(場)에서 보편적인 혹은 보편화될 수 있는 가치를 전파하고, 그러한 가치에 근거하여 행동함으로써 타 행위자에 대한 영향력과 자국의 국제정치적 위상을 제고하는 것을 목표로 하는 외교정책이라 할 수 있다. 따라서 규범외교는 소프트 파워 외교와 유사한 것처럼 보인다. 소프트 파워는 일반적으로 다른 이들의 취향에 영향을 미쳐 자신이 원하는 바를 원하도록 만드는 능력으로 정의되는데, 규범외교는 이러한 소프트 파워 외교의 특징을 공유하기 때문이다. 하지만 양자 사이의 차이 역시 명확하다. 소프트 파워 외교의 본질이 주로 문화적 수단을 통해 타 국가와 타 국가의 시민들을 ‘매혹’시키는 데 있다면, 규범외교의 본질은 윤리적 행위자로서의 정체성을 통해 타 국가, 타 국가 시민들을 ‘매혹’시키는 것을 넘어 그들로부터 ‘존중’을 받는 데 있다. 문화적으로 매혹적인 것과 규범적, 윤리적으로 바람직하고 존중받을 만한 것 사이에는 상당한 차이가 있다.

다른 무엇보다도 규범외교에서는 지속성과 일관성이 중요하다. 외교정책을 통해 규범적으로 바람직한 것으로 존중받고 인정받기 위해서는 지속적이고 일관되게 윤리적으로 행동하거나 그런 모습을 보일 필요가 있다. 이는 윤리적인 외교정책의 내용이 자국의 이해관계에 부합하지 않거나 국익에 상치되더라도 적어도 단기적으로는 그러한 정책을 포기하지 않고 고수할 수 있어야 함을 의미한다. 궁극적으로 지속적이고 일관된 규범외교를 위해서 국가는 '윤리적인 행위자'가 되어야 한다. 국가는 핵심적인 윤리 원칙을 준수하는 경우에 윤리적인 행위자로 인정받을 수 있다. 상황에 따라 원칙을 선택적으로 준수하거나 준수하지 않는다면 그러한 국가는 더 이상 윤리적인 행위자로 여겨지지 않는다.

물론 국가가 윤리적인 행위자가 된다는 것이 순수하고 절대적으로 도덕률을 준수하는 것을 의미하지는 않는다. 행위의 동기가 절대적으로 순수하고 자기 이익에 대한 고려에 의해 조금도 오염되지 않은 경우에만 행위자가 윤리적일 수 있다는 견해는, 그 행위자가 국가건 사회 내의 개인이건 비현실적인 주장이다(Brown 2001: 22-23). 아무리 윤리적인 외교정책이라 하더라도 윤리적인 고려와 현실적인 국가이익의 추구가 뒤섞여 혼재하는 것은 불가피하다. 하지만 이 두 가지 목표 사이에서 전자의 비중이 줄어들고 후자의 비중이 지나치게 커지는 경우 정책 전반의 윤리적 성격은 퇴색하게 되는데, 이때 정책의 윤리성을 더 이상 운위하기 어려워지는 지점이 존재한다. 규범외교를 추구하기 위해서는 그 지점을 잘 식별하여 정책이 비(非)윤리적인 고려에 의해 오도되지 않도록 하는 것이 필요하다.

결국, 규범외교를 위해서는 국가이익의 성격과 범위를 좀더 넓게 정의할 필요가 있다. 모든 국가는 어떤 경우에도 포기해서는 안 되는 핵심적인 이익을 갖는다. 국제관계의 무정부적인 성격이 근본적으로 변화하지 않은 상황에서 국가가 이 핵심 이익을 추구하는 대신 윤리적인 목표를 추구하는 경우 현실적으로 바람직하지 않은 결과가 초래될 수 있다. 하지만 핵심 이익의 추구와 윤리적인 외교정책 목표를 동시에 추구하는 것은 얼마든지 가능하다. 현실주의자들 중에서도 가장 극단적인 입장을 고수하는 이들만이 핵심적인 국가이익을 최우선적으로 추구하기 위해서는 윤리적인 어젠다를 일체 배제해야 한다고 주장할 것이다(Brown 2001: 24).

다른 한편 우리는 또한 오늘날 전 세계적으로 '인도주의적 감성'이 현저하게 증가했다는 사실에 주목할 필요가 있다. 특히 인권 문제에 대한 관심이 크게 증가했고, 인권 규범 증진의 필요성에 대한 합의도 상당히 이루어진 상태이다. 물론 이러한 현상을 두고 의견이 엇갈리고 있다. 혹자는 '새로운 윤리적 세계질서'의 출현에 관해 이야기하기도 하고, 혹자는 '문명화의 사명(mission civilisatrice)'의 21세기적 변용을 이야기하기도 한다. 국내적으로 더 이상 '큰 정치적 목표'를 세우고 옹호하기 어려워진 상황에서 그러한 목표를 대외적으로 추진함으로써 실질적으로 책임질 필요 없이 정치적인 이득을 얻고자 한 서구 국가의 일부 정치인들, 예컨대 토니 블레어(Tony Blair) 전 영국 수상 등의 정치 전략이 인도주의적 감성이 제고되는 데 중요한 역할을 했다는 지적이 제기되기도 했다(Chandler 2003: 303-305). 하지만 그 궁극적인 원인이 어디에 있건 오늘날 한 국가의 외교정책이 국제사회의 '여론'으로부터 윤리적인 측면에서 어떤 평가를 받느냐의 문제가 더욱 중요해지고 있다는 것은 부인하기 힘든 사실이다. 그러한 국제 여론이 종종 이중적이고 위선적인 성격을 드러내거나 상황에 따라 동일한 이슈에 대해 서로 다른 태도를 취하기도 하지만, 이제 국가들이 드러내놓고 윤리적인 측면을 경시하거나 무시하기는 어렵게 되었다.

이러한 상황에서 오늘날 일군의 국가들은 외교정책의 윤리적, 규범적 측면을 점점 더 많이 강조하고 있고, 도덕적 행위자로서의 정체성을 강화하고 있다. 물론 이와 같이 윤리적인 외교를 본격적으로 실천에 옮기는 국가는 아직은 소수에 그치고 있다. 하지만 서구의 일부 중견국들을 중심으로 규범외교에 대한 지향성이 점차 강화되는 추세가 두드러지고 있다. 특히 "세련되고 성숙한 외교정책 결정 과정과 집행기관을 갖춘 국가"일수록, "정치적, 사회적으로 안정적인 국가"일수록, "부와 기회를 더 공평하게 분배하는 국가"일수록 강한 윤리적 정체성을 갖는 경향을 보인다(Burke 2013: 57). 이제 이들 국가들의 규범외교 정책이 "영리한 이념적 책략" 이상의 의미를 지님을 인식할 필요가 있다.

다음에서는 국가를 비롯한 국제정치 행위자가 윤리적인 행위자로서의 정체성을 가질 수 있으며, 규범외교 역시 역사의 특정 국면에 등장한 임시방편적인 수단 이상의 것이 될 수 있다는 전제하에 유럽연합 규범외교의 사례를 살펴보고자 한다. 탈냉전시대 들어 국제정치 행위자로서 유럽연합의 역할이 증대되면서 이에 대한 논의가 활발하게 일어나고 있는데, 최근 들어 유럽연합의 국제정치 행위자로서의 정체성을 이른바 '규범권력(혹은 규범세력, normative power)'의 개념을 통해 이해할 필요가 있다는 제안이 힘을 얻고 있다. 이 개념의 지지자들은 유럽연합을 군사력과 경제력을 수단으로 하는 통상적인 권력 추구와는 전혀 별개의 차원에서 국제적으로 일련의 규범을 전파하고 확산하는 데 관심을 보이는 존재로 이해한다. 이들에 따르면 국제정치 행위자로서 유럽연합의 정체성은 이와 같이 자발적이고 비도구적인 방식으로 표출되는 행위패턴을 제외하고는 제대로 이해될 수 없다.

하지만 규범권력에 관한 기존 논의들은 아직까지는 행위패턴의 서술과 설명에 집중할 뿐 개념의 타당성에 대한 궁극적인 확신을 줄 수 있는 이론적 기초를 제공하는 데에는 별다른 노력을 기울이지 않고 있다. 그 결과 유럽연합의 규범외교를 역사적으로 특수한, 따라서 쉽게 일반화되기 힘든 이타심의 발현으로밖에 설명하지 못하고 있다. 이러한 점을 극복하기 위해 이 글에서는 규범권력의 이론적 기초를 시론 차원에서 모색함으로써 앞서 제기한 질문, 즉 근본적인 차원에서 규범외교가 과연 가능한지의 문제에 대한 단서를 제공하고자 한다.

II. 국제정치 행위자로서의 유럽연합

1991년 체결된 마스트리히트 조약에서 공동외교안보정책(Common Foreign Security Policy, CFSP)이 이전의 유럽정치협력(European Political Cooperation, EPC)을 대체하기로 결정되면서 유럽연합 외교안보 정책에 관한 논의는 새로운 국면에 접어들게 되었다. EPC 프로그램은 1970년 외교정책 분야에서 유럽공동체 회원국 간 협력과 의견 조율을 위해 설립되었다. 그러나 그 명칭에서 짐작할 수 있듯이 회원국들은 국가주권의 최후 보루로 간주되던 외교정책 영역에서 각자의 자율성이 잠식될 가능성에 대해 크게 경계하였고, 프로그램의 주된 기능은 정보와 의견 교환의 수준으로 제한되었다(White 2001: 71-72). 이에 반해 CFSP는 공동 외교정책의 필요성에 관한 비교적 일치된 견해에 기초하였는데, 이는 CFSP가 유럽연합의 세 축(pillar) 중 하나로 공식 인정되었다는 점에서도 잘 드러난다.

오랜 기간 답보 상태에 머물러오던 외교안보 분야에서의 협력이 이처럼 급물살을 타게 된 것은 주로 다음의 이유에서이다. 우선 냉전의 종식으로 초래된 국제정치 환경의 변화가 유럽 국가들로 하여금 미국에 일방적으로 의존적이었던 안보환경을 재고하는 계기를 제공했다. 양극화된 냉전질서는 엄청난 잠재적 위험성과 사회적 비용을 수반한 반면 행위의 예측 가능성을 강화하고 상호작용 패턴의 정형화를 가져왔다는 점에서 상당히 안정적인 체제였다. 그런데 이 질서의 종언으로 그러한 안정성을 유지하는 것이 더 이상 가능하지 않게 되었다. 여기에 독일 통일로 촉발된 지역 질서의 변화와 구 유고슬라비아 지역에서 발생한 민족·인종 분규 등 새로운 불안정 요인의 등장은 유럽 제 국가들에게 새로운 도전이었다. 한편 1980년대 말 유럽연합 차원에서 공동통화의 창설에 합의한 이래 경제 통합에 상응하는 정치적 통합의 필요성에 많은 이들이 공감하기 시작했고, 정치 통합의 필수적인 부분으로서 외교안보 분야의 협력 필요성이 대두되었다는 점을 지적할 수 있다. CFSP는 이와 같은 상황 변화에 대해 유럽연합 회원국들이 적극적인 대응을 시도함으로써 가능하게 되었다(Maull 2005: 775-776; White 2001: 95-96).

이와 같은 유럽연합의 시도가 즉각적인 성공을 가져온 것은 아니다. CFSP가 불러일으킨 기대 수준과 그러한 기대를 충족시키기 위해 동원 가능한 유럽연합의 실제 능력 사이에 상당한 간극이 존재했기 때문이다. 또한 유럽연합은 공동의 외교안보 정책을 위한 물질적 자원뿐만 아니라 "결정을 내리고 그 결정을 고수할 수 있는 능력" 또한 결여하였다(Hill 1993: 318). 이러한 사실은 1992년부터 1995년 사이에 벌어진 보스니아-헤르체고비나 전쟁 기간 동안 분명하게 드러났다. 유럽연합의 '뒷마당(backyard)'에서 발생한 이 무력분쟁 사태에 직면하여 유럽연합 회원국들은 정책 조율을 통해 적절한 대응전략을 마련하는 데 실패했고, 결과적으로 오히려 상황을 더 악화시키는 데 일조했다.[1] 결국 미국이 이끄는 북대서양조약기구(NATO) 연합군이 군사적으로 개입한 이후에야 평화적 사태 해결을 위한 돌파구가 마련될 수 있었고, 이는 당시 미국 국무성 차관보였던 리처드 홀브룩(Richard Holbrooke)으로부터 "미국이

1 프랑스와 영국은 분쟁 해결을 위한 유럽공동체 감시단(European Community Monitoring Mission)의 군사적 개입 범위를 놓고 대립하였고, 독일은 국내정치상의 이유에서 다른 유럽 국가들과의 사전 협의 없이 슬로베니아와 크로아티아의 독립을 인정함으로써 구 유고연방 내 갈등 상황을 부추겼다.

유럽 내에서의 불안정 요인에 대해 정치적, 군사적 해결책을 시도하려는 의지를 보이지 않는 한 되는 일이 아무것도 없다"라는 냉소 섞인 반응을 이끌어냈다(Gordon 1997/98: 74).

공동의 외교안보 정책을 위한 결정적인 돌파구는 군사안보 분야에서의 협력 강화를 통해 마련되었다. 특히 1997년 5월 프랑스와 더불어 유럽 국가 중 가장 강력한 군사력을 보유한 영국에서 토니 블레어의 노동당 정부가 출범하면서 협력의 가장 중요한 장애물이 제거되었다. 블레어 수상은 미국과의 전통적인 동맹관계를 중시하여 어떠한 종류의 유럽 국가들 간 독자적인 외교안보 정책 수립계획에 대해서도 유보적인 입장을 보였던 그의 전임자들과는 달리, 여타 유럽 국가들과의 긴밀한 협력에 대해 좀더 전향적인 태도를 취했기 때문이다. 블레어의 취임과 함께 영국은 "유럽이라는 루비콘"을 건너게 되었다(Howorth 2004: 220-223). 그 가장 중요한 성과인 프랑스와의 생 말로(St. Malo) 공동선언(1999년 12월)에서 양국은 유럽연합이 "군사력에 의해 뒷받침되는, 독자적 행동을 위한 능력"을 보유해야 한다는 원칙에 합의했고, 이듬해 쾰른에서 열린 유럽이사회(European Council)에서 유럽연합 회원국들은 유럽안보방어정책(European Security and Defense Policy, ESDP) 프로그램을 출범시키는 데 합의하였다(Blair and Chirac 1998).

2003년 미국 주도의 이라크 전쟁에 대한 지지 여부를 놓고 전쟁을 지지하는 영국, 이탈리아, 스페인 등과 전쟁에 반대하는 프랑스, 독일 등이 대립하기도 했다. 하지만 앞에서 잠시 지적했듯이 같은 해 12월 유럽이사회는 미국의 국가안보전략(National Security Strategy)을 모델로 하는 유럽안보전략을 채택하여 외교안보 협력에 대한 회원국들의 의지를 재확인했다. 이 공동 안보 프로그램에서 유럽회원국들은 2003년 당시 4억 5천만 명의 인구와 전 세계 GNP의 1/4을 차지한 유럽연합이 "필연적으로 전 지구적 차원의 행위자(global player)"일 수밖에 없으며, 경우에 따라서는 전 세계 분쟁 지역에 신속하고 효과적으로 개입할 수 있는 능력을 갖추어야 한다고 선언하였다(European Council 2003: 1, 11). 1999년 헬싱키 유럽이사회에서 처음 결의되고 2004년 재결의된 신속대응군(European Union Rapid Reaction Force) 창설은 이러한 목적을 염두에 두고 이루어졌다.[2] 2003년 3월과 6월에는 유럽연합이 주도하는 평화유지군이 마케도니아와 아프리카의 콩고민주공화국에 파견되어 일정 기간 효과적인 활약을 펼쳤고, 그 결과 유럽연합은 제한된 범위 내에서이기는 하지만 독자적인 군사작전 능력을 입증하는 데 성공했다.[3]

결국 결코 순탄하지는 않았지만, 또 여러 회의적인 견해에도 불구하고, 최근 10여 년간 유럽연합 회원국들은 외교안보 분야에서 협력의 강도를 높이면서 비교적 성공적으로 영향력 확대를 모색해왔다고 결론 내릴 수 있다. 문제는 이와 같은 독자적인 행보를 국제정치 무대에서 유럽연합의 독립적인 행위자로서의 자리매김으로 이해할 수 있는지의 여부이다. 가장 상식적인 차원에서 보면 국제정치 행위자로서의 정체성은 다른 행위자와의 관계에서 정당한 절차를 거쳐 정책의 우선순위를 확정하고 일관성 있는 정책을 마련할 수 있는 능력과 일단 채택된 정책을 효과적으로 실행에 옮길 수 있는 수단의 보유 여부 등에 따라 결정된다고 할 수 있다(Vogler and Bretherton 2006: 9-10). 하지만 유럽연합이 이러한 기준을 어느 정도로 만족시키고 있는지에 관한 견해는 현재 다양한 편차를 보이고 있다.

2 2004년에 채택된 Headline Goal 2010이라 명명된 결의안에 따르면 유럽연합은 2010년까지 1년 동안 운용 가능한 6만 명 규모의 신속대응군을 창설하기로 하였다. 같은 해에는 EU회원국들의 방위 능력 향상을 지원할 목적으로 유럽방위청(European Defense Agency)이 설치되었다.

3 현재 진행 중인 ESDP의 개관을 위해서는 European Council(2006)을 참조.

우선 신현실주의 국제정치학의 시각에서 보면 주권국가들의 협력체로서의 유럽연합은 결코 독립적인 행위자로 간주될 수 없다. 사실 대부분의 신현실주의자들은 유럽통합 현상 그 자체에 큰 의미를 부여하지 않고 있다. 무정부적인 국제정치 체제하에서 주권국가는 여전히 가장 중요한 행위자로서의 독점적인 지위를 점유하고 있고, 생존이 각 국가의 지상과제로 남아 있는 한 이 체제의 성격에는 큰 변화가 일어나지 않을 것이기 때문이다. 또 유럽통합은 경제·사회 분야에 국한된 현상이고, 이들 분야에서의 통합이 정치, 외교, 국방 등 전통적으로 국가의 독립적인 지위 보존에 핵심적이라 여겨지는 부문에 영향을 미치지는 않을 것이기 때문이다. 유럽통합이 국제정치적으로 의미 있는 현상이 될 수 있는 유일한 길은 유럽연합이 기존의 국가 중심 국제체제로 '사회화(socialize)'되는 것뿐이다. 즉 유럽연합은 스스로가 주권국가화(化)됨으로써만 독립적인 국제정치 행위자로서의 역할을 수행할 수 있다(Collard-Wexler 2006: 413).

물론 현 상황에서 유럽연합의 그러한 변신을 기대하기는 어렵다. 오히려 존 미어샤이머(John Mearsheimer)의 주장처럼 소련의 위협이 사라짐과 동시에 냉전 기간 동안 효과적으로 유지되어오던 서유럽 국가들 간 협력체제는 붕괴될 위험에 처했으며, 분쟁과 갈등의 위험성은 그만큼 높아졌다. 아마도 이들 국가들은 "냉전이 시작되기 전 수 세기 동안 해오던 일들을 재개할 것이다(Mearsheimer 1990: 47)." 미어샤이머만큼 비관적이지는 않지만 케네스 월츠(Kenneth Waltz) 역시 유럽연합의 국제정치 행위자로서의 전망에 회의적인 견해를 피력하고 있다. 월츠는 경제자원이나 군사적 능력의 수준에서 슈퍼파워로서의 충분한 잠재력을 지닌 유럽연합의 '강대국화'를 가로막고 있는 가장 큰 이유를 영국, 독일, 프랑스 등 유럽 주요 국가 정치 지도자들의 의지 부족에서 찾고 있다. 영국과 프랑스의 정치 지도자들은 자국의 핵무기에 대한 독점적인 통제 권한을 포기하고 이를 전 유럽 차원의 군사조직에 이양할 준비가 되어 있는가? 영국과 프랑스의 지도자들은 외교안보 분야에서 효과적인 협력을 위해 경제적으로 월등한 독일의 지도적 역할을 받아들일 의향이 있는가? 월츠는 이러한 질문에 긍정적으로 답변할 수 없는 한 유럽연합을 단일한 의지를 지닌 행위자로 간주하는 것은 적절하지 않다고 지적하고 있다(Waltz 2000: 30-32).

하지만 이와 같은 회의론에도 불구하고 최근 들어 몇몇 현실주의 국제정치학자들은 유럽연합이 오늘날 국제정치 무대에서 가장 중요한 행위자 중 하나로 등장하고 있음을 인정하고 있다. 이들은 그러한 사실이 전통적인 현실주의의 기본 전제와 이론적으로 불일치함을 잘 인식하고 있다. 중요한 과제는 그러한 불일치의 이유를 설명하는 것인데, 배리 포젠(Barry R. Posen) 등에 의하면 ESDP 등 유럽 국가들의 독자 노선 추구는 미국 주도의 단극질서에 대한 유럽 국가들의 견제 혹은 세력 균형의 시도로 간주될 수 있다. 여기서 중요한 사실은 유럽국가들의 이러한 움직임이 장차 발생할지도 모를 양자관계의 균열 가능성에 대한 대안을 모색하려는 동기에서 비롯되었다는 점이다. 포젠에 따르면 이러한 행위 패턴은 궁극적으로 국제정치 체제의 구조적 무정부성으로부터 설명될 수 있다(Posen 2006: 155).[4]

결국 신현실주의 국제정치학의 시각에서 국제정치 행위자로서의 유럽연합은 국가를 유일하게 의미 있는 행위자로 간주하는 관점을 고수하는 경우 큰 의미가 부여될 수 없지만, 행위자의 유형을 좀더 유연하게 해

4 ESDP의 의의에 관해 포젠과 반대되는 현실주의 국제정치학자의 견해를 위해서는 Brooks and Wohlforth(2005: 91-93)를 참조. 브룩스와 울포스에 따르면 ESDP는 미국과 유럽 국가들 간의 동맹을 보완하는 역할만을 수행하고 있다.

석하는 경우에는 체제의 구조적 요구에 전통적인 국가 행위자와 유사한 방식으로 반응하는 존재로 그려진다. 하지만 이와 같은 설명 방식이 그려내고 있는 현실과는 달리 실제 '현실'은 더 복잡하고 복합적이며, 따라서 일괄적인 성격 규정에 많은 어려움이 따를 수밖에 없다. 의심할 나위 없이 그 가장 중요한 이유는 오늘날의 유럽연합이 쉽게 정의되기 매우 힘든 정체(政體)로 남아 있다는 데 있다.

현재 많은 이들은 유럽통합이 궁극적으로 '유럽 연방' 혹은 '유럽 합중국'의 탄생으로 이어지리라 예측하고 있다. 하지만 지난 2005년 봄 프랑스와 네덜란드의 비준 거부로 유럽연합헌법을 제정하려는 야심찬 계획이 실패로 돌아간 사례에서 알 수 있듯이, 1986년 유럽단일의정서가 채택된 이래로 유지되어온 통합의 모멘텀이 앞으로도 계속 이어지리라 보기는 힘들다. 사실 앤드류 모라브칙(Andrew Moravcsik) 등이 지적했듯이, 유럽통합에 대한 높은 기대에도 불구하고 각 회원국들은 조세제도와 복지제도, 교육문제 등 정치적으로 가장 민감한 이슈 영역에 대한 독점적인 통제 권한을 행사하고 있다. 즉 흔히 생각되는 것과는 달리, 유럽통합이 주권국가의 총체적인 위상변화를 가져오지는 않았다(Moravcsik 2001: 166-167). 이와 더불어 현재 각국의 정치, 경제 엘리트들은 통합의 범위와 강도를 심화시키려는 노력을 적극 지지하고 있는 반면, 일반 국민들은 이보다 회의적인 혹은 더 신중한 태도를 견지하고 있다는 사실 역시 기억할 필요가 있다. 이러한 여건하에서 유럽연합이 달성할 수 있는 통합의 최대치는 통상적인 의미의 '연방국가(federal state)'가 아닌 '국가연합(confederation)' 혹은 그와 유사한 형태의 조직체 형성에 그칠 가능성이 높다.

이러한 한계를 받아들일 경우 우리는 국제정치 행위자로서 유럽연합의 위상이 현실주의자들의 예측과는 사뭇 다른 양상으로 나타날 수밖에 없으리라는 점을 쉽게 예상할 수 있다. 적어도 우리는 국제정치의 장(場)에서 유럽연합의 행위패턴이 기존 주권국가와는 상당한 차이를 보이리라 예상할 수 있다. 여기에 특히 외교안보 분야에서 통합의 지속적인 진전을 가로막는 몇 가지 요인들이 존재한다. 그중 가장 중요한 두 가지를 꼽아보면 다음과 같다.

우선, 외교안보 분야는 유럽연합의 많은 이슈 영역 가운데에서도 가장 낮은 수준의 제도화를 보이고 있으며, 그 결과 이른바 정부 간 주의(intergovernmentalism)의 조직 원리가 가장 고전적으로 적용되는 분야로 남아 있다는 점을 지적할 수 있다. 단적인 예로 흔히 통합의 척도로 간주되는 가중다수결 투표제(qualified majority voting)는 공동 외교안보 정책과 관련하여 가장 중요한 정책 결정 기구인 GAERC(General Affairs and External Relations Council)에서 매우 제한적으로만 사용되고 있으며, 핵심적인 국가이익에 관련된 중대 사안에 대해서는 유럽이사회에서 만장일치로 결정하도록 하고 있다. 1997년에는 CFSP 프로그램의 사무총장 격이라 할 수 있는 고위대표(High Representative)직이 설치되어 정책의 입안과 실행을 지원하는 임무를 담당하고 있고, 또 2000년 이래 각 회원국 외교 담당부서의 국장급 인사로 구성되는 정치-안보위원회(Political and Security Committee)가 상설화되어 주기적으로 국제 정세 분석을 위한 모임을 열고 있기는 하지만 이들은 사실상 가이드라인의 제공과 의견 조율의 역할만을 수행할 뿐 유럽연합 집행위원회(European Commission)가 경제 통합 분야에서 행하고 있는 것과 같은 주도적인 역할을 수행하지는 못하고 있다(Vanhoonacker 2005: 82-83). 이러한 상황에서 국제정치 행위자로서 유럽연합이 제도적으로 높은 수준의 응집력을 보이리라 기대하기는 힘들다.

다음으로 유럽연합 외교안보 정책에 대한 각 회원국 정부의 입장이 큰 차이를 보이고 있다는 점을 지적할 수 있다. 무엇보다도 유럽연합 내의 전통적인 강대국들, 즉 영국, 프랑스, 독일, 이탈리아의 입장이 큰 차이를 보이고 있다.[5] 주지하다시피 영국은 미국과의 긴밀한 안보동맹을 자국 안보정책의 가장 중요한 축으로 삼아왔고, 프랑스는 미국의 일방주의를 견제하기 위해 유럽 국가들이 독자적인 외교-군사력을 보유해야 한다는 입장을 견지해왔다. 2003년 미국 주도의 이라크 전쟁을 통해 이러한 차이가 극적으로 드러나게 되었는데, 영국과 이탈리아는 미국의 입장을 지지하면서 상당수의 병력을 파병한 데 반해, 프랑스와 독일은 반대 입장을 고수했다. 물론 이러한 의견 대립이 유럽연합 공동의 외교안보 정책의 필요성에 대한 회원국 간 합의 자체를 위태롭게 하지는 않았다(Hill 2004). 하지만 '유럽 국가들만의 유럽(European Europe)'이냐 아니면 '미국과 유럽 간 협력관계에 바탕을 둔 유럽(Atlantic Europe)'이냐의 문제를 둘러싼 견해 차이는(적어도 미국 주도의 세계질서가 계속되는 한) 잠재적 갈등 요인으로 남을 것으로 보인다.

그 밖에도 우리는 유럽연합 내에 독자적인 유럽 외교안보 정책 계획 자체에 완고한 반대 입장을 고수해온 덴마크, 세계 여러 분쟁지역에서 평화유지 활동에 적극적으로 참여해온 스웨덴, 주변국과 영토분쟁 중에 있는 그리스, 중립국으로서의 전통적인 지위를 계속 유지하기를 원하는 아일랜드, 오스트리아, 핀란드, 몰타 그리고 스웨덴, 과거 바르샤바 조약기구의 일원으로 서유럽 국가들과 정치·군사적으로 오랜 기간 대립한 폴란드, 헝가리, 체코 등 그야말로 다양한 역사적 경험과 정치적 입장

5 2003년 현재 영국, 프랑스, 독일의 방위비가 유럽연합 회원국 총 방위비의 약 60%가량을 차지했다. 여기에 이탈리아를 추가하면 4개국이 전체 방위비의 75%가량을 지출했다. 나머지 21개국이 방위비를 모두 합친 금액은 베트남의 방위비에도 미치지 못하고 있다(Howorth 2005: 188).

을 지닌 국가들이 존재한다는 사실을 기억할 필요가 있다(Salmon 2005: 374-375; Webber et al. 2004: 17). 이들 국가들은 앞으로 상당 기간 동안 국제정치적 위협 요인의 성격을 정의하고 그에 대한 적절한 대응 방안을 모색하는 데 있어서 상당한 견해 차이를 드러낼 것으로 보인다. 이러한 차이를 극복하고 일정 수준 이상의 일관성과 지속성을 지닌 공동의 외교안보 정책을 형성하고 실행하는 것은 매우 지난한 과제가 되고 있다. 결국 우리는 국제정치 행위자로서 유럽연합의 위상과 관련하여 두 가지 상반된 현실을 목도하고 있다.

한편으로는 CFSP, ESDP 등 유럽연합 차원의 외교안보 분야 협력 강화 움직임이 계속되고 있다. 이라크 전쟁의 지지 여부를 두고 유럽 국가들 간 입장 차이가 첨예하게 표출되었던 바로 그해 12월, 유럽연합 회원국들은 유럽안보전략에 서명함으로써 협력의 의지를 재천명하였다. 이런 의미에서 유럽연합을 국제정치 체제의 구조적 압력에 반응하는 독립적인 국제정치 행위자로 파악하는 포젠 등의 주장은 일정한 설득력을 지닌다. 그러나 다른 한편 우리는 제도적으로, 또 구성원의 다양성에서 유럽연합을 일반적인 의미의 국제정치 행위자로 분류할 수 없게 만드는 요인들이 존재함을 살펴보았다. 이러한 점에서 유럽연합은 무정부적인 조직 원리와 위계적인 조직 원리가 복합적으로 혼재된 형태의 정체(政體)로 정의될 수 있다(Collard-Wexler 2006: 398).

그렇다면 우리는 국제정치 무대에서 유럽연합의 위상을 어떤 식으로 개념화할 수 있을까? 상호 모순적인 현실 속에서 유럽연합을 독자적인 국제정치 행위자로 정의하는 것이 과연 가능하고 바람직한가? 이 글에서 이 질문에 대한 직접적이고 최종적인 답변을 시도하지 않는다. 사실 국제정치 행위자로서 유럽연합은 아직 초기 단계에 있으며, 그 역할과 성격이 명확하게 규정되기까지는 얼마간의 시간이 더 필요할 것으로 보인다. 대신 이 글에서는 유럽연합이 일정한 영역에서 통상적인 권력정치를 추구하는 주권국가들과는 매우 상이한 행위패턴을 보이고 있다는 점을 지적하고자 한다. 특히 일부 유럽연합 연구자들 사이에서 논의되고 있는 규범권력(normative power) 개념을 통해 이러한 새로운 행위패턴의 일단을 이해할 수 있는 가능성을 타진해보고자 한다.

III. 규범적 행위자로서 유럽연합

최근 들어 구미 정치학자들 사이에 국제정치의 장(場)에서 이념 혹은 문화적 매개체를 통해 행사되는 권력의 작동방식에 관한 관심이 증대되어왔다. 대표적으로 조지프 나이(Joseph Nye)는 소프트 파워 개념을 통해 군사력과 경제력 이외에도 국가가 다른 국가에 영향력을 행사하는 제3의 방식이 존재함을 지적했다. 그에 따르면 소프트 파워는 강압적인 수단이나 경제적인 유인책을 통해서 행사되는 하드 파워와는 달리 권력행사자의 의지를 "자발적으로" 따르도록 상대방의 사고, 취향, 의견을 형성함으로써 행사되는 권력을 의미한다(Nye 2004: 5-11). 마이클 바넷(Michael Barnett)과 레이먼드 듀발(Raymond Duvall) 역시 생산적 권력(productive power) 개념을 제시하면서 나이와 유사한 주장을 개진했다. 생산적 권력은 담론과 의미, 지식 체계를 통제함으로써 상대방 혹은 상대국의 사회적 정체성을 장악할 수 있는 능력, 바넷과 듀발의 표현에 따르면 '주체의 담론적 생산'을 주도할 수 있는 능력을 말한다(Barnett and Duvall 2005: 55-57).

국제정치 행위자로서 유럽연합을 이해하는 데 있어서 우리는 이와 같이 권력의 이념적, 문화적 측면을 조명하려는 시도들에 주목할 필요가 있다. 국제정치의 장(場)에서 유럽연합의 위상은 이러한 소프트 파워적 측면을 통해 가장 잘 드러나기 때문이다. 일찍이 프랑스의 정치학자 프랑수아 듀센(Francois Duchêne)은 1973년에 발표된 한 논문에서 "유럽은 역사상 처음으로 쇠락기에 처한 세력균형의 주요 중심부가 정치문명(political civilization)의 새로운 장을 여는 모범적인 사례가 될 수 있다" 라고 지적하면서 이를 위해 유럽공동체 회원국들은 국제정치의 장(場)을 "국내화(domesticate)"시키는 데 앞장서야 한다고 주장한 바 있다.[6] 이는 양차 세계대전의 상흔을 치유하고 갈등과 대립의 전통적인 국제관계를 넘어 평화 공동체를 건설하는 데 성공한 유럽공동체 국가들이 자신들의 경험을 비군사적, 비강압적인 방식을 세계 다른 지역으로 전파 내지는 보편화시키는 데 주도적인 역할을 해야 함을 의미한다. 그리고 이러한 '계몽적 전환'의 과제가 국제정치 행위자로서 유럽공동체의 힘의 원천이자 정체성의 근간이 되어야 함을 의미한다. 듀센은 이와 같은 유럽연합의 권력 행사 방식을 '민간권력(civilian power)'으로 정의하였다.[7]

2002년 영국의 정치학자 이안 매너스(Ian Manners)가 제안한 규범권력(normative power) 개념은 문민권력의 이념적, 규범적 측면에 초점을 맞추고 있다. 매너스의 정의에 따르면 규범권력은 국제정치의 장(場)에서 한 행위자가 다른 행위자들을 위해 "무엇이 표준이 될 수 있는지를 재정의(redefine what can be normal)"함으로써 그들의 행위패턴을 변

6 Francois Duchêne. 1973. "The European Community and the Uncertainties of Interdependence," in M. Kolistamm and W. Hager(eds.), *Nation Writ Large: Foreign Policy Problems Before the European Communities*. London: Macmillan, pp.19-20. Nicolaïdis and Howse(2002: 770), Whitman(2006: 3)에서 재인용.

7 '민간권력'이라는 번역이 civilian power의 의미를 온전하게 전달하지는 못하고 있다. civilian이라는 단어가 civil 혹은 non-military, 즉 비군사적이라는 의미와 civilizing, 교화, 문명화의 의미를 동시에 포괄하고 있기 때문이다.

화시킬 수 있는 능력을 의미한다(Manners 2002: 253). 국제정치 행위자로서의 유럽연합은 이 규범권력이 통용되는 영역에서 가장 큰 영향력을 발휘할 수 있다. 이는 전 세계 다른 어떤 지역, 다른 어떤 국가보다도 유럽연합이 보편적인 정치적, 사회적 규범들과 가치들을 가장 성공적으로 구현하고 있기 때문이다. 실제로 매너스는 다섯 가지 핵심적인 규범들(국가들 간 평화의 유지, 자유 이념의 실현, 민주주의, 법치주의, 인권 존중)과 좀더 논쟁의 여지가 많은 네 가지 규범들(사회적 연대, 민족이나 종교, 인종 등에 근거한 차별에 대한 반대, 지속 가능한 개발, 효과적인 통치 체제의 확립)을 제시하고 있다(Manners 2002: 242-244).

규범권력 개념에서 강조되어야 할 한 가지는 권력 행사자가 일정한 규범을 전파하기 위해서는 스스로 그러한 규범의 '모범적인' 구현자 혹은 실천자가 되어야 한다는 점이다. 혹은 적어도 다른 행위자들이 그러한 믿음을 갖도록 해야 한다. 규범권력은 오직 모범을 보임으로써만(혹은 모범적이라는 믿음을 줄 수 있는 한에서만) 그 효과가 발휘될 수 있는 권력이다. 매너스의 표현을 빌리면 "유럽연합의 국제적 역할을 규정하는 가장 중요한 요인은 '무엇을 하느냐' 혹은 '무엇을 말하느냐'의 문제가 아니라, '무엇이냐'의 문제이다"(Manners 2002: 252).

규범권력은 다양한 분야에서 다양한 형태로 행사되고 있다. 매너스는 국제적으로 사형제도를 폐지하기 위한 유럽연합의 노력을 규범권력 행사의 가장 대표적인 사례로 꼽는다(Manners 2002: 245-252). 사형제도의 폐지가 논란의 여지가 다소 많은 규범이라면, 유럽연합은 좀더 일반적인 차원에서 1990년대 초반 이래 전 세계적으로 민주주의와 인권규범의 확산을 위한 조직적인 노력을 펼쳐왔다. 1994년에 설립된 '민주주의와 인권을 위한 유럽 이니셔티브(European Initiative for Democracy and Human Rights)'는 독자적인 재정을 갖추고 체계적으로 실행되고 있는 대표적인 규범 확산 프로그램이다(European Commission 2001). 한편 다른 국가, 다른 지역과 정치, 경제적인 협력 관계를 수립하려 할 때에도 규범의 확산에 대한 고려가 반드시 수반되었다. 이와 관련하여 2000년 10월 유럽연합과 멕시코 간에 체결된 무역-정치 협정[8]은 매우 흥미로운 사례를 제공한다. 북미자유무역협정(NAFTA)에 대한 대응의 의미를 지니는 이 협정의 협상 과정에서 유럽연합은 협정 당사자 중 어느 한쪽이 인권이나 민주주의의 원칙을 위반했을 경우 전체 협정의 효력이 중단된다는 조항과 유럽연합의 멕시코 반정부 시민단체에 대한 지원을 멕시코 정부가 방해하지 않겠다는 조항의 삽입을 요구했다. 멕시코 정부는 내정간섭을 이유로 이러한 요구에 반발했고, 양자 간 협정은 무산될 위기에 처했다. 결국 멕시코 정부가 유럽연합의 요구를 수용함으로써 협정은 무사히 체결될 수 있었지만 이 사례는 정치적, 경제적 이해관계의 희생을 무릅쓰고서라도 규범적 정체성을 유지하려는 유럽연합의 의도를 잘 드러내 보여주었다(Szymanski and Smith 2005).[9]

규범권력 개념은 이와 같이 전통적인 권력정치의 분석 틀로는 미처 파악되지 않는 유럽연합의 행위패턴을 이해하는 데 유용한 도구가 될 수 있다. 하지만 다른 한편으로 규범권력 개념에 대한 비판이 여러 차원에서 제기되고 있는 것도 사실이다. 우선 매너스 스스로 인정하듯이 규범권력 개념은 일종의 "문화제국주의"로, 혹은 서구 문명의 우월성에 대한 신념에 바탕을 둔 "문명화 사명(mission civilisatrice)"의 한 형태로 이해될 가능성이 높다는 점이 지적될 수 있다(Manners 2002: 253). 이와 함

8 정식 명칭은 Economic Partnership, Political Coordination, and Co-operation Agreement between the European Union and Mexico.

9 그 밖에도 유사한 맥락에서 Mercosur(남미공동시장) 회원국들에 유럽식 사회적 시민권(European social citizenship)에 기초한 민주주의의 규범을 전파하려는 유럽연합의 시도를 규범권력 행사의 대표적인 사례로 들 수 있다(Grugel 2007).

께 유럽연합이 매너스가 열거하고 있는 규범과 가치들을 스스로 온전하게 실현하지 못하고 있다는 비판, 즉 유럽연합이 '충분히 모범적이지 못하다'는 비판 역시 제기될 수 있다. 이러한 사실은 프랑스, 오스트리아 등지에서 나타나고 있는 극우 정치 세력의 부상,[10] 이슬람계 이민자들에 대한 유형·무형의 차별, 이에 따른 인종폭동의 발생, 그리고 터키의 유럽연합 가입에 대한 기존 회원국들의 이중적인 태도 등에서 잘 드러나고 있다. 특히 터키의 가입 문제를 둘러싸고 벌어진 논란은 (그리고 2006년 말 터키와의 가입 협상을 잠정적으로 중단하기로 한 유럽연합의 결정은) 유럽연합이 회원국의 확대를 규범의 확산과 동일시하여 가입 희망국이 유럽 공통의 규범을 수용하는 경우 가입을 허용하겠다는 기존의 입장 대신[11] 점차 서구 기독교 전통에 근거한 배타적 정체성의 확립을 시도하는 것이 아닌가 하는 의구심을 불러일으키고 있다(Diez 2005; Hurd 2006; Rumelili 2004).

그 밖에도 앞에서 이미 살펴보았듯이 2003년 유럽안보전략 선언과 신속대응군 창설 계획 등으로 구체화된 유럽연합 차원의 안보협력 강화

10 1999년 오스트리아에서 실시된 선거 결과 외르그 하이더(Jörg Haider)가 이끄는 극우 성향의 자유당(FPÖ)이 우파정당인 오스트리아 인민당(ÖVP)이 주도하는 정부에 연정파트너로 참여하게 되었다. 이에 유럽연합의 여타 14개국은 민주주의 원칙의 손상을 이유로 오스트리아 정부에 대한 제재를 결의하였다. 만일 제재가 성공을 거두었다면 이는 경제적 동기뿐만 아니라 정치적 원칙에 기초한 유럽연합의 탄생을 알리는 확실한 계기가 되었을 것이다. 그러나 각국 정치가들의 엇갈리는 이해관계와 다른 회원국의 국내정치 상황에 대한 이해 부족 등의 이유가 맞물리면서 제재 시도는 흐지부지되었고, 오히려 유럽연합이 '엄격하게 법적으로 규정된 초국가적 권리공동체'를 넘어서는 가치와 규범의 공동체로 진화할 가능성은 매우 제한적이라는 사실만이 입증되었다(Leconte 2005: 636).

11 1993년 합의된 이른바 코펜하겐 기준에 따르면 유럽연합 회원국은 (1) 인권을 존중하고 법치주의를 보장하고, 인종적·종교적·정치적 소수자를 보호하는 안정적인 민주주의 제도를 유지해야 하고, (2) 유럽연합 내에서의 경쟁적 압력에 효과적으로 대처할 수 있는, 잘 기능하는 시장경제 체제를 갖추어야 하며, (3) acquis communitaire로 알려진 기존 유럽연합의 법과 규칙, 절차, 표준 등을 수용하고 준수해야 한다.

노력이 비군사적, 비강압적인 방식의 설득과 교화를 수단으로 하는 규범권력의 행사와 양립하기 어렵다는 지적 역시 제기될 수 있다(Manners 2006: 188-193).[12] 하지만 다른 무엇보다도 규범권력 개념의 유용성이 잠식되고 있는 가장 중요한 이유는 이 권력의 존립 근거에 관한 이론적 설명이 설득력 있게 제시되지 못하고 있다는 데 있다.

문제의 핵심은 다음과 같다. 매너스는 다음의 세 가지 이유에서 "유럽연합이 국제정치의 장(場)에서 규범적으로 행동하도록 하는 정향성(定向性, predisposition)"을 지닌다고 주장한다(Manners 2002: 252). 첫째, 20세기 전반의 끔찍한 전쟁 경험이 유럽연합으로 하여금 공격적 국가주의, 배타적 민족주의를 지양하고 "평화와 자유를 보존하고 강화하기 위해 힘을 모아야 할 필요성"에 대한 합의를 가능하게 했다. 둘째, 유럽연합 정치 구조의 혼성적(hybrid) 성격이 규범적 행위패턴을 강화시켰다. 셋째, 역사적으로 유럽연합은 인권의 존중과 민주주의와 같은 규범들의 기본권적 지위를 명문화해왔다(Manners 2002: 240-241). 하지만 우리는 이러한 경험적 설명으로부터 유럽연합의 규범 정향성에 대한 확신을 줄 수 있는 결론을 이끌어내기 힘들다. 예를 들면, 우리는 매너스의 설명에서 이타적인, 즉 전략적이지 않은 외교정책 목표를 개념화하는 것이 과연 가능한지, 또 그러한 정책 목표를 구현하는 국제정치 행위자의 지속적인 존재를 상정하는 것이 과연 가능한지 등의 의문에 대한 단서를 발견할 수 없다(Sjursen 2006: 239-240). 오직 국제정치 행위자로서 유

12 물론 군사협력의 확대는 규범권력의 행사와 보완적인 관계에 있는 것으로, 예를 들면 규범의 전파를 통한 방식이 한계에 부딪혔을 때 사용될 수 있는 최후의 수단으로 간주될 수 있다. 이와 함께 2003년 유럽안보전략은 군사협력의 전략적 목표들 중 하나를 "효과적인 다자주의(effective multilateralism)에 기초를 둔 국제질서"의 창출로 규정하고 있는데, 이는 유럽연합이 스스로의 이미지에 따라 국제관계를 형성하려 시도한다는 의미에서 규범권력 행사의 한 방식으로 간주될 수 있다(Whitman 2006: 9-10).

럽연합의 특수한 성격을 좀더 일반화된 수준에서 이해하는 데 도움을 줄 수 있는 이론적 틀을 통해서만 이러한 의문에 대한 적절한 답변이 마련될 수 있다.

이러한 틀이 부재하는 한 매너스의 규범권력 개념은 세 가지 종류의 비판으로부터 결코 자유롭지 못할 것이다. 우선 앞에서 이미 지적했듯이 규범권력 개념은 문화적 우월주의의 표출로 폄하될 수 있다. 다음으로 미국의 정치평론가 로버트 케이건(Robert Kagan)이 그의 잘 알려진 저서에서 논쟁적으로 주장했듯이 유럽연합의 규범정향성은(케이건의 표현대로 유럽 국가들이 "탈근대적 국제정치의 낙원"에 머무를 수 있는 것은) 오직 미국의 군사적 뒷받침이 계속되는 한 가능하고, 따라서 규범권력 개념은 유럽 국가들의 군사적 허약성 혹은 군사력 건설에 충분한 자원을 투여하기를 꺼려하는 유럽인들의 태도를 정당화하기 위한 노력의 산물일 뿐이라는 비판 역시 제기될 수 있다(Kagan 2003: 31).

마지막으로 가장 중요한 것은, 유럽연합의 규범정향성은 사실상 전략적 이익 추구로부터 언제나 명확하게 구별될 수는 없다는 비판이 제기될 수 있다. 리처드 영스(Richard Youngs)에 따르면 유럽연합의 인권정책은 탈냉전시대 유럽 국가들의 안보 이익과 밀접하게 연관되어 있다. 종교의 차이나 인종 갈등에서 비롯된 내전의 와중에 있는 국가들이나 반서구적 민족주의를 표방하고 있는 국가들에 인권의 가치와 유용성을 전파하고 설득함으로써 안정적인 국제환경의 조성에 기여할 수 있기 때문이다. 더 직접적으로 유럽연합은 친(親)서방적인 비정부기구(NGO)들에 인권 개선을 위한 자금 지원을 집중함으로써 중립적인 입장을 견지하는 데 실패했고, 또 중국의 인권 상황에 의도적으로 침묵함으로써 국제정치의 권력관계에 대한 고려로부터 자유롭지 않음을 드러내었다(Youngs 2004: 421-429).

매너스는 규범권력의 독자적인 성격을 강조한다. 예를 들면, 그는 국제적으로 사형제도를 폐지하기 위한 유럽연합의 노력이 어떤 종류의 물질적 이득에 대한 계산으로부터도 자유로운 상태에서 이루어졌다고 지적한다(Manners 2002: 252-253). 하지만 이상의 비판에 따르면 유럽연합의 그러한 노력은 문화적 오만의 결과이거나 책임회피 시도의 일환, 아니면 이기적인 자기이익 추구의 한 형태로 간주될 수 있다. 이러한 비판들에 직면하여 규범권력 개념의 유용성을 옹호하기란 쉽지 않다. 사실 규범권력 개념의 취약성은 너무나 명백해서 많은 이들은 이 개념에 엄밀한 사회과학 이론으로서의 지위를 부여하기를 꺼려할 것이다. 그럼에도 불구하고 필자가 이 개념에 주목하는 것은 국제정치 행위자로서 유럽연합의 규범정향성이 이면의 동기나 잠재적인 이해관계로 환원될 수 없는 동력을 획득한 것으로 보이기 때문이다. 즉 적극적으로 규범권력 행사의 '진정성'을 인정할 필요가 있다는 것이다. 이어서 사회구성주의이론과 하버마스의 의사소통행위이론을 통해 그러한 '진정성'을 더 일반화된 차원에서 논의하기 위한 이론 틀의 가능성을 모색해보자.

IV. 이론적 기초의 모색: 시론(試論)

다른 행위자들을 위해 어떤 가치 기준이 정상적인지 혹은 규범적인지를 정의할 수 있는 능력을 지칭하는 규범권력 개념을 국제정치 이론의 틀 속에 자리 잡게 하기 위해서는 우선 '도구적 합리성(instrumental rationality)'의 관점에 효과적인 도전을 제기할 필요가 있다. 다소간 입장 차이는 있지만 일반적으로 기존 국제정치학에서 도구적 합리성은 국제체제 내에서 주요 행위자들이 결과 지향적(outcome-oriented)인 행위패턴을 보이는 현상을 의미한다. 이는 국제정치 행위자들의 행위패턴을 이해하는 데 있어서 표면적으로 드러나는 현상보다는 이기적인 자기이익(selfish self-interest)의 극대화를 추구하는 행위자들의 궁극적인 동기나 의도에 주목해야 함을 의미한다. 이때 자기이익은 주로 경제적인 이윤이나 안보 상황의 개선과 같은 물질적인 차원의 이득과 보상의 실현으로 정의된다. 상대적 이익(relative gains)의 개념을 둘러싸고 현실주의와 자유주의 진영 간에 전개된 치열한 논쟁에도 불구하고 양 진영의 이론적 입장은 모두 이와 같은 도구적 합리성의 관점에 기초하고 있다.

도구적 합리성의 시각에서 보면 규범권력 개념의 한계는 명백하다. 이 권력을 행사하고자 하는 유럽연합의 행위패턴 그 자체나 표면적으로 내세우는 정당화의 논리에는 큰 의미가 부여될 수 없다. 대신 그 이면에 놓여 있는 자기이익 극대화의 논리, 예를 들면 인권의 증진을 통해 장기적인 안보이익을 극대화하겠다는 동기 등이 결정적인 중요성을 지니는 것으로 간주되어야 하기 때문이다. 이러한 지적에 대해 두 가지 정도의 반론이 가능하다.

우선 도구적 합리성의 관점에서 자기이익의 개념이 지나치게 협소하게 정의되고 있다는 점을 지적할 수 있다. 자기이익이 반드시 계산적이고 이기적이며, 또 역사적, 문화적 차이에 관계없이 언제 어디서나 동질적인 내용을 갖는 것으로 이해될 필요는 없기 때문이다(Mansfield 1995: 55-63). 또 모든 종류의 자기이익 추구가 윤리적, 도덕적 정당성을 결여하고 있는 것으로 이해할 필요도 없다. 예를 들면, 빈민구호 제도의 개선을 요구하는 빈민들, 노예 해방을 주장하는 노예들의 행위는 분명히 일정한 자기이익의 실현을 목표로 하고 있지만, 그렇다고 그 안에 담겨 있는 보편적인 윤리적 기준에의 호소의 진정성을 부인할 수는 없다(Stoker 1992: 376). 그보다는 두 가지 동기가 불가분하게 결합되어 양자를 논리적으로 구분하는 것이 사실상 불가능하다고 보는 것이 더 적절하다.

다른 한편, 도구적 합리성의 관점에는 사회적 규범(social norm)의 동학에 대한 적절한 이해가 결여되어 있음을 지적할 수 있다. 사회적 규범은 사회 내에서의 적절한 행위에 관해 널리 공유되는 일련의 기준들로 정의될 수 있다(Finnemore and Sikkink 1998: 891). 욘 엘스터(Jon Elster)에 따르면 궁극적으로 자기이익의 실현을 목표로 하기 때문에 조건적이고 미래 지향적일 수밖에 없는 도구 합리적인 행위와는 달리 사회적 규범에 의해 규율되는 행위는 무조건적이고 현재 지향적이다. 이는 이러한 종류의 행위에서 행위 그 자체의 효과, 즉 사회적 규범의 실현이 가장 중요한 목표가 됨을 뜻한다(1989: 99-100).

물론 인간의 이기심에 대한 오래되고 뿌리 깊은 관념을 공유하고 있는 도구적 합리주의자들은 규범적 행위의 무조건성, 현재 지향성에 관한 이러한 주장을 쉽게 수긍하려 하지 않을 것이다. 하지만 이기적인 자기이익의 증진에 도움이 되는 경우에만 사회규범의 준수가 가능하고, 따라서 그러한 이익에 배치되거나 별다른 도움을 주지 못하는 규범은 언제든지 포기될 수 있다는 주장은 매우 비현실적이다. 엘스터의 표현을 빌리자면, 규범적 행위는 택시를 마음대로 잡아타고 내리듯 이해관계에 따라 쉽게 취사선택될 수 없다. 만일 어떤 행위자가 사회적 규범에 대해 그렇게 도구적이고 이중적인 태도를 일관되게 취한다면 그는 얼마 안 가 정상적인 사회적 삶을 사는 것이 더 이상 불가능해지는 상황에 처하게 될 것이다(Elster 1989: 106).

엘스터가 규범적 행위를 개인의 선택의 문제로 보는 반면 국제정치학의 구성주의 이론은 국제정치 영역에서 규범의 존재에 관해 좀더 '사회화된' 설명을 제공한다. 이 이론에 따르면 규범은 행위자들이 현실을 해석하고 정의하여 사회적으로 용인된 방식으로 행동하는 데 필수적인 준거 틀로 이해될 수 있다.[13] 그러나 이는 행위자가 언제 어디서나 반드시 규범을 준수함을 의미하지는 않는다. 예를 들어, 역사적으로 이기적인 자기이익을 추구하는 많은 국가들이 국제관계에서 가장 중요한 규범 중 하나인 주권(sovereignty)의 원칙을 빈번하게 위반해 왔다. 하지만 이러한 사실이 국제규범으로서 주권원칙의 지위를 근본적으로 부정해야 할 근거는 되지 못한다(Philpott 2001: 310). 사회적 행위의 가장 기본적인 스탠더드로서 규범은 준수와 위반의 여부를 초월하여 존재하기 때문이다. 오히려 규범의 존재감 혹은 중요성은 그 규범이 위반되었을 때 가장 분명하게 드러난다. 구성주의자들이 국제정치에서 독립적인 규범구조(normative structure)의 지속성을 이야기하는 것은 이러한 이유에서이다.

결국 한편으로는 이기성의 가정을 넘어 자기이익의 개념적 범위를 확장함으로써, 다른 한편으로는 사회적 규범의 구속성에 대한 이해를 새롭게 함으로써 도구적 합리성을 극복하는 계기가 마련될 수 있다. 이러한 시각에서 보면 자기이익의 이기성을 근거로 규범권력 개념에 회의적인 태도를 취하는 입장의 한계가 명확하게 드러난다. 예를 들어, 우리는 사형제도의 폐지를 위한 유럽연합의 노력을 포괄적으로 정의되는 자기이익의 범주에 포함시킬 수 있다. 또 일단 폐지 규범의 전파와 확산이라는 목표가 설정되면 상황의 변화에 따라 그러한 목표를 희생하는 것이 용이하지 않다는 점을 지적함으로써 규범권력의 존재를 이면의 동기나 의도로 환원시키는 설명 방식의 타당성을 반박할 수 있다. 혹은 좀더 일

13 이는 행위기준으로서의 규범이 행위자들의 행동을 규율하는 효과(regulative effect)를 가질 뿐 아니라 행위자들의 정체성을 구성하는 효과(constitutive effect)를 가지기 때문이다. 예를 들면, 주권이라는 국제사회의 규범은 국가들이나 다른 국제정치 행위자들로 하여금 각국의 주권을 존중하는 방식으로 행동하도록 유도할 뿐만 아니라 국제사회의 일원으로서 국가가 갖는 정체성의 가장 중요한 근간을 제공한다(Katzenstein 1996: 5).

반적인 차원에서 규범구조의 독립성을 강조함으로써 국제정치 행위자로서의 유럽연합이 도구적 합리성을 넘어 고려해야 할 독자적인 행위 기준을 지니고 있음을 보여줄 수도 있다. 하지만 규범권력 개념이 좀더 높은 수준의 타당성을 획득하기 위해서는 단순히 도구적 합리성을 비판하는 데 그치지 않고 유럽연합과 같은 조직체가 규범의 전파와 확산에 대한 일관된 정향성을 지니게 되는 과정을 더욱 설득력 있는 방식으로 설명할 필요가 있다. 필자의 견해로는 구성주의 이론은 이러한 목적에 잘 부합하는 견해를 제시하지 못하고 있다. 이는 기존 이론이 주로 규범의 준수를 통한 국제적 규범구조의 안정적인 재생산을 강조하면서 새로운 규범이 처음 등장하고 전파되는 과정에 상대적으로 주의를 덜 기울여왔기 때문이다(Wiener 2004: 189-191). 존 러기(John Gerard Ruggie)의 표현을 빌리자면 구성주의의 가장 중요한 임무는 "무엇이 세계를 결속시키는지(what makes the world hang together)"의 질문에 대한 답변을 제공하는 데 있는 것으로 간주되어왔다(1998: 855).

물론 일부 구성주의자들은 규범의 생성과 확산에 관한 나름의 설명을 시도하고 있다. 이들에 따르면 국제관계의 장(場)에서 새로운 규범을 처음 제시하고 전파하는 데 가장 핵심적인 역할을 담당하는 행위자는 '규범 기업가(norm entrepreneur)'라 불리는 소수의 박애주의적인 운동가들과 그들이 주도하는 비정부기구(NGO)들이다. 가장 대표적으로 19세기 스위스 제네바 출신의 은행가 앙리 뒤낭(Henri Dunant)과 그가 설립한 국제적십자사는 전쟁 도중 의료 인력과 부상자에 대한 공격을 삼가야 한다는 국제규범을 처음 주창했고, 또 그러한 규범을 전파하는 데 결정적인 역할을 담당했다(Finnemore and Sikkink 1998: 896-897). 하지만 이런 식의 설명이 유럽연합과 같이 다수의 국가들로 이루어진 조직 혹은 집단이 지속적으로 규범을 전파하려는 성향을 보이는 현상에 대한 설득력 있는 분석이 되기는 어렵다. 규범 기업가들이나 그들이 이끄는 조직의 활동은 궁극적으로는 "인류에 대한 공동의 책임"으로 표출되는 이타심의 발현으로밖에 설명할 길이 없기 때문이다(Finnemore and Sikkink 1998: 898). 물론 규범권력 역시 일정 부분 이타심이 발현된 결과로 볼 수 있다. 하지만 이때의 이타심은 몇몇 개인이나 운동에 참여하고 있는 이들의 자발적인 이타심이 아니라 국가 차원에서 혹은 국가군(群) 차원에서 일관되게, 지속적으로 발휘되는 이타심이다. 이와 같이 집단적인 혹은 제도적인 차원에서의 이타심을 이해하기 위해 우리는 다른 방식의 접근법을 필요로 한다.

필자를 비롯한 일부 연구자들의 견해로는, 독일의 사회철학자 위르겐 하버마스의 의사소통행위이론이 규범권력 개념을 좀더 체계적으로 이해하려는 노력에 도움을 줄 수 있다.[14] 최근 들어 일부 국제정치학자들에 의해 국제정치학과의 접목이 활발하게 시도되고 있는 의사소통행위이론은, 사회 내에서 인간의 행동을 추동하는 동기와 이유에 대한 근본적인 재해석의 필요성을 주장한다.[15] 의사소통행위는, 사회 속에서 행위자가 사실의 인과관계나 규범의 타당성에 관한 자신의 주장을 보편적으로 받아들여질 수 있는 방식으로 정당화하려 시도하는 현상으로 간략히 정의된다. 이는 사회 행위자가 자신의 특수한 이해관계를 도구 합리적으로 추구하는 것과는 별개로 자신의 주의와 주장, 신념과 견해가 보편성을 획득하는 데 근원적이고 본래적인 관심을 가짐을 의미한다.

하버마스는 사회 행위자의 보편성 확보 노력이 그가 '논증(Argumentation)'이라 부르는 대화와 토론의 과정을 통해 이루어진다고 주장

14 가장 대표적으로 Sjursen(2006: 242–244), Lerch and Schwellnus(2006) 등을 들 수 있다.
15 하버마스의 의사소통행위이론을 국제정치학에 적용시키려는 대표적인 시도로 Risse(2000), Lynch(2002), Müller(2004) 등을 꼽을 수 있다.

한다. 논증은 "참여자들이 문제가 되는 타당성 주장을 주제화하고 그것을 논거를 통해서 뒷받침하든가 혹은 비판하려고 시도하는 대화 형태"로 정의될 수 있다(위르겐 하버마스 2006: 57). 논증은 행위자가 자신의 주장과 견해를 합리화하기 위해 이용하는 도구나 수단이 아니다. 논증은 참가자들이 서로의 관점을 다른 이들에게 강제하려 하는 대신 순수하게 이성적인 토론을 통해 가장 큰 설득력을 지니는, 즉 논증적으로 가장 우월한 견해에 관한 공동의 합의, 공동의 이해에 도달해나가는 과정이다. 중요한 사실은 논증이 현실 속에 존재하는 정당화 과정이라기보다는 의사소통적 행위를 하는 행위자들이 필연적으로 전제해야 할 이상적인 조건에 가깝다는 점이다. 자신의 관점에 보편적인 타당성을 부여하고자 하는 이들은 모든 권력관계로부터 벗어난 자유로운 토론과 대화의 과정에 대한 본원적인 지향성을 지닌다는 것이다. 하버마스에 의하면 논증을 통한 공동 이해의 창출은 의사소통행위 자체에 내재한 "목적인(目的因, telos)"이다(위르겐 하버마스 2006: 426).

결국 의사소통행위이론을 통해 하버마스는 사회 내의 인간이 자신의 견해나 관점을 다른 이들과의 공정한 대화를 통해 정당화하고 합리화하는 존재임을 입증하려 했다고 할 수 있다. 좀더 단순화시켜보면 하버마스는 인간이 자신의 관점을 모든 이들이 인정할 수 있는 방식으로 보편화시키려는 열망을 지니고 있다는 점을 입증하려 했다고 할 수 있다. 하버마스는 이러한 열망을 지니고 그 실현을 위해서 노력하는 인간의 모습이 물질적인 이익이나 정치권력을 위해 전략적으로 행동하고 사고하는 인간의 모습만큼이나 '합리적'이라고 보고 있다.[16] 그렇다면 우리는

16 많은 이들에게 하버마스의 의사소통행위이론은 지나치게 이상주의적인 주장으로 비춰질 것이다. 특히 하버마스가 자신의 논지를 증명하기 위해 동원하고 있는 보편화용론(universal pragmatics)과 같은 언어이론은 의사소통행위 이론의 비현실성에 대한 인상을 크게 강

이와 같은 의사소통행위이론과 규범권력 개념 간의 관련성을 어떤 식으로 정의할 수 있을까?

우선 토마스 리세(Thomas Risse)가 지적하듯이 우리는 국제정치의 장(場)을 단순히 무정부 상태로 정의하는 대신 행위자들 사이에 활발한 상호작용, 의미 있는 의사소통이 이루어지는 영역으로 간주할 수 있다(Risse 2000: 14-16). 여기에 국가들 간, 시민들 간 상호교류의 증가와 정보통신 혁명은 이와 같은 국제관계의 '사회적' 측면을 더욱 강화하고 있다. 이러한 상황에서 우리는 유럽연합의 규범권력 행사를 국제정치 행위자에 의한 의사소통행위의 일종으로 조심스럽게 정의할 수 있다. 이는 다른 국제정치 행위자들을 위해 규범적인 가치기준을 제시하려 시도하는 유럽연합의 행동패턴이 공정한 절차를 통해 자신의 규범에 보편적인 지위를 부여하고자 하는 동기에서 비롯된 것으로 간주될 수 있음을 의미한다. 이와 함께 이러한 보편성에의 동기는 물질적, 정치적 이해관계의 추구만큼이나 독자적이고 합리적인 동기임을 의미한다.

다시 한 번 사형제도 폐지를 위한 유럽연합의 노력을 예로 들어보자. 그러한 노력이 부분적으로나마 인권의 향상과 안보상황의 개선을 도구적으로 연계시키려는 의도에서 비롯되었음을 부인하기는 어렵다. 하지만 사형제도의 부당성에 관한 규범이 유럽 내의 가치에 그치지 않고 더 넓은 지역에서 보편성을 획득하기를 바라는 유럽연합의 관심 또한 중요한 동인으로 작용했다는 점 역시 부인할 수 없다. 하버마스의 시각에

화시키고 있다. 하지만 조금만 사고의 폭을 넓혀보면 하버마스 이론의 지극히 현실적인 측면을 쉽게 확인할 수 있다. 예를 들면, 다른 누군가가 우리를 모욕함으로써 입은 정신적 상처에 대해 우리가 느끼는 분노의 감정 속에는 모욕 행위의 부당성을 보다 일반적인 차원에서 입증해야 할 필요성에 대한 인식이 자리 잡고 있다. 우리는 우리 자신이 느끼는 분노가 순전히 주관적인 감정의 표출에 그치지 않고 객관화되기를, 어느 정도의 '보편적 타당성'을 획득하기를 원하기 때문이다(Habermas 1990: 48-50).

서 보면 이러한 관심은 단순히 주관적인 이타심의 발현으로 간주될 수 없다. 이러한 관심은 국제정치의 장(場)에서 도구적, 전략적 이해관계를 넘어 포괄적인 합리성을 실현하려는 모든 행위자들의 행위방식에 대한 고유한 관심이라 할 수 있다. 즉 규범권력은 국제정치 행위자로서 유럽연합의 정체성에 필수적인 구성요인으로 이해될 수 있다.

의사소통행위이론을 통해 규범권력 개념을 이해하려 시도하는 데 있어서 기억해야 할 한 가지는 하버마스가 자신의 이론을 진화론적인 관점에서 정의하고 있다는 점이다. 하버마스에 따르면 모든 사회 행위자들이 의사소통적 행위능력을 갖추고 있는 것은 아니다. 오직 일정 수준 이상의 윤리적·규범적 기준에 도달한 행위자, 하버마스가 "보편적 윤리 원칙의 단계(the stage of universal ethical principles)"라 부르는 수준에 도달한 행위자만이 의사소통적으로 행동할 수 있는 포괄적 합리성을 지닐 수 있다(Habermas 1990: 124-125). 이 도덕적으로 가장 진전된 단계의 행위자들은 이전의 근시안적이고 덜 다듬어진 윤리적 기준 대신 좀더 세련되고 보편화될 수 있는 기준들을 받아들이고 그에 맞추어 행동하려 노력한다.

하버마스는 사회 행위자의 도덕적 진화가 그 자체의 고유한 발전 논리에 따라 이루어진다는 점을 강조한다(Habermas 1979: 117). 인간이 더 높은 수준의 도덕적 능력을 획득하는 과정을 경제적, 정치적 상황 변화와 같은 외적인 발전의 결과로 환원시킬 수 없다는 것이다. 따라서 원칙적으로는 정치적으로 덜 성숙되고, 경제적으로 덜 부유한 사회의 구성원도 의사소통적 행위능력을 발휘할 수 있다. 하지만 현실적으로 하버마스에게 있어서 "보편적 윤리원칙의 단계"에 도달한 행위자는 서구 사회, 특히 1945년 이후 서유럽 사회의 구성원들을 의미한다. 그리고 바로 이러한 이유, 즉 결국에는 서구 중심적 사고를 노정하고 있다는 이유 때문에, 보편성에 관한 그 모든 담론에도 불구하고 하버마스의 도덕 진화론은 집중적인 비판의 대상이 되어왔다(Whitton, 1992: 308-312).

하지만 우리는 이와 같은 명백한 한계에도 불구하고 의사소통행위이론과 규범권력 개념의 접목을 위해서 하버마스 이론의 진화론적인 측면에 주의를 기울일 필요가 있다. 이는 규범권력 개념이 설득력을 지니기 위해서는 궁극적으로 국제관계 혹은 국제사회의 진화 가능성에 대한 진지한 고려가 수반되어야 하기 때문이다. 규범권력 개념이 의미 있는 분석 틀로 자리 잡기 위해서는 유럽연합이 '다른' 종류의 국제정치 행위자일 뿐만 아니라 좀더 '발전된' 혹은 좀더 '성숙된' 형태의 행위자라는 점이 인정되어야 한다는 것이다.

물론 규범적 행위자로서 유럽연합의 '진보'가 의심의 여지없이 확실한 단계에 들어선 것은 아니다. 앞에서 지적했듯이 규범권력 담론의 타당성을 의심하게 하는 여러 가지 부정적인 징후들이 나타나고 있다. 또 여전히 전통적인 행위패턴을 고수하고 있는 다른 국제정치 행위자들이 유럽연합의 '진보'에 장애가 되고 있는 것도 사실이다. 하지만 제한적으로나마 현 상황에서 유럽연합이 좀더 성숙한 국제정치 행위자로서의 길에 들어선 것은 분명해 보인다. 이미 유럽의 국가들은 1945년 이후 역사상 전례 없이 평화롭고 협력적인 국제관계를 건설하는 데 성공했다. 이러한 경험을 세계 다른 지역, 다른 국가와의 관계에도 적용하려 하는 것은 매우 자연스러워 보인다. 이와 같은 변화의 의미를 애써 축소하면서 통상적인 분석틀을 고수할 경우 서서히 모습을 드러내고 있는 새로운 국제정치 질서의 중요한 측면을 간과하는 우를 범할 수 있다. 높은 수준의 추상성과 그에 따른 구체성의 결여에도 불구하고 의사소통행위와 사회의 도덕적 진화에 관한 하버마스의 논의에 주목해야 할 가장 중요한 이유가 여기에 있다.

V. 맺음말

이상에서 국제정치 행위자로서 유럽연합의 위상과 역할을 적절하게 이해하기 위한 목적에서 최근 들어 일부 유럽연합 연구자 사이에서 논의되고 있는 규범권력 개념의 유용성과 타당성을 검토하려 시도했다. 이 장에서는 또한 규범권력 개념이 좀더 높은 수준의 적실성을 확보하기 위해서는 규범의 전파와 확산에 대해 유럽연합이 지니는 관심을 보다 일반적인 차원에서 설명할 수 있어야 하며, 이를 위해 국제정치학에 지배적인 도구적 합리성의 가정을 효과적으로 반박하는 것이 필요하다는 점을 강조하고자 했다. 특히 이 장에서는 성숙한 국제정치 행위자로서의 유럽연합이 규범의 국제적 전파와 확산에 관심을 기울이는 모습을 좀더 잘 인식하기 위해 하버마스의 의사소통행위이론에 주목할 것을 제안했다.

물론 논란의 여지가 많은 의사소통행위이론의 모든 개념적 장치들을 규범권력 이론에 엄밀하게 적용시켜야 한다는 것은 아니다. 사실 하버마스의 이론은 규범권력 개념에 대해, 그리고 국제정치학 이론 일반에 대해, 일종의 '자기발견적 모델(heuristic model)'로 간주되는 것이 적절하다. 또한 국제정치 행위자로서 유럽연합의 성숙함에 대한 지적이 유럽연합 혹은 유럽문명의 도덕적, 규범적 성취에 대한 일방적인 지지로 해석될 필요도 없다. 다만 현재 유럽대륙에서 국제정치질서의 재편과 관련하여 진행 중인 변화의 폭과 깊이가 전통적인 분석 틀로는 제대로 파악되지 않을 정도로 포괄적이고 근본적이라는 점이 지적될 필요가 있다.

이러한 유럽연합 규범권력에 관한 논의를 통해 우리는 오늘날 국제정치의 장(場)에서 윤리적인 정체성에 입각하여 가치와 규범의 확산과 실현을 목표로 하여 추구되는 외교정책의 가능성을 시론적인 수준에서나마 탐색해볼 수 있는 기회를 얻게 된다. 유사한 맥락에서 피터 롤러(Peter Lawler 2005)는 타 국가, 타 지역에 대한 도덕적 의무감에 기초한 국제주의 외교정책을 추진하는 일군의 국가들을 '선한 국가(good state)' 개념을 통해 이해할 것을 제안하면서 윤리적, 규범적 행위자로서 국가의 존재 가능성을 제시한 바 있다. 롤러는 대표적인 '선한 국가'로 오랜 기간 국제평화를 증진하고 해외원조를 통해 경제적 불평등을 해소하고 국제적 연대를 형성하는 데 적극적이었던 스웨덴, 덴마크, 노르웨이 등 스칸디나비아 국가들을 꼽는다. 이에 대해 유럽연합이나 스칸디나비아 국가들의 규범외교 전략은 결국 국제사회에서 자신들의 영향력과 지위를 제고하기 위한 일종의 '차별화' 전략일 뿐이라는 지적이 제기될 수 있다. 그러한 주장은 분명히 부분적으로는 옳다. 하지만 다시 강조하자면, 그러한 차별화는 더 근본적인 차원에서의 정체성의 변화와 그에 따른 국가 이익과 외교정책 목표의 수정과 재조정이 수반되지 않았다면 결코 가능하지 않았을 것이다.

이상에서 살펴본 유럽연합의 규범외교는 어떠한 정책적 함의를 갖는가? 공공외교로서 한국의 규범외교는 이러한 사례로부터 무엇을 취할 수 있을까? 일반적인 차원에서 두 가지 정도의 이야기를 할 수 있다. 먼저, 여전히 유럽연합과 일부 국가들의 경우에 윤리적, 규범적인 외교정책의 중요성이 두드러지게 증가하고 있음에 주목해야 한다. 여기서 중요한 점은 이들 국가의 정부와 국민들이 자신들 외교정책의 윤리적인 성격, 규범적인 성격을 매우 심각하게 여기고 있다는 사실이다. 그러한 사실은 굳이 하버마스의 이론 등을 동원하지 않더라도 어렵지 않게 인지할 수 있다. 따라서 이들 국가들과 그 국민들을 직·간접적인 대상으로 하는 공공외교에서 이러한 점을 적극 고려하는 것이 필요하다. 물론 이 국가들 외교정책의 윤리적, 규범적 성격에도 결정적인 한계가 존재한다. 하지만 외교정책의 정당성에 관한 이들 국가들의 담론에 어느 정도까지는 호응하는 것이 필요하다. 윤리와 규범에 관해 이야기하는 자리에서 '결국은 모두 국익으로 귀결될 수밖에 없다'는 식의 현실주의적인 접근법을 취하는 것은 역효과를 초래할 수 있다.

둘째, 한국의 경우에도 공공외교의 일환으로 윤리적, 규범적인 외교정책의 필요성을 진지하게 고려할 필요가 있다. 여러 가지 비판과 한계에도 불구하고 오늘날 국제사회에서 '인도주의적 감성'이 증가하는 추세에 있다는 사실을 부인하기는 어렵다. 특히 이러한 흐름이 어느 정도 정치 발전, 경제 발전을 이룩한 중견국가들에 의해 주도되고 있다는 것은 주지의 사실이다. 한국 역시 이러한 흐름에 참여하기에 적합한 위치에 있는 중견국가이다. 최근 한국사회 내에서 '국격에 걸맞는 국제사회에 대한 기여'를 강조하면서 국제연합 평화유지활동(PKO)과 공적개발원조(ODA)의 확대 등의 국제주의적 어젠다에 대한 논의가 활발해지고 있는데, 이는 사회적으로 윤리외교, 규범외교에 관한 관심이 이미 형성되었음을 입증하는 증거로 이해할 수 있다.

물론 본격적인 의미의 규범외교를 이야기하기에는 아직은 갈 길이 멀다. 특히 한국은 좀처럼 해결의 기미를 보이지 않는 북한과의 대치 상황으로 인해 운신의 폭을 제약당하고 있다. 하지만 한국이 처한 위중한 안보 상황에 현실주의적으로 대처하면서도 국제적으로 규범외교의 어젠다를 추구하는 것은 얼마든지 가능하다. 한국적 규범외교를 위해 많은 고민과 논의가 필요한 상황이다.

참고문헌

위르겐 하버마스. 장춘익 옮김. 2006. 『의사소통행위이론: 제1권 행위합리성과 사회합리화』. 서울: 나남출판.

Barnett, Michael and Raymond Duvall. 2005. "Power in International Politics." *International Organization* 59(1), Winter, pp.39-75.

Blair, Tony and Jacques Chirac. 1998. "Joint Declaration on European Defense, St. Malo, 4 December, 1998."

Brooks, Stephen G. and William C. Wohlforth. 2005. "Hard Times for Soft Balancing." *International Security* 30(1), Summer, pp.72-108.

Brown, Chris. 2001. "Ethics, interests and foreign policy." in Karen Smith & Margot Light eds. *Ethics and Foreign Policy*. Cambridge: Cambridge University Press, pp.15-32.

Browning, Christopher S. 2007. "Branding Nordicity: Models, Identity and the Decline of Exceptionalism." *Cooperation and Conflict* 42(1), pp.27-51.

Burke, Anthony. 2013. "The good state, from a cosmic point of view." *International Politics* 50(1), pp.57-76.

Chandler, David. 2003. "Rhetoric without responsibility: the attraction of 'ethical' foreign policy." *British Journal of Politics and International Relations* 5(3), pp.295-316.

Collard-Wexler, Simon. 2006. "Integration under Anarchy: Neorealism and the European Union." *European Journal of International Relations* 12(3), pp.397-432.

Diez, Thomas. 2005. "Constructing the Self and Changing Others: Reconsidering 'Normative Power Europe.'" *Millennium* 33(3), pp.613-636.

Elster, Jon. 1989. "Social Norms and Economic Theory." *Journal of Economic Perspectives* 3(4), Autumn, pp.99-117.

European Commission. 2001. *European Union's Role in Promoting Human Rights and Democratisation in Third Countries*. Brussels, 8 May.

European Council. 2003. *A Secure Europe in a Better World. European Security Strategy*. Brussels, 12 December.

______. 2006. *Presidency Report on ESDP*. Brussels, 12 June.

European Defence Agency. 2006. *European-United States Defence Expenditure in 2005*. Brussels, 19 December.

Finnemore, Martha and Kathryin Sikkink. 1998. "International Norm Dynamics and Political Change." *International Organization* 52(4), Autumn, pp.887-917.

Gordon, Philip H. 1997/98. "Europe's Uncommon Foreign Policy." *International Security* 22(3), Winter, pp.74-100.

Grugel, Jean. 2007. "Democratization and Ideational Diffusion: Europe, Mercosur and

Social Citizenship." *Journal of Common Market Studies* 45(1), pp.43-68.

Habermas, Jürgen. 1979. *Communication and the Evolution of Society*. Trans. Thomas McCarthy. Boston: Beacon Press.

______. 1990. *Moral Consciousness and Communicative Action*. Trans. Christian Lenhardt and Shierry Weber Nicholson. Cambridge: MIT Press.

Heins, Volker and David Chandler. 2007. "Ethics and foreign policy: New perspectives on an old problem," in D. Chandler & V. Heins eds. *Rethinking Ethical Foreign Policy: Pitfalls, possibilities and paradoxes*. London & New York: Routledge, pp.3-21.

Hill, Christopher. 1993. "The Capability-Expectations Gap, or Conceptualizing Europe's International Role." *Journal of Common Market Studies* 31(3), September, pp.305-328.

______. 2004. "Renationalizing or Regrouping? EU Foreign Policy Since 11 September 2001." *Journal of Common Market Studies* 42(1), pp.143-163.

Hill, Christopher and Michael Smith, eds. 2005. *International Relations and the European Union*. Oxford: Oxford University Press.

Howorth, Jolyon. 2004. "Discourse, Ideas, and Epistemic Communities in European Security and Defense Policy." *West European Politics* 27(2), March, pp.211-234.

______. 2005. "From Security to Defense: the Evolution of the CFSP," in Christopher Hill and Michael Smith eds. *International Relations and the European Union*. Oxford: Oxford University Press, pp.170-204.

Hurd. Elizabeth Shakman. 2006. "Negotiating Europe: the politics of religion and the prospects for Turkish accession." *Review of International Studies* 32, pp.401-418.

Kagan, Robert. 2003. *Of Paradise and Power: America and Europe in the New World Order*. New York: Alfred A. Knopf.

Katzenstein, Peter. 1996. "Introduction: Alternative Perspectives on National Security," in P. Katzenstein ed. *The Culture of National Security: Norms and Identity in World Politics*. New York: Columbia University Press, pp.1-32.

Lawler, Peter. 2005. "The Good State: in praise of 'classical' internationalism," *Review of International Studies* 31, pp.427-449.

Leconte, Cécile. 2005. "The Fragility of the EU as a 'Community of Values': Lessons from the Haider Affair." *West European Politics* 28(3), May, pp.620-649.

Lerch, Marika and Guido Schwellnus. 2006. "Normative by nature: The role of coherence in justifying the EU's external human rights policy." *Journal of European Public Policy* 13(2), March, pp.304-321.

Lynch, Marc. 2002. "Why Engage? China and the Logic of Communicative Engagement." *European Journal of International Relations* 8(2), pp.187-230.

Manners, Ian. 2002. "Normative Power Europe: A Contradiction in Terms?" *Journal of Common Market Studies* 40(2), pp.235-258.

______. 2006. "Normative power Europe reconsidered: beyond the crossroads." *Journal of European Public Policy* 13(2), March, pp.182-199.

Mansfield, Harvey C. 1995. "Self-Interest Rightly Understood." *Political Theory* 23(1) February, pp.48-66.

Maull, Hanns W. 2005. "Europe and the New Balance of Global Order." *International Affairs* 81(4), pp.775-799.

Mearsheimer, John J. 1990. "Back to the Future: Instability in Europe after the Cold War." *International Security* 15(1), Summer, pp.5-56.

Moravcsik, Andrew. 2001. "Federalism and the European Union: Rhetoric and Reality," in Kalypso Nicolaïdis and Robert Howse eds. *The Federal Vision: Legitimacy and Levels of Governance in the United States and the European Union*. Oxford: Oxford University Press, pp.161-187.

Müller, Harald. 2004. "Arguing, Bargaining and All That: Communicative Action, Rationalist Theory and the Logic of Appropriateness in International Relations." *European Journal of International Relations* 10(3), pp.395-435.

Nicolaïdis, Kalypso and Robert Howse. 2002. "'This is my EUtopia...': Narrative as Power." *Journal of Common Market Studies* 40(4), pp.767-792.

Nye, Joseph S. 2004. Soft Power: *The Means to Success in World Politics*. New York: Public Affairs.

Philpott, Daniel. 2001. "Usurping the Sovereignty of Sovereignty?" *World Politics* 53(2), January, pp.297-324.

Posen, Barry R. 2006. "European Union Security and Defense Policy: Response to Unipolarity?" *Security Studies* 15(2), April-June, pp.149-186.

Risse, Thomas. 2000. ""Let's Argue!": Communicative Action in World Politics." *International Organization* 54(1), Winter, pp.1-39.

Rosamond, Ben. 2005. "Conceptualizing the EU Model of Governance in World Politics." *European Foreign Affairs Review* 10, pp.463-478.

Ruggie, John Gerard. 1998. "What Makes the World Hang Together?: Neo-Utilitarianism and the Social Constructivist Challenge." *International Organization* 52(4), Autumn, pp.855-885.

Rumelili, Bahr. 2004. "Constructing identity and relating to difference: understanding the EU's mode of differentiation." *Review of International Studies* 30, pp.27-47.

Salmon, Trevor. 2005. "The European Security and Defense Policy: Built on Rocks or Sand?" *European Foreign Affairs Review* 10, pp.359-379.

Sjursen, Helene. 2006. "The EU as a 'normative' power: how can this be?" *Journal of European Public Policy* 13(2), March, pp.235-251.

Smith, Michael E. 2004. "Institutionalization, Policy Adaptation and European Foreign Policy Cooperation." *European Journal of International Relations* 10(1), pp.95-136.

Stoker, Laura. 1992. "Interest and Ethics in Politics." *American Political Science Review* 86(2), June, pp.369-380.

Szymanski, Marcela and Michael E. Smith. 2005. "Coherence and Conditionality in European Foreign Policy: Negotiating the EU-Mexico Global Agreement." *Journal of Common Market Studies* 43(1), pp.171-192.

Vanhoonacker, Sophie. 2005. "The Institutional Framework," in Christopher Hill and Michael Smith eds. 2005. *International Relations and the European Union*. Oxford: Oxford University Press, pp.67-90.

Vogler, John and Charlotte Bretherton. 2006. "The European Union as a Protagonist to the United States on Climate Change." *International Studies Perspectives* 7, pp.1-22.

Waltz, Kenneth. 2000. "Structural Realism after the Cold War." *International Security* 25(1), Summer, pp.5-41.

Webber, Mark, Stuart Croft, Jolyon Howorth, Terry Terrif and Elke Krahmann. 2004. "The governance of European security." *Review of International Studies* 30, pp.3-26.

White, Brian. 2001. *Understanding European Foreign Policy*. Basingstoke: Palgrave.

Whitman, Richard. 2006. "Road Map for a Route March? (De-)civilizing through the EU's Security Strategy." *European Foreign Affairs Review* 11, pp.1-15.

Whitton, Brian J. 1992. "Universal Pragmatics and the Formation of Western Civilization: A Critique of Habermas's Theory of Human Moral Evolution." *History and Theory* 31(3), October, pp.299-313.

Wiener, Antije. 2004. "Contested Compliance: Interventions on the Normative Structure of World Politics." *European Journal of International Relations* 10(2), pp.189-234.

Youngs, Richard. 2004. "Normative Dynamics and Strategic Interests in the EU's External Identity." *Journal of Common Market Studies* 42(2), pp.415-435.

5

중견국 공공외교의 인프라와 한계: 프랑스의 매력적 권력*

조홍식 (숭실대학교 정치외교학과 교수)

* 이 글은 조홍식, "프랑스의 매력적 권력: 행위소의 개념을 중심으로", 『국제·지역연구』, 22권 1호(2013년), pp.105-131을 중견국의 공공외교라는 공동 작업의 취지에 맞게 수정한 것임.

공공외교를 논의하는 과정에서 프랑스는 상당히 의미 있는 사례로 취급된다. 냉전시대의 미국과 소련, 그리고 탈냉전시대 미국과 중국 등 초강대국 또는 대국과는 구분되는 중견국 중에서 가장 대표적으로 매력과 권력을 가진 국가로 인식되며 성공적인 소프트 파워와 이를 바탕으로 한 외교로 알려져 있기 때문이다. 이러한 이유로 한국과 같은 중견국의 지위로 부상한 나라에게 프랑스의 사례는 커다란 의미로 다가온다. 일종의 모델을 제공해줄 수 있기 때문이다. 따라서 프랑스 사례에 대한 명확한 이해와 분석은 한국에게 이론적 교훈을 던져주는 것은 물론 실질적이고 정책적인 지침을 선사할 수도 있다.

하지만 한국과 프랑스를 중견국이라는 공통의 범주에 속하는 유사한 사례로 성급하게 다룰 경우 많은 실수를 범할 수 있음을 지적한다. 프랑스는 나름 한국에게 다양한 교훈과 모델, 지침을 제공할 수 있지만, 이에 앞서서 프랑스 사례에 대한 정확하고 적절한 분석과 이해가 선행되어야 한다. 이 글에서 사례 검토를 통해 알 수 있는 사실은 프랑스의 소프트 파워 또는 매력적 권력은 중단기적 정책에서 비롯되기보다는 역사적이고 장기적으로 구성된 탄탄한 인프라에 기초하고 있으며, 이러한 인프라의 뒷받침이 없는 매력적 권력은 명백한 한계를 안고 있다는 점이다. 장기 역사적 관점에서 비교한다면 프랑스는 세계의 중심이자 초강대국의 과거를 보유하고 있는 제국적 네트워크의 중심이다. 반면 한국은 식민지에서 초고속 성장을 통해 중견국으로 발전하고 있는 신흥 중견국인 셈이다. 따라서 프랑스 사례의 교훈은 공공외교가 물질적 또는 문화적 인프라의 뒷받침을 필수적으로 요구한다는 사실, 그리고 공공외교 그 자체만으로는 많은 한계를 가질 수밖에 없다는 사실을 인식할 때만이 한국과 같은 국가에 적절한 가이드를 제공해줄 수 있을 것이다.

프랑스 사례가 우리에게 제시해주는 매력적 권력의 길은 국가가 가지는 매력은 단기간에 형성되기 어려운 성격으로 장기적인 정책의 일관성과 노력을 필요로 하며, 매력의 핵심은 이해득실에 기초한 정확한 분석과 평가보다는 계산적 태도에서 초연한 상징적 우월성에 기초했을 때 가장 효율적이고, 장기간에 쌓아 올린 매력은 그 물질적·문화적·정신적 인프라에 기초하기 때문에 놀라운 관성을 가지고 지속되는 경향을 보여준다는 점이다. 멀고 힘들지만 보상이 확실하고 지속적이라는 점에서 매력적 권력의 추구는 유익하지만 그 정책 및 정치적 동력을 확보하기 어려운 것도 사실이다.

I. 전통적 개념의 한계: 문화와 외교

이 글은 국제무대에서 성공적인 매력적 권력을 구축하여 행사하는 프랑스의 사례를 통해 중견국 공공외교라는 문제의식을 비판적으로 논의한다. 국제정치학에서 일반적인 논의를 할 때에도 특정 국가의 권력과 외교를 떼어놓고 사고하기는 어렵다. 핵무기를 보유하는 초강대국의 외교와 군사력이 전무한 도시국가의 외교를 같은 차원에서 논의하기 어렵듯이 말이다. 전문가 집단을 넘어서서 대중을 향해 행해지는 공공외교는 해당 국가가 역사적으로 축적한 명성, 정체성, 문화, 매력에 기초해야 할 것이다. 이 글에서는 프랑스의 예술, 포도주, 학문이라는 세 가지 영역의 사례를 검토함으로써 프랑스라는 중견국의 공공외교가 활용하는 매력적 권력의 인프라를 살펴보려 한다. 역사적으로 장기간에 걸쳐 물질적 기반을 축적하면서 만들어진 인프라가 없다면 공공외교의 기술과 힘은 분명한 한계에 도달할 수밖에 없다.

이러한 분석이 한국과 같은 중견국의 사례에 제시할 수 있는 교훈은 몇 가지로 요약할 수 있을 것이다. 첫째, 역사적으로 형성된 인적 및 물리적 인프라에 대한 분석에 기초하여 공공외교의 방향을 잡아야 한다. 과학적인 자료를 제시하기는 쉽지 않지만, 전 세계에서 한국만큼 가무를 즐기는 나라는 없을 것이다. 이는 한국의 노래방 문화에서 잘 드러난다. 이는 인적 및 물리적 인프라로 최근 한류의 성공에 기초를 형성한 전형적인 예이다. 둘째, 단기적 손익계산에서 벗어나 장기적인 투자만이 국제적인 비교우위의 인프라를 형성한다는 사실을 국가정책에 반영해야 한다. 매력은 '장사꾼'과 같이 접근하는 것으로는 만들어지지 않는다. 매력의 핵심에는 상징적 우월성이 자리 잡고 있고, 이러한 우월성은 단기적 계산에 초연함으로써 생기는 경우가 대부분이다. 예를 들어 한국의 영화는 세계적으로 높이 평가를 받고 있다. 하지만 한 사람의 훌륭한 감독을 배출하기 위해서는 '낭비'적으로 보일 수 있는 수많은 투자가 필수적이다. 셋째, 문화를 통한 국격의 상승은 하나의 종합적 이미지를 형성하는 데 기여하고 그 포괄성은 공공외교의 가장 견고한 기반으로 작용한다. 포도주는 하나의 술에 불과하지만 포도주의 생산, 처리, 보관, 소비가 예술이나 학문의 경지로까지 끌어올려졌다는 사실은, 프랑스나 이탈리아의 명품산업 기반과 밀접하게 연결된다. 프랑스의 포도주와 마찬가지로 한국에서도 김치를 좀더 세밀하게 예술과 학문의 경지로 발전시킬 수 있다. 재료의 산지와 선정 기준, 생산과 보관, 소비의 문화를 만들어내는 작업을 장기간에 걸쳐서 축적하여 세계인과 공유할 수 있도록 만든다면 말이다. 인프라에 대한 명확한 인식과 분석, 장기적 투자, 그리고 종합적인 국격 제고의 전략 등은 한 정권의 임기를 넘어 적어도 한 세대에 해당하는 20~30년의 시간적 여유를 가지고 추진해야 하는 과업이다. 과연 현대 정치에서 정부의 정책이 이런 여유를 도출해낼 수 있을지는 또 다른 고민이 될 것이다.

프랑스는 세계적으로 문화와 예술의 나라로 잘 알려져 있다. 20세기 냉전 시기 세계를 지배했던 미국과 소련은 초강대국으로 막강한 군사력과 과학기술 능력을 자랑했다. 소련이 붕괴되고 탈냉전시대에 접어들면서 미국은 강력한 경제력과 군사력을 동시에 보유한 유일한 초강대국으로 부상했다. 프랑스와 비교할 만한 국가 규모의 영국이나 독일은 각각 다른 국제적 이미지를 갖고 있다. 영국은 해양세력의 전통을 자랑하면서 국제금융이나 비즈니스에서 주도적인 역할을 하는 나라로 인식된다. 독일은 과거 강력한 군사력을 보유했지만 최근에는 산업 기술력으로 독보적인 수출 경쟁력을 드러내는 국가라고 할 수 있다.

문화 예술의 중심이라는 프랑스의 국가 이미지는 위에서 지적한 강대국들보다 훨씬 오래전부터 형성되었다. 미국이 세계적 강대국으로 부상한 것이 20세기의 일이고 영국이나 독일의 부상은 18세기와 19세기에 시작된 것이라고 한다면, 프랑스가 문화와 예술의 중심으로 떠오른 것은 16세기로 거슬러 올라갈 수 있다. 라틴어가 지배하던 중세 이후 유럽 문명의 중심축이 이탈리아의 르네상스를 거쳐 16세기부터 프랑스로 이동했다고 볼 수 있기 때문이다. 프랑스는 이 시기부터 본격적으로 프랑스어를 공식 국어로 결정하면서 라틴어를 대신하는 유럽의 주요 언어로 제시하기 시작했다. 1714년 라스타트(Rastatt) 조약 이후 프랑스어는 유럽의 외교언어로 인정되면서 문화적 지배력을 강화하였다. 루이 14세는 베르사유 궁전을 건설하면서 유럽의 문화적 첨단을 달리기 시작했고 건축, 문학, 연극, 무용, 의복 등 다양한 예술 분야에서 프랑스를 유럽의 중심으로 육성했다(Blanning 2002). 18세기부터 본격적인 근대가 형성되면서 영국이나 독일, 미국 등이 각각 독자적인 국가 이미지를 형성하는 동안 프랑스는 이미 수 세기 전부터 만들어진 문화와 예술의 중심이라는 이미지에 혁명과 인권의 조국, 근대성과 도시 문명의 중심, 강력한 군사력과 동화적 제국주의 등의 새로운 이미지를 더하게 되었다(Poirrier ed. 2002: 17-20).

소프트 파워의 논의와 함께 최근 급부상한 공공외교의 시각에서 볼 때 국가 이미지는 매우 중요한 핵심 요소라고 할 수 있다. 전통적인 외교는 국가 행위자의 가장 전형적인 대표인 군인과 외교관이 담당한다. 19세기와 20세기 상당 부분을 지배했던 전통외교가 국가 간 전쟁과 협상을 담당하는 군인과 외교관들만의 영역이었던 데 반해, 20세기 후반부터는 엘리트 층의 국가 행위자뿐 아니라 일반 대중을 상대로 하는 공공외교의 중요성이 부각되었다(김상배 2002: 281-283). 따라서 특정 국가에 대해서 대중이 가지는 이미지는 공공외교에 중요한 요소가 되었다. 이런 관점에서 본다면 프랑스는 매우 호의적인 이미지를 보유하고 있는 국가다. 문화와 예술의 나라라는 이미지가 대중적 차원에서 가져다주는 가장 커다란 혜택이자 증거는, 파리가 세계에서 방문객이 가장 많이 찾는 도시라는 사실에서 발견할 수 있다(Rearick 2011). 뉴욕의 자유의 여신상, 런던의 빅벤(Big Ben)과 웨스트민스터 의사당이 자유와 민주주의라는 강한 정치적 상징성을 가지고 있다면, 파리를 대표하는 노트르담 대성당이나 에펠탑은 각각 중세 고딕 종교예술의 상징이자 근대 문명의 미적 감각을 나타내는 문화 예술적 작품들이다.

인이 선호하는 가치, 문화, 이념 등을 보유함으로써 좀더 수월하게 자신의 정책에 대한 동의와 합의, 수긍과 추종을 얻어낼 수 있다는 의미다. 위에서 다소 간략하게 살펴보기는 했지만 프랑스는 문화와 예술의 나라라는 이미지를 통해 국제사회에서 선망과 동의를 자아내고, 문화적 예외 및 문화 다양성의 정책 의제를 외교적으로 성공리에 추진할 수 있었다(Gournay 2002). 또한 문화와 예술의 연장선에서 인권과 민주주의를 수호하는 외교를 내세우며 미국의 이라크 침공에 반대하였고, 이를 통해 일부 비서구권 국가의 지지를 받을 수 있었다. 2013년에는 말리의 내전에 프랑스 군대를 파병하면서 문명을 파괴하는 이슬람 근본주의 세력에 대항한다는 이미지를 활용하였다. 이처럼 국가 이미지와 외교의 상호작용이라는 차원에서 프랑스의 사례는 매우 흥미롭고 전형적인 모습을 갖는다.

그러나 소프트 또는 스마트 파워의 논의에서 추출되는 문화외교 및 공공외교의 개념은 다음과 같은 점에서 기본적인 한계가 있기 때문에 그다지 적절하지 못하다고 평가할 수도 있다(김상배 2009: 22-25). 우선 공공외교의 개념이 내포하는 한계는 상품의 마케팅이나 사회적 대인 관계론이 종종 저지르는 실수, 즉 내용에 무관하게 일련의 기술을 통해 결과의 차이를 가져올 수 있다는 함의를 전달한다. 물론 공공외교의 의미는 기본적인 권력의 불평등이나 권력 게임을 부정하는 것이 아니라 또 다른 차원을 도입해서 살펴보자는 주장이라고 항의할 것이다. 그러나 공공외교 강조의 암묵적 결과는 권력 논의를 상대적으로 약화시키면서 망각하게 한다. 스마트 파워론은 미국의 세계 지배를 당연하거나 지향해야 한다고 여기는 미국 정책 엘리트 내부의 논의에 적합할지 모르지만, 기타 국가의 정치학이나 국제관계학에 있어서는 위험한 함의를 내포한다는 말이다.

다음은 권력과 매력을 분리시키려는 스마트 파워론의 치명적 단점으로, 마치 단기적 정책 변화로 차이를 만들어낼 수 있다는 환상을 포함한다. 아주 오래전 집단 학살에 가까운 인디언의 희생에 기초한 식민화, 아프리카 대륙의 인구 변화에 커다란 상처를 준 노예무역, 피지배자의 신체 부위를 절단하기를 망설이지 않았던 제국주의의 권력 없이 유럽 언어의 세계적 확산과 사용은 존재할 수 없다(Pétré-Grenouilleau 2004). 소프트나 스마트 등의 개념은 실질적 권력이 작동해서 만들어낸 비극의 과거와 역사를 지워버리는 기능을 한다. 그리고 장기적으로 만들어진 구조의 효과를 마치 단기적으로 변화시킬 수 있는 것처럼 말한다. 이는 언어뿐 아니라 굉장히 많은 문화적 기제가 유럽이나 미국의 제국주의를 통해 강요되었다는 사실에 적용되어야 한다.

마지막으로 매력이라는 표현과 문화외교라는 용어는 부드럽고 아름답고 순조로운 방법이나 과정이 지배한다는 의미를 내포한다. 하지만 문화는 기본적으로 개인에 대한 어느 정도 강제적인 사회화의 과정으로 전달되고, 외국이나 다른 문화권에서 도입된 문화 요소는 반드시 부드럽고 아름답고 순조로운 과정을 통해 습득되는 것만은 아니다. 실제로 세계에서 프랑스어의 아름다움이라는 매력 때문에 프랑스어를 배우는 사람을 찾기는 어려울 것이다. 반대로 이민이나 사회적 지위를 획득하기 위해 프랑스어를 배우는 아프리카 사람에게 그 과정은 고난과 심리적 폭력에 시달리는 과정이다. 이 글에서는 권력과 매력을 서로 상반되거나 구분이 가능한 성격을 강조하기보다 매력적 권력이라는 표현을 통해 강제와 유혹, 힘과 동의가 역사적으로 뒤엉키면서 만들어낸 모호하고 융합적 성격의 구조적 권력을 지칭한다.

프랑스는 국제사회에서 문화와 예술의 나라라는 매우 유리한 국가 이미지의 혜택을 누린다. 그리고 부분적으로 그 덕분에 강력한 외교력을 문화 예술뿐 아니라 정치나 경제 분야에서도 발휘한다. 하지만 프랑스의 이와 같은 현실을 문화외교, 공공외교, 소프트 파워의 시각으로 환원해서 접근한다면 복합적이고 장기적인 역사 현실을 무리하게 한 부분으로 축소해서 본다는 점에서 바람직하지 못하다. 매력과 권력의 구조적 성격, 장기적 성격, 그리고 강제적 성격을 모두 포괄하는 접근이 필요하다.

II. 매력적 권력의 인프라: 행위소의 개념을 중심으로

우리는 이 글에서 행위소라는 개념을 중심으로 프랑스의 문화 및 외교자원의 집합인 매력적 권력의 인프라와, 그 자원이 권력으로 작동하는 방식을 살펴보려고 한다. 이를 위해 첫째, 행위소의 이론 및 방법론적 배경을 살펴보면서 사회과학에서 활용할 수 있는 방안에 대해 논의한다. 둘째, 행위소의 개념이 기존의 다른 사회과학적 개념보다 효율적으로 프랑스의 문화력과 외교력을 설명하는 데 기여할 수 있는 부분을 확인한다. 셋째, 행위소가 특정 국가의 매력 및 권력과 구체적으로 어떤 방식으로 관계를 맺을 수 있는지 분석적으로 검토한다.

행위소(actant)라는 학술적 개념이 처음 체계적인 틀 속에서 등장한 것은 1966년 기호학자 그레마스(Greimas 1966)의 행위소 모델(schéma actantiel)에서이다. 그레마스의 이론은 구조주의의 영향 속에서 성장한 파리 기호학파의 중심적 틀이다. 그의 대표 저작 『구조 기호학』(1966)에서 행위소란 이야기의 전개에서 주어진 역할을 담당하는 요소다. 여기서 행위소는 행위자와 구분되는 개념으로써 행위자가 이야기의 다양한 상황을 경험하는 동일 인물이라고 한다면, 행위소는 이야기의 구조 속에 존재하면서 주어진 역할을 담당하는 장치를 지칭한다. 그레마스의 이야기 구조에서는 주체(sujet)와 객체(object)가 존재하고, 주문자(destinateur)와 수혜자(destinataire)가 있으며, 조력자(adjuvant)와 반대자(opposant)가 등장한다. 다양한 이야기는 각각의 행위자와 전개 과정을 보유하고 있지만 그 구조는 유사하며, 그 속에서 다양한 요소가 상황에 따라 주체/객체, 주문자/수혜자, 조력자/반대자로 등장하여 역할을 담당한다는 설명이다.

의미의 세계를 탐구하는 기호학에서 등장한 행위소의 개념을 사회과학에 적용한 것은 칼롱(Callon ed. 1998)과 라투르(Latour 2005a)가 중심이 되어 발전시킨 행위자네트워크이론(ANT, Actor-Network Theory)이다. 사회과학에서 행위소란 행동의 전개 과정에 일정한 비중과 강도로 기여하는 요소를 지칭하는데, 이들이 작동함으로써 행동을 가능하게 하거나 행동의 실현에 기여하고 도움을 주는 요소를 모두 말한다. 행위자네트워크이론에서 행위소란 행동의 결정에 작용과 역할을 담당하는 요소로서 살아 있는 존재일 수도 있고, 사물일 수도 있다. 라투르는 행위소의 개념을 설명하기 위해 총기의 사용을 예로 들면서, 무기로서 권총이라는 사물과 사격자라는 인간 행위자가 형성한 네트워크가 총기 발사라는 결과를 낳았다면서 권총과 사격자가 모두 행위소라고 말한다. 또 다른 사례로 아파트 단지나 학교 부근에서 자동차의 속도를 줄이기 위한 도로의 속도 방지 장치를 지칭하여, 인간 행위자가 직접 개입하지는 않지만 자동차의 속도를 축소시키는 행동에 기여하고 참여한다는 의미에서 행위소라고 설명한다.

기호학에서의 행위소와 사회과학에서 적용한 행위소의 개념은 기본적으로 행동에서 일정한 역할을 담당하는 요소라는 점에서 유사하다. 하지만 이론적 측면에서는 기호학과 사회과학 행위소 사이에 커다란 차이점이 존재한다. 기호학에서의 행위소는 구조주의적 해석의 틀 속에서 주체/객체, 주문자/수혜자, 조력자/방해자 등으로 기능적으로 몇 개의 유형으로 규정되어 있다. 반대로 행위자네트워크이론에서 행위소는 경우에 따라 구조적이고 기능적인 역할을 담당하기도 하지만, 기호학에서처럼 사전적으로 정의된 틀이나 역할을 반드시 따르는 것은 아니다. 오히려 ANT이론에서 행위소는 매우 다양한 상황에서 각종의 성격을 가진 생물과 사물이 작동하는 과정을 최대한 상세하게 '묘사'하는 데 동원됨으로써 세상에 대한 이해를 심층적으로 추구할 수 있는 도구적 개념이다. 바로 이 마지막 의미에서 ANT이론은 반기능주의적이고 반구조주의적인 성향을 명확히 한다. 다른 식으로 표현하자면 ANT이론의 행위소는 행위자의 주관적이고 주체적인 의지의 한계를 명확히 지적함과 동시에, 체계가 갖는 결정론적 영향력 역시 부정한다(Latour 2005a: 247-262). 행동에 개입하는 다양한 행위소를 감안한다는 점에서 장기적이고 구조적인 행동의 환경을 충분히 고려하지만, 그렇다고 구조기능주의적으로 행동과 역사가 결정된다고 추정하지는 않는다는 말이다.

여기서 사용하는 행위소의 개념은 기호학의 구조주의적 전통에서 출발한 서술의 요소로서의 행위소라기보다는 사회과학적 의미의 행위소다. 물론 서술에 기여하면서 의미를 창출하는 행위소의 개념을 통해 프랑스의 매력적 권력을 설명하려는 시도도 가능해 보인다. 예를 들어, 세계적 차원에서 헤게모니를 서술하는 구조를 기호학적 행위소로 분석할 수 있는 것이다. 하지만 이러한 시도는 엄밀하게 말해서 여기서 우리가 선택한 사회과학적 사용과는 성격을 달리하는 것이다. 여기서 동원되는 행위소의 개념은 단순하게 행위자와 함께 행동에 참여하는 다양한 유·무형의 물질적이고 물리적인 요소를 지칭하는 것이다.

프랑스가 국제사회에서 가지는 문화적 매력과 외교적 권력에 대한 전통적 사회과학의 설명은 몇 가지 개념을 통해 가능했다. 우선 프랑스의 전통(tradition)이라는 개념을 통해 국가 이미지를 설명하는 시도를 들 수 있다(Fumaroli 1991). 전통은 기본적으로 과거로부터 이어져 내려오는 관습, 원칙, 실천 등을 총괄적으로 포함하는 개념으로서 서론에서 우리가 묘사한 것과 마찬가지로 역사적 배경을 서술하는 방식으로 현재의 프랑스를 설명하려는 시도이다. 다만 전통은 분석적인 설명력을 갖기보다는 역사적 배경의 서술을 통해 환원론으로 과거와 현재를 연결하는 데 그치고 마는 경우가 많다. 프랑스가 문화와 예술의 나라가 된 것은 문화와 예술의 전통이 오래전부터 수립되어 내려오기 때문이라는 식이다.

다음으로 제도라는 개념으로 전통이 지속되는 과정을 설명하는 방식이 있다. 제도는 인간 사회를 지배하는 원칙, 규칙, 가치, 절차 등을 포괄적으로 지칭하면서 인간의 행동에 틀을 제공하고, 행동의 범위를 결정하는 제약의 역할을 담당한다. 분석적, 사회학적, 역사적 등 다양한 유형의 제도주의가 존재하지만, 기본적으로 제도론은 일정한 게임의 틀이 역사적으로 지속되는 기제를 잘 설명하고 보여준다. 프랑스의 문화와 예술은 중세 시기부터 형성된 다양한 제도의 재생산적 기제를 통해 유지되고 발전되고 확산됨으로써 현재의 전통이 생성되었다는 사실을 증명하는 셈이다. 프랑스에서 문화와 예술에 대한 교육, 사회적 가치, 지배기제로서의 역할 등은 부르디외(Bourdieu 1979)의 사회학에서도 중요한 연구와 고민의 대상이었다.

마지막으로 구성주의는 제도와 전통의 형성 과정에 주목하는 한편, 가치와 정체성, 세계관이 물질적 세계와 갖는 상호관계에 대한 관심을 고조시켰다. 제도주의가 과거로부터 전해져 내려오는 틀의 구속력에 민감한 이론이었다면, 구성주의는 제도의 형성은 물론 의미와 가치와 존재가 물질세계와 갖는 교환과정을 통해 제도가 유지되고 변천해가는 고리를 조명하였다(Berger and Luckmann 1966). 문화와 예술의 나라 프랑

다시 반복해서 강조하지만 행위소는 인간 행위자일 수도 있고, 사물일 수도 있으며 심지어 기후나 바다, 산과 같은 자연 요소일 수도 있다. 이상에서 주목한 행위소의 개념에서 물질적이거나 비인간 행위소를 강조한 것은 기존의 사회과학과의 차이점을 부각시켜 행위소를 통해 얻을 수 있는 설명력과 분석력을 제시하기 위함이다. 이제는 프랑스의 문화력과 매력이라는 차원에서 예술, 포도주, 학문이라는 세 가지 사례를 통해 구체적으로 행위소 개념을 통한 분석을 시도한다.

예술과 포도주, 학문 등을 각각 놓고 이것이 프랑스의 매력, 또는 매력의 근원을 형성한다고 주장하는 것은 쉽지 않은 학술적 작업이다. 이에 덧붙여 이들 매력이 다시 프랑스 외교력을 강화시킨다고 설명하는 것은 얼핏 들으면 황당한 주장으로 치부되기 쉽다. 이러한 시각은 매력의 근원이 있고, 그것이 매력으로 발전하고, 다시 매력이 국가를 통해 외교력으로 발전하는 소프트 파워론의 시각이다. 분석적이기는 하지만 현실성은 떨어진다. 개인의 매력이 어떤 한 요소의 작용으로 형성되기보다는 다양한 요소의 창조적 결합으로 만들어져 권력으로 활용되듯이 국가의 매력 역시 다양한 요소의 결합으로 만들어진다. 이 글에서 우리가 다루는 예술과 포도주와 학문은 프랑스의 매력적 권력을 만드는 부분적 요소들이며, 행위소의 개념을 적용하여 분석해보는 사례일 뿐이다. 운동선수의 기량을 설명하는 데 그의 종합적 의식과 선택과 기술을 서술할 수도 있지만, 우리의 시도는 그의 몸을 형성하는 근육과 기관 각 부분이 어떻게 역사적으로 단련되었는지를 살펴보는 셈이다. 각 부분의 마지막에 가서 권력으로 작동할 수 있는 연결 부분에 대해 언급을 하겠지만, 이 부분을 종합하는 과정 자체는 또 다른 연구의 대상이 되어야 할 것이다.

III. 예술

문화와 예술의 나라로서 프랑스의 독보적인 위상을 설명하는 방법 중 가장 수월한 접근법은 프랑스 정부의 문화정책을 주요 원인으로 제시하는 것이다. 실제로 프랑스의 문화와 예술의 풍요를 설명하는 많은 저서와 연구는 역사적인 프랑스의 전통을 설명한 뒤, 현대로 넘어와 이러한 전통을 지속한다는 의미에서 문화정책의 내용을 소개하는 담론으로 구성되어 있다. 특히 현대 프랑스에서 제5공화국이 들어서면서 드골 대통령이 앙드레 말로를 문화부 장관으로 임명함으로써 독자적인 정부 부처로 문화부가 설립되었고, 말로는 장관 중에서도 그 중요성을 인정받는 장관으로서 정치적 영향력을 행사하면서 프랑스의 문화정책의 골격을 세웠다. 그리고 장기간 장관으로 재임하면서 정책의 지속성을 통해 확고한 전통을 수립하는 데 성공했다(Poirrier 2013: 13-32). 보수 우파 정부의 말로 이후에도, 1981년 미테랑 대통령의 좌파 정부 역시 자크 랑이라는 문화부 장관을 임명하여 장기 재임하도록 지원함으로써 다양한 정책적 시도를 가능하게 하였다. 대표적인 조치로 문화 부처의 예산을 국가 예산의 1% 수준을 넘긴다는 재정 목표를 수립하여 이를 달성하였다(Chougnet 2004: 25). 결국 20세기 후반 프랑스는 우파와 좌파에서 모두 장기 집권했던 문화부 장관, 개인적 카리스마를 가지고 문화정책을 추진한 말로와 랑이라는 두 인물로 상징되는 성공적 정책 경험이 프랑스의 국제적 위상을 높인 것으로 평가된다(Girard 2004: 14-20).

정책과 연결되어 있지만 프랑스가 운영하는 다양한 제도 역시 문화 대국으로서 프랑스의 위상을 지탱하고 지속시키는 데 결정적인 역할을 담당한다. 프랑스 문화 예산에서 상당 부분은 전국적으로 활동하는 다양한 음악 오케스트라, 발레단, 연극단 등을 지원하는 데 사용된다

(Goetschel 2004; Veitl 2004). 높은 수준의 공연이 프랑스에서 상대적으로 낮은 가격에 관람 가능한 것은 기본적으로 공연 종사자가 국가 공무원의 신분이거나 국가 지원금으로 비용을 상당 부분 충당하기 때문이다. 또한 문화 예산은 국가에서 젊은 작가의 미술 작품을 구입함으로써 창작 활동을 지원하는 일에도 쓰인다. 공연이나 미술품 산업에 시장의 원칙이 지배하는 미국이나 아시아와는 달리 프랑스에서는 문화 생산 비용을 공공 자금으로 부담하는 제도가 확고하게 뿌리내리고 있다는 말이다.

정책과 제도에 이어 시민사회의 높은 의식과 문화적 수준 또한 문화 실천과 예술 발전의 중요한 요소로 제시된다. 루브르 박물관이나 오르세 미술관을 방문하는 외국 관광객들은 프랑스 초등학생들이 단체로 관람을 하면서 작품의 설명을 듣고, 전시품을 모방해서 그림을 그리는 등 일상에서 예술을 향유하는 습관을 어릴 적부터 들이는 광경을 목격할 수 있다. 비디오와 DVD, 인터넷 다운로드 등을 통해 영화를 손쉽게 구해 볼 수 있지만, 여전히 영화관의 수와 밀도가 어느 정도 높이 유지되는 것 또한 집에서 편안하게 즐기기보다 영화관을 찾는 습관이 지속되기 때문이다. 파리의 경우 2007년 1인당 평균 영화 관람은 연간 7.5회로 매우 높은 편이다(Lacroix 2009: 143). 예술 작품에 대한 비평의 전통도 시민사회가 보유하고 있는 예술 실천 영역의 수준을 대변하는데, 예를 들어, 영화 분야의 『까이에 뒤 시네마(*Cahiers du Cinéma*)』나 고전음악 분야의 『디아파종(*Diapason*)』은 국제적 명성을 자랑하는 높은 수준의 비평 잡지들이다.

그러나 우리는 이 글에서 정책과 제도, 시민사회 참여 등 행위자의 의식적인 행동 못지않게 문화 예술의 전통과 실천을 가능하게 하는 것은 일련의 행위소이며, 이런 행위소는 필수 불가결한 부분을 형성하고 있다는 점을 강조한다. 가장 포괄적인 문화예술 발전의 행위소 가운데 하나는 자연 및 인문 지리적 요소일 것이다. 프랑스는 가장 전형적인 온대 기후를 보이는 지역이며 유럽의 남과 북을 연결하고, 대서양과 북해와 지중해 한가운데 위치한다. 문명적으로 유럽의 중심이었던 그리스, 로마 문명, 이탈리아의 르네상스 문명, 세계를 지배한 에스파냐와 포르투갈의 이베리아 문명, 그 뒤를 이은 네덜란드와 영국의 대서양 문명, 그리고 대양 건너편의 미국 문명에 이르기까지 세계 중심과 항상 접해 있는 지역이었다(Braudel 1986). 몽테스키외의 자연과 기후의 결정론을 넘어 문명적 영향의 중심에 자리 잡고 있었다는 의미다. 정책과 제도와 실천은 변화시킬 수 있지만 지리를 바꾸기는 어렵거나 불가능하다는 점에서 지정학적 운명 못지않게 문명 지리의 힘을 충분히 인식해야 한다.

프랑스의 문화 예술의 위상을 유지하는 데 필수적인 행위소는 역사적으로 형성되어 현재까지 버티고 서 있는 도시의 자산이다. 유럽은 다른 지역과 비교했을 때 중세부터 이미 밀도 높은 도시의 네트워크를 형성하고 있으며, 중소 규모의 도시가 많이 발달한 것으로 알려졌다. 유럽의 도시 중심은 역사적 전통을 자랑하는 시설과 건축물로 형성되어 있으며, 유럽은 근대화 과정에서도 기존의 도시를 포기하기보다는 유지하면서 발전시키는 전략을 선택했다. 특히 프랑스는 영국이나 독일과 비교했을 때 전쟁의 피해에서 상대적으로 보호를 받은 나라다. 위에서 언급한 다양한 성당과 광장, 박물관, 미술관, 극장, 건축미의 가치를 자랑하는 공공 건물, 조각이 넘쳐나는 공원, 역사(驛舍)와 도로가 없다면 프랑스의 문화 정책과 제도, 실천은 불가능하다. 경제적으로 비유한다면 문화 예술의 자산은 경제 자산처럼 감가상각(減價償却)의 대상이 아니라 해가 지날수록 공공의 부가가치가 상승하는 성격을 지닌다.

프랑스가 문화 예술의 중심으로 행세할 수 있는 또 다른 중요한 행위소는 제국주의적 과거와 그로부터 물려받은 자산이다. 프랑스의 도시와 미술관, 박물관을 채우고 있는 많은 건축물과 유물과 작품은 프랑스가 물리적 힘을 바탕으로 외국을 침공하여 약탈했거나 반강제적으로 사들인 것들이다(McClleland 1999). 파리의 가장 대표적인 명소인 콩코드 광장에는 나폴레옹 원정 당시 이집트에서 가져온 오벨리스크 탑이 서 있으며, 부근에 자리한 세계 최대 최고 규모의 박물관인 루브르에도 세계 각지에서 가져온 문화재가 가득 차 있다(Porterfield 1998). 브랑리(Branly) 박물관 역시 식민지를 중심으로 수집한 다양한 문화재를 총괄해놓은 장소다. 아시아 박물관이라고 할 수 있는 기메(Guimet)에도 동아시아 지역의 수준 높은 문화재들이 진열되어 있다. 이러한 박물관의 교묘한 효과는 프랑스가 세계와 인류의 문명에 지대한 관심을 가지고 그 문화재를 수집하고 연구하고 보존하는 문화 예술의 중심이라는 점을 강조함으로써, 이를 가능하게 했던 제국주의적 침략과 전쟁, 약탈과 폭력을 은폐하는 결과를 낳는다는 점이다. 이것은 소프트 파워를 운운하는 것이 하드 파워의 칼날을 감추는 효과를 낳는다는 의미이다.

예술 분야에서 프랑스가 가지는 위상이 어떻게 국제무대에서 매력적 권력으로 활용되는지 검토하는 것 자체가 새롭고 중요한 연구의 대상이 되어야 한다. 앞에서도 잠시 언급했지만 프랑스는 문화 예술의 조국이라는 이미지를 활용하여 우르과이 라운드에서 문화적 예외라는 개념을 내세웠다. 구체적으로 문화와 예술 분야의 작품은 일반적인 상품이 아니기 때문에 시장의 원칙이 적용되는 국제무역에서 예외를 인정받아야 한다는 논리였다. 프랑스는 여기서 더 나아가 문화적 다양성이라는 쟁점을 적극적으로 발전시켰고, 시장 중심의 미국에 저항하는 문화 중심의 프랑스라는 이미지를 구축하였다. 프랑스는 또 파리에 위치한 유네스코를 통해 제3세계를 대변하는 역할을 맡기도 했다. 또한 국가의 외교 영역은 아니지만 매력적 권력이라는 부분에서 중요한 역할을 담당하는 명품 산업에서 프랑스가 이탈리아와 함께 차지하는 독보적인 위상은, 예술적 명성에서 전이되는 효과를 톡톡히 누린 것이라 할 수 있다.

IV. 포도주

음악과 미술, 조각과 건축, 무용과 연극 등을 포함하는 고등 문화가 엘리트의 예술 실천 영역을 대표한다면 포도주는 프랑스 대중의 일상적 삶에서 빼놓기 어려운 문화적 요소 가운데 하나이다. 프랑스는 이탈리아, 에스파냐 등 유럽의 지중해 국가들과 함께 최대 포도주 생산국과 소비국에 속한다. 유럽 문화에서 지중해의 문명이 포도주와 올리브, 빵으로 대표된다면, 북부의 숲과 사냥의 문명은 맥주와 고기로 대표되는 대립적 양상을 띠어왔다(Montanari 1998). 이러한 대립 구도는 적어도 고대 시기까지 거슬러 올라가는데, 예술 분야에서 지적했던 자연적 요인과 밀접하게 관련되어 있다. 포도의 재배가 가능한 지역은 상대적으로 따듯한 온대 기후이기 때문이다.

포도주의 생산을 위해서는 포도밭을 일구는 시간부터, 나무가 자라 포도를 생산하는 시간, 포도주를 담그고 시음할 수 있을 때까지 보관하는 과정 등 최소한 10여 년에 가까운 시간이 소요된다고 한다(Durand 1992). 쌀이나 밀 농사 또는 채소와는 달리 포도주가 필요로 하는 장기적 투자와 그로 인한 강한 지역적 성격을 이해할 수 있다. 따라서 기후와 지리는 프랑스와 포도주의 상호 관계를 설명하는 데 핵심적인 행위소임에 틀림없다. 원래 포도 재배와 포도주 생산은 그리스와 로마 문명에서 발달한 일상 문화라고 할 수 있다. 이러한 습관이 프랑스에 정착되게 된 것은 로마제국 시기 로마 군대의 프랑스 침략과 점령을 통해서 이뤄졌다.

이탈리아 지역에서 프랑스로 포도주를 운반하여 소비하던 로마 군대와 로마인이 프랑스를 식민화하면서 포도 재배와 포도주 생산을 현지에서 하기 시작했던 것이다.

로마시대 이후 프랑스의 영토는 각각 지역의 특성을 자랑하는 포도밭과 포도주 생산 및 소비가 습관화되었다. 현지 생산 및 소비가 일반적인 상황에서, 무겁고 운반이 어려운 포도주를 타지에서 소비하는 것은 왕실이나 귀족, 그리고 역사적으로 중세 이후에는 부르주아들이나 가능한 일이었다. 프랑스 왕실이 있는 파리와 가깝다는 이유로 부르고뉴는 고급 포도주의 생산 지역으로 자리매김하였다. 마찬가지로 백년전쟁까지 프랑스의 보르도 지역을 장악하고 있던 영국은 보르도 포도주의 주요 소비 세력이었다. 다시 한 번 확인할 수 있는 사실은 포도주의 문명을 살펴보면 자연지리와 인문지리, 그리고 지정학이 문화적 실천의 분포에 중요한 행위소로 등장한다는 점이다.

그러나 포도주는 단순한 술이나 음료라고 보기 어려운 차원을 내포하고 있다. 포도주는 바로 소비되기 위해 생산되는 일반적 상품이 아니다. 고급 포도주일수록 어떤 품종의 혼합(blending)과 어떤 나무통에서 보관하여 술을 익히는가의 여부, 어느 해에 생산된 포도로 담그는가에 따라 서로 다른 맛을 내기 때문이다. 위에서 지적한 강한 지역성 때문에 프랑스의 포도주는 테루아르(terroir)라고 표현하는 해당 지방 영토와 환경의 특성을 담고 있으며, 포도가 자란 해의 태양과 토질, 비의 향기를 내포한다는 문화적 믿음을 대표한다(Gautier 1992). 특히 19세기 포도주가 자본주의 문명의 발달과 함께 높은 상품 가치를 지니게 되고 전국적으로, 그리고 더 나아가 국제적으로 유통되기 시작하자 포도주를 둘러싼 각종 문화가 발달하는 계기를 마련했다.

대표적인 변화가 국가에서 법을 동원하여 포도주의 생산과 명칭에 대한 규제를 시작한 것이다(조홍식 2008b). 19세기 후반 프랑스 최고가 포도주인 샴페인을 둘러싸고 심각한 분쟁이 벌어졌고, 포도 재배 농가의 강력한 요청으로 정부가 일정한 지역의 특정한 포도밭에서 생산된 포도로 정해진 방식으로 만들어진 포도주만 샴페인이라는 명칭을 사용할 수 있도록 보호해주는 정책이 시작되었다. 타 지역의 포도나 포도 원액을 수입해다가 샴페인을 만들어 판매하는 회사에 대한 농민의 반발에서 비롯된 사회적 조치였는데, 이러한 제도가 20세기에 들어서 프랑스 전역 일정 수준의 포도주에 일반화되었다. '원산지 명칭 규제'라는 의미의 AOC(Appellation d'Origine Contrôlée) 등급이 프랑스산 포도주병의 라벨에 명시되어 있는 품질의 보증으로 작용하기 시작한 것이다. 이 같은 등급과 보호 규제는 에스파냐와 이탈리아로 수출되어 유럽 포도주 시장에서 보편화되었다.

프랑스 부르주아 계층의 포도주 소비 문화에서 매우 중요한 행위소는 프랑스 주택 문화와 건축에서도 찾아볼 수 있다. 포도주는 매우 민감한 성격의 '생물'이기 때문에 일정한 온도에서 보관을 해야만 품질을 유지할 수 있다. 술이 익는 동안 생산자는 지하에 보관 창고를 마련하고 온도와 공기를 통제한다. 마찬가지로 유통과 판매 이후 보관 과정에서도 포도주는 세심한 배려가 필요하다. 따라서 소매상과 카페 및 레스토랑은 물론 일반 가정 역시 건물 지하에 위치한 지하 창고(cave)에 포도주를 사시사철 오랫동안 보관할 수 있는 공간을 보유한다는 사실은 포도주 문화의 물질적 행위소이다. 한국에서 김장 김치를 땅에 묻은 항아리에 보관하거나 현대에는 김치 냉장고를 사용하는 것과 같은 이치이다.

프랑스는 또한 포도주의 적절한 음미와 소비를 위한 학문을 발전시켜 포도주를 둘러싼 하나의 문화를 창출하는 데 성공했다. 전 세계에서 프랑스 포도주의 맛보는 방식, 마시는 방식, 맛을 표현하는 용어, 음식과 궁합 맞추기 등 다양한 교육을 실시하고 있는데, 그 바탕에는 포도주학(oenologie)이라고 하는 학문과 교육제도, 서적과 도구라는 제도적이고 물질적인 행위소가 작동을 한다(Gautier 2003). 코카콜라라고 하는 미국 자본주의의 상품과 포도주라는 프랑스의 문화가 담긴 상품을 비교해보면 행위소라는 차원에서 드러나는 차이점을 상상할 수 있고, 왜 프랑스가 고급스런 취향의 소프트 파워의 대상이 되는지 짐작할 수 있다. 이 부분에서는 그 이유를 물질적이고 사회적인 행위소를 통해 설명했다.

포도주는 세계화시대 음식문화에서 가장 고급스런 상징적 자본을 의미한다. 주요 외교 협상과 비즈니스 등에 포도주가 단골로 등장하는 것은 물론, 그 자체가 하나의 학문이나 문화를 형성할 만큼 세밀하게 발전했기 때문에 그 문화 속에서 자라난 프랑스인은 자연스럽게 우위를 누릴 수 있다. 경제적으로 포도주나 샴페인, 코냑 등의 가치를 무시할 수 없는 것은 물론, 포도주에서 시작된 원산지 규정의 제도에 대한 프랑스의 노하우도 외교 무대에서 활용되는 자원이다. 포도주로 상징되는 프랑스의 문화적 우월성은 위에서 언급한 대로 예술이나 명품과 어울려 종합적인 매력적 권력의 요소로 외교관과 사업가뿐 아니라 세계 시민의 선망의 대상이 되었다.

V. 학문

예술과 문화라는 고급 문화의 영역에서 프랑스가 지배적인 역할을 담당하고, 포도주의 사례를 통해 대중적인 음식 문화에서 프랑스가 차지한 선도적인 역할을 확인하면서 행위소의 개념을 통한 분석이 가져올 수 있는 다양한 새로운 시각을 검토했다. 이에 더하여, 프랑스는 학문의 영역에서도 국제적으로 독보적인 위상을 인정받고 있으며, 특히 지적 전통과 지식인의 사회적 역할이라는 부문에서 특수성을 발휘한다고 평가받는다(Ory et Sirinelli 2004). 하지만 무엇보다 고유한 인간 행위자의 사회적 활동이라고 여길 수 있는 학문의 영역에서조차 기타 행위소의 결정적인 개입과 역할을 어렵지 않게 발견할 수 있다. 실제로 라투르와 칼롱 등이 행위자네트워크이론을 개발하기 시작한 분야는 과학기술의 사회학 분야라는 사실을 상기할 필요가 있다.

라투르는 과학과 기술의 발달 과정을 검토하면서 인간의 자연에 대한 인식만이 독립적으로 발전하는 것이 아니라, 인간, 인식, 사물이 서로 행위와 사건에 참여하는 방식으로 과학이 만들어진다는 사실을 묘사하였다. 다시 한 번 행위소의 역할을 강조하자면 자연과학에서조차 실험에 참여하는 생물, 사물, 도구, 환경 등이 모두 과학자 못지않은 소정의 역할을 담당하면서 행위소로 작동하기에 특정한 진실을 도출해낼 수 있고, 그것이 반복될 수 있을 때 과학의 발전이 이뤄진다는 사실을 보여주었다. 가장 대표적인 사례로 칼롱의 '가리비 양식에 관한 논문(Callon 1986)'이나 라투르(Latour 2011)의 '파스퇴르의 미생물 발견 실험에 대한 연구'를 들 수 있다. 라투르는 파스퇴르의 실험 이전에는 미생물이라는 것이 존재했다고 말하기 어렵다는 주장을 폈다.

자연과학에서 실험이라는 과정을 통해 어떤 사실을 확인한다는 것은, 어떤 의미에서는 과학자가 물질적 행위소와의 상호관계 속에서 일정한 규칙을 발견하고 이를 나중에 다시 다른 과학자가 재현할 수 있도록 절차와 방식을 표준화한다는 것을 의미한다. 하지만 자연과학뿐 아니라 인문사회과학에서도 세밀한 실험의 양식을 택하지는 않지만 비슷한 방법으로 현실 세계와의 상호작용을 할 수밖에 없다. 사회과학에서 이론은 현실에서 관찰이나 확인이 가능한 주장을 펴야 하며, 인문과학에서도 다양한 방법으로 의식과 논리의 전개를 기록을 통해 확인할 수 있어야 한다. 심지어 정신과 논리가 가장 순수하게 지배하는 학문이라고 할 수 있는 수학이나 철학에서도 이론은 수식과 언어를 통해 증명되거나 표현되어야 한다.

프랑스는 적어도 중세 이후의 시기에 관해서는 인간의 사회적 삶에 대한 기록이 가장 많이 남아 있는 국가 중 하나라는 점에서 인문사회과학의 중심이 될 수 있는 물질적 기반을 갖추고 있다. 프랑스는 세계적 문화의 중심인 파리는 물론 지방의 소규모 도(département) 수준까지 모두 기록물 보관소(archives)를 운영하는 전통을 가지고 있으며, 이런 전통은 프랑스로 하여금 역사학의 보고일 수밖에 없는 환경을 조성한다. 프랑스는 역사학 서적과 잡지가 대량 출판되고 대중적으로 읽히는 국가라는 사실에서 확인할 수 있듯이 학술 기반의 측면에서도 국제적 중심이 될 수밖에 없는 조건을 갖추고 있다(Rieffel 1995). 사회적 행위를 기록하는 문화와 이를 보존하는 문화, 그리고 우연적 요소를 제외할 수 없지만 프랑스가 전쟁이나 파괴적 현상을 상대적으로 덜 겪었다는 점은 프랑스가 왜 인문사회과학 분야에서 두각을 나타내는지에 대한 행위소를 통한 설명을 가능하게 한다. 프랑스는 타 문화의 기록을 보존하고 연구하는 데 있어서도 첨단을 달려왔다고 할 수 있다. 프랑스는 절대왕정 시기부터 각종의 예술품과 기록물을 정리하고 보존하는 전통을 만들었고, 대혁명 이후에는 프랑스의 국가와 민족 관련 자산뿐 아니라 인류의 역사와 전통을 정리한다는 포부를 가지고 제국주의적 수집과 조사에 나섰다.

프랑스가 세계의 지적 지도에서 특수성을 보이는 부분은 독창적인 지적 전통과 지식인의 사회적 참여라는 영역이다. 이 두 부분은 모두 복합적인 분석이 가능하겠지만 미국과 대조적인 가장 커다란 차이점은 프랑스의 지식인 계층이 누리는 물질적, 제도적, 조직적 독립성이다. 부르디외(Bourdieu 1997)가 '과학의 사회적 사용'에서 잘 지적하고 있듯이 프랑스의 지식인이라 할 수 있는 과학자와 교원 등의 연구 인력은 국가 공무원의 위상을 가지고 있으며, 따라서 시장의 요구로부터 상당한 자율성을 보유하고 있다. 시장의 압력이 초래하는 편중의 현상과 비교했을 때 자율성을 누리는 학자군이 더 독창적일 수 있다는 점은 당연해 보인다. 물론 국가와 정부가 학술적 자유를 침해하는 않는다는 조건이 따르지만, 프랑스에서는 이러한 조건을 장기에 걸쳐 역사적으로 형성했다고 볼 수 있다.

프랑스의 학문적 명성과 위상은, 미국이 지배하는 단극 세계의 경향에도 불구하고 여전히 많은 유학생들이 프랑스로 몰려온다는 사실에서 확인할 수 있다. 그러나 여기서도 이러한 성공을 순수한 학술적 평가에 따른 현상이라고만 보기는 어렵다. 한 통계에 의하면 2008년 현재 프랑스 국립대학에는 20만 명이 넘는 외국 학생이 유학하고 있는데, 이들 중 대다수는 유럽 내부의 학생이거나 과거 프랑스 식민지 국가에서 유학온 학생이다(MESR 2010). 제국주의적 강제가 만들어낸 언어적 통합과 사회학, 인류학적 연결이 학술적 영향력에 가장 핵심적인 요소로 작동을 하고 있다는 증거다.

프랑스가 자랑하는 학술적 권위는 위에서 검토한 예술 및 포도주의 사례와 마찬가지로 프랑스의 국제적 위상을 나타내는 한 지수라고 할 수 있다. 그리고 이러한 권위는 실질적이고 구체적인 사례를 통해 외교력으로 표출되기도 한다. 예를 들어, 미국의 이라크 침공 당시 러시아와 중국만이 반대 의사를 표시하는 것과 프랑스와 독일이 법치주의적 전통과 지식, 이론을 내세워 반대하는 것은 커다란 차이를 나타낸다. 프랑스는 당시 미국이 내세운 '예방적 공격(preemptive strike)'이라는 개념이 얼마나 주관적이고 역사적으로 위험한 발상인가를 지적한 바 있다. 과거 에 이즈 관련 연구에서도 프랑스의 국립 파스퇴르 연구소는 미국의 연구기관과 HIV균의 발견 시기에 대해 경쟁을 벌였는데, 이러한 과학의 힘이 국제사회에서 프랑스의 목소리를 높이는 중요한 요소임에는 틀림없다.

VI. 맺음말

이 글은 프랑스라는 나라가 국제적으로 가지는 문화와 예술의 중심으로서의 매력과 세계정치에서의 외교력을 설명하려 하였다. 매력과 외교력에 관련한 기존의 소프트 파워 논의는 프랑스의 사례를 설명하는 데 명백한 한계를 드러냈고, 따라서 이 글은 행위소라는 개념을 통해 프랑스의 특수한 권력 분석에 접근해야 한다고 주장하였다. 왜냐하면 프랑스를 국내총생산이나 인구수 등 매우 축약적인 근거를 통해 중견국으로 규정하고 성공적인 매력과 권력의 근원을 스마트한 정책에서 찾으려는 시도는, 신장과 체중이 같은 사람은 비슷한 교육 수준과 재산을 가져야 한다고 가정하면서 실질적으로 드러나는 문화와 경제력의 차이를 개인의 성격에서 찾으려는 시도만큼 무모하기 때문이다. 행위소의 개념을 통한 이 글의 주장은 프랑스의 성공적 사례는 전통과 제도, 정체성과 같은 역사적이고 사회학적인 요소뿐 아니라 이를 지탱, 장려, 촉진시키는 다양한 물질적이고 물리적인 기반에서 찾아야 한다는 것이다. 개인의 차원에서 비유를 다시 들자면, 문화 수준과 경제력의 차이는 자라난 환경과 교육, 부모의 재산과 유산에서 찾는 것이 더 적절하다는 말이다.

이 글에서는 프랑스의 매력과 권력을 대변하는 영역으로서 예술과 포도주, 그리고 학문의 분야를 시론적으로 검토하였다. 현재의 정책이나 제도 및 사회적 실천은 과거와 행위소의 형태로 밀접하게 연결되며,

이에 따라 구조적, 장기적, 강제적 차원을 포괄한다. 다른 국가에서 쉽게 단기적으로 모방하기 어렵다는 의미이다.

이 글은 프랑스의 사례를 통해 매력적 권력이 행위자의 선택과 의식과 행동을 통해 단기적으로 추진되기는 어렵다는 사실을 지적했다. 적어도 세계를 지배하는 서구 문명, 그리고 서구 문명 속에서 독보적으로 중심적인 위치를 차지하고 있는 프랑스의 매력적 권력은 행위자뿐 아니라 전 세계적으로 존재하는 유·무형의 요소를 통해 브로델이 설명했던 '장기적 구조화'의 대상이었고, 엘리아스(Elias 2003)가 묘사했던 '문명화 과정'을 통해 형성되었다. 행위소라는 개념은 이러한 장기적 구조화, 문명화 과정, 매력의 폭력적 형성을 상징, 운반, 기억, 확인하는 증거물인 셈이다.

세간의 관심을 끌고 있는 공공외교는 물론 필요한 고민이고 추구해야 하는 대상이다. 그러나 공공외교가 가지고 있는 기본적인 한계를 망각하고 접근하는 태도는 바람직하다고 보기 어렵다. 미국이 사담 후세인의 대량살상무기를 빙자하여 이라크를 무자비하게 침공하고 이스라엘에 편파적인 외교를 지속하는 한 이슬람권에 대한 미국의 공공외교가 아무리 훌륭하더라도 이 지역에서 나타나는 미국에 대한 보편적 적대감을 되돌리기는 어려울 것이다. 반대의 경우이기는 하지만 프랑스의 문화외교는 아무리 제한된 예산을 가지고 외국에 나가 다소 오만한 태도를 보이더라도 결정적으로 프랑스의 매력적 권력을 훼손하지는 않는 듯하다. 이를 만회할 만한 엄청난 규모의 행위소들이 강력하게 작동을 하고 있기 때문이다.

〈보론〉

• 프랑스 정부가 자국을 소개하는 공식 사이트인 www.france.fr를 살펴보면 16개의 항목이 등장하는데 그중 뉴스, 제도와 가치, 그리고 사업만이 문화 및 예술과 직접적인 관련이 없다. 예술과 문화, 축제, 미식, 문학, 패션, 사적, 박물관, 포도주 등 절반을 차지하는 8개 항목은 광의의 문화 예술 영역이다. 프랑스 방문, 유학, 유명 인물, 파리와 근교, 지방의 지역 등은 문화 예술과 간접적으로 연결된 항목이다.

• 흥미롭게도 소프트 파워의 개념이 유행하기 시작한 뒤 최근 들어 이를 적용한 사례는 미국과 잠재적 헤게모니로 등장한 중국이 가장 많다(Hamilton-Hart 2012; Wang 2011; Callahan and Baravantseva 2011; Barr 2011). 그리고 중국과 경쟁적 입장에 있는 일본을 다룬 사례가 눈에 띈다(Sun 2012). 프랑스의 사례만을 소프트 파워의 개념으로 분석한 저서는 발견할 수 없었다.

• 알제리는 프랑스 식민지였고 국민의 상당수가 프랑스어를 구사함에도 불구하고 프랑스어권 국제기구에 가입하기를 거부하였다. 식민주의 유산으로서 언어에 대한 민족주의적 반응이라고 할 수 있는데, 알제리의 사례는 매력과 권력의 의미를 다시 생각하게끔 한다. 왜냐하면 과거 알제리에서와 같은 제국주의 강제적 언어의 확산 없이 동아시아에서 아름다운 세계적 언어 프랑스어의 위상이 만들어지기는 어렵기 때문이다.

• 가장 보편적이라고 여겨지는 수학(Bishop 1990)이나 기술(Headrick 1981)에서도 서구의 문화적 제국주의의 영향을 발견할 수 있다.

• 프랑스 문화부 통계에 따르면 2009년 현재 전국에 4만 2천여 개의 유적(Monuments historiques)을 국가에서 지정하여 관리하고 있다(Lacroix 2009: 19).

• 프랑스의 기록물의 분량은 길이로 측정하는데 국가가 보관하는 분량이 356km, 지방 수준에서 54km, 도 단위에서 2,130km, 가장 기초적인 행정 단위인 코뮌 수준에서 461km 등으로 엄청난 분량이다(Lacroix 2009: 56-60).

참고문헌

김상배. 2002. "정보화시대의 외교: 개념화의 모색." 『한국정치학회보』 36집 3호, pp.269-288.

______. 2009. "스마트파워의 개념적 이해와 비판적 검토: 중견국 네트워크 권력론의 시각." 『국제정치논총』 49집 4호, pp.269-288.

김치욱. 2009. "국제정치의 분석단위로서 중견국가(Middle Power): 그 개념화와 시사점." 『국제정치논총』 49집 1호, pp.7-36.

조홍식. 2008a. "민족국가와 언어의 정치: 프랑스와 프랑스어의 관계에 대한 역사적 고찰." 『국제·지역연구』 17권 3호, pp.105-130.

______. 2008b. "프랑스의 민족정체성과 포도주." 『프랑스학 연구』 46호, pp.649-670.

Badie, B. 1992. *L'Etat importé. L'occidentalisation de l'ordre politique*. Paris: Fayard.

Barr, M.T. 2011. *Who's Afraid of China?: The Challenge of Chinese Soft Power*. New York: Zed Books.

Bayart, J.-F. 2004. *Le gouvernement du monde: une critique politique de la globalisation*. Paris: Fayard.

Berger, P.L. and T. Luckmann. 1966. *The Social Construction of Reality*. NewYork: Doubleday.

Bishop, A.J. 1990. "Western Mathematics: the secret weapon of cultural imperialism". *Race & Class* 32(2), pp.51-65.

Blanning, T.C.W. 2002. *The Culture of Power and the Power of Culture: Old Regime Europe 1660-1789*. New York: Oxford University Press.

Bourdieu, P. 1979. *La distinction: critique sociale du jugement*. Paris: Editions de Minuit.

______. 1997. *Les usages sociaux de la science: Pour une sociologie clinique du champ*. Paris: INRA.

Braudel, F. 1986. *L'identité de la France. Espace et Histoire*. Paris: Arthaud-Flammarion.

Callahan, W.A. and E.Baravantseva. eds. 2011. *China Orders the World: Normative Soft Power and Foreign Policy*. Washington D.C.: Woodrow Wilson Center Press.

Callon, M. 1986. "Eléments pour une sociologie de la traduction: la domestication des coquilles Saint-Jacques et des marins-pêcheurs dans baie de Saint-Brieuc." *L'Année Sociologique* 36, pp.169-208.

Callon, M. ed. 1998. *The Laws of the Market*. Oxford: Blackwell.

Carnoy, M. 1974. *Education as Cultural Imperialism*. NewYork: Wiley.

Chougnet, J.-F. 2004. "L'effort public pour la culture". In G. Saez. (Ed.). 2004. *Institutions et vie culturelles*. 2e édit. Paris: Ladocumentation Française, pp.25-33.

Durand, G. 1992. "La vigne et le vin." In P. Nora. ed. *Les lieux de mémoire. III. Les*

Frances. Paris: Gallimard, pp.784-853.

Elias, N. 2003. *La dynamique de l'Occident*. Paris: Pocket.

Fumaroli, M. 1991. *L'Etat culturel. Essai sur une religion moderne*. Paris: Editions de Fallois.

Gautier, J.-F. 1992. *Histoire du vin*. Paris: PUF.

______. 2003. *Le vin de la mythologie à l'oenologie. L'esprit d'une civilisation*. Bordeaux: Féret.

Gentil, G. et P. Poirrier. eds. 2006. *La politique culturelle en débat. Anthologie, 1955-2005*. Paris: La documentation française.

Girard, A. 2004. "Les politiques culturelles d'André Malraux à Jack Lang: histoire d'une modernisation." In G. Saez. ed. 2004. *Institutions et vie culturelles*. 2e édit. Paris: La documentation française, pp.14-20.

Goetschel, P. 2004. "Le théâtre." In G. Saez. ed. 2004. *Institutions et vie culturelles*. 2e édit. Paris: La documentation française, pp.93-100.

Greffe, X. 2003. *La valorisation économique du patrimoine*. Paris: La documentation française.

Greimas, A. J. 1966. *Sémantique structurale: recherche et méthode*. Paris: Larousse.

Grosser, A. 1989. *Affaires extérieures: la politique de la France, 1944-1989*. Paris: Flammarion.

Gournay, B. 2002. *Exception culturelle et mondialisation*. Paris: Pressesde Sciences Po.

Hamilton-Hart, N. 2012. *Hard Interests, Soft Illusions: Southeast Asia and American Power*. Ithaca: Cornell University Press.

Headrick, D.R. 1981. *The Tools of Empire. Technology and European Imperialism in the Nineteenth Century*. Oxford: Oxford University Press.

Hobsbawm, E and T. Ranger. eds. 1992. *The Invention of Tradition*. Cambridge: Cambridge University Press.

Lacroix, Ch. 2009. *Chiffres clés 2009. Statistiques de la culture*. Paris: La documentation française.

Latour, B. 2005a. *Reassembling the social: An Introduction to Actor-Network Theory*. Oxford: Oxford University Press.

______. 2005b. *Nous n'avons jamais été modernes. Essai d'anthropologie symétrique*. Paris: La Découverte.

______. 2011. *Guerre et paix des microbes*. Paris: La Découverte.

McClleland, A. 1999. *Inventing the Louvre: Art, Politics and the Origins of the Modern Museum in Eighteenth-Century Paris*. Berkeley: University of California Press.

MESR(Ministère de l'enseignement supérieur et de la recherche). 2010. *Les étudiants étrangers dans l'enseignement supérieur français*. Paris: MESR.

Meunier, S. 2005. *Trading Voices: The European Union in International Commercial Negotiations*. Princeton: Princeton University Press.

Montanari, M. 1998. *La faim et l'abondance. Histoire de l'alimentation en Europe.* Paris: Seuil.

Nye, J. S. 2004. *Soft Power: The Means to Success in World Politics.* New York: Public Affairs.

Ory, P. et J.-F. Sirinelli. 2004. *Les intellectuels en France. De l'affaire Dreyfus à nos jours.* Paris: Perrin.

Pétré-Grenouilleau, O. 2004. *Les traites négrières. Essai d'histoire globale.* Paris: Gallimard.

Poirrier, P. 2013. *La politique culturelle en débat. Anthologie, 1955-2012.* Paris: La documentation française.

Poirrier, P. ed. 2002. *Les politiques culturelles en France.* Paris: La documentation française.

Porterfield, T. 1998. *The Allure of Empire: Art in the Service of French Imperialism, 1798-1836.* Princeton: Princeton University Press.

Rearick, C. 2011. *Paris Dreams, Paris Memories: The City and Its Mystique.* Stanford: Stanford University Press.

Rieffel, R. 1995. "Les historiens, l'édition et les médias." In F. Bédarida. Eds. *L'histoire et le métier d'historien en France, 1945-1995.* Paris: Maison des Sciences de l'homme, pp.57-73.

Sun, J. 2012. *Japan and China as Charm Rivals: Soft Power in Regional Diplomacy.* Ann Arbor: University of Michigan Press.

Veitl, A. 2004. "La musique." In G. Saez. ed. 2004. *Institutions et vie culturelles.* 2e édit. Paris: La documentation française, pp.101-109.

Wang, J. Ed. 2011. *Soft Power in China: Public Diplomacy through Communication.* New York: Palgrave Macmillan.

http://www.france.fr(검색일: 2013년 1월 25일)

6

중견국의 개발협력외교: 노르딕 플러스의 사례*

이승주 (중앙대학교 정치국제학과 교수)
최성재 (중앙대학교 정치국제학과 석사과정 재학)

* 이승주·최성재, "원조 조화의 정치경제: 노르딕 플러스의 위임협력", 『유럽연구』 31권 2호 (2013년)를 수정·보완한 것임.

북유럽 국가들이 위임협력을 실행함으로써 개발협력의 시대적 과제인 원조 조화를 선도해온 과정을 검토하는 데 이 글의 목적이 있다. 북유럽 국가들의 위임협력을 검토하는 것은 크게 세 가지 차원에서 의미가 있다. 첫째, 위임협력은 북유럽 국가들이 원조 조화를 효과적으로 실행할 수 있는 구체적 대안을 선도적으로 제시하였다는 의미를 갖는다. 2000년대 이후 ODA의 규모가 빠르게 증가하였음에도 불구하고, 원조 분절화로 인해 원조 효과성은 기대했던 만큼 개선되지 않고 있다. 원조 규모가 상대적으로 적은 북유럽 국가들에게 원조 효과성의 제고는 더욱 커다란 도전이다. 위임협력은 북유럽 국가들이 개발협력의 주요 과제에 적극적으로 대응하는 방식 가운데 하나라고 할 수 있다. 둘째, 위임협력은 국가 간의 협력을 가능하게 하는 요인을 규명하는 데도 커다란 도움이 된다. 위임협력은 선도 공여국이 수원국에서 개발협력 사업을 시행하는 데 있어서 위임 공여국을 대신하여 대표성을 갖고 예산을 집행한다는 점에서 상당히 높은 수준의 국가 간 협력이라고 할 수 있다. 행위자들이 위임을 실행하는 과정에서 직면하는 문제는 주인-대리인 문제이다. 즉 위임의 과정에서 주인과 대리인 사이의 갈등이 초래되어 협력이 실패할 가능성이 높은 것이다. 북유럽 국가들이 이러한 문제를 극복할 수 있었던 기저에는 사회민주주의적 전통에 기반한 개발협력 패러다임을 공유하였기 때문이다. 셋째, 북유럽 국가들이 위임협력을 통해 개발협력 분야에서 리더십을 발휘할 수 있었다. 위임협력은 스웨덴, 노르웨이, 덴마크, 핀란드의 북유럽 국가들로부터 시작되어, 네덜란드, 아일랜드, 영국 등 7개국을 포괄하는 '노르딕 플러스(Nordic Plus)' 국가들 사이에서 활발하게 진행되고 있으며, 최근에는 EU 차원으로 확대되어 실행되고 있다. 이는 북유럽 국가들이 개발협력 분야에서 선도적 모델을 수립함으로써 중견국 외교의 가능성을 제시하였다는 의미를 갖는다.

I. 머리말: 원조 분절화와 원조 조화

냉전의 종식 이후 공여국 내부의 원조 피로 현상이 대두되면서 1990년대 이후 공적개발원조(ODA)의 규모는 감소 추세에 놓여 있었다. 그러나 새천년개발목표(Millenium Development Goals: MDGs)의 수립을 계기로 2000년대 이후 원조를 통한 빈곤 퇴치 및 지속 가능한 발전에 대한 세계적 공감대가 만들어지면서 ODA의 규모는 다시 증가세로 반전하였다. OECD DAC(Development Assistant Committee) 회원국 전체의 ODA 규모는 2001년 약 558억 달러에서 2006년 1,107억 달러로 증가했다. 2007년 ODA 규모는 일시적으로 감소하였으나, 2008년부터 다시 증가세로 반전되어 2011년 사상 최대 규모인 1,397억 달러를 기록하였다(OECD 2011). 주목할 점은 2000년대 ODA 규모가 약 2.5배 증가하였다는 사실과 함께, 경제위기의 반복적 발생, 그에 따른 경제 침체, 원조 제공에 국내 정치적 지지 확보의 어려움 등 다양한 장애 요인에도 불구하고 공여국들이 ODA의 규모를 지속적으로 증가시켜왔다는 점이다.

원조 규모의 증가는 역설적으로 원조 조화의 필요성을 재확인시키는 계기가 되었다. 전 세계적 차원에서 원조의 규모가 증대되었음에도 불구하고, 원조 효과성이 실질적으로 개선되었는지에 대해서는 여전히 의문이 제기되고 있기 때문이다. 원조 규모의 증가가 원조 효과성의 제고로 연결되지 않는 것은 원조 분절화와 관련이 있다. 공여국들이 서로 경쟁적으로 ODA를 제공·배분한 결과 원조를 필요로 하는 국가들에게 원조가 효과적으로 제공되지 못하거나 이미 많은 원조를 받는 국가들에게 더 많은 원조를 제공하는 편승효과가 초래된 것이다(McGillivray and Oczkowski 1992). 그 결과 지구적 차원에서 볼 때, 개별 원조의 규모는 소규모화되고 원조가 분절화되는 결과가 초래되었고(Annen and Moers 2012), 이는 궁극적으로 원조 효과성이 개선되지 않는 주요한 원인으로 작용하였다(OECD 2009: 13).

원조 효과성의 제고와 이를 위한 원조 조화의 필요성이 제기되고 있는 것은 이러한 배경에서다. 원조 조화와 관련한 기존 연구들은 원조 분절화로 인한 문제를 극복하고 원조 효과성을 제고해야 한다는 다소 규범적인 차원에서 접근하거나, 공여국들이 원조 조화를 실천해야 하는 일반화된 이론적 근거를 제시하는 데 치중하는 경향이 있다. 이 글은 공여국들이 원조 조화를 위해 협력하는 데 있어서 협력의 수준과 범위를 선택하는 이론적 근거와 실질적 동기를 검토하는 데 일차적 목적이 있다. 또한 이 글은 이를 바탕으로 공여국들이 원조 조화를 실행하는 제도적 메커니즘을 어떻게 설계하였으며, 현장에서 원조 조화를 어떻게 실행하였는가, 그리고 이러한 원조 조화의 성과와 한계는 무엇인가를 검토하고자 한다. 이를 위해 노르딕 플러스 국가들 사이에서 실행된 원조 조화의 한 형태인 위임협력(delegated cooperation)의 사례에 초점을 맞춘다. 위임협력은 원조 효과성을 제고하기 위한 방안으로서 스웨덴이 처음 개념을 제시했고, OECD DAC에 의해 모범원조관행(good practices)으로 도입되었다. OECD DAC에 따르면, 위임협력은 "선도 공여국(lead donor)이 한 국가 또는 그 이상의 위임 공여국(delegating donor)들을 대신하여 개발협력을 실행하는 것"을 의미한다(OECD DAC 2003a: 89). 위임협력의 수준과 형태는 특정 프로젝트의 일부에 대한 위임에서 섹터(sector) 프로그램 전체에 대한 위임과 국가 프로그램 전체에 대한 위임에 이르기까지 매우 다양하다.

일반적으로 북유럽 국가들은 개발협력과 관련한 규범을 선도해온 것으로 알려져 있다. 실제로 이 국가들은 개발협력의 인도주의적 측면을 강조하는 등 규범을 선도하고 있을 뿐 아니라, GNI 대비 ODA 비율, 비구속성 원조, 무상 원조 등을 다른 공여국들과 비교해볼 때 매우 모범적인 개발협력정책을 펼치고 있는 것이 사실이다. 그러나 이 국가들이 지금과 같이 규범적 또는 도덕적 우월성에만 의존하여 개발협력 공동체에서 핵심적 역할을 수행할 수 있었던 것은 아니다. 개발협력에 있어서 북유럽 국가들의 리더십은 인도주의적 규범에 기초한 국제규범을 주도하였을 뿐 아니라, 위임협력의 사례에서 나타나듯이 원조 분절화와 같은 문제를 해결하는 데 구체적 원칙, 규칙, 절차를 정하는 등 실질적인 리더십을 행사하였다. 이 글에서는 북유럽 국가들이 노르딕 플러스 차원에서 위임협력을 추진, 실행하게 된 동기와 과정을 검토한다.

우선 위임협력에 대한 이론적 근거를 검토하고 노르딕 플러스 국가들 사이에서 위임협력을 선택하게 된 원인과 그것을 작동시키는 매커니즘을 고찰한다. 그리고 노르딕 플러스 그룹의 형성 과정과 그룹 내 위임협력의 현황을 살펴본 후, 말라위에서의 스웨덴-노르웨이 간 전권 위임 협력(full delegation)과 말리 교육 부문에서의 노르웨이-스웨덴-네덜란드의 삼자 간 이중 위임협력의 성과와 한계를 검토해본다. 마지막으로 이 글에서 도출되는 이론적, 실천적 함의를 논의하고, 향후 공여국 간 조화의 방향을 가늠해볼 것이다.

II. 노르딕 플러스의 위임협력

1. 양자 위임협력의 이론적 근거

노르딕 플러스가 위임협력, 특히 양자 위임협력을 하는 데 대해서는 몇 가지 질문이 제기될 수 있다. 첫째, 노르딕 플러스가 위임협력을 선도적으로 실행해왔는데, 그 이유는 무엇인가? 북유럽 국가들을 포함한 공여국들이 개발협력 분야에서 ODA의 상당 부분을 국제기구에 위임하고 있는데 그 이유는 위임에 따른 이득이 손실보다 크기 때문이다. 국제기구의 전문성, 정책 조정 비용의 감소, 정책의 신뢰도 제고 등이 위임의 대표적 이점이라고 할 수 있다. 예를 들어, 수원국에 대한 정보를 획득하는 데 있어서 국제기구가 개별 공여국보다 유리한 위치에 있기 때문에, 국제기구는 수원국의 상황에 맞는 원조 정책을 실행할 역량을 갖고 있다고 할 수 있다(Rodrik 1995). 또한 공여국이 국내적으로 인기 없는 정책을 실행할 때 책임 회피의 수단으로 위임을 활용할 수 있는 가능성이 높다(Haggard and Kaufman 1995; Vaubel 1986; Vreeland 2003). 개발협력 분야에서 거의 모든 공여국들이 국제연합(UN), 세계은행(World Bank), 국제통화기금(IMF)과 같은 국제기구에 ODA의 상당 부분을 위임하는 다자협력이 활발하게 이루어지는 것도 개별 국가들이 원조 규모의 증대 및 낮은 원조 효과성 등에 대한 국내의 비판을 회피하려는 것과 관련이 있다고 볼 수 있다.

둘째, 노르딕 플러스가 다른 공여국들과 달리 국제기구를 통한 위임협력 외에 양자 위임협력을 별도로 추진하는 이유는 무엇인가? '주인-대리인'의 관점에서 보면, 위임은 다양한 문제점을 초래할 수 있다. 우선 국제기구에 위임한 ODA가 공여국의 개발협력정책 목표에 부합하는 방향으로 사용될 것이라는 보장이 없다는 점이다. 국제기구가 자율성을 충분히 확보하고 있거나 다른 국가들의 영향력 아래 놓여 있을 경우, 공여국의 원조 목표를 잘 반영하지 못할 가능성도 있다(Barnett and Finnemore 2004; Keohane 1984). 공여국의 관점에서 볼 때 국제기구에 대한 통제가 잘 이루어질 경우 위임이 효과적일 수 있지만, 그렇지 않을 경우 주인-대리인의 문제가 발생할 수 있는 것이다. 국제기구의 지분율이 비교적 낮은 북유럽 국가들의 경우 이러한 문제는 더욱 첨예하게 부각될 수밖에 없다.

한편 원조 효과성을 제고하기 위해서는 공여국들 사이에 긴밀한 협력이 이루어지는 것이 바람직하다. 더욱이 전 세계적 차원의 원조 규모가 빠르게 증가함에 따라 수원국들이 공여국들을 선택하거나 더욱 좋은 조건을 위해 공여국들을 경쟁시키는 '공여국 쇼핑(donor shopping)' 현상을 감안하면 공여국 간 협력의 필요성은 더욱 커진다. 따라서 큰 규모의 ODA를 제공하는 거대 공여국보다 ODA의 규모가 작은 북유럽 국가들에게 있어서 다른 공여국들과의 협력의 필요성은 더욱 클 수밖에 없다. 북유럽 국가들이 개별적으로 원조를 시행할 경우 원조 규모가 소규모화될 수밖에 없으며, 이는 수원국의 협조를 이끌어내는 데도 불리하게 작용하여 궁극적으로 원조 효과성을 담보하기 어렵기 때문이다. 즉 북유럽 국가들이 위임협력을 적극 실행한 것은 ODA의 절대 규모가 작다는 치명적 한계를 극복하려는 의지에서 비롯되었다고 할 수 있다. 북유럽 국가들은 이러한 문제점들에 대한 효과적 해결책을 찾는 과정에서 하나의 대안으로 위임협력을 선택하게 되었다.

그러나 위임협력이 가장 진전된 형태의 협력은 아니다. 원조 조화와 효과성의 관점에서 볼 때, 공여국들이 선택과 집중의 원칙에 따라 수원국의 수를 감소시키고 개별 수원국 또는 프로그램에 대한 원조의 규모를 증대시키는 원조 분업이 더 바람직할 수도 있다. 그러나 이러한 형태의 협력은 원조를 중지하는 공여국들의 '이탈(exit)'을 전제로 하기 때문에, 가능한 한 많은 수원국에게 원조를 제공하려는 공여국의 이익을 생각한다면 채택하기 어려운 전략이다. 북유럽 국가들 스스로도 위임협력은 원조 분업이 달성 가능하지 않을 때 선택하는 과도적 조치라고 밝히고 있는 것은 이 때문이다. 즉 위임협력은 좀더 진전된 형태의 원조 분업으로 이행하는 과정상에서 공여국들이 현실적으로 선택할 수 있는 차선책이라 할 수 있다(NORAD 2010: 20).

2. 노르딕 플러스와 위임협력

그렇다면 북유럽 국가들이 양자 위임협력을 실행하는 데 있어서 노르딕 플러스를 기반으로 한 이유는 무엇인가? 이에 대한 답은 두 가지 차원에서 생각해볼 수 있다. 우선 노르딕 플러스의 핵심을 이루는 북유럽 국가들의 이념적·정책적 유사성이다. 북유럽 국가들은 정치체제 면에서 사회민주주의의 전통, 사회정책에 있어서 고도로 발달된 복지체제, 외교정책에 있어서 평화로운 지역체제 등 다른 국가들과 차별화된 공통의 특징을 발전시켜온 결과 '노르딕 정체성(Nordic identity)' 또는 '노르딕성

(Nordicity)'을 갖게 되었다(Mouritzen 1995: 10; Waever 1992: 77). 더 나아가 북유럽 국가들은 개발협력정책에 있어서도 상당한 유사점을 공유하여 노르딕 원조 모델로 지칭되고 있다. 노르딕 원조 모델의 주요 특징은 최빈국에 대한 중점적 지원, UN 기구들에 대한 강력한 지지, 높은 수준의 증여 비율, 수원국을 중점으로 한 협력 프로그램, 원조와 수출금융(export funding) 간 분명한 구분, 1980년대까지의 국제금융기구(IFIs)에 대한 비판적 태도, 높은 GNI 대비 ODA 비율, 인권 및 민주화에 대한 옹호, 국제 협상과 규범적 논의의 장에서의 선진국과 개도국 간 조정자 역할 등이다(Oden 2011: 20). 즉 북유럽 국가들은 높은 GNI 대비 ODA 비율, 100%에 가까운 비구속성 원조 비율을 유지하면서, 새로운 원조 테마를 발굴하는 등 모범적인 원조 행태를 보여주고 있다. OECD DAC 동료 평가에서 스웨덴이 '환영받는 리더십(welcome leadership)'으로 인정받는 것도 이러한 맥락이다(OECD DAC 2009: 11). 노르웨이 역시 원조 효과성과 관련한 논의를 주도하고 있으며, 수원국의 빈곤 경감 전략과 합치하는 정책을 입안하고 공여국 간 원조 조화를 위해 선도적 역할을 하고 있다는 평가를 받고 있다(OECD DAC 2005a: 10; OECD DAC 2008: 16).

북유럽 국가들은 단순히 개발협력정책의 유사점을 공유하는 데 그치지 않고, '생각이 같은 집단(like-minded group)'으로서 다양한 차원의 협력의 경험을 축적해왔으며, 이러한 명성을 바탕으로 하나의 집단으로서 개발협력의 국제 규범을 선도하고 있다. 즉 북유럽 국가들은 개별적으로 행동하기보다 그룹을 형성하여 집단적 영향력을 세계적 차원의 개발협력 공동체에 반영하려는 노력을 해왔다. 위임협력을 포함한 다양한 차원의 원조 조화를 선도적으로 시도하고 있는 것도 이러한 맥락이다.

북유럽 국가들은 기본적으로 정책적 동질성을 바탕으로 상호 위임협력을 실행하기 때문에 주인-대리인 관계로 인해 발생할 수 있는 문제를 극복하는 데 비교적 유리한 입장에 있다. 북유럽 국가들은 개발협력정책의 동질성과 제도의 표준화를 성공적으로 성취함으로써 위임협력에 따른 위험성과 거래비용을 낮출 수 있었던 것이다. 기존 연구들에 따르면, 공여국들은 위임을 실행할 때 자국의 정책 선호와 유사성이 높은 대상을 선택하는 경향이 있다(McLean 2012). 북유럽 국가들이 개발협력정책의 유사성이 높은 국가들을 위임협력의 파트너로 선택한 것도 이 때문이다. 더욱이 위임협력은 공여국들이 각자의 비교우위를 활용하는 이점이 있기 때문에 원조 효과성을 제고하는 데 있어서도 효과적이다(Hansen and Claussen 2002).

그렇다면 이제 남은 질문은 북유럽 4개국이 영국, 네덜란드, 아일랜드를 포함한 노르딕 플러스 차원의 위임협력을 선택한 이유는 무엇인가 하는 점이다. 개발협력정책의 유사성을 공통분모로 하는 북유럽국가들에 더하여 영국, 네덜란드, 아일랜드가 위임협력의 파트너로 포함된 원인을 규명할 필요가 있는 것이다. 노르딕 플러스의 형성에는 북유럽 국가들의 ODA 절대 규모가 작다는 근본적 한계가 작용하였다. 〈그림 6-1〉에서 볼 수 있듯, 북유럽 4개국의 ODA 규모는 미국, 영국, 일본 등 거대 공여국의 ODA 규모에 비해 크게 미흡하다.

ODA 규모와 더불어 북유럽 국가들은 공통적으로 GNI 대비 ODA 비율이 높다. 원조를 소규모로 집행함에도 불구하고 국가 예산에서 개발협력 부문이 차지하는 비중이 높고 1인당 ODA 부담 비율 또한 높은 것이다. 이는 그룹 구성 국가 내에서 개발협력이 정책 우선순위에서 높은 지위를 차지하고 있으며, 그만큼 원조 정책에 대한 사회의 지지가 확고하다는 것을 보여준다(Selbervik and Nygaard 2006: 18). 반대로 이는 개발협력정책에 대한 높은 국내적 정당성 또는 책무성이 요구되고 있

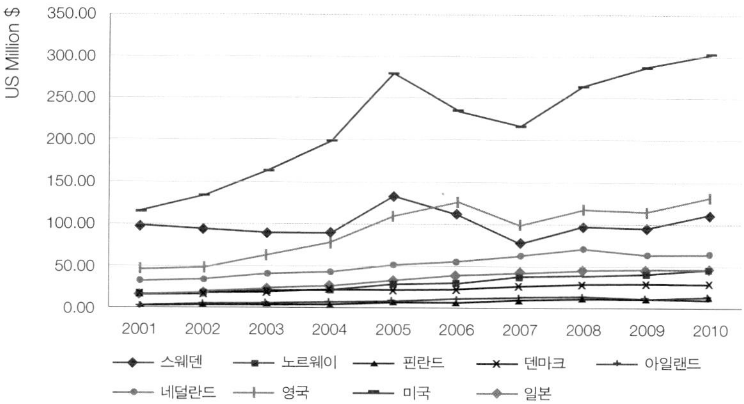

그림 6-1. 노르딕 플러스 국가 및 주요 공여국의 ODA 총 지출 규모
출처: OECD International Development statics(IDS), http://stats.oecd.org/Index.aspx?datasetcode=TABLE2A(검색일: 2013년 3월 8일)

음을 의미한다. 즉 거대 공여국들에 비해서 작은 규모의 원조를 하면서 높은 원조 효과성을 달성해야 한다는 국내적 압력이 있는 것이다. 특히 2008년 글로벌 금융위기 이후 경기 침체를 겪고 있는 상황에서 개발협력정책의 국내정치적 차원의 책무성은 더욱 중요해지고 있다.

그럼에도 불구하고 북유럽 국가들은 2000년대 이후 오히려 수원국의 수를 지속적으로 증가시켰고, 그 결과 원조 집중도가 하락하는 문제가 초래되었다(Fort and Santiso 2008: 40). 2009년 기준 스웨덴, 노르웨이, 핀란드, 덴마크는 ODA의 절대 규모가 크지 않음에도 수원국 수는 각각 84개국, 94개국, 77개국, 72개국에 달한다. 이는 원조 집중도(concentration ratio) 면에서 OECD DAC 평균에 미치지 못하는 실적이다.[1]

1 원조 집중도는 전체 원조에서 주요 원조국이 차지하는 비율로 측정한다. 주요 원조국은 다음 두 가지 조건 가운데 하나를 충족할 경우에 해당된다. (1) 공여국의 전 세계 원조 비중보다 높은 비중의 원조를 제공하는 국가인가? (2) 수원국의 원조 중 누적적으로 90% 이상

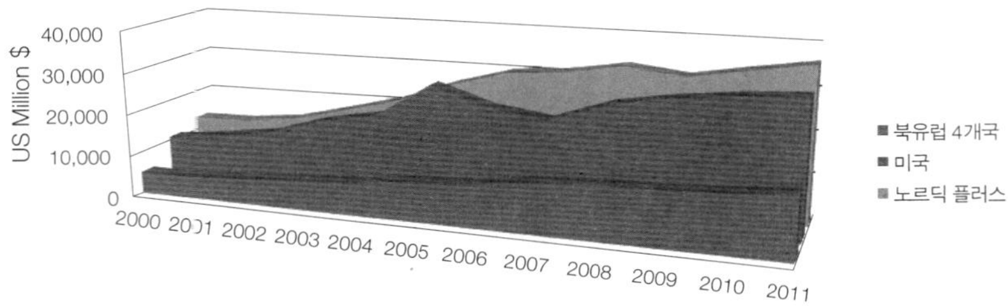

그림 6-2. 2000~2011년 총 ODA 지출(Gross ODA Disbursement)
(단위: Current USD Million)
출처: OECD DAC IDS, http://stats.oecd.org/Index.aspx?datasetcode=TABLE2A(검색일: 2013년 3월 8일)

거대 공여국인 일본, 미국, 독일의 원조 집중도가 각각 85%, 82%, 81%인 데 반해, 스웨덴, 노르웨이, 핀란드, 덴마크의 원조 집중도는 각각 45%, 28%, 28%, 28%에 불과하다. 원조 집중도의 하락은 결국 개별 수원국에 제공되는 원조 규모의 감소로 연결된다. 예를 들어, 노르웨이는 2008년 우간다의 인프라 부문 지원에 있어서 겨우 1%의 비중을 차지하는 데 그쳤고, 2005년 말라위의 농업 부문 지원에서도 전체에서 0.29%만을 차지할 뿐이었다(NORAD 2009: 10).

그러나 영국 및 네덜란드 등을 포함한 노르딕 플러스의 ODA 규모는 세계 1위의 공여국인 미국보다 큰 규모가 된다(그림 6-2 참조). 노르딕 플러스로의 확대는 북유럽 국가들이 원조 소국으로서의 열세를 만회할 수 있는 하드 파워적 기반을 갖는 계기를 제공하였다. 노르딕 플러스를 하나의 집단으로 간주할 경우 이 국가들은 세계 최대 공여국인 미국의 ODA를 상회하는 ODA 규모를 갖게 된다. 2011년 기준 미국 ODA의 규모가 약 320억 달러였던 데 반해, 노르딕 플러스의 ODA 규모는 약

의 비율을 차지하는 공여국 가운데 하나인가?(OECD 2011: 5-6)

354억 달러에 달한다(OECD DAC IDS). 노르딕 플러스 국가들이 이처럼 증대된 ODA 규모를 바탕으로 위임협력을 효과적으로 실행할 경우, 곧 원조 효과성의 제고로 이어질 가능성이 높은 것이다. 그리고 원조 효과성의 제고는 궁극적으로 개발협력정책의 국내적 정당성의 근거가 된다.

3. 위임협력의 메커니즘

양자 위임협력의 수준과 형태는 다양하지만, 일반적으로 공여국들이 선도 공여국과 위임 공여국의 역할을 분담하는 형태를 갖는다. 선도 공여국과 위임 공여국은 개별 공여국들의 비교우위, 규모와 범위의 경제, 원조 형태, 프로그램의 단계와 프로젝트의 사이클, 조화를 발전시키기 위한 단계 등을 고려하여 결정된다. 에티오피아에서의 개별 분야의 경험을 기초로 하여, 노르웨이는 보건 분야의 선도 공여국이 되고 스웨덴은 교육 분야의 선도 공여국이 된 것이 대표적 사례이다. 그러나 선도 및 위임 공여국에 관한 결정은 확립된 원칙에 따른 것이 아니며, 상황에 따라 매우 신축적으로 운용되기도 한다(Hansen and Claussen 2002).

선도 공여국과 위임 공여국이 결정되면 사전에 정해진 구체적 절차에 따라 위임협력이 진행된다. 위임협력에 공통적으로 적용되는 절차는 우선 공여국들이 공동 정책 프레임워크(common policy framework)에 대한 협정을 체결하고, 프로젝트의 준비, 모니터링, 실행, 보고에 대한 절차를 결정하는 것이다. 프로그램 또는 프로젝트에 적용되는 절차는 위임협력에 대한 수원국의 동의를 구하고 목표 및 수행 지표에 대해 합의하며, 평가, 승인, 모니터링, 지출, 회계, 조달 절차에 대한 합의를 구하는 것이다(Hansen and Claussen 2002). 위임협력에 대한 세부 절차가 확정되면 선도 공여국은 위임 공여국의 재원과 프로그램을 대신하여 관리한다. 스웨덴 외교부 내 국제개발협력청(SIDA)이 말리와 르완다에서, 그리고 네덜란드가 말라위에서 위임 공여국이 된 것이 대표적 사례이다. 위임 공여국의 재정은 선도 공여국을 통해 수원국 정부에 지원되며, 이는 결과적으로 프로젝트의 규모를 확대하게 된다.

위임 공여국은 위임협력을 통해 행정 비용을 포함한 다양한 거래비용을 낮출 수 있으며, 그로 인해 더 많은 재원을 개발협력 프로젝트에 투입할 수 있기 때문에 선도 공여국의 위치를 포기하고 위임협력에 참여하게 된다. 다만 위임협력이 체결되기 위해서는 두 공여국 가운데 상대적으로 원조 규모, 경험, 비교우위, 수원국과의 외교 관계 면에서 약세라고 할 수 있는 위임 공여국의 참여 결정이 매우 중요하다. 위임 공여국이 선도 공여국에게 위임하는 데 따른 이익이 분명하지 않을 경우, 자국의 재원을 관리하는 선도 공여국의 위치를 포기할 필요가 없기 때문이다. 실제로 대부분의 위임협력은 위임 공여국이 요청하는 형태로 이루어진다. 위임협력이 실행된 말리(스웨덴-네덜란드), 르완다(스웨덴-영국), 말라위의 경우(네덜란드-영국), 주니어 파트너인 스웨덴과 네덜란드가 네덜란드와 영국에 원조 프로젝트의 관리를 요청함으로써 시작되었다. 말라위의 경우, 네덜란드는 말라위에 대표부도 설치하지 않은 상태였던 반면, 영국은 오랜 기간 동안 말라위와 개발협력의 경험이 있었기 때문에 네덜란드가 영국의 국제개발부(Department for International Development: DFID)에 교육 부문의 위임협력을 요청함으로써 위임협력이 이루어졌었다. 네덜란드는 비록 말라위가 주요 수원국은 아니었지만, 교육 부문에 높은 우선순위를 부여하고 있었기 때문에 대안으로서 위임협력을 선택한 것이다(Koopman 2005).

III. 노르딕 플러스 위임협력의 형성과 변화

1. 노르딕 플러스 그룹의 형성과 위임협력의 발전

노르딕 플러스는 잠비아에 원조를 공여하고 있었던 4개 노르딕 국가(노르웨이, 스웨덴, 덴마크, 핀란드)를 중심으로 3개 역외 플러스 국가(아일랜드, 네덜란드, 영국)의 원조 주무부처 간의 비공식적 모임으로 시작되었다. 7개 공여국들은 2002년 9월 핀란드 헬싱키에 모여 잠비아에서의 원조 조화 프로세스를 추진하기로 합의하고, 노르웨이가 2003년 '공여국 간 관행 조화 이니셔티브(harmonisation in practice: HIP)'를 적극 추진하면서 그룹의 형성이 본격화되었다(권율·정지선: 2009: 26-27; NORAD 2007: 40).

노르딕 플러스가 추진한 원조 조화의 노력은 크게 세 가지로 정리할 수 있다. 첫째, 조정(coordination)으로 주로 조달(procurement)과 공동 파이낸싱(joint financing) 부문에서 협력이 이루어졌다. 조달과 관련하여 2004년 처음으로 '노르딕 플러스 공동 조달 정책(Nordic Plus Joint Procurement Policy: Nordic+ JPP)'을 발표하여, 2005년과 2009년에 각각 JPP에 관한 실무 가이드를 발표하였다(Nordic+ Procurement Group 2009: 6). 공동 파이낸싱 부문 또한 2004년에 '공동 파이낸싱 협정에 대한 가이드(Guide on Joint Financing Arrangement: JFA)'가 처음으로 발표되었으며, 2007년엔 '실무가이드(Practical Guide)'가 발표되었다(Netherlands Ministry of Foreign Affairs 2007: 7).

둘째, 노르딕 플러스는 공여국 간 원조 분업(division of labour)에 대한 원칙을 제시했다. 원조 분업은 공여국들의 비교우위를 극대화시켜 원조의 상호보완성을 제고할 것을 목표로 하는 조화 기제이다. 즉 각 공여 주체가 비교우위를 갖고 수원국 또는 부문에 원조를 집중시키고, 비교열위 부문에서는 이탈(exit)할 것을 전제로 협력을 실행하는 것이다(European Union 2009: 5). 이와 관련하여 노르딕 플러스는 2005년에 9개 원칙으로 구성된 '노르딕 플러스 상호보완성 원칙(Nordic Plus Complementary Principle)'을 제시하였는데, 여기에서는 원조 분업 가운데 일부분인 수원국 내 원조 분업(in-country division of labour)만을 다루고 있다.[2] 노르딕 플러스처럼 개발협력 모델의 유사성을 공유하고, 상호협력의 경험을 보유한 국가들 사이에서도 이탈을 전제로 한 높은 수준의 협력을 전면적으로 시행하기에는 현실적 장애가 만만치 않은 것이다.

셋째, 노르딕 플러스는 위임협력과 관련한 다양한 협력을 발전시키고 있다. 이 기제의 개념적 토대는 스웨덴이 2000년과 2002년에 걸쳐 발전시켰으며(Koopman 2005: 1), 이후 노르웨이가 2003년 'NORAD 위임협력 원칙(Principles for Delegated Cooperation)'을 발표하여 이에 대한 일련의 원칙을 제시하였다. 이 원칙은 2006년 '위임협력을 위한 노르딕 플러스 실무 가이드(Nordic Plus Practical Guide to Delegated Cooperation)'가 발표되면서 노르딕 플러스 전체로 확산되었다

2 원칙의 주요 구성은 세 부분으로 구성되어 있다. 첫 번째는 부문별(sectoral) 공여국의 분업과 조화에 해당하는 부분으로, 한 공여국은 최대 3개의 부문까지 원조를 시행할 수 있고(원칙 1), 3개 이상의 부문에 개입하는 공여국은 위임협력(Delegated Cooperation)을 통해 해당 부문에서 분업을 실시하고(원칙 5), 부문별로 선도 공여국 협정(Lead Donor Arrangement)을 체결해야 한다는 것이다. 그리고 원조 분업 자체가 전체 원조량을 감소시켜서는 안 되며, 만약의 공백은 일반 예산 지원(GBS)를 통해 충당해야 한다(원칙 5). 두 번째로 수원국의 리더십 존중 및 수원국 제도와의 일치(alignment)와 관련된 것이다. 수원국이 원조 분업의 전 과정 및 이탈 부문의 선정 또한 주도해야 하며(원칙 4, 5), 5~7년간의 장기적인 관점에서 수원국 빈곤 감소 전략(PRSP)을 중심으로 원조가 이루어져야 한다는 것이다(원칙 9). 세 번째는 원조 분업 과정상의 부대 사항으로서, 분업 과정에서 인력 조정 문제에 대해 공여국 간 협조를 해야 하며(원칙 6), 현지의 원조 분업에 대한 본부 차원에서의 적극적 지원이 필요하다고 명시하고 있다(원칙 8)(DANIDA 2005: 4-5).

(NORAD 2003, 2006).

위임협력은 최초의 원칙이 제시된 이래 발전과 심화의 과정을 거쳐 일정 부분 제도화의 과정을 거치고 있는 것으로 보인다. 즉 위임협력은 원조 조화의 원칙 수준을 넘어 실제로 다수의 위임협력협정(delegated cooperation arrangement: DCA)이 체결되고, 실무 가이드와 사후 평가를 위한 구체적 수단들이 제시되었을 뿐 아니라, 2010년 위임협력협정 활용 실태 보고서가 발간된 데서 나타나듯이 다른 원조 조화의 기제보다 활발하게 실행되어왔다(NORAD 2010). 예를 들어, 원조 분업의 경우, 2005년 탄자니아, 잠비아, 우간다에 대한 수원국 내 원조 분업을 위한 상호보완성 원칙이 발표된 이후 더 심화된 형태의 원조 분업 이니셔티브가 노르딕 플러스 차원에서 제시되지 않고 있다는 점을 감안하면, 위임협력은 상당 수준의 성과를 달성하고 있다고 할 수 있다. 즉 북유럽 국가들은 원조 분업 대신 위임협력 기제를 활용하여 원조협력을 강화해 나간 것으로 보인다.

그렇다면 노르딕 플러스 그룹 내 위임협력 기제는 구체적으로 어떤 과정을 거치며 발전해왔는가? NORAD는 2003년 자체적으로 'NORAD 위임협력 원칙(Principles for Delegated Co-operation in NORAD)'을 발표하였다(NORAD 2003).[3] 여기서 강조된 위임협력의 원칙은 수원국

3 NORAD는 10가지 위임협력협정(이하 '협정')에 대한 원칙을 제시한다. ① 협정의 수원국 우선순위와의 일치 ② 협정의 수원국 역량 강화 지원 ③ 가능한 한 수원국 행정절차를 이용하며, 불가능할 시엔 선도 공여국의 행정절차와 조화 ④ 수원국의 주인의식 강화 ⑤ 수원국이 기술협력 수요를 정하고, 이를 언타이드 원조원칙과 일치시킬 것 ⑥ 협정이 수원국의 자국민에 대한 책무성에 기여할 것 ⑦ 협정에서 각각의 공여국이 자신의 역할을 수행할 수 있는 충분한 능력을 구비할 것 ⑧ 협정은 각각의 공여국이 이행해야 할 최소한의 법적 기준과 행정절차에 대한 필요사항을 적시할 것 ⑨ 선도 공여국만이 수원국 당국과 대화를 할 권한을 가질 것 ⑩ 협정 체결에 드는 비용 및 협정 체결 이후 거래비용의 감소로 인해 얻어지는 효율성의 증가의 이득을 협정 체결 전에 철저히 평가할 것(Norad 2003: 8-9).

의 주인의식 증진과 수원국 제도와의 일치이다. 즉 공여국들이 단순히 거래비용을 줄일 목적으로 수원국과의 일치를 무시하고 위임협력을 할 가능성에 대해 경고한 것이었다. 위임협력 협정은 수원국에 초점을 맞추는 것을 기본으로 하여, 선도 공여국과 위임 공여국의 역할에 대한 분명한 정의가 있어야 하고, 체결 시의 비용과 이후의 이득을 따져 신중하게 체결되어야 한다는 원칙이 제시된 것이다.

NORAD의 위임협력 원칙은 이후 노르딕 플러스 전체로 확산되었고, 마지막 열 번째 원칙에 따라 각국의 원조정책, 관행, 조직, 그리고 비교우위에 대한 평가가 2006년 9월 이루어졌다. 그 결과물이 바로 '위임협력에 대한 장벽: 노르딕 플러스 공여국들의 정책 및 행정 관행에 대한 공동 평가(Barriers to Delegated Co-operation: Joint Assessment of Policies and Administrative Practices of the Nordic Plus Donors)'라는 보고서이다. 이후 노르딕 플러스는 2006년 10월 '노르딕 플러스 위임협력에 대한 실무 가이드(Nordic Plus Practical Guide to Delegated Co-operation)'를 발표하기에 이르렀다(NORAD 2006).

2006년 실무 가이드에서 가장 주목할 만한 사항은, 한 원조 프로그램이나 프로젝트의 모든 영역과 모든 단계에 대한 권한을 하나의 선도 공여국에게 위임하는 전권 위임(full delegation)에 대한 가이드가 제시되었다는 점이다(NORAD 2006: 5). 이는 노르딕 플러스 국가들이 전권 위임을 시행할 만한 수준의 강한 신뢰를 형성하였다는 간접적 증거이다. 실무 가이드는 또한 2003년의 원칙에는 명시되지 않았던 협정 체결 전 고려해야 하는 공통적인 사항, 협정 수립과 시행에 필요한 행동 계획, 그리고 실제 필드상에서 따라야 할 가이드들을 제시하였다. 위임협력협정문 견본(template)까지 첨부하여 위임협력협정의 전체 과정 중 가장 많은 비용이 소요되는 초기 준비 및 협상 과정의 거래비용을 획기적으로 줄일 수 있도록 하였다.

2. 노르딕 플러스 위임협력의 현황

그렇다면 위임협력의 구체적인 현황은 어떠한가? 위임협력의 전반적 현황을 파악하기는 쉽지 않다. 노르딕 플러스 국가 간 위임협력 사용 실태에 대한 조사는 2010년 NORAD가 작성한 '노르딕 플러스 위임협력협정 실무 가이드의 사용 실태(the Use of the Nordic Plus Practical Guide to Delegated Cooperation)'가 유일하다. 여기에서는 이 보고서의 내용을 바탕으로 2006년과 2009년에 체결된 위임협력협정의 수, 선도 공여국·위임 공여국의 역할 분배, 그리고 부문별 협정 체결 현황 등을 중심으로 위임협력의 현황을 검토한다.

우선 위임협력협정 체결 현황을 살펴보면, 2006년 35개 DCA가 체결되었고 2009년에는 56개 DCA가 체결되었다. 91개 협정 가운데 18개 협정은 노르딕 플러스가 역외 국가들과 체결한 것이다(NORAD 2010: 13). 같은 시기 유럽연합 차원에서 체결된 위임협력협정이 12건에 불과한 점을 감안하면(AfD 2012: 7), 노르딕 플러스가 매우 적극적으로 위임협력을 활용하고 있음을 알 수 있다.

〈그림 6-3〉은 노르딕 플러스의 위임협력협정 체결 현황 및 선도-위임 공여국 역할의 배분 현황을 보여주는 자료이다. 이에 따르면, 노르웨이가 가장 많은 31건의 위임협력협정을 체결하였으며, 네덜란드와 영국이 각각 22건, 21건의 위임협력협정을 체결하였다. 덴마크는 2009년 노르딕 플러스 국가 간 위임협력협정을 본격적으로 체결하기 시작했다. 흥미로운 점은 위임협력협정 체결 수에서는 노르웨이가 1위이지만, 선도 공여국의 역할을 담당한 횟수는 영국이 17회로 가장 많다는 점이다. 영

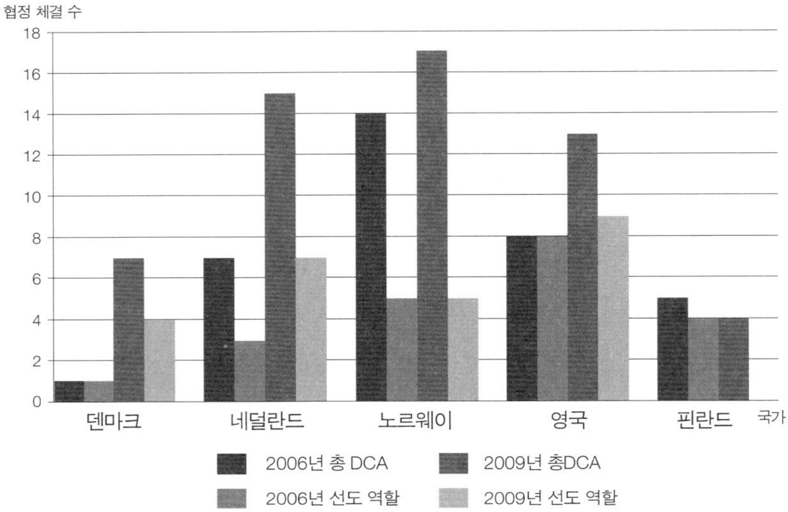

그림 6-3. 노르딕 플러스 국가별 DCA 활용 현황(2006~2009)
출처: NORAD 2010:14

국은 2006년 체결한 위임협력협정 8건에서 모두 선도 공여국을 담당했으며, 2009년에도 위임협력협정 13건 중 9건에서 선도 공여국의 위치를 확보하였다. 이는 노르딕 플러스의 위임협력에 있어서 영국의 역할이 그만큼 중요했음을 뒷받침하는 것으로, 북유럽 국가들이 노르딕이 아닌 노르딕 플러스 차원의 위임협력을 선호한 이유도 여기에 있다고 하겠다. 한편 영국과 달리 노르웨이는 총 31건의 위임협력협정 가운데 선도 공여국의 역할을 담당한 것이 10회에 불과하며, 따라서 위임 공여국의 역할을 주로 담당하였다. 노르웨이는 선도 공여국에 위임협력을 요청함으로써, 여기서 절감된 자원을 바탕으로 비교우위를 활용할 수 있는 부문에 집중하고자 하는 의도를 읽을 수 있다. 또한 조사에 응한 5개국이 위임협력 파트너로서 스웨덴을 가장 많이 언급했다는 점에서 스웨덴은 노르웨이와 함께 위임협력을 가장 적극적으로 주도하는 국가이다. 구체적으

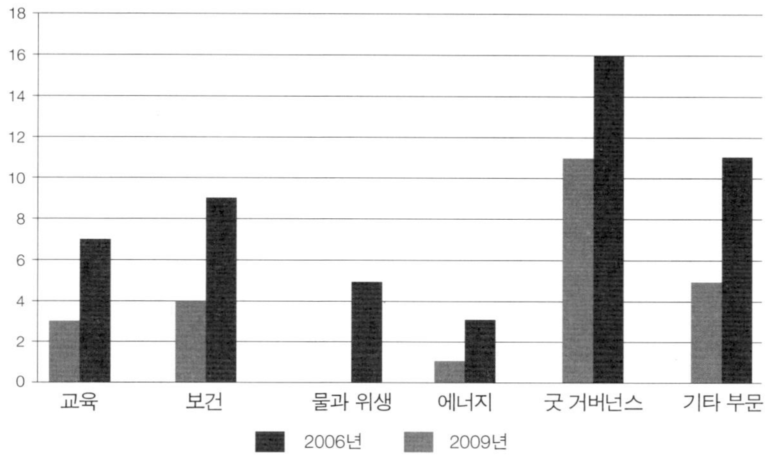

그림 6-4. 노르딕 플러스 부문별 DCA 활용 현황
출처: NORAD 2010:14

로 2006년의 조사에서 전체 위임협력협정 가운데 77%가 위임 또는 선도 공여국으로서 스웨덴을 파트너로 하고 있으며 2009년에는 67%가 스웨덴을 파트너로 하고 있다고 응답하였다(NORAD 2010: 11).

개별 위임협력의 구체적인 규모는 프랑스 원조청(AfD)이 유럽연합 차원에서 조사한 '양자 간 위임협정'에 나타난 자료를 통해 파악이 가능하다(AfD 2012).[4] 2000년에서 2011년까지 유럽연합 국가 간에 체결된 최소 금액의 위임협력협정의 평균 규모는 250만 유로라고 보고하고 있다(AfD 2012: 6).[5] 노르딕 플러스 국가 간 위임협력의 평균 규모는 이보다 다소 작은 규모로 실행되고 있을 것으로 추정된다. 그러나 2011년 스웨덴의 개발협력 프로젝트의 평균 규모가 약 31만 5천 달러인 점을 감

4 아일랜드와 노르웨이를 제외한 나머지 노르딕 플러스 5개국이 EU 회원국이므로, 전체 규모는 아니라도 위임협정의 현황을 파악하는 데 커다란 무리는 없다고 할 수 있다.

5 이 가운데 최소 규모는 2.4만 유로이며, 최대 규모는 2,000만 유로이다(AfD 2012: 6).

안하면,[6] 위임협력협정은 이보다 훨씬 큰 규모로 시행되고 있는 것으로 추정된다. 실제로 2010년 3월 4일 노르웨이를 선도 공여국으로 하여 영국, 스웨덴 사이에 체결된 탄자니아 잔지바르 지역 '비상전력 공급 능력 지원 사업(Emergency Power and Back-up Capacity Programme)' 위임협력협정의 규모는 1,150만 달러에 달하였다(Norwegian Ministry of Foreign Affairs 2010).[7]

한편, 위임협력협정의 부문별 분포를 보면 굿 거버넌스, 교육, 보건 부문 등에 위임협력협정이 집중되었다는 점에서 나타나듯이, 노르딕 플러스 국가들은 주로 사회 인프라 개선을 위해 위임협력을 활용하고 있다. 즉 북유럽 국가들이 공통적으로 우선시하는 교차 쟁점인 젠더, 인권, 거버넌스, HIV/AIDS에 대한 지원이 위임협력에도 그대로 반영되고 있는 것이다(COWI 2006: 21).

IV. 노르딕 플러스의 위임협력 사례

노르딕 플러스 공여국 간 위임협력은 수원국 내(in-country) 수준에서 활발히 진행되고 있다. 90여 건에 이르는 위임협력의 사례 중, 이 글은 말라위와 말리의 사례에 집중하고자 한다. 두 국가 모두 노르딕 플러스

6 2011년을 기준으로 스웨덴의 총 원조액은 39억 6천만 달러이고, 12,560개의 프로그램 및 프로젝트에 해당 금액을 집행했다. 31만 5천 달러는 이 둘을 나눈 단순평균값이다. (http://www.openaid.se/en/countries, 검색일 2013년 2월 25일)

7 이 프로그램에는 노르웨이가 4백만 달러, 영국이 3백만 달러, 스웨덴이 4백 5십만 달러를 각각 지원하였다.(Norwegian Ministry of Foreign Affairs, 2010, http://www.norway.go.tz/PageFiles/253880/Emergancy%20Power%20and%20back-up.pdf. 검색일 2010년 3월 10일)

의 우선 부문인 교육 부문의 위임협력과 전권 수준의 위임협력이 동시에 진행된 국가라는 점, 그리고 스웨덴-노르웨이가 전권 위임협력의 선도-위임 역할을 두 수원국 사이에서 교환했다는 점에서 노르딕 플러스 위임협력의 대표적 사례로 선택되었다. 또한 말라위는 원조 분업의 중간 단계로서 위임협력이 활용되었다는 점, 그리고 말리는 노르웨이-스웨덴-네덜란드 간 병치된 이중 위임 구조를 가졌다는 점에서 노르딕 플러스 위임협력의 개별적 특성을 잘 보여주고 있다.

1. 말라위 사례: 네덜란드-영국 및 스웨덴-노르웨이 간 부분·전권 위임협력

말라위는 1964년 독립 이후 원조에 지속적으로 의존하는 국가였다. 개발원조는 말라위 국내총생산에서 상당한 양을 차지하고 있었는데, 예를 들어 2004~2005년에는 말라위 GDP의 16%, 2006~2007년에는 22%, 2007~2008년에는 13.5%를 차지하였다(AFRODAD 2007: 13; Government of Malawi, Ministry of Finance 2010b: 6). 그리고 말라위로의 ODA 유입은 2002년 이후 계속 늘어나고 있는 것을 확인할 수 있다(그림 6-5 참조). 또한 16개 부문에 걸쳐 2008~2009년에는 367개의 원조 프로젝트가 진행되었고, 2010~2011년에는 80여 개가 늘어난 446개의 프로젝트가 실행됨으로써 원조의 분절화가 심해지는 추세였다(Government of Malawi-Ministry of Finance 2010a: 16; 2012: 48). 원조 의존적인 상황에서 분절화로 초래되는 거래비용의 상승을 인식한 말라위 정부는 2007년 9월에 '2006~2011 개발원조 전략(Development Assistance Strategy)'을 발표하고, 이를 바탕으로 공여국들과 16개 '부문별 워킹그룹(Sector Working Groups: SWGs)' 창설을 추진하기 시작

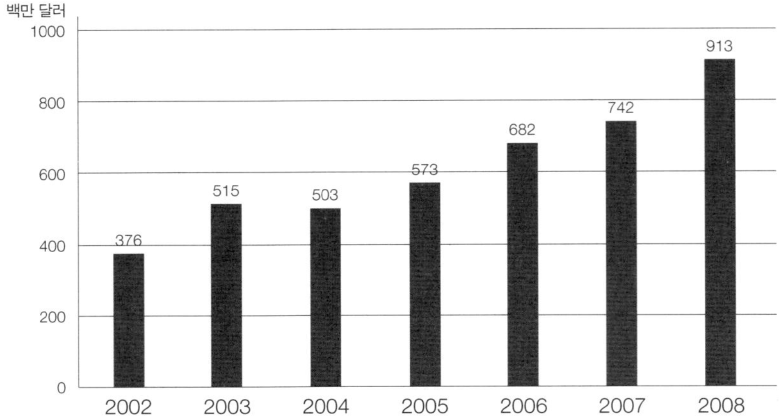

그림 6-5. 말라위 ODA 유입량(2002~2008)
출처: Goverment of Malawi-Ministry of Finance 2010b: 6

했다(Government of Malawi-Ministry of Finance 2010b: 7). 이러한 말라위 정부의 자가 노력에 앞서, 노르딕 플러스 공여국들은 분절의 폐해를 감소시키고 원조의 효과성을 높이기 위해 일찍이 부문별 수준 및 수원국 전체 프로그램 수준에서 양자 간 위임협력을 시행해왔다.

네덜란드와 영국은 2002년부터 2008년까지 말라위의 기초교육 부문 예산 지원 프로그램에 대한 양자 간 위임협력협정을 맺는다. 네덜란드가 위임 공여국, 영국 국제개발부(DFID)가 선도 공여국으로 참여하여, 영국이 해당 프로그램에 2001년에서 2008년까지 6,100만 파운드를 지원하는 가운데, 네덜란드가 2002년에서 2006년까지 5년간 2,940만 유로를 함께 지원하는 협정이었다. DFID는 양국 간의 공동기금을 관리하고 집행할 의무를 지게 되었으며, 협정문에서 "말라위 기초 교육 부문 개발협력에 관해 DFID가 네덜란드를 대표하는 권한를 확실히 규정"하였다. 대신 DFID는 연차보고서(annual report)를 네덜란드에 제출하고, 네덜란드는 1년에 한 번 연차 회의(annual meeting)을 통해서만 프로그램에 대한 공동 검토(joint review)에 참여할 수 있었다(The Netherlands-DFID 2002). 사실 이 위임협정은 국가별, 부문별 원조 집중(aid concentration) 프로세스를 시작한 네덜란드의 요청으로 먼저 시작되었다.[8] 네덜란드는 기초교육 부문에 예산의 6%를 투입한다는 목표를 달성해야 했고, 이에 우선 수원국(priority partner countries)이 아닌 국가들에게는 부문별 위임협력으로 원조를 지원하고자 하였다(OECD DAC 2006a: 30, 71). 이런 의도와 더불어, 네덜란드의 대말라위 원조는 2000년 CPA[9] 기준으로 160만 달러로 미미한 수준에 그치고 있었고, 현지에 대표부도 없었다. 이에 말라위 교육 부문에서 활발하게 활동을 하고 있었던 영국의 비교우위를 활용하기로 결정했던 것이다.[10]

스웨덴-노르웨이 간 전권 위임의 사례 또한 말라위에 따로 대사관이나 대표부를 두지 않고 있었던 스웨덴의 요청으로 시작되었다. 스웨덴의 말라위 원조는 2000년 CPA 기준 511만 달러, 이듬해는 절반 정도가 감소한 227만 달러를 기록하였다(OECD IDS CPA, 검색일: 2013. 4. 17). 따라서 스웨덴은 이를 직접 운영할 현지 조직을 설립하는 대신, 말라위

8 2003년에 네덜란드는 수원국을 기존 51개국에서 36개국으로 줄이고, 부문별로는 교육, 성과 생식에 대한 건강 및 권리, HIV/AIDS, 물과 환경 등 4개 부문에 집중하기로 결정한다. 아프리카 우선 수원국으로는 베냉, 부르키나파소, 카보베르데, 이집트, 에리트리아, 에티오피아, 가나, 케냐, 말리, 모잠비크, 르완다, 세네갈, 남아프리카공화국, 탄자니아, 우간다, 잠비아 등 16개국이 선정되었다(OECD DAC 2006a: 28-30).

9 Country Programmable Aid, 즉 CPA란 수원국이 자신의 개발 우선순위에 맞추어 자유로이 배정하거나 프로그램화할 수 있는 원조를 말한다. CPA는 구체적으로 ODA 중 긴급구호, 부채탕감, 행정비용, 유학생 및 난민 지원, 개발 인지 제고, 연구조사, 정부 간 협정체결에 의거하지 않은 식량 지원 및 지방 정부로부터의 원조, NGO를 통한 지원, 민관협력에 의한 지원 등 수원국에 의해 프로그램화되기 어려운 부분을 제외한 것이다(출처: OECD DAC 홈페이지, http://www.oecd.org/dac/stats/gettingclosertothecore-measuring-countryprogrammableaid.htm, 검색일 2013년 4월 20일).

10 영국은 2000년에 말리위 교육 부문에 약 9,300만 달러를 지원함으로써, 해당 연도 교육 부문 총 ODA 중 63%를 차지하였다(출처: OECD DAC CRS, 검색일 2013년 4월 19일).

에서 이미 활동하고 있는 노르딕 플러스 파트너인 노르웨이에 위임협력을 요청하였고, 이에 따라 두 국가는 2001년 5월 위임협력협정을 체결하게 되었다. 1차 협정의 만료 기한은 2006년 말이었다. 양국은 2004년 MOU를 개정하여 2005년 2차 협정을 시작했고, 이는 2010년 6월 30일까지 유지되었다(van der Meer et al. 2008: 22). 처음 협정 체결 시 각각 1,400만 달러 상당의 원조 프로그램·프로젝트를 노르웨이의 권한 아래 두기로 하였으며, 2002년 1월 이후 스웨덴의 말라위로의 양자 간 원조는 노르웨이에 의해 관리되고 집행되었다(JICA 2009: 87). 스웨덴은 "말라위의 개발협력 파트너십에 드는 행정적 부담을 줄이고 스웨덴과 노르웨이 개발협력 기관의 효율성에 기여하기 위해" 위임협력을 시행하게 되었다고 밝히고 있다(OECD DAC 2003a: 93). 2001년 당시만 하더라도 위임협력은 혁신적인 원조 기제였고, 이는 두 원조 주체 간의 매우 높은 신뢰도를 보여주는 것이었다.[11]

노르웨이는 협정의 의거하여 말라위에서 자국의 우선 부문인 굿 거버넌스(good governance), HIV/AIDS, 그리고 보건 부문에서 스웨덴을 대표할 수 있는 권한을 쥐게 되었다(SIDA 2008: 22).[12] 이와 더불어 스웨덴은 노르웨이에게 자금뿐만 아니라 인적 지원 또한 제공하고, 노르웨이는 스웨덴을 대신하여 말라위 정부와의 협상, 원조 프로그램의 시행과 모니터링을 책임지며, 이에 대한 진전 사항을 분기별로 스웨덴에 보고하기로 한다(OECD DAC 2003a: 93).

주목할 점은 스웨덴이 협정 체결 이후 말라위에 대한 지원을 급격하

11 실제로 노르웨이와 스웨덴 원조청 간의 좋은 관계가 이 '신사들의 협정(gentlemen's agreements)'을 이끌었다고 평가받았다(Von Hagen and Schulz 2009: 8).

12 2001년에 발표된 NORAD의 말라위 개발협력 전략에서 중점 지원 부문은 굿 거버넌스, HIV/AIDS 예방, 거시경제 개혁, 보건 부문 개발이었다(NORAD 2001).

게 늘렸다는 것이다. 2000년에 약 511만 달러로 시작한 스웨덴의 공여액은 협정이 실행되기 시작된 지 1년 만인 2003년에 CPA 기준 1,349만 달러로 2.5배 가까이 증가했다. 이에 말라위는 우간다, 팔레스타인, 잠비아, 그리고 방글라데시에 이어 2003년 스웨덴의 제5위 수원국이 되었다(OECD IDS CPA, 검색일: 2013. 4. 17). 이로 인해 양국의 전체 말라위 원조 규모가 크게 증가하게 되었다. 2007년 노르웨이는 자국의 공여액 5,483만 달러와 스웨덴으로부터 위임받은 2,040만 달러를 지원하게 되어, 말라위에서 미국을 제치고 영국에 이어 제2위 공여국이 되었다(전성준 2010: 5). 노르웨이의 증액된 원조 공여액의 거의 1/3이 스웨덴에 의해 충당되었으며, 노르웨이가 시행한 몇몇 프로젝트와 프로그램의 경우, 스웨덴 자금의 비율이 거의 50%에 육박했다(Von Hagen and Schulz 2009: 5, 14). 선도 공여국의 입장에서는 높은 가시성을 바탕으로 수원국 내에서 더 많은 영향력을 확보하게 되었고, 위임 공여국은 비록 원조의 가시성은 줄어들었지만 늘어난 원조를 관리해야 하는 거래비용을 줄일 수 있었고 (즉 대표부나 운영 인력을 충원할 필요 없이) 절약된 비용을 자신의 비교우위 분야에 집중할 수 있게 된 것이다. 이것의 의미는 원조 소국인 두 나라가 위임협력을 통해 규모와 범위의 경제(economy of scale and scope)를 달성하게 되었고, 원조 효과성을 제고할 수 있는 계기를 마련한 것이었다.

또한 스웨덴과 노르웨이는 더 높은 수준의 조화 기제인 '원조 분업(Division of Labour)'으로 나아가는 '단계적 이탈(phasing out)'을 위한 기제로서 위임협력을 활용했다고 할 수 있다. 스웨덴 외교부는 2007년 8월 '집중된 양자 간 개발협력(Focused Bilateral Development Cooperation)'을 발표하고, 말라위를 단계적으로 이탈(phasing out)할 국가로 선정한다(Swedish Ministry for Foreign Affairs 2007: 8). 이에 노르웨이는 스웨덴이 이탈하면서 생길 원조 공백에 대한 보충 공여액을 논의하기 시작하고(Von Hagen and Schulz 2009: 11), 실제로 2007년 이후의 노르웨이 원조는 큰 폭으로 증가한다.[13] 또한 노르웨이는 스웨덴 이탈 결정 이후, 총액 증액뿐만 아니라 협정 종료 이후 2010년 총액이 줄어들었음에도 불구하고 한 원조 활동당 평균 지출을 그대로 유지함으로써 원조의 분절화의 심화를 막았다(표 6-1 참조).[14]

특히 위임협력을 이용하는 국가들(영국, 노르웨이)은 단독적으로 행동하는 공여국들과 다른 방식으로 분절화를 완화시켰다는 점에서 특징적이다. 거대 공여국인 미국은 프로젝트 수를 대폭 줄이는 동시에 총액을 늘려 평균 프로젝트 규모를 늘렸고, 말라위에 상대적으로 적은 원조를 공여하고 있는 일본은 기존 프로젝트를 반으로 줄이고 한 섹터에서 이탈함으로써 평균 규모를 늘렸다. 하지만 노르웨이는 총액이 30% 가까이 줄어들어 프로젝트를 줄일 수밖에 없었지만, 그럼에도 불구하고 평균 공여액에는 큰 변화가 없는 것을 확인할 수 있다. 영국은 프로젝트 수의 변동 없이 참여 섹터를 하나 더 늘렸지만 평균 공여액에는 큰 변동이 없다(표 6-1 참조). 즉 노르딕 플러스 공여국들은 수원국 정부에 큰 부담이 될 수 있는 이탈이나 프로젝트의 갑작스러운 중단을 자제하면서, 큰 폭

13 스웨덴의 대 말라위 원조는 2007년 이후 빠르게 감소하기 시작한다. CPA 기준으로 2007년에 1,836만 달러로 정점을 이룬 후, 2008년 1,291만 달러, 2009년 486만 달러, 2010년 176만 달러, 2011년에는 141만 달러로 감소한다. 이에 반해 노르웨이는 2007년 5,424만 달러에서 2008년 6,456만 달러, 2009년 6,341만달러, 2010년 5,386만 달러, 2011년 6,112만 달러를 기록하면서, 2007년 스웨덴의 단계적 이탈 결정 이후 즉각 1,000만 달러 이상을 증액했다(출처: OECD DAC IDS CPA, 검색일 2010년 4월 20일).

14 위임협력은 노르웨이의 전체 원조의 분절화 성향도 수원국 내 수준에서 완화시킨 것으로 보인다. 2010년 이후 노르웨이의 원조의 분절도는 상승한다. OECDDAC CRS를 이용하여 2008년의 노르웨이의 평균 프로젝트별 공여액은 140만 달러, 2009년엔 약 200만 달러였으나, 2010년에는 약 142만 달러, 2011년에는 약 37만 달러를 기록하면서 분절이 심화된다(출처: OECD DAC IDS CRS, 검색일 2010년 4월 22일).

표 6-1. 말라위 공여국 별 프로젝트당 평균 공여액(단위: USD)

	참여 섹터 수	참여 프로젝트 수	원조 총액	프로젝트당 평균 공여액
		2008/09 회계년도		
노르웨이	8	44	61,148,695	1,198,470
영국(Dfid)	9	39	112,716,639	2,890,170
USAID	9	73	76,716,380	1,050,909
일본	9	32	28,959,028	904,969
		2010/11 회계년도		
노르웨이	8	34	40,565,123	1,193,092
영국(Dfid)	10	39	110,079,528	2,822,552
USAID	9	53	124,503,992	2,349,132
일본	8	16	30,973,912	1,935,869

출처: Government of Malawi-Ministry of Finance 2010a: 10; 2012: 47

으로 재원을 늘릴 수 없는 자신들의 예산 제약이 가져올 수 있는 분절화의 위험을 위임협력을 이용하여 극복할 수 있었던 것이다.

2. 말리 사례: 노르웨이-스웨덴-네덜란드 삼자 간 이중 위임협력

2000년대에 들어서자 스웨덴은 ODA 총액을 증가시키는 동시에 아프리카에서 새로운 협력 대상국을 모색한 끝에 말리를 선정했다.[15] 그리고 스웨덴은 일찍이 수원국의 주인의식과 조화의 원칙을 바탕으로, '모두를 위한 교육(Education for All)' 이니셔티브의 일환으로서 기초 교육 부문에 원조를 집중하고 싶었다(SIDA 2001: 22-23). 하지만 2000년대 초반에는 말리에 당장 원조를 집행할 수 있는 대표부도 없었고, 교육 사업을 효과적으로 실행할 인적 자원도 부족했다. 스웨덴의 현지 원조 집행

15 2007년 스웨덴 외교부의 '집중된 양자 간 개발협력' 정책문서에서 말리는 말라위와 달리 스웨덴의 계속 지원국으로 남게 된다.

은 세네갈 주재 스웨덴 대사관이 책임을 지고 있었으며, 2004년에야 부르키나파소에서 SIDA 직원이 말리에 파견되었다(Swedish Ministry for Foreign Affairs 2004: 19-20). 더욱이 말리의 교육 부문엔 이미 많은 공여국들이 참여하고 있었고, 원조의 분절화 정도도 심했다.[16] 이에 스웨덴과 원조의 목적과 접근법이 비슷하고 비전을 공유하는 기존 공여국에게 위임하는 방법이 유력하게 떠올랐는데, 그것이 네덜란드였다. 네덜란드는 말리를 우선 수원국(priority country)으로, 교육을 우선 부문(priority sector)으로 결정한다. 또한 당시로서는 새로운 원조 방식인 범부문적 접근(Sector Wide Approach: SWAp)을 말리 초등교육 부문에 적용시키려 하는 등, 말리의 수원국 차원 및 부문별 차원에서도 헌신적인 공여국이었다(Ministry of Foreign Affairs of the Netherlands 2012: 36, 39; OECD DAC 2006a: 29-30, 71). 이런 두 국가의 이해관계가 맞아떨어져, 2002년부터 2005년까지의 1차 협정이 본부급의 정치적 차원에서 이루어지게 된다(Koopman 2005: 5).

말리 정부는 예전부터 공여국 간 조화와 조정에 주안점을 두고 있었다. 이에 2000년에 '10개년 교육 부문 개발계획(PRODEC)'을 세우고, 이 계획에 맞추어 말리 정부와 타 공여국과의 부문별 프로그램 원조 조화를 위해 일련의 '협조 프레임워크(Cadre de Partenariat)'가 2001년에 수립된다(Thunnissen 2009: 8-11). 스웨덴이 위임 공여국, 네덜란드가 선

16 2005년에서 2007년 사이를 기준으로, 양자와 다자 공여기구를 합쳐 16개 공여기관이 말리의 교육 부문에 원조를 집행하고 있었다. 2006년에는 캐나다와 네덜란드의 공여액수가 전체의 76%를 차지하고, 나머지 24%를 14개 공여기관이 나누어 집행함에 따라 분절화가 심화되었다(Pearce et al 2009: 28). 그리고 2006년에서 2008년까지 말리 교육 부문에 참여하는 공여기관의 수는 2006년 16개, 2007년 16개, 2008년 17개로, 분절화 정도가 증가 추세에 있었다(OECD DAC WP-EEF Task Team, Division of Labour and Complementarity 2010).

표 6-2. 말리 교육 부문 주요 공여국들의 지출 액수(단위: Million USD)

국가명	2002	2003	2004	2005	2006	2007	2008
캐나다	2.35	7.67	18.28	10.66	9.18	27.00	58.22
벨기에	0.05	0.39	5.52	0.41	0.98	6.59	6.78
프랑스	7.40	12.30	15.87	18.79	21.85	23.66	22.05
독일	4.21	2.06	3.25	4.64	1.52	1.64	1.60
일본	1.45	5.58	5.56	7.35	3.83	3.27	14.01
룩셈부르크	0.00	0.00	1.13	0.75	0.66	1.09	0.86
네덜란드 (excl. SWE and NOR)	7.25	11.66	15.66	16.60	27.67	30.12	36.06
네덜란드*	9.68	15.85	21.44	23.21	35.64	39.07	45.29

* 2002~2004년까지는 네덜란드와 스웨덴의 합산액. 2005~2008년까지는 네덜란드, 스웨덴, 노르웨이의 합산액.

출처: OECD Credit Reporting System(CRS), http://stats.oecd.org/Index.aspx?datasetcode=CRS1(검색일 2013년 3월 13일)

도 공여국으로 체결한 위임협력협정은 PRODEC의 실행 프로그램으로서 '제1차 교육 부문 투자를 위한 프로그램(Program for Investment in the Education Sector: PISE I)' 중 초등교육 부문에 대한 지원을 목표로 하였다. 스웨덴이 위임 공여국으로서 원조 자금을 네덜란드를 통해 보내고, 네덜란드는 그것의 집행, 관리, 운영 및 평가와 모니터링의 책임을 맡았다. 두 공여국이 지원한 금액은 2002년에서 2004년까지 3년간 4,080만 유로였는데, 그중 25%가 스웨덴의 자금이었다. PISE I이 1년 더 연장되자, 스웨덴과 네덜란드도 1차 협정 기한을 2005년까지 연장시킨다. 2006년에 말리 정부는 PISE II 실행에 필요한 자금을 요청하고, 이에 스웨덴과 네덜란드는 2005~2008년까지 3년간 총 1억 유로 규모의 2차 위임협정을 체결했다. 2차 위임협력협정에선 2005년과 마찬가지로 교육 부문에 한해 네덜란드는 스웨덴의 원조와 함께 노르웨이의 자금도 지원받게 된다. 이는 말리 교육 부문 총 원조의 45%를 차지할 뿐 아니라 말리

연간 교육 예산의 약 11%에 상당하는 액수였다(Blasco 2008: 13-15).

2005년 스웨덴은 노르웨이와 별개의 위임협력협정을 맺게 된다. 2008년 12월을 기한으로 노르웨이가 위임 공여국, 스웨덴이 선도 공여국으로서 체결한 노르웨이-스웨덴의 위임협력협정은 특정 섹터에 제한되지 않는 말리에 대한 전권 위임(full delegation)이었으나, 스웨덴의 우선 부문이었던 교육, 민주적 거버넌스, 지속 가능한 천연자원 관리에 집중되었다. 이로써 2005년 5,000만 크로네(약 780만 달러), 2006년 6,400만 크로네(약 940만 달러), 2007년 5,900만 크로네(약 920만 달러) 상당의 노르웨이의 원조가 스웨덴을 통해 집행되고 관리되었다(SIDA 2006: 16; 2007: 15; 2008: 16). 2002년부터는 스웨덴, 2005년부터는 노르웨이의 자금이 유입되면서 노르웨이는 말리 교육 부문에서 꾸준히 제1위 공여국의 지위를 확보할 수 있었다(표 6-2 참조). 즉 위임협력을 통해 상대적으로 소규모 공여국인 스웨덴, 노르웨이, 네덜란드는 교육 부문에서 규모의 경제를 창출할 수 있었고, 프랑스와 같은 거대 공여국과 경쟁할 수 있었던 것이다.

따라서 말리의 교육 시스템 지원 부문에서의 위임협력협정은 삼자간 이중 위임협력(trilateral double delegated cooperation)이었다. 이에 노르웨이-스웨덴 간의 전권 위임협력과 스웨덴-네덜란드와의 부문별 위임협력이 병치된(juxtaposed) 형태의 위임구조가 형성되었다(그림 6-6 참조).

이 삼자 간 위임협력협정의 말리 사례의 특징 중 하나는, 위임 사슬이 길어졌음에도 불구하고 부문별 국가발전전략에 따라 위임협력협정이 체결되어 수원국과의 일치(alignment)를 달성할 수 있었다는 점이다. 위임협력협정의 목표를 말라위의 PISE에 따른 초등교육 부문 지원이라고 분명히 적시하였고, 또한 말라위 정부의 요구에 발맞추어 PISE I이 1

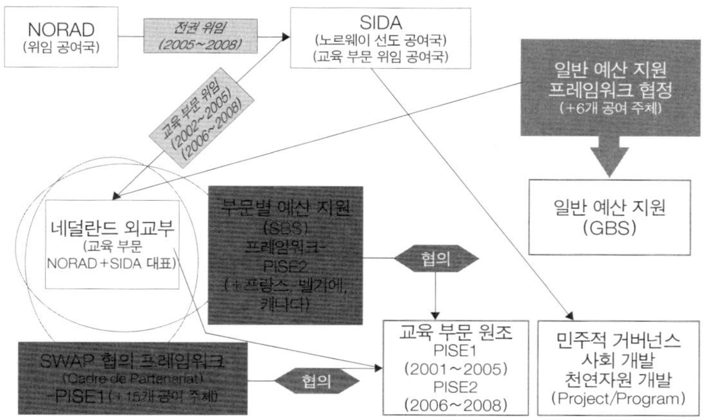

그림 6-6. 말리에서의 노르딕플러스 공여국 간 삼자 간 이중 위임협력관계
출처: Blasco 2008; Chiche 2010; Swedish Ministry for Foreign Affairs 2004; Thunnissen 2009를 참고하여 필자가 작성

년 연장됨에 따라 1차 위임협정도 연장되었고, 이후 PISE II의 일정에 맞추어 2차 협정이 체결되었다. 또한 선도 공여국인 네덜란드의 적극적인 수원국 일치의 노력이 있었다. 2006년 PISE II가 시행되자 네덜란드는 스웨덴과 노르웨이를 함께 대표하여 공여국들 중 처음으로 교육 및 보건 부문 지원 방식을 완전한 부문 예산 지원(Sector Budget Support: SBS)으로 전환함으로써 일치에 있어서 모범을 보였다(Ministry of Foreign Affairs of the Netherlands 2012: 39). 이는 SWAp 차원의 프로그램형 원조가 위임협력과 결합하여 시너지 효과를 낼 수 있는 가능성을 보여주었고, 위임 공여국의 원조 집행에 대한 비개입뿐만 아니라 선도 공여국의 효과성 제고에 대한 의지가 중요하다는 것을 보여주는 사례이다.

V. 맺음말

노르딕 플러스 그룹의 공여국 간 협력의 동기는 이들 국가가 가지고 있는 치명적 한계인 절대적으로 작은 규모의 원조를 극복하려는 의지에서 비롯되었다. 원조 소국임에도 불구하고 북유럽 국가들은 분절된 원조를 행하고 있었고 이는 원조 효과성이 떨어지게 되는 결과를 초래했다. 더욱이 GNI 대비 ODA 비율이 높아 개발협력 정책의 국내적 정당성을 끊임없이 요구받는 이들 국가들로서는 원조 효과성의 제고가 절실했다. 이에 북유럽 4개국은 상대적으로 원조 규모가 큰 유럽 공여국, 특히 영국과 네덜란드와 함께 집단을 형성해 원조 총량을 끌어올리는 한편, 이를 바탕으로 그들의 개발협력 아키텍처상의 하드 파워적 기반을 확충하려고 했다. 그리고 노르딕 플러스의 공여국들은 서로 간의 제도적 표준화 정도가 높고 이념적으로 '같은 생각을 가진(Like-minded donor)' 점에서 혁신적인 조화의 기제를 활용하기에 유리했다. 이에 이들 국가들은 공동 조달정책, 원조 분업, 위임협력에 이르기까지 다차원적인 조화에 대한 원칙과 규칙들을 제시했지만, 서로의 개발협력정책 유사성을 공유한다는 점에서 양자 간 위임협력을 주요한 조화기제로 발전시켜나갔다. 노르딕 플러스는 위임협력에 관한 자세한 원칙, 규칙 그리고 절차들을 제시했고 스웨덴과 노르웨이, 영국을 중심으로 그것을 적극적으로 활용하기 시작했다.

현지에서의 위임협력의 실제 사례는 주목할 만한 성과와 더불어 몇몇 한계점들을 노정했다. 말리와 말라위에서의 사례는 공통적으로 다음과 같은 성과를 산출했다. 첫째, 원조 규모의 경제를 달성할 수 있었다. 원조 소국들의 분절된 원조를 하나로 통합해서 집행함으로써 원조 효과성을 제고할 수 있었다. 둘째, 공여국 간의 비교우위를 극대화할 수 있었다. 주로 해당 국가나 부문에 비교우위가 없는 공여국들이 해당 분야에 비교우위가 있는 선도 공여국들에게 위임 요청을 함으로써 선도 공여국들의 전문성을 적극적으로 활용할 수 있었다. 또한 위임 공여국들은 위임을 통해 아낄 수 있는 비용을 자신의 전문 분야와 중점 국가들에 집중할 수 있었다. 셋째, 거래비용의 축소이다. 위임 공여국의 자금 유입으로 인해 늘어난 원조 전달의 창구를 단일화함으로써 수원국은 협상이나 조정에 필요한 행정비용을 줄일 수 있었다. 더불어 소규모 공여국들의 분절화된 원조를 위임협력을 통해 완화시켜, 분절화로 초래되는 거래비용의 증가를 막을 수 있었다. 넷째, 수원국과의 일치성(Alignment)의 증진이다. 위임협력협정이 수원국의 국가발전 전략, 또는 부문별 투자 전략에 맞추어 체결되고 조정됨으로써 수원국의 입장을 잘 반영할 수 있었다. 여기서 중요한 것은 수원국의 원조 조화 프로세스에 대한 리더십과 선도 공여국의 의지이다. 따라서 일반예산 지원(GBS)이나 SWAp과 같은 프로그램형 원조와 위임협력 간의 시너지 효과를 기대할 수 있다. 마지막으로 위임협력이 원조분업으로 나아가는 '점진적 이탈(phasing out)'의 중간 단계로서 활용될 수 있다는 가능성을 포착할 수 있었다. 이탈(exit)이 공여국들의 원조 효과성 제고를 위한 '선택과 집중' 과정에서의 일방적인 정치적 결정이라는 것을 고려해볼 때, 위임협력은 선도 공여국이 위임 공여국의 이탈로 생기는 원조 공백을 협의를 통해 보충해줌으로써 수원국의 부담을 최소화시킬 수 있다.

그러나 상기의 사례 분석은 위임협력의 실제 운영상에서의 몇 가지 문제점들을 발견했다. 말리 사례에서는 수원국과의 커뮤니케이션 불일치는 협정에 중대한 변화가 있을 시, 수원국의 제대로 된 대처를 어렵게 만들었다는 것을 보여준다(von Hagen and Schulz 2009: 10-11). 말리 사례에서도 마찬가지로 병치된 위임협력의 구조적 특성으로 인해 공여국 간 커뮤니케이션에 어려움이 있었고, 협정의 신축적 운영에 제약을 가해졌다(Blasco 2008: 40). 하지만 이런 문제들은 처음 협정을 설계할 때 관련 규정을 명확히 적시하고 공여국 간 역할 분배가 확실히 이루어질 수 있다면 충분히 개선의 여지가 있는 것들이다.

또 한 가지 생각해봐야 할 점은, 과연 노르딕 플러스 그룹과 같이 위임협력을 중심으로 한 공여국 간 조화의 기제가 다른 공여국, 또는 다른 지역에도 적용되어 일반화가 가능한가이다. 상기의 이론적 논의들과 사례 분석을 통해 얻을 수 있는 한 가지 답변은 일정 범위의 공여국 간 오랜 협력의 경험을 바탕으로 얻어진 신뢰와 제도적 유사성이 전제되지 않는다면, 위임협력과 같이 높은 수준의 공여국 간 조화는 어렵다는 것이다. 만약 이런 요소들이 뒷받침되지 못한다면, 위임 관계에서 필연적으로 나타나는 대리인 문제로 인한 추가 비용이 초래될 것이다. 특히 위임협력 같은 경우, 그것을 준비하는 동안의 초기 비용이 상당하다는 점에서(NORAD 2010: 15) 선호나 제도적 차이가 심한 공여국들 간의 양자간 위임협력은 힘들 것이라 사료된다. 그럼에도 불구하고 2010년 말라위 정부의 보고서에서 나타나듯, 적어도 수원국 내(in-country) 수준의 자발적인 위임협력은 수원국 정부의 리더십과 함께, 유럽연합의 '원조 분업 행동 강령(EU Code of Conduct)'과 같이 국제적 원조 분업 규범의 제정과 함께 일반화되어 나가는 추세라고 볼 수 있다(Government of Malawi-Ministry of Fianace 2010b: 38).

북유럽을 중심으로 한 노르딕 플러스 그룹을 제외하면, 수준 높은 공여국 간 조화 기제가 활발히 활용될 수 있는 지역은 유럽연합이다. 유럽연합은 유럽 집행위(European Commission)를 중심으로 개발협력 분야 이외에서 회원국 간 높은 협력 수준을 보여왔고, 공여국 간 조화 부문에서도 2007년 '개발정책의 상호보완 및 원조 분업을 위한 유럽연합 행동 강령(The EU Code of Conduct on Division on Complementarity and Division of Labour)'을 발표함으로써 원조 분업에 대한 강한 의지를 내비치고 있다. 원조 분업은 해당 수원국 또는 해당 부문에서의 완전한 이탈을 전제로 하는 기제이다. 하지만 국가 수준의 이탈 또는 이에 준하는 근본적인 변화가 광범위하게 발생하고 있지는 않다. 남아프리카의 경우 스웨덴만이 이탈(exit)을 실행하고 있다(Tjønneland et al. 2008). 현재 단계적 철수(phasing out)가 부분적으로 실행되고 있지만, 이것이 국가 수준의 이탈을 위한 전 단계 전략으로서 행해지고 있는지는 분명하지 않다. 따라서 아직까지 공여국 간 조화의 트렌드가 노르딕 플러스 중심의 위임협력이냐, 유럽연합 중심의 원조 분업이냐는 질문에는 확답을 내릴 수 없다. 다만 두 기제의 궁극적 목적, 즉 '비교우위의 극대화'와 '거래비용의 최소화를 통한 원조 효과성의 달성'이 같다는 점을 인식하고, 위임협력이 원조 분업으로 나아가는 중간적 기제라는 점을 고려해본다면, 이들의 상호보완적 활용을 통한 수원국 맞춤형 조화의 전략을 모색해볼 수 있을 것이다.[17]

17 유럽연합 행동 강령에서도 해당 부문이 수원국에게 전략적 부문이거나, 이탈로 인한 심각한 원조 공백이 생길 경우, 위임협력을 차선책으로 권장하고 있다는 점에서 이 두 기제는 상호보완적이라 말할 수 있다(Commission of The European Community 2007: 10).

참고 문헌

권율·정지선. 2009.『북유럽 주요국의 언타이드 원조정책과 시사점』. 서울: 대외경제정책연구원.

전성준. 2010. "원조 효과성 제고를 위한 원조분업의 정책과정 연구: 말라위 사례를 중심으로." 서울대학교 행정대학원 석사학위논문.

AfD. 2012. The "Bilateral Delegated Cooperation" - a State of Play. Presentation at Practitioners' Network Annual Meeting. 19th of April 2012.

AFRODAD. 2007. A Critical Assessment of Aid Management & Donor Harmonisation: The Case of Malawi. Harare.

Annen, Kurt and Moers, Luc. 2012. Donor Competition for Aid Impact, and Aid Fragmentation. IMF Working Paper. WP/12/204.

Barnett, Michael and Martha Finnemore. 2004. *Rules for the World: International Organizations in Global Politics*. Ithaca: Cornell University Press.

Blasco, Esther Palacio. 2008. Delegated Co-operation: Lessons Learned in Mali. CeaLCI-Fundacion Carolina.

Commission of the European Union. 2008. Communication from the Commission to the Council and the European Parliament: EU Code of Conduct on Division of Labour in Development, COM(2007) 72 final.

COWI. 2006. Barriers to delegated cooperation: Joint Assessments of policies and administrative practices of the Nordic Plus Donors - Revision 1 with inclusion of Finland. Nordic Plus group.

Commission of the European Communities. 2007. EU Code of Conduct on Division of Labour in Development Policy(COM 72 final).

Chiche, Mailan. 2010. Mid-Term Evaluation of the EFA Fast Track Initiative - Country Desk Study: Mali. Mokoro.(February).

DANIDA. 2005. Nordic+ Complementarity Principles.

Disch, Arne. 1999. Aid Coordination and Aid Effectiveness. A Report Submitted to the Norwegian Ministry of Foreign Affairs by ECON Centre for Economic Analysis.

European Union. 2009. 2nd Monitoring Report of the EU Fast Track Initiative on Division of Labour. A Product of the EU-Technical Seminar on Aid Effectiveness.

Fort, Emmanuel and Javier Santiso. 2008. Development Aid and Portfolio Funds: Trends, Volatility and Fragmentation. OECD Development Centre Working Paper 275.

Government of Malawi-Ministry of Finance. 2010a. Malawi Aid Atlas FY 2008/09. Lilongwe.

______. 2010b. Toward a Division of Labour in Malawi: Donor Mapping and Report on a first phase exercise of in-country division of labour. Debt and Aid Management

Division (March). Lilongwe.

______. 2012. Malawi Aid Atlas FY 2010/11, Lilongwe.

Haggard, Stephan and Robert R. Kaufman. 1995. *The Political Economy of Democratic Transitions*. Princeton: Princeton University Press.

Hansen, Stein and Jens Claussen. 2002. Delegated Bilateral Cooperation. DAC Task Force on Donor Practices, Report From Donor Survey.

JICA. 2009. The Nordic Plus Study Series: The ODA Systems of the UK, the Netherlands, Sweden, Norway, Denmark, Ireland and Finland. (March).

Keohane, Robert O. 1984. *After Hegemony; Cooperation and Discord in the World Political Economy*, Princeton: Princeton University Press.

Koopman, Hanke. 2005. Silent Partnership. http://portal.unesco.org/education/en/file_download.php/ 285ee0d0f5306ef4f53862c06785fec3Koopman_H.doc.

McGillivray, Mark and Edward Oczkowski. 1992. "A Two-Part Sample Selection Model of British Bilateral Foreign Aid Allocation." *Applied Economics*, Vol. 24. Issue 12.

McLean, V. Elena. 2012. "Donors' Preferences and Agent Choice: Delegation of European Development Aid." *International Studies Quarterly*, Vol. 56, pp.381-395.

Mouritzen, Hans. 1995. "The Nordic Model as a Foreign Policy Instrument: Its Rise and Fall." *Journal of Peace Research* Vol. 32. No. 1.

Ministry of Foreign Affairs of the Netherlands. 2012. Case studies - Budget Support: Conditional Results, IOB Evaluation. no. 369.

Netherlands Ministry of Foreign Affairs. 2007. Nordic Plus: Practical Guide to Joint Financing Arrangement.

NORAD. 2001. Strategy for Development Cooperation Between Malawi and Norway 2001-2005.

______. 2003. Principles for Delegated Co-operation in NORAD. NORAD Report 2.

______. 2006. Nordic Plus Practical Guide to Delegated Co-operation.

______. 2007. Evaluation of Norwegian Development Support to Zambia (2001-2005). Evaluation Report 4.

______. 2009. 2009 Results Report: Aid and Economic Development: Ripples in the Water or a drop in the Ocean?.

______. 2010. The Use of the Nordic Plus Practical Guide to Delegated Cooperation.

Norwegian Ministry of Foreign Affairs. 2010. Arrangement on Delegated Cooperation between The Norwegian Ministry of Foreign Affairs (MFA), The Department for International Development (DFID) and The Swedish Development Cooperation Agency (SIDA) regarding support to The Emergency Power and Back-up Capacity Programme, Zanzibar. http://www.norway.go.tz/PageFiles/253880/Emergancy%20Power%20and%20back-up.pdf

Nordic + Procurement Group. 2009. A Joint Guide for Strengthening and Using Reliable

Country Procurement Systems.
Oden, Bertil. 2011. The Africa Policies of Nordic Countries and the Erosion of the Nordic Aid Model. Discussion Paper 55, Nordiska Afrikainstitutet. Uppsala.
OECD. 2005. Paris Declaration on Aid Effectiveness: Ownership, Harmonisation, Alignment, Results and Mutual Accountability.
______. 2008. Lead, Active, Silent and Background Donors in Division of Labour Arrangments. Background Paper 3 to 3rd HLF.
______. 2009. 2009 OECD Report on Division of Labour: Addressing Fragmentation and Concentration of Aid Across Countries. Paris: OECD.
______. 2011. 2011 OECD Report on Division of Labour: Addressing Cross-Country Fragmentation of Aid.
OECD DAC. 2003a. Harmonising Donor Practices for Effective Aid Delivery, DAC Guidelines and Reference Series, Paris: OECD.
______. 2003b. DAC Peer Review of Ireland. Paris: OECD.
______. 2005a. DAC Peer Review of Norway. Paris: OECD.
______. 2005b. DAC Peer Review of Sweden. Paris: OECD.
______. 2006a. DAC Peer Review of the Netherlands. Paris: OECD.
______. 2006b. DAC Peer Review of United Kingdom. Paris: OECD.
______. 2006c. Shaping 21st Century: The Contribution of Development Cooperation. Paris: OECD.
______. 2007a. DAC Peer Review of Denmark. Paris: OECD.
______. 2007b. DAC Peer Review of Finland. Paris: OECD.
______. 2008. DAC Peer Review of Norway. Paris: OECD.
______. 2009. DAC Peer Review of Sweden. Paris: OECD.
OECD DAC WP-EEF Task Team, Division of Labour and Complementarity. 2010. Proposed Approach for Integrating In-Country Division of Labour in the 2011 Monitoring Process of the Paris Declaration,(October).
Pearce, Caroline, Sebastien Fourmy and Hetty Kovach. 2009. Delivering Education For All in Mali, OXFAM International Research Report(June)
Rodrik, Dani. 1995. Why is there Multilateral Lending? NBER Working Paper No. 5160.
Selbervik, Hilde and Kunt Nygaard. 2006. Nordic Exceptionalism in Development Assistance? Aid Policies and the Major Donors: The Nordic Countries. CMI Report 8.
SIDA. 2001. Education for All: a Human Right and Basic Need - Policy for Sida's Development Cooperation in the Education Sector, Stockholm: SIDA.
______. 2006. SIDA Country Report 2005—Embassy of Sweden in Mali.
______. 2007. SIDA Country Report 2006—Embassy of Sweden in Mali.
______. 2008. SIDA Country Report 2007—Embassy of Sweden in Mali.
Swedish Ministry for Foreign Affairs. 2004, Stratégie suédoise d'aide au developpement avec l'Afrique de l'Ouest 2004-2006, Stockholm

______. 2007. Focused Bilateral Development Cooperation.

Tjønneland, Elling N, Pundy Pilay, Anneke Slob, Anje Wilemsen, and Alf Morten Jerve. 2008. Managing Aid Exit and Transformation: South Africa Country Case Study. Sida Joint Evaluation 2008.

The Netherlands-DFID. 2002, "Arrangement Between THE UK DEPARTMENT FOR INTERNATIONAL DEVELPMENT DFID And THE NETHERLANDS MINISTER FOR DEVELOPMENT concerning DEVELOPMENT CO-OPERATION IN THE EDUCATION SECTOR IN MALAWI".(출처: http://www.globalpartnership.org/media/library/MalawiMOU_dfidholland.pdf, 검색일: 2013년 4월 15일)

Thunnissen, Karolyn. 2009. Sector Budget Support in Practice: Mali Education Case Study, Overseas Development Institute and Mokoro Research Paper, http://www.odi.org.uk/publications/4614-sector-budget-support-practice-mali-education-case-study(검색일: 2013년 4월 2일).

Van der Meer, Ester, Arne Tostensen, Anneke Slob and Alf Morten Jerve. 2008. Managing Aid Exit and Transformation: Malawi Country Case Study. Sida Joint Evaluation 2008.

Von Hagen, Marketa and Nils-Sjard Schulz. 2009. Silently leaving Malawi: Sweden's delegated exit. FRIDE Project Report Division on Labour.

Vaubel, Rolad. 1986. "Bureaucracy at the IMF and the World Bank: A Comparison of the Evidence." World Economy 19(2), pp.195-210.

Vreeland, James Raymond. 2003. The IMF and Economic Development. Cambridge: Cambridge University Press.

Waever, Ole 1992. "Nordic Nostalgia: Norther Europe after the Cold War." International Affairs, Vol. 68, No. 1.

Warrener, Debbie and Emily Perkin. 2005. Progress on Harmonisation and Alignment in the UK. ODI Synthesis Paper 6.

OECD StatExtracts. http://stats.oecd.org.

SIDA OpenAid. http://www.openaid.se.

제3부 한국의 공공외교 전략

7

글로벌 협력을 통한 국가 브랜드 제고: G20 세계경제정상회의 참가의 사례

조동준 (서울대학교 정치외교학부 조교수)

국가 브랜드는 국가에 대한 인식의 종합으로 생산품에 대한 선호, 관광, 투자 등 다양한 경제 영역에서 영향을 미친다. 또한, 국가 브랜드는 국내적으로 내부 통합, 국외적으로 타국과의 차별성을 만드는 요소이다. 따라서 모든 국가는 긍정적이며 우호적인 브랜드를 유지하고자 한다. 특히, 국가 브랜드가 의도적인 노력에 의하여 창출될 수 있기 때문에, 대부분 국가는 국가 브랜드의 유지, 관리에 관심을 기울인다. 긍정적이며 우호적인 국가 브랜드는 공공외교의 목표 중 하나이다.

한국의 국가 브랜드가 경제적 실체보다 저평가되고 있다는 점이 오랫동안 지적되어왔다. 특히, 한국이 고도의 경제성장을 이룩하였음에도 불구하고 한국의 국가 브랜드가 6·25 전쟁과 결부되어 있다는 불만은 1980년대 후반부터 한국사회에서 정책적 의제로까지 발전하였다. "경제적 능력에 어울리지 않는 국제사회의 위상"이라는 표현이 정파/행정부와 무관하게 등장하는데, 이는 한국이 저평가되고 있다는 국내적 합의를 반영한다. 이에 1980년대 후반 이후 한국은 국내 관행을 선진국 수준으로 올리고, 국제사회 기여를 높임으로써 한국에 대한 인식을 우호적으로 바꾸기 위한 노력을 전개하였다.

이명박 행정부는 브랜드로서 한국의 지위를 높이기 위하여 국내적 선진화와 국제협력을 표방하였다. 국내적으로 "선진화"가 정치·경제·사회적 관행을 개혁하기 위한 표어라면, 국가 브랜드 개선은 국제사회에서 한국의 위상을 자리매김하기 위한 표어였다. 평화유지군 파견, 기후변화 대처를 위한 기여, 발전을 위한 공적원조 등을 통하여 국가 브랜드 개선을 도모하였다. 이 과정에서 이명박 행정부는 G20 정상회의 유치와 핵안보 정상회의 유치를 통하여, 한국에 대한 저평가를 의미하는 코리아 디스카운트(Korea Discount)를 한국에 대한 긍정적 평가를 의미하는 코리아 프리미엄(Korea Premium)으로 바꾸었다고 주장하였다. 이런 노력은 정치엘리트 사이에서 한국에 대한 호감도와 인지도 상승으로 이어졌지만, 일반 대중에게는 큰 영향을 미치지 못했다.

I. 머리말

국제사회에서 한 국가의 평판은 '국가 브랜드'라는 개념으로 표현할 수 있다. 국가 브랜드는 제품에 대한 인식과 판매에 원산국이 미치는 영향을 개념화한 '원산국 효과(country of origin effect)'에서 유래한다(e.g. Josiassen and Harzig 2008; Schooler 1965). 이 개념은 외연을 넓혀, 사회 현상에서 추출한 특정 국가에 대한 인식의 총합을 의미하게 되었다. 국가 브랜드는 특정 국가에 대한 인식의 총합으로, 안으로는 통합과 국민국가 건설에 기여하고, 밖으로는 다른 정치 공동체와 차별성을 갖추게 한다. 과거에는 국가 브랜드가 정치적, 종교적 이념과 결부된 사회 문화적 가치에 기반하여 상대적으로 안정적이었지만, 지금의 국가 브랜드는 통신 수단의 발달과 인적 교류의 증대로 인하여 상대적으로 유동적이다(FutureBrand 2012: 5-8).

이명박 행정부는 한국의 평판이 정치적, 사회적 요인으로 인하여 낮게 평가되고 있다는 문제의식을 가지고 있었다(제17대 대통령직인수위원회 2008a: 31). 한국 기업의 주가가 외국 기업의 주가보다 낮게 형성되는 현상을 지칭하는 코리아 디스카운트(Korea Discount)를 한국의 국가 브랜드 전체에 대한 저평가로 확대 해석하면서(Suh and Sim 2007: 626), 한국의 국격 신장과 소프트 파워의 강화를 통하여 코리아 디스카운트를 극복해야 한다고 여겼다. 이에 이명박 행정부는 국내적 경제 관행을 개혁하고 정치가 경제의 발목을 잡는 현상을 극복하여 한국 경제에 대한 저평가를 시정하면서, 동시에 지구 차원의 문제를 해결하기 위한 과정에 적극적으로 참여함으로써 국격 상승을 모색하였다. 구체적으로 대외 개발원조 강화, 국제평화유지 활동 강화 등을 통하여 "지구촌 문제 해결"에 참여하고, 궁극적으로 한국을 "성숙한 세계국가"로 인정받고자 했다(대한민국정부 2008: 288; 제17대 대통령직인수위원회 2008a: 46-47, 196).

2008년 세계경제 위기는 한국에게 국제사회에서 자국의 평판을 높일 수 있는 좋은 상황이었다. 세계경제의 주요국이 세계경제 위기의 주범이 된 반면, 세계경제의 후발 주자가 세계경제의 안정에 필수적 행위자가 되었기 때문이다. 위기 극복을 위해서는 기존 경제 강대국과 신흥경제국이 함께 세계경제의 안정을 위하여 한자리에 모여야만 했다. G20 세계경제정상회의는 이런 환경적 요인의 산물로 한국이 정식 참가국이 되었다. G20 세계경제정상회의는 한국의 국격 상승을 확인할 수 있는 자리였다. 이명박 행정부는 G20 세계경제정상회의를 유치하면서, 코리아 디스카운트를 코리아 프리미엄(Korea Premium)으로 바꾸기 위하여 의도적으로 노력하였다.

이 글은 한국의 국격을 높이기 위한 노력으로서 2010년 서울 G20 세계경제정상회의의 효과를 분석한다. 첫째, G20 세계정상회의의 등장을 검토한다. 1990년대 후반 동아시아 금융위기를 관리하는 과정에서 등장했던 협의체는 몇 차례 변화를 겪으면서 G20로 정착하게 되었는데, 이 과정에서 한국이 문제 유발자로 세계경제 관리의 대상이 되었다. 둘째, 재무장관급 G20가 정상회의로 심화되는 현상을 기술한다. G20 세계경제정상회의에 한국이 참여하면서 세계경제 관리의 주체처럼 등장하는데, 이 과정에서 중요한 환경적 요인으로 작용했기 때문이다. 셋째, 2010년 서울 G20 세계경제정상회의의 성과와 한계를 기술한다. 2010년 서울 G20 세계경제정상회의에서 한국은 국격 상승을 모색했지만, 2013년 남북한 대치 상황에서 해외자본의 유출이 보여주듯이 코리아 디스카운트는 해소되지 못하였다. 또한, G20 세계경제정상회의를 위기대응체제에서 상설 협의체(steering committee)로 변환하고자 하였지만, 이후 추동력을 잃었다(이동휘 2012: 7). 외적 활동을 통하여 국격을 상승시키려는 노력이 상황 변화에 따라 의도한 만큼 좋은 결과를 얻을 수 없게 되었다.

II. 재무장관급 G20의 등장

G20는 세계경제 운영자로서 신흥경제국을 포함하는데, 이는 선진국 중심으로 세계경제가 운영되는 관행에서 볼 때 이상 현상이다.[1] 통상적으

1 세계경제의 중요한 문제를 관리하는 운영자 모임은 선진국 중심으로 구성되었었다. 1962년 10개국(미국, 영국, 프랑스, 독일, 이탈리아, 일본, 캐나다, 네덜란드, 벨기에, 스웨덴)은 세계경제의 유동성 문제를 해결하기 위하여 일반차입협정(General Arrangements to

로 선진국은 세계경제의 관리자로 신흥국과 개발도상국은 세계경제의 관리 대상자로 자리매김을 한다. 이는 1990년대 후반 세계경제의 위기를 극복하기 위한 과정에서 서서히 형성되었던 G20에서도 예외는 아니었다. 다음에서 재무장관급 G20의 형성을 살펴보자.

1. 세계경제의 지형변화

세계경제를 관리하는 공식 기제로 IMF가 2차 세계대전 직후에 탄생했고, 비공식 인적 연결망으로서 G10이 1963년, G6가 1975년에 창설되었다.[2] 이 시기부터 발생한 행위자 차원에서의 세계경제 변화는 크게 두 가지로 요약될 수 있다. 첫째, G7에 속한 국가의 상대적 쇠퇴와 신흥경제국의 부상이다. G7 회원국 중 미국, 독일, 일본은 경제 강국으로 인정을 받았지만, 영국과 프랑스는 강대국의 경계에 놓여 있었다. 캐나다와 이탈리아는 경제 규모 면에서 약점을 보였다. 러시아는 경제 규모와 발전 수준에서 취약함을 보인 반면, 중국, 인도, 브라질, 멕시코는 경제 발전 수준에서는 약했지만, 경제 규모 면에서는 강국의 면모를 보였다. 성장 속도를 고려하면, 현재 신흥경제국이 세계경제에서 차지하는 비중은 빠르게 증가하고 있다.

Borrow)을 맺으면서 재무장관급 협의체 G10을 2000년까지 운영하였다. 1970년대 세계경제의 위기 상황에서 미국, 영국, 프랑스, 독일, 일본은 세계경제 운영자 모임을 정상 수준으로 심화하여(Putnam and Bayne 1987: 25), 궁극적으로 러시아까지 포함한 G8을 유지하고 있다. 반면, 신흥경제국과 주변국은 일부는 G15(1990년 결정)과 비동맹정상회의 등을 운영하였지만, 세계경제 운영에 적극적으로 참여하지 못했었다.

2 G5로 구상되었던 모임은 1975년 이탈리아의 참여, 1976년 캐나다의 참여로 G7이 되었다. 러시아는 1994년부터 1997년까지 정치 분야에서 G7 정상과의 별도 회담에 참여하였고, 1998년부터 주요국 정상회담의 모든 쟁점에 관한 회동에 참여하게 되었다. 이로서 G8이 형성되었다.

표 7-1. 세계인구와 경제 규모의 변화

	1975			2005		
	인구 비중 (%)	**GDP 비중 (%)**	**일인당 GDP($)**	**인구 비중 (%)**	**GDP 비중 (%)**	**일인당 GDP($)**
미국	5.29	29.42	19,962	4.58	30.39	37,206
일본	2.73	15.23	20,001	1.98	13.75	39,068
독일	1.51	7.43	13,833	1.28	5.41	23,747
영국	1.38	5.44	14,185	0.94	4.50	26,954
프랑스	1.29	4.97	13,813	0.94	3.97	23,688
이탈리아	1.36	4.06	14,776	0.90	3.08	25,034
캐나다	0.57	2.34	10,702	0.51	2.27	19,197
러시아	3.29	1.77	1,934	2.21	0.97	2,450
G6~G8	**17.42**	**66.56**		**13.34**	**63.36**	
브라질	2.66	2.12	2,849	2.88	2.04	3,965
중국	22.48	0.91	145	20.25	5.23	1,449
인도	15.16	0.89	212	16.95	1.74	576
멕시코	1.49	1.67	4,042	1.65	1.75	5,982
남아프리카 공화국	0.63	0.56	3,177	0.69	0.44	3,565
O5	**42.42**	**6.15**		**42.42**	**11.20**	

출처: World Bank Group 2012; IMF 2009.

둘째, 유로 사용권의 등장은 세계경제의 지형을 바꾸어 놓았다. 유로가 기축통화로 사용되면서 총 대외준비자산에서 차지하는 비중이 증가하고 있다. 비록 정치적 통합에까지 이르지 못하고 있지만, 유럽연합의 경제 규모는 미국을 앞질렀다. 유럽연합의 국내총생산은 세계의 23.13%(명목 통화가치로 평가, 2012년 기준)이며, 인구는 5억 명을 상회한다(European commission 2013). 유로 사용권에 위치했지만 유럽연합에 속하지는 않은 비공식 회원국과 지역까지 포함한다면, 유로 사용권은 단일 시장으로 세계 최대이다.

이처럼 세계경제의 지형이 바뀌었지만, 세계경제를 관리하는 공식 기제와 비공식 인적 연결망은 이를 반영하지 못하였다. 일단 유럽연합이 주요 행위자에 포함되지 않았고, 그 외에도 세계경제의 주요국 가운데 세계경제를 관리하는 과정에서 배제된 국가가 있었다. 반면, 1970년대 세계경제에서 중요한 역할을 담당했지만 세력이 약화된 국가는 여전히 중요한 의사결정자 연결망에 남아 있었다. 세계경제의 지형과 중요 의사결정자 간 인적 연결망의 불일치는 세계경제의 운영에서 잠재적 불안 요인이었다.

2. 1990년대 후반 경제 위기와 이합집산하는 인적 연결망

이처럼 1990년대 후반 경제 위기를 관리하는 과정에서 공식기구인 IMF와 비공식 인적 연결망이 모두 한계를 보였다. 동시에 세계경제의 상호의존성이 강화됨에 따라 일국의 경제 위기가 지구적으로 증폭되는 현상이 나타났다.[3] 반면, IMF는 참여국 숫자가 증가하면서 효과적인 의사결정을 하지 못했고, 한국의 사례가 보여주듯 당시의 심각했던 경제 위기를 IMF의 재원으로는 도저히 해결할 수 없었다. 또한, G8, G10, G15 인적 연결망은 선진국과 개발도상국을 모두 아우르지 못하기 때문에 선진국과 개발도상국 간 이견을 중재하기에 적합하지 않았다. 이로 인해 선진 주요국은 외환위기를 유발한 국가를 세계경제의 관리 과정에 끌어

3 1995년 멕시코의 페소 위기는 남미 전역으로 확산되었다. 1997년 태국에서 시작된 금융위기는 동아시아 전역으로 확대되었다. 1998년 러시아의 채무불이행 선언으로 신흥경제국이 모두 위기권역에 들어서게 되었다. 신흥경제국과 세계경제의 주변부에서 발생한 금융위기는 세계경제의 중심권으로 확산되었다.

들일 필요성을 인지하게 되었다. 국가 주도의 경제 관행이 세계경제의 불안정 요인이라는 판단 아래, 개발도상국을 세계경제의 관리과정에 참여시켜 개발도상국의 경제 관행을 바꾸려는 의도였다.

1997년 11월 미국 클린턴 대통령은 APEC 정상회담에서 세계 금융위기를 극복하고 세계 금융 체제를 개선하기 위한 모임을 제안하였다. 클린턴 대통령의 제안은 1998년 4월 워싱턴 회의로 이어졌다. 워싱턴 회의는 "세계경제체제에서 중요한 경제국(systemically significant economies)"의 재무장관과 중앙은행장으로 구성된 모임으로, 신흥경제국의 금융위기를 극복하기 위한 일회성 행사로 기획되었다(Hajnal 2007: 151). 이 모임은 G22 또는 윌라드 그룹(Willard Group)으로 불리었으며, G22는 G7 국가와 15개 국가 혹은 행정단위(아르헨티나, 호주, 브라질, 중국, 홍콩, 인도, 인도네시아, 말레이시아, 멕시코, 폴란드, 러시아, 싱가포르, 남아프리카공화국, 한국, 태국)로 구성되었다. 이후 벨기에, 네덜란드, 스웨덴이 참여하여 실상 25개 국가의 재무장관·중앙은행장 모임이 되었다.[4]

G22 회원국을 문제 유발자와 문제 해결자로 나누면 다음과 같다. 문제 해결자는 G7 회원과, 아르헨티나, 중국, 홍콩, 싱가포르였다. 싱가

4 G22 첫 모임에서 참가국은 세 실무위원회를 구성하였다. (1) 아르헨티나, 호주, 브라질, 캐나다, 프랑스, 독일, 홍콩(공동 의장국), 일본, 말레이시아, 태국, 영국(공동 의장국), 미국이 금융 투명성과 책무성을 높이는 방안을 연구하는 실무위원회에 참여하였다. (2) 아르헨티나, 브라질(공동 의장국), 캐나다, 중국, 프랑스, 독일, 인도, 이탈리아(공동 의장국), 일본, 한국, 말레이시아, 멕시코, 폴란드, 러시아, 싱가포르, 남아프리카공화국, 스웨덴(G-22 창립회원이 아니지만 참여), 스웨덴, 태국, 영국, 미국이 금융 체제의 안정성을 강화시키는 실무위원회에 관여하였다. 아르헨티나, 호주, 벨기에(G-22 창립회원이 아니지만 참여), 브라질, 캐나다, 프랑스, 독일, 홍콩, 이탈리아, 일본, 한국, 멕시코(공동 의장국), 네덜란드(G-22 창립회원이 아니지만 참여), 싱가포르, 남아프리카공화국, 태국, 영국, 미국(공동 의장국)이 국제 금융위기를 대처하는 방안을 논의하기 위한 실무위원회에 참여했다(G-22 1998: 1-3).

표 7-2. 1990년대 후반 외환위기 유발국과 해결국

국가	통화가치변화(%)	GDP 순위	G22	G33	문제 유발	문제 해결
미국	108.8	1	○	○		○
일본	109.0	2	○	○		○
독일	n.a	3	○	○		○
영국	112.9	4	○	○		○
프랑스	n.a	5	○	○		○
이탈리아	n.a	6	○	○		○
캐나다	102.5	8	○	○		○
러시아	18.6	18	○	○	○	
중국	108.8	7	○	○		○
브라질	59.2	9	○	○	○	
멕시코	87.0	11	○	○	○	
인도	87.6	13	○	○	○	
남아프리카 공화국	64.1	32	○	○	○	
아르헨티나	108.8	16	○	○		○
한국	73.7	12	○	○	○	
호주	95.2	14	○	○		○
인도네시아	35.3	25	○	○	○	
홍콩	107.7	27	○	○		○
폴란드	64.5	29	○	○	○	
태국	72.8	30	○	○	○	
말레이시아	72.4	40	○	○	○	
싱가포르	91.7	41	○	○		○
네덜란드	n.a	15	△	○		○
스웨덴	84.6	20	△	○	○	
벨기에	n.a	21	△	○		○
스페인	n.a	10		○		○
스위스	77.7	19		○	○	
사우디	108.2	23		○		○
터키	12.2	24		○	○	
이집트	107.9	39		○		○
칠레	83.2	44		○	○	
모로코	91.0	59		○		○
코트디부아르	81.3	86		○	○	
대만	n.a	17				
오스트리아	n.a	22				
노르웨이	85.1	26				
덴마크	81.2	28				

'통화가치'는 SDR로 평가한 1995년 통화가치 기준 1999년 통화가치, 'GDP 순위'는 1995년 GDP 순위.
출처: IMF 2009.

포르와 호주를 제외한 문제 해결국의 1999년 통화가치는 1995년 통화가치에 비하여 상승하였다. 반면, 러시아, 브라질, 멕시코, 인도, 남아프리카공화국, 한국, 인도네시아, 폴란드, 태국, 말레이시아는 문제 유발국이었다. 이들 국가의 1999년 통화가치는 1995년 통화가치에 비하여 급격히 떨어졌다.

G22는 1999년 3월 회원국을 확충하여 G33이 되었다. 유럽에서 벨기에, 네덜란드, 스웨덴, 스페인, 스위스가, 아프리카에서 코트디부아르, 이집트, 모로코가, 남미에서 칠레가, 아시아에서는 터키와 사우디아라비아가 추가로 참여하였다. 이는 1998년 러시아의 금융위기와 아프리카 국가들의 채무 위기를 반영한 것이었다. G33 국가들 가운데, 벨기에, 네덜란드, 스페인, 이집트, 모로코, 사우디아라비아가 문제 해결국의 역할을 했다. 반면, 스위스, 폴란드, 칠레, 터키는 문제 유발국이었다. 이처럼 세계 금융 질서를 불안정하게 만드는 국가와 안정화시키는 역할을 담당하는 국가 간 협력을 도모하는 모임으로 G33이 만들어진 것이다.

G33은 1999년 3월과 4월 두 차례 회동하여 금융위기에 대처하는 방안과 금융 체제를 개혁하는 방안을 논의하였다. G33은 세계경제를 운영하는 모임에 신흥경제국을 포함시켜야 한다는 제안에 암묵적으로 합의하였다. 이처럼 G33은 안정적이며 상대적으로 규모가 작았고, 세계경제를 운영하는 장관급 포럼을 형성하기 위한 일시적인 회합이었다. 남겨진 문제는 새로운 포럼에 참여할 국가를 선정하는 것이었다.

3. G20 재무장관급 인적 연결망

1999년 G7 재무장관들은 실질적 토론과 문제 해결을 위하여 회원 규모를 축소해야 한다는 제안을 G8 정상회의에 보고하였다. 그해 9월 27일

G7 재무장관은 별도 회동을 통하여 G20의 출범을 제안하였고 첫 회동이 12월에 열렸다(Helleiner 2001: 243-263). 재무장관급 G20는 브레튼우즈 체제 안에서 "세계경제체제에서 중요한 경제국" 간 주요 경제 쟁점에 대한 논의를 확대하며, 안정적이고 지속 가능한 세계경제의 성장을 이루기 위하여 새롭게 만들어진 비공식적 대화의 통로이다(G20 1999: para.2). 재무장관급 G20는 "구조적으로 중요한 경제국"이라는 용어를 조금 더 구체적으로 표현하여, "선진 공업국 또는 신흥경제국이면서 세계경제 체제에서 중요한 경제국(systemically significant industrial and emerging market economies)" 재무장관·중앙은행장 간 비공식적 포럼으로 규정한다.

G20 재무장관급 인적 연결망에 참여하는 행위자는 G8, '아웃리치 5(Outreach 5)'[5] 주요 6개국(아르헨티나, 호주, 인도네시아, 한국, 사우디아라비아, 터키), 그리고 유럽연합으로 구성되어 있다. 재무장관급 G20의 회원을 보면, 회원 선정에 세 가지 기준이 적용되고 있음을 추론할 수 있다. 첫째, 경제 규모이다. 세계경제에서 '구조적으로 중요한' 역할을 생산, 교역, 금융 측면으로 측정한다면, GDP 규모, 수출 규모, 대외준비자산 규모를 측정 지표로 사용할 수 있다. 이 세 가지 지표 순위의 평균을 기준으로 보면, 순위 평균 14위 이하인 모든 국가가 G20 회원국이다. 둘째, 지역 대표성이다. 러시아는 구 공산권 대표, 브라질과 아르헨티나는 남미 대표, 멕시코는 중미 대표, 인도는 남아시아 대표, 남아프리카공화국은 아프리카 대표, 호주는 오세아니아 대표, 터키는 서아시아 대표,

5 "Outreach 5"는 중국, 인도, 멕시코, 남아프리카 공화국, 브라질을 지칭하는데, 2003년 G8 정상회의에 초청된 이후 G8 정상회의에 지속적으로 초청을 받고 있다. 2007년부터 "Outreach 5" 정상의 대표가 G8 정상회의 의제 설정에 까지 관여하고 "Outreach 5" 정상의 대표 간 사전 의견 조율이 이루어진다는 점에서 또 하나의 인적 연결망으로 해석할 수 있다.

표 7-3. G20 회원국의 경제 규모와 선정 요건(1999년 기준)

국가/행정단위	GDP		수출		대외준비		순위 평균	규모	문제	지역
	순위	비중(%)	순위	비중(%)	순위	비중(%)				
미국	1	31.0	1	12.3	7	3.8	3	*		
일본	2	14.9	3	7.4	1	14.9	2	*		
독일	3	6.0	2	9.6	8	3.4	4	*		
영국	4	4.6	5	4.7	12	1.8	7	*		
프랑스	5	4.2	4	5.3	9	2.3	6	*		
이탈리아	7	3.4	8	4.2	22	1.4	12	*		
캐나다	8	2.3	6	4.2	18	1.5	11	*		
러시아	19	0.8	17	1.3	42	0.5	26		○	†
중국	6	3.6	7	3.4	2	8.2	5	*		
브라질	9	2.0	28	0.8	11	1.8	16	*	○	†
멕시코	10	1.8	13	2.4	16	1.6	13	*	○	†
인도	13	1.4	32	0.6	15	1.7	20	*	○	†
남아프리카공화국	30	0.4	37	0.5	48	0.3	38		○	†
한국	12	1.5	12	2.5	6	3.8	10	*	○	
호주	14	1.2	26	1.0	27	1.1	22			†
아르헨티나	17	0.9	42	0.4	21	1.4	27			†
터키	22	0.6	41	0.5	24	1.2	29		○	†
사우디	24	0.6	20	0.9	29	0.9	24			†
인도네시아	27	0.5	24	0.9	19	1.4	23		○	†
스페인	11	1.8	16	1.9	14	1.8	14	*		
네덜란드	15	1.2	9	3.6	37	0.6	20	*		
벨기에	21	0.7	11	3.2	38	0.6	23			
홍콩	29	0.5	10	3.1	4	5.0	14	*		
싱가포르	40	0.3	15	2.0	5	4.0	20	*		
스위스	18	0.8	22	1.3	10	2.1	17	*	○	
스웨덴	20	0.8	19	1.5	31	0.8	23			
폴란드	26	0.5	34	0.5	20	1.4	27		○	
태국	32	0.4	23	1.0	13	1.8	23			
이집트	37	0.3	72	0.1	33	0.8	47			†
말레이시아	41	0.3	18	1.5	17	1.6	25		○	
칠레	43	0.2	47	0.3	32	0.8	41		○	
모로코	59	0.1	62	0.1	50	0.3	57			
코트디부아르	85	0.0	77	0.1	96	0.0	86			†
대만	16	1.0	14	2.1	3	5.5	11	*		

자료: IMF 2009.

사우디는 중동 대표, 인도네시아는 아세안 대표로 볼 수 있다. 셋째, 정치적 독립성의 정도이다. 일례로 홍콩은 세계경제의 운영에 참여할 수 있는 생산규모와 교역규모 조건을 충족시켰지만 G20 회원에 들지 못했다. 반면, 정치적 통합 과정에 있는 유럽연합은 회원국 가운데 G20 회원국이 있음에도 불구하고 G20 회원국이 아닌 유럽 국가를 대표하여 G20 회원이 되었다.

G20 회원으로 고려될 수 있음에도 불구하고 G20에 들지 못한 국가는 몇 군집으로 분류할 수 있다. 첫째, 대만과 홍콩은 경제 규모로 보면 세계경제의 운영에 참여할 수 있는 조건을 구비했지만 중국의 영향력으로 참가하지 못했다. 대만의 경우 1972년 이후 중국이 대표성을 획득한 이후, 국제사회에서 고립이 점차 심화되고 있다. 홍콩은 중국의 특별행정구역으로 제한적 독립성만을 유지하고 있다. 둘째, 스페인 역시 G20 회원으로 참가하지 못하였다. 스페인은 국내총생산 규모에서 G20 회원의 면모를 구비했지만, 교역 규모가 상대적으로 약하여 세계금융 쟁점을 다루는 행위자로 인정을 받지 못하였다. 셋째, 네덜란드, 벨기에, 스웨덴은 경제 규모에서 약점을 보여 개별적으로 회원국이 되지 못하였다. 이들 국가는 유럽연합을 통하여 세계경제 운영에 참여할 수 있는 제한된 기회를 가지게 되었다. 넷째, 싱가포르와 스위스는 세계 금융에서 중요한 역할을 담당할 수 있지만, 국내총생산 규모가 제한적이다. 다섯째, 폴란드, 태국, 말레이시아, 칠레는 세계금융 질서를 불안정하게 만드는 원인 유발자로 G33에 들었지만, 문제를 관리하는 운영자 모임에서는 탈락하였다. 여섯째, 이집트, 모로코, 코트디부아르는 지역 대표성을 주장할 수 있었지만,[6] 세계경제의 운영자로 인정받기에는 경제 규모가 너무 작

6 코트디부아르는 West African Economic and Monetary Union에서 가장 안정적인 경제지표를 가지고 있었다. West African Economic and Monetary Union은 프랑스 식민 경

았다.

이렇게 구성된 재무장관급 G20는 1999년 12월 15~16일 독일 베를린에서 첫 모임을 가졌다. 독일 재무장관이 모임을 주최하였지만, 캐나다 폴 마틴(Paul Martin) 재무장관이 의장으로서 모임을 이끌었다. 재무장관급 G20 모임은 매해 개최되고 있었으나, 준비하는 과정에 약간의 변화가 있었다. 1999년부터 2001년까지는 재무장관급 모임에서 주요 의제가 바로 논의되었다. 반면, 2002년부터 2006년까지는 별도의 차관급 모임에서 의제를 조율한 후, 장관급 회의에서 결정사항이 만들어졌다. 2007년은 장관급 모임만 1회 있어, G20의 동력이 약화되는 인상을 주었다.

III. G20 정상 간 인적 연결망의 등장

G20 정상회의의 탄생은 2008년 금융위기의 발생과 밀접하게 연결되어 있다. 1920년대 대공황 이후 가장 큰 금융위기가 발생하자, 독자생존을 위한 모색이 대공황을 악화시킨 경험을 가진 세계는 사태 악화를 막기 위한 공동 대처를 모색하였다. 이 과정에서 재무장관급 G20를 정상회의로 격상시키는 현상이 발생하였다. 이 절에서는 2008년 금융위기가 G20 세계정상회의로 이어지는 과정을 검토한다.

험을 가진 8개국(베냉, 버키나파소, 기니아바소, 코트디부아르, 말리, 니제르, 세네갈, 토고)으로 CFA franc을 공통 화폐로 사용한다.

1. 2008년 금융위기

금융 산업에 대한 규제가 약화되면서 금융 산업이 실물경제로부터 독자적으로 움직이는 현상은 오래전부터 있었다. 금융화가 진행되면서 축적된 금융자산 규모가 커짐에 따라 금융 거래가 실물자산의 거래보다 커졌다. 이에 금융산업이 창출하는 이익이 제조업과 같은 실물산업의 이익을 능가하고, 실물경제가 증권시장에 의하여 영향을 받게 되었다. 금융화로 인하여 만들어진 자본시장에서 주식, 채권, 파생상품의 거래를 통해 실물경제와 무관하게 이윤이 창출될 수 있는 환경이 마련된 이후, 금융산업의 규모는 급격히 성장하였다.

1988년 BIS 자기자본비율 규제의 도입 이후 금융 산업의 증권화는 더욱 가속화되었다. 대출은 회수할 수 없는 위험성이 있기 때문에 상업은행은 자기자본을 준비 또는 확보하고자 하기 마련이다. 상업은행은 대출의 위험성을 줄이기 위하여 대출채권을 만들거나 위험자산의 부외거래(off-balance) 처리로 이를 꾀했다. 은행이 대출채권을 발행하여 대출자금을 만기 이전에 자본시장에서 회수할 수 있게 되면서 자본시장의 규모가 확대되었다. 이 과정은 개별 은행에게는 이익을 줄 수 있지만 개별 은행이 감수하는 대출자금의 회수 불가능 위험을 자본시장으로 확산시키는 효과를 가져왔다. 이 과정이 여러 번 반복되면, 파생상품이 기반하고 있는 원(原)자산의 소재가 불분명해지기 때문에 관리가 어려워진다.

2008년 금융위기는 미국의 주택융자대출에서 시작하였다. 주택융자대출의 위험성을 줄이기 위한 모기지의 증권화가 주택융자대출의 규모가 큰 미국에서 1970년대부터 나타났다. 페니메이(Fannie Mae)와 프레디맥(Freddie Mac) 등 정부 후원 주택금융 기관과 정부가 직접 설립한 기니메이(Ginnie Mae)는 주택융자대출에 기반한 채권 일부를 구입

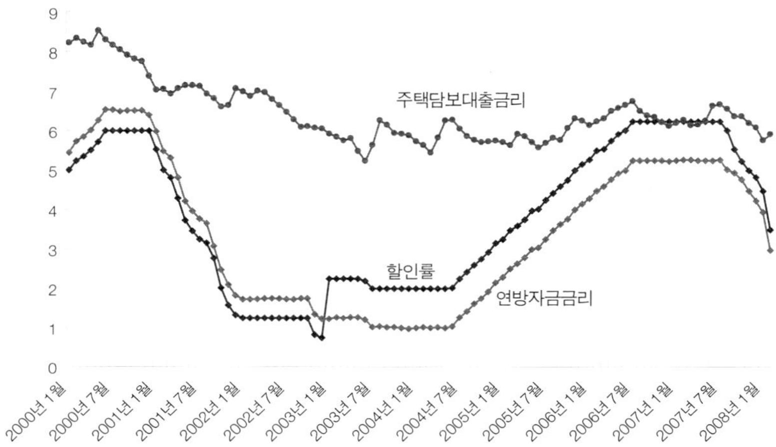

그림 7-1. 미국의 금리 변화

출처: IMF 2009.

한 후, 원리금 상환이 보증된 채권을 발행했다. 상업은행도 이 관행을 따라 주택융자대출에 기반한 채권을 구매한 후 파생상품을 발행하기 시작했다. 주택융자대출의 규모는 계속 증가하여 2005년 3조 1,200억 원을 상회하였고, 주택융자대출의 67.8%가 증권화되었다(Inside Mortgage Finance Publications 2009).

미국 이자율의 변화는 주택융자대출의 증감과 밀접하게 연결되어 있다. 2000년 11월 이후 2004년 1월까지 미국은 경기부양을 위하여 이자율을 지속적으로 낮추었다. 2004년 2월부터 금리가 조금씩 인상되었지만 2005년 초반까지 할인율이 4%에 미치지 못할 정도였다. 금리인하는 주택융자대출자의 이자 부담의 저하로 이어지고, 이는 대출융자대출의 급격한 상승으로 이어졌다. 이는 곧 2005년 말 주택융자대출이 최고점을 기록하는 결과를 낳았다.

미국의 금리인하는 경기를 진작시키기도 했지만, 이 때문에 미국 내 자본이 유출되면서 미국으로의 자본 유입이 줄어들었다. 미국으로부터

표 7-4. 미국 주택융자대출과 증권화(단위: 10억 달러)

		FHA/VA 보증/확인		민간은행		
		보증 대출	확인 대출	우량 대출	서브프라임	차환
2001	대출액	175.0	1265.0	445.0	115.0	115.0
	증권화율(%)	98.7	72.3	32.0	15.5	15.5
2002	대출액	176.0	1706.0	571.0	267.0	165.0
	증권화율(%)	97.8	74.5	30.0	66.0	15.0
2003	대출액	220.0	2460.0	650.0	395.0	222.0
	증권화율(%)	99.3	77.7	36.5	68.1	9.3
2004	대출액	132.0	1210.0	505.0	7015.0	355.0
	증권화율(%)	95.8	73.7	45.3	72.9	13.8
2005	대출액	86.0	1092.0	570.0	1005.0	365.0
	증권화율(%)	99.5	80.5	49.2	79.3	13.8
2006	대출액	83.0	990.0	480.0	1000.0	430.0
	증권화율(%)	100.2	82.5	45.6	81.4	17.3
2007	대출액	101.0	1162.0	347.0	466.0	355.0
	증권화율(%)	101.0	91.4	51.3	92.8	9.3

출처: Inside Mortgage Finance Publications 2009.

의 자본유출은 결국 달러화의 과잉 공급과 달러화에 대한 수요 감소로 이어져 궁극적으로 달러화의 평가절하로 귀결되었다. 달러화의 평가절하는 2002년 이후 본격화되어 2004년 말까지 지속되었다. 달러화의 평가절하는 미국의 자산 가치의 하락을 의미하였다.

미국은 자본유출과 달러화 평가절하를 막기 위하여 2005년 금리 인상을 결정하였다. 이를 통해 달러화의 평가절하를 막을 수 있었다. 2005년 1월부터 2005년 12월까지 금리 인상과 달러화의 평가절상이 함께 이루어졌다. 반면, 2005년 미국의 금리 인상은 2006년부터 주택융자대출의 부실화를 초래하였다. 금리가 낮을 때 낮은 이자 부담으로 주택융자대출을 받았지만, 금리가 올라가면서 이자 부담이 늘어났다. 이자 부담을 견디지 못한 가정이 파산하면서 주택융자대출에 기반한 채권의 위험부담이 커졌다. 이는 궁극적으로 미국 자본시장의 위험을 높이는 결과를 낳았다.

2007년 미국은 재정 정책에서 딜레마에 빠졌다. 금리를 인상하면 미국으로부터 자본유출을 막고 달러화의 평가절하를 막을 수 있다. 반면, 국내 주택융자대출에 기반한 채권의 부실화가 심화되어 미국 자본시장에 대한 신뢰가 약화되는 부작용도 피할 수 없었다. 금리를 인하하면 국내 주택융자대출에 기반한 채권의 부실화를 막을 수는 있겠지만, 미국으로부터 자본유출과 달러화의 평가절하가 뒤따라올 것이었다. 결국 2007년 후반기 미국은 저금리 정책으로 선회하여 주택융자대출에 기반한 채권의 부실화를 막으려 하였다. 하지만 이미 주택융자대출에 기반한 채권의 부실화가 진행된 상황에서 자본유출이 본격화되었다. 미국 자본시장에 대한 신뢰가 떨어지고 달러화의 평가절하가 본격적으로 진행되었다. 이 악순환은 2008년 금융위기로 귀결되었다.

2. G20 정상 간 인적 연결망

2008년 금융위기는 기축통화 발행국에서 시작되었다는 점에서 심대한 영향력을 동반했다. 〈표 7-5〉는 전 세계 나라가 대외준비자산으로 보유한 외환 가운데 달러화로 표시된 지분이 60%를 상회함을 보이고 있다. 또한 금융자산이 달러화로 평가된 경우가 많다. 만약 달러화가 기축통화로서의 지위를 잃게 된다면 달러화로 표기된 대외준비자산을 포함한 모든 금융자산이 순식간에 사라질 위험성마저 있다. 실물자산의 경우에도

표 7-5. 전 세계적으로 대외준비로 보유한 외환의 구성(2008년, 단위: 10억 달러)

	1분기		2분기		3분기	
	총액	백분율	총액	백분율	총액	백분율
총액	4382.1		4428.3		4360.6	
미국 달러	2768.8	63.2	2783.9	62.9	2812.9	64.5
파운드	204.0	4.7	208.1	4.7	197.6	4.5
엔	136.6	3.1	145.7	3.3	138.8	3.2
스위스 프랑	6.6	0.2	7.1	0.2	6.5	0.1
유로	1169.4	26.7	1185.7	26.8	1112.7	25.5
기타	96.8	2.2	97.8	2.2	92.1	2.1

출처: IMF 2009.

평가기준이 바뀌는 과정에서 큰 혼란을 피할 수 없다.

세계경제가 상호 연결된 상황에서, 만약 일부 국가가 손실을 최소화하기 위하여 달러화로 표기된 금융자산을 처분한다면, 이는 자본시장에서 파급 효과를 초래하여 상황을 더 악화시킬 수 있다. 개별 이익과 공동이익이 상충하는 상황에서 공동 이익의 조정자 역할을 아무도 하지 못한다면, 경제 행위자의 개별 행동이 파국을 초래하게 할 터였다. 1920년대 대공황에서 벗어나기 위하여 개별 국가가 각각 평가절하와 수입통제를 시도했지만, 이는 궁극적으로 대공황을 심화시키는 결과로 이어졌었다. 2008년은 대공황의 악몽이 재현되기 직전이었다.

사르코지(Nicolas Sarkozy) 프랑스 대통령과 브라운(Gordon Brown) 영국 총리는 금융위기를 공동으로 대처하기 위하여 정상급 경제회담을 제안했다. 프랑스와 영국이 제안한 정상급 경제회담이 G7 혹은 G8 정상회담은 아니었을 것이다. 미국은 촉박한 일정과 모호한 의제를 이유로 반대하였지만, 유럽 국가의 강력한 제안과 금융위기의 심각성으로 인하여 유럽 국가의 제안을 거부할 수 없었다. 부시(George W.

Bush) 대통령은 2008년 10월 18일 캠프 데이비드에서 사르코지 프랑스 대통령과 마뉴엘 바호주(Mannuel Barroso) 유럽연합 집행위원장과 만나 경제 정상회담을 조율했다. 그리고 이 모임에서 G20 정상회의가 구상되었다(Kellerhals Jr. 2008; Rieffel 2008).

왜 미국과 유럽 국가는 재무장관급 G20를 경제 정상회의의 모체로 선정했는가? 재무장관급 G20가 2008년 금융위기를 악화시킬 수 있는 잠재력을 가진 행위자와 금융위기의 피해자를 가장 넓게 포괄할 수 있었기 때문이라고 추정할 수 있다. 구체적으로 살펴보자면 다음과 같다. 첫째, 위기를 악화시킬 수 있는 가장 대표적인 행위는 달러투매다. 달러화에 대한 신뢰가 약화되고 달러화의 가치가 절하되는 상황에서 달러투매는 금융자산의 손실을 줄이는 방책이다. 2008년 당시 달러투매로 상황을 악화시킬 수 있는 행위자는 G8 회원국 가운데 일본과 러시아, 신흥경제국 가운데 중국, 브라질, 인도, 한국, 대만, 싱가포르로 압축할 수 있다. 둘째, 지역 대표성을 세계경제 운영자의 조건으로 검토해야 한다. 지역 대표성에 기반하여 세계경제의 운영자로 참가할 수 있다고 주장하는 국가군은 남아프리카공화국, 호주, 사우디아라비아, 아르헨티나, 이집트, 인도네시아, 터키로 압축할 수 있다. 또한 스웨덴, 폴란드, 코트디부아르까지도 지역 대표성을 주장할 수 있다. 셋째, 경제 규모다. 이와 같은 기준으로 참가할 국가를 선별할 수 있다. 대만은 경제 규모로 보면 세계경제의 운영자로 고려될 수 있는 국가지만 중국의 반대로 인하여 세계경제 운영 과정에 참여할 수 없다. 싱가포르는 교역규모와 외환 보유량이 많지만, 국내경제 규모가 작기 때문에 세계경제의 운영자로서 부적합하다. 지역 대표성을 주장할 수 있는 스웨덴, 폴란드, 코트디부아르도 국내경제 규모가 작기 때문에 지역 대표성만으로 세계경제의 운영 과정에서 참여하기에는 부족하다.

표 7-6. 주요국의 경제지표와 인구 규모(2008년)

국가	경제지표				인구	2% 충족
	GDP(명목)	GDP(ppp)	대외준비	평균*		
미국	23.71	20.67	1.01	15.13	4.53	**
일본	8.06	6.31	13.45	9.27	1.87	*
독일	6.03	4.22	1.70	3.98	1.20	*
프랑스	4.71	3.09	1.50	3.10	0.96	*
영국	4.40	3.23	0.72	2.78	0.91	*
이탈리아	3.80	2.63	1.05	2.49	0.88	*
캐나다	2.46	1.89	0.60	1.65	0.50	
러시아	2.75	3.28	7.17	4.40	2.09	**
중국	7.10	11.47	22.79	13.79	19.62	**
브라질	2.58	4.77	2.72	3.35	2.82	**
인도	1.98	2.87	3.65	2.84	17.25	**
멕시코	1.79	2.24	1.30	1.78	1.58	
남아프리카 공화국	0.45	0.71	0.50	0.56	0.72	
호주	1.66	1.15	1.09	1.30	0.32	
한국	1.53	1.95	4.00	2.49	0.71	*
터키	1.20	1.33	1.14	1.22	1.05	
인도네시아	0.84	1.32	0.81	0.99	3.40	*
사우디	0.77	0.86	0.52	0.72	0.38	
아르헨티나	0.53	0.83	0.70	0.69	0.59	
스페인	2.63	2.02	0.25	1.63	0.68	
네덜란드	1.44	0.98	0.36	0.93	0.24	
벨기에	0.83	0.56	0.25	0.55	0.16	
홍콩	0.35		2.33	0.89	0.10	
싱가포르	0.30	0.35	2.40	1.01	0.07	
스위스	0.82	0.45	0.98	0.75	0.11	
스웨덴	0.79	0.50	0.43	0.57	0.14	
폴란드	0.87	0.97	0.94	0.92	0.56	
태국	0.45	0.79	1.53	0.92	0.93	
이집트	0.27	0.64	0.48	0.46	1.14	
말레이시아	0.36	0.56	1.60	0.84	0.42	
칠레	0.28	0.35	0.34	0.32	0.25	
코트디부아르	0.04	0.05	0.04	0.04	0.31	
대만	0.64	1.03	4.19	1.96	0.34	

출처: IMF 2009.
'평균*'은 (명목 GDP+ppp+대외준비)/3.
'2% Club'은 세계경제의 관리에 참여할 수 있는 객관적 기준으로 인구 규모 2%와 경제 규모 2%를 동시에 만족하는 국가군이다(Rueda-Sabater et al. 2009). ** 인구 규모와 경제 규모 동시 충족; * 둘 중 하나만 충족.

2008년 재무장관급 G20는 2008년 금융위기를 악화시킬 수 있는 잠재적 행위자, 금융위기를 안정화시킬 수 있는 행위자, 그리고 지역 대표성을 갖춘 행위자를 가장 넓게 포괄하고 있었다. 2008년 10월 18일 사르코지 대통령, 부시 대통령, 바호주 유럽연합 집행위원장의 회동 이후, 2008년 10월 22일 부시 대통령이 경제정상회의의 주최를 선언하고 11월 15일 G20 정상회의가 열린 과정을 고려하면, 경제 정상회의 참가국을 개별적으로 선정할 시간적 여력이 없었다고 추측할 수 있다. 이 때문에 금융위기의 위험성과 촉박한 일정에서 이미 만들어진 재무장관급 G20가 금융위기의 악화를 막고 안정화시킬 수 있는 방안을 모색하는 경제 정상회담의 모체로서 선정되었다고 볼 수 있다.

IV. G20 세계경제정상회의 참가로 인한 성과와 한계

G20 세계경제정상회의에 한국이 참여하게 된 요인은 단연 2008년 경제위기라는 상황과 한국 경제의 성장을 꼽을 수 있다. 2008년 미국에서 시작된 경제 위기가 유로존으로 확대되어 경제 위기가 상시화되면서, G20 세계경제정상회의도 단발성 행사가 아니라 정례 회합이 되었다. 2009년 피츠버그 G20 세계경제정상회의에서 참가자들은 G20 세계경제정상회의를 세계경제의 운영을 논의하는 최고위급 회의장소(the premier forum)로 자리매김하였다. 이 회의에 한국도 참여하게 되면서 한국이 세계경제 운영에 관여할 수 있는 기회가 마련되었다. 이제, 한국이 G20 세계경제정상회의에서 참가하면서 이룩한 성과와 한계를 국가 브랜드의 측면에서 살펴보려 한다.

1. G20 세계경제정상회의 참가

2008년 G20 세계경제정상회의의 출범기부터 G20 안에는 심각한 균열선이 있었다. 문제 유발자로서 미국과 유럽은 문제 해결 방식을 두고 입장을 달리하고 있다. 경제 위기를 겪던 미국은 수요 감소, 재정 축소, 이자율 인하 등 경제 규모 축소를 통한 문제 해결을 모색하기보다는 의도적인 경기진작을 통하여 문제를 해결하려고 하였다(Elwell 2013: 2-3). 인위적 경기진작으로 인한 통화팽창을 감수하는 정책을 취함으로써 급격한 자산가치의 하락을 막으려고 하였다. 반면, 유럽의 주요 국가는 재정 축소를 통하여 재정건전성을 확보하면서 경제 위기를 극복하려고 하였다. 유럽의 주변국에서 발생한 경제 위기가 유로존 전체의 위기로 이어지게 하지 않으면서 동시에 유로존을 유지하기 위함이었다. 이미 유럽의 주요국은 위기를 겪는 유럽 국가에게 재정건전성을 확보하라고 요구한 바 있었다. 유럽식 문제 해결과 미국식 문제 해결 방식이 충돌하였다(Spiegel 2010).

신흥경제국도 문제 해결 방식에 합의하지 못했다. 신흥경제국은 미국과 유럽이 세계 경제 성장의 동력임을 고려하여, 미국식 경기진작을 지지하고 유럽 국가의 보호주의 경향을 반대했다. 미국과 유럽의 경기침체가 신흥경제국으로까지 확대될 것을 두려워했기 때문이다. 하지만, 신흥경제국의 입장도 개방 정도에 따라 갈렸다. 수출에 크게 의존하지 않는 신흥경제국은 미국과 유럽도 국내적 구조조정을 통하여 문제를 해결해야 한다는 입장을 취했다. 반면, 수출에 크게 의존하는 신흥경제국은 선진국의 경제 위기 극복의 부담이 신흥경제국에게 돌아오게 되는 것을 반대하였다. 선진국이 경제 위기기 원인을 일부 신흥경제국의 수출지향 정책, 특히 통화가치 저평가를 지목하며, 신흥경제국의 경제 관행을 바꾸라고 요구하였기 때문이다. 이는 수출 지향 신흥경제국과 선진국 간 갈등, 특히 미국과 중국의 갈등을 초래하였다(Dou 2011; Wolverson and Alessi 2011).

G20의 내부 균열 상황에서 한국은 세 가지 역할을 수행하였다. 첫째, G20 세계경제정상회의를 유지시키기 위한 안정자로서 역할을 담당했다. 경제 위기는 세계경제가 통합됨에 따라 일방의 문제가 아니라 모두의 문제가 되었다. 이 상황에서 일방의 이기적 행위는, 대공황 사례가 보여주듯이 파국을 초래할 수 있다.[7] 따라서 G20 세계경제정상회의의 가장 큰 목적은 일방의 이기적 행위를 막는 신사협정의 유지이다. 한국은 파국을 막기 위하여 당사자 간 최대공약수를 제시하였다. 2008년 11월 1차 G20 정상회의에서 이명박 대통령은 더 이상 보호조치를 취하지 않는 '무역·투자 제한조치 신설 금지(stand-still)'를 제안함으로써,[8] 선진국과 신흥경제국 간 갈등이 더 이상 확대되지 않도록 하였다. 당시, 선진국이 일방적 보호무역 정책을 취하여, 신흥경제국이 선진국의 일방적인 이기적 행위를 비난하면서 보복 정책으로 대응하며 세계경제 위기를 심화시킬 뿐이었다. 이 상황에서 경제 위기의 원인과 경제 위기를 벗어나기 위한 위법적 행위에 대한 책임 소재 논쟁을 피하고, 경제 위기를 악화시키는 보호 정책을 금지하자는 제안은 세계경제의 주요국이 신사협정을 맺을 수 있는 최대공약수였다. 2009년 4월 2차 G20 정상회의에서 이명박 대통령은 1997년 금융위기 극복의 아픈 경험을 전하면서 급격

7 예를 들어, 특정 기축통화의 가치 하락을 예상하여 신흥경제국이 외환보유고로 가지고 있던 특정 기축통화를 대량 매각하면, 대규모 투매현상이 발생하여 경제 위기는 파국으로 이어질 수 있다. 이처럼 일방의 이기적 배신행위는 궁극적으로 자국에게도 피해를 초래하게 된다.

8 한국 정부가 제안한 "stand-still"은 G20 반대자들에 의하여 "도시 마비"의 의미로 재해석되어 사용되었다(Hughes and Taylor 2009).

한 긴축보다는 유동성 공급을 통한 연착륙을 제안하였다. 한국의 제안은 2014년까지 유효한 합의가 되었다(G20 Summit 2012).

둘째, 이명박 대통령은 미국과 중국 사이 이견을 조정하는 역할을 담당하였다. 2010년 제3차 G20 정상회의를 앞두고 미국은 중국이 불공정 무역행위로 무역수지 흑자를 기록한다고 주장하면서, 중국의 환율 변경을 강력히 주장하였다(Braford et al. 2010: 26; President Obama 2010). 반면, 중국은 미국의 생산성 약화와 미흡한 구조조정 때문에 미국이 국제수지 적자를 본다고 주장하며, 국제경제를 규율하는 국제기구에서 신흥경제국의 영향력을 확대하려고 하였다(Xinhua 2010). 이명박 대통령은 경상수지 적자와 흑자를 일정한 수준에서 억제하자는 타협점을 제시함으로써 금융위기를 벗어나기 위한 협력이 지속되는 데 기여했다(G20 Summit 2010a).

셋째, 한국은 G20 정상회의에 개발에 관한 합의를 이끌어내는 의제 설정자의 역할을 담당하였다. 2008년 경제 위기 이후 선진국의 핵심 관심사는 안정이었고 신흥경제국에게는 세계경제를 안정화시키기 위한 의무만이 주요의제로 강조되었다. 그러나 2009년 하반기 경제 위기가 부분적으로 안정화되자 신흥경제국은 세계경제 관리 구조의 변화와 개발 등 신흥경제국에 유리한 의제를 논의하고 싶어했다. 하지만 G20 세계경제정상회의가 미국, 영국, 캐나다 등 선진국에서만 열리면서, 신흥경제국은 자국에게 유리한 의제를 G20 세계경제정상회의에 올릴 수 없었다. 신흥경제국과 선진국 사이에 있는 한국은 2010년 제5차 G20 세계경제정상회의를 유치하면서, '다함께 성장(shared growth)'을 의제로 제출하였다. 더 나아가, '다함께 성장을 위한 개발 컨센서스(Seoul Development Consensus for Shared Growth)'와 'G20 다년간 행동계획(Multi-Year Action Plan on Development)'에 대한 합의를 도출함으로써 한국형 의제를 G20에 안착시켰다(G20 Summit 2010b, 2010c).

2. G20 세계경제정상회의 참가와 국가 브랜드

한국은 G20 세계경제정상회의 참가를 국가 브랜드 상승의 기회로 여겼다. 이명박 대통령이 국가브랜드위원회[9]를 직접 주재하였고, 국가브랜드위원회 위원들은 서울에서 개최되었던 G20 정상회의를 '국격을 높일 수 있는 절호의 기회'로 적극 활용하고자 하였다(김대우 외 2010). G20 세계경제정상회의 유치 직후 한국에 대한 긍정적 인지도가 46.9%에서 64.9%로 상승한 수치에서 확인되듯이(국가브랜드위원회 2009), G20 세계경제정상회의 유치는 한국에 대한 인상을 바꿀 수 있는 좋은 기회였다. 한국은 행정 부처와 비정부 단체 등을 활용하여 국가 브랜드를 높이기 위한 활동을 국내외적으로 전개하였다. 지정학적 위험과 국내 정치 사회적 후진성에 기인한 '코리아 디스카운트'를 '코리아 프리미엄'으로 바꾸기 위한 행정부 차원의 조직적 활동이 시작되었다(문화체육관광부 2009a, 2009b).

서울 G20 세계경제정상회의는 단기적으로 한국을 알리는 데 긍정적으로 기여했다. 서울 G20 세계경제정상회의 직후 해외 16개국 성인남녀 4천 명(G20 10개국, 비G20 6개국, 1개국당 250명 표본)을 대상으로 한 설문을 보면, 한국에 대한 인지도가 75.3%로 상승하였다. 서울 G20 세계경제정상회의 직전보다 3.6% 증가하였다. 한국에 대한 호감도는

9 이명박 행정부는 "국가 브랜드 가치 제고를 통하여 대한민국의 대내외적 국가 위상과 품격을 높이고 선진화된 국가 이미지를 강화하기 위하여" 국가 브랜드 가치 제고에 관한 규정(제정 2009. 1. 30 대통령령 제21283호)을 만들고, 국가브랜드위원회를 창설하였다. 국가브랜드위원회는 박근혜 행정부에 의하여 폐지되었다[국가가브랜드 가치 제고에 관한 규정(일부 개정 2013. 3. 23 대통령령 제24481호)].

60.6%, 한국 제품 구매 의사를 밝힌 응답자는 89.7%로 나타났다. 이와 같은 수치 변화에 기반하여, 이배용 국가브랜드위원장은 서울 G20 세계경제정상회의가 국가 브랜드 가치 상승에 크게 기여하였다고 평가하였다(문화관광체육부 2011).

외형적으로 보면 G20 세계경제정상회의 참여와 한국의 국가 이미지 상승은 연관되어 있는 듯 보인다. Anholt-GfK Roper Nation Brands Index로 측정한 한국의 브랜드 순위는 2008년 33위에서 시작하여, 2010년 30위, 2011년 27위로 향상되었다(Anholt 2012).[10] Future Brand Index로 측정한 한국의 브랜드 순위는 2010년 44위에서 2012년 42위로 향상되었다(Future Brand 2012).[11] 국가브랜드위원회와 삼성경제연구소가 공동 개발한 국가브랜드지수 모델(SERI-PCNB NBDO)에서도 국가 브랜드 지수는 서울 G20 세계경제정상회의를 전후하여 차이를 보였다. 2009년 한국의 국가 이미지 순위 역시 50개국 중 20위였으나 2012년 17위로 상승하였다(이동훈 외 2013: 1).

이명박 대통령은 퇴임사에서 G20 세계경제정상회의 참여와 국가 브랜드의 상승을 아래와 같이 연결시켰다.

> 장구한 세계사 속에서 위기는 강한 나라와 약한 나라의 위치를 바꾸는 큰 분수령이 되어 왔습니다. 우리는 이번 전대미문의 경제 위기 또한 오히려

10 이 지표는 해당 국가가 만든 상품과 서비스에 대한 소비자 선호, 특정 국가의 통치 능력과 공정성에 대한 여론, 해당 국가의 문화유산과 문화적 능력에 대한 인식, 해당 국민에 대한 여론, 해당 국가의 여행 매력도, 투자, 거주, 유학 등 사람과 자금을 끌어들이는 매력을 종합하여 국가 평판을 측정한다.

11 이 지표는 18개국에 있는 3,600명의 여론 선도자와 여행객으로부터 해당 국가의 가치체계, 삶의 질, 사업 환경, 문화유산, 여행 등에 대한 의견을 수합하여 해당 국가의 평판을 측정한다.

대한민국의 위상과 국격을 높일 기회라는 것을 직감했고, 마침내 현실로 만들었습니다. …… 대한민국이 G20 정상회의와 세계 핵안보정상회의의 의장국이 되어서 성공적으로 개최하고, 유엔안전보장이사회의 이사국으로 선출되고, 미래의 대표적인 국제기구로 전망되는 녹색기후기금을 유치한 것은 우리의 글로벌 외교가 글로벌 리더십으로 이어졌기에 가능한 일이었습니다. 이제 대한민국은 5대양 6대주의 모든 나라가 친구가 되고 싶어하는 나라가 되었습니다. 세계질서를 쫓아가는 나라에서 세계질서를 만들어나가는 나라 …… 우리가 지향하는 선진일류국가의 모습입니다(이명박 2013).

과연 G20 세계경제정상회의 참여가 한국의 국가 브랜드 상승에 기여했는가? 국가 브랜드를 구성하는 요인들을 각각 검토하면, G20 세계경제정상회의와 같은 국제회합에 한국이 참여하는 것이 국가브랜드 상승에 큰 도움이 주지 못함을 알 수 있다. 한국의 국가 브랜드 상승의 가장 큰 추동 요인은 한류로 대표되는 문화·과학기술 분야에 대한 호평가이다. 또한, 동계 올림픽과 하계 올림픽에서 얻은 좋은 성적도 한국의 국가 이미지 개선에 기여했다. 특이하게도 한국 제품에 대한 저평가를 표현하는 '코리아 디스카운트'와는 다르게, 한국 경제·기업은 과대평가를 받고 있다(이동훈 외 2013: 3-4). 뿐만 아니라 G20 세계경제정상회의에 참여하면서 각국의 정치엘리트와 여론주도층으로부터 한국에 대한 호감과 인지도가 높아졌다고 하더라도, 일반인을 대상으로 하는 호감도에 기반한 국가 브랜드에 주목할 만한 영향력을 미쳤다고 보기 어렵다.[12]

12 TNS 리서치인터내셔널이 2010년 11월 15~21일 해외 16개국 성인 남녀 4천 명(G20 10개국, 비G20 6개국, 한 국가당 각 250명)을 대상으로 실시한 설문조사에 따르면, 한국의 인지도가 G20 세계정상회의 이전에 비하여 3.6% 상승하였다(백세희 2011).

V. 맺음말: 단발성 행사의 한계

한국이 1990년대 후반 경제 위기를 겪은 이후 대규모 외환보유고를 유지한 상황에서 2008년 세계경제 위기는 한국이 세계경제의 안정자 역할을 수행할 수 있는 환경적 요인으로 작용하였다. 과거 문제 유발자로서 세계경제 관리의 대상자였던 한국이 관리자 집단으로 초대를 받았던 것이다. 더욱이 G20 내부에 존재했던 균열선은 한국이 조정과 중개의 역할을 담당하기에 알맞은 성격의 것이었다. 한국은 G20의 최대공약수를 제시하고, G20 회원국 간 판을 깨지 않도록 조정자 역할을 담당하면서 G20 세계경제정상회의의 핵심 행위자가 되었다. 한국이 신흥경제국 가운데 첫 번째로 G20 세계경제정상회의를 유치하였다는 점이 이를 반영한다.

한국은 G20 참여를 국가 브랜드 상승의 기회로 활용하려고 하였다. G20 정상회의를 유치하면서 한국에 대한 인지도가 상승하고 국제 여론의 주목을 받게되면서, 국가 브랜드를 높이기 위한 의도적 활동을 할 환경이 마련되었다. 한국의 국가 브랜드에 부정적 영향을 미친다고 여겨지던 부정적 영역을 개선하기 위하여 행정부 차원에서도 조직적 활동을 전개하였다. 국가브랜드위원회는 정부와 비정부기구와의 활동을 지휘함으로써 다양한 활동을 전개하였다.

G20 세계경제정상회의를 활용하여 국가 브랜드를 향상시키려는 노력은 외형상 성공한 듯 보이나, 이는 사실상 한류, 올림픽에서 얻은 좋은 성적, 한국의 과학기술에 대한 호평가를 반영한다. 즉 G20 세계경제정상회의 참여가 국가브랜드 향상으로 이어졌다는 주장이 경험적으로 지지를 받지 못하는 것이다. G20과 같은 국제 행사는 단발성으로 국제 여론에 노출되지만, 일반인의 인식을 바꾸기에는 너무 짧은 듯하다.

참고문헌

국가브랜드위원회. 2009. "[국가브랜드위원회 3차 보고회의] G20 정상회담을 국격제고의 절호의 기회로 활용" 코리아브랜드(2009.12.18) http://www.korea.kr.

김대우·김수한·신상윤·이윤미. 2010 "G20 국격 상승 기회로—부처별 전략 국가브랜드 委 보고내용." 헤럴드 경제(2010. 3. 29).

대한민국정부. 2008. 『이명박 정부 100대 국정과제』. 서울: 대한민국정부.

문화체육관광부.2009a. "'코리아 디스카운트'에서 '코리아 프리미엄'으로." 공감코리아(2009. 10. 19) http://www.korea.kr.

______. 2009b. "G20 정상회의 계기 '국격 높이기' 본격 나선다." 공감코리아(2009. 12. 11) http://www.korea.kr.

______. 2011. "'코리아' 인지도·호감도 업&업!" 공감코리아(2011. 2. 23) http://www.korea.kr.

백세희. 2011. "코리아 인지도·호감도 업&업!" 일요주간(2011. 3. 10).

이동훈·김경란·양수진. 2013. "2012 국가브랜드지수 조사 결과." SERI 이슈 페이퍼(2013. 1. 10).

이동휘. 2012. "멕시코 정상회의 이후 G20의 과제" 주요국제문제분석(2012. 8. 20). 서울: 국립외교원 외교안보연구소.

이명박. 2013. "이명박 대통령 퇴임 연설" 공감코리아(2013. 2. 19) http://www.korea.kr.

제17대 대통령직 인수위원회. 2008a. 「백서 1: 성공 그리고 나눔」. 서울: 제17대 대통령직 인수위원회.

______. 2008b. 「백서 2: 성공 그리고 나눔」. 서울: 제17대 대통령직 인수위원회.

2012 서울 핵안보정상회의 준비기획단. 2012. "서울 핵안보정상회의 주요 성과(종합)." http://www.seoulnss.go.kr/nssmain/main.jsp.

Anholt, Simon. 2012. "Anholt-GfK Roper Nation Brands Index" http://www.simonanholt.com/Research/research-introduction.aspx.

Bradford, Collin et al. 2010. The G-20 Seoul 2010 Summit: Strengthening the Global Recovery. Brookings(November 2010).

Dou, Ding. 2011. "A China – US Trade War: Closer than Ever?" East Asia Forum(2011. 10. 30).

Elwell. Craig K. 2013. Economic Recovery: Sustaining U.S. Economic Growth in a Post-Crisis Economy. Congressional Research Serive(2013. 4. 18)

European Commission. "Eurostate-Statistics" http://epp.eurostat.ec.europa.eu/portal/page/portal/eurostat/home/.

FutureBrand. 2012. 2011-2012 Country Brand Index. http://www.futurebrand.com.

G20. 1999. Communique. http://www.g20.org/Documents/1999_germany.pdf.

G20 Summit. 2010a. "Leaders' Declaration"(2010. 11. 12). http://www.g20.utoronto.ca/.

______. 2010b "Annex I: Seoul Development Consensus for Shared Growth"(2010. 11. 12). http://www.g20.utoronto.ca/.

______. 2010c. "Annex II: Multi-Year Action Plan on Development"(2010. 11. 12).

______. 2012. "G20 Leaders Declaration"(2012. 6. 19).

G-22. 1998. "Reports on the International Financial Architecture – Summary." http://www.imf.org/external/np/g22/summry.pdf.

Hajnal, Peter I. 2007. *The G8 System and the G20: Evolution, Role and Documentation.* Burlington, VT: Ashgate Publishing Company.

Helleiner, Gerald K. 2001. "Markets, Politics and Globalization: Can the Global Economy be Civilized?" *Global Governance* 7(3).

Hughes, Mark and Jerome Taylor. 2009. "Police Fear Anti-Capitalist Groups Will Seek Violent Confrontation on Streets." *Independent*(2009. 3. 21).

Inside Mortgage Finance Publications. 2009. *The Yearbook of the Mortgage Market.* Bethesda, MD: Inside Mortgage Fiance.

International Monetary Fund(IMF). 1998. *International Financial Statistics* (cd-rom). Washington, D.C.: International Monetary Fund.

International Monetary Fund. 2009. *International Financial Statistics* (cd-rom). Washington, D.C.: International Monetary Fund.

Josiassen, Alexander and Anne-Wil Harzing. 2008. "Descending from the Ivory Tower: Reflections on the Relevance and Future of Country-of-Origin Research." *European Management Review* 5, pp.264-270.

Kellerhals Jr., Merle D. 2008. "Bush Calls Economic Summit for November 15: Group of 20 nations invited to attend Washington meeting"(22 October 2008). www.America.gov.

President Obama, Barack. 2010. "Press Conference by the President After G20 Meetings in Seoul, Korea"(2010. 11. 12). http://www.whitehouse.gov/.

Putnam, Robert D. And Nicholas Baynes. 1987. *Hanging Together: Cooperation and Conflict in the Seven-Power Summits.* Cambridge, MA: Harvard University Press.

Rieffel, Lex. 2008. "The G-20 Summit: What's It All About?" The Brookings Institution.

Rueda-Sabater, Enrique, Vijaya Ramachandran, and Robin Kraft. 2009. "A Fresh Look at Global Governance." Center for Global Development Working Paper 160. http://www.cgdev.org/files/1421065_file_Rueda_Sabater_Ramachandran_Kraft_Global_Governance.pdf.

Schooler, Robert D. 1965. Product Bias in Central American Common Market. *Journal of Marketing Research* 2(4), pp.394-397

Spiegel. 2010. "The G-20 Debate: Germany Warns US Not to Become 'Addicted to Borrowing'" *Spiegel Online*(2010. 6. 25).

Suh, Jungwon and Sooyeon Sim. 2007. "Korea Discount: Diagnosis and Remedy." *Asia-*

Pacific Journal of Financial Studies 35(4), pp.621-655.

Urquhart, Brian. 1990. "Beyond the 'Sheriff's Posse.'" *Survival* 32(3).

Wolverson, Roya and Christopher Alessi. 2011. "Confronting U.S.-China Economic Imbalances." *Council on Foreign Relations*(2011. 11. 2)

World Bank Group. 2009. World Development Indicators Online. http://www.worldbank.org/.

Xinhua. 2010. "China Sees Positive Results at G20 Seoul Summit" *Xinhua*(2010. 11. 12).

8

한민족 디아스포라와 공공외교: 외국 사례의 시사점과 한국 공공외교의 과제

신범식 (서울대학교 정치외교학부 부교수)

"흩어진 사람들"이란 뜻의 '디아스포라'(diaspora)는 다양한 정치적, 경제적, 사회적, 문화적 이유 때문에 거주하던 본토를 떠나 타국에 한시적 내지 영속적으로 거주하게 된 사람들을 일컫는다. 오래전 국가의 패망 이후 소아시아와 유럽 등 각지로 흩어지게 된 유태인들은 집단커뮤니티를 이루거나 개별적으로 활동하는 방식으로 인종적, 문화적 정체성을 높은 수준으로 유지해왔고, 이에 따라 많은 주목을 받았다. 유럽의 반유태주의(anti-Semitism)와 유태인 대학살(Holocaust)이나 이스라엘 근대 국가의 건국 등은 모두 이들 유태인 디아스포라와 깊은 연관을 가지고 있다. 이처럼 디아스포라 현상은 중요한 국제정치적 의미를 지니고 있음을 알 수 있다.

그런데 유태인 이외에도 중국인, 인도인, 이탈리아인, 아르메니아인 등 역사적으로 강한 디아스포라 전통을 형성해온 적지 않은 수의 민족들이 존재한다. 최근 들어 지구화 현상이 심화되면서 지구적 및 지역적 수준에서의 이민 문제가 정치경제적으로 중요한 의미를 지닌 국제정치적 현상으로 인식되기 시작하였다. 이는 그동안 국제정치적 행위자로서의 중요성을 상대적으로 덜 인정받아온 디아스포라가 21세기 국제정치 내지 지구정치의 중요한 행위자로 등장하고 있다는 점을 의미한다.

디아스포라의 국제정치적 행위자로서의 가능성과 관련하여 최근 주목을 받고 있는 부분이 바로 디아스포라와 공공외교의 연계성에 대한 탐색이다. 오늘날 국제정치 무대에서는 하드 파워의 의미 못지않게 소프트 파워의 중요성이 확대되면서 이를 강화하기 위한 세계 주요국들의 노력과 경쟁이 치열해지고 있다. 21세기 지도국의 지위를 두고 경쟁하고 있는 미국과 중국은 자국의 소프트 파워를 확장하기 위한 부드러운 투쟁을 '공공 외교'의 장에서 가장 선명하게 벌이고 있다. 특히 중국은 전 지구적으로 흩어져 있는 중화민족의 네트워크를 활용하는 전방위적 공공외교를 추진하고 있으며, 미국은 자국에 거주하고 있는 세계 각지에서 이주해온 디아스포라 그룹들의 네트워크를 다시 네트워크화하려는 노력을 경주하고 있다. 21세기에 디아스포라 네트워크의 시대가 활짝 열리게 된 것이다.

한민족의 경우 정치적 격변과 사회경제적 변동과정에서 자의 및 타의에 의해 모국을 떠나게 된 사람들의 역사는 짧지 않다. 본격적 이민의 역사는 150여 년 정도 거슬러 올라간다. 격동의 근현대사를 거치면서 흩어진 한민족 디아스포라와 더불어 최근 들어서는 보다 다양한 동기에 의한 이민 현상이 확대되면서 한민족 디아스포라는 좀더 다원적 성격을 띠게 되었다. 현재 720여만 명 이상의 한민족이 세계 각지에 흩어져 살고 있다. 이들은 한국 공공외교가 지니고 있는 엄청난 자산이다. 이 자산을 어떻게 활용하느냐에 따라 한국 공공외교의 성패가 갈릴 수도 있을 정도로 그 가능성과 의미는 크다. 따라서 우리는 한민족 디아스포라의 공공외교의 주체이며 동시에 객체로서의 가능성을 21세기 격변하는 정세 속에서 어떻게 현실화할 것인지 숙고해볼 필요가 있다. 본 장에서는 이러한 한민족 디아스포라의 공공외교의 주체와 객체로서의 가능성을 현실화하는 방안에 대한 탐구를 진행해볼 것이다.

I. 머리말

공공외교에 대한 정의는 다양하다.[1] 공공외교를 간단히 한 국가의 '소프

1 공공외교에 대한 정의 및 "신 공공외교"에 대한 설명은 다음을 참조. Nicholas J. Cull. 2009. *Public Diplomacy: Lessons from the Past*, L.A.: Figueroa Press, pp.12-17.

트 파워'를 증진하기 위한 노력으로 정의하기도 하고(Bátora 2005: 4), 한 국가가 자신을 세상에 설명하기 위해서 하는 모든 활동으로 정의하기도 한다(Schneider 2004: 1). 따라서 공공외교는 한 국가의 정부와 비국가 행위자가 자국의 소프트 파워를 증진 및 유지하기 위하여 행하는 모든 행위이다. 이런 관점에서 볼 때, 공공외교에서 단순히 외부에 어떻게 보일지의 측면뿐만 아니라, 정부 내의 조직 이외에 비국가적 행위자들을 포함하는 국내 행위자들을 어떻게 공공외교의 주체로 포섭해내는가도 중요하다. 따라서 성공적 공공외교의 선결조건으로 국가 '외부'의 행위자들과 더불어 '내부' 행위자들에게도 '매력적이고 공유할 수 있는 아이디어와 가치적 기반을 제시함으로써' 외국인뿐만 아니라 국내 구성원 및 조직에게 호소력을 확보하여 이들을 국가의 공공외교의 주체로 세우는 작업이 중요하다. 이런 의미에서 정부의 활동과 사회의 다양한 행위자 간에 다양한 매체를 활용한 협력의 시너지 효과가 공공외교 전략의 중심이 되어야 한다(Bátora 2005: 4-5).

그런데 이런 공공외교의 자산으로 '외국에 흩어져 살고 있는 동포들', 즉 '디아스포라'가 새롭게 주목받고 있다. 지구화와 민족주의가 공존하는 세계 속에서 디아스포라 현상 자체는 다양한 가능성과 자산으로 재평가되고 있으며, 공공외교와의 연관성도 점차 강해지고 있다.[2] 이러한 디아스포라 공공외교의 중요성은 하드 파워의 측면에서 세계 최강대국인 미국과 중국의 외교정책에서도 분명하게 드러나고 있다. 최근 미국과 중국은 미·중 전략대화에서 양국의 인적 교류를 늘릴 필요성을 절감했다. 2010년 5월 중국은 정부 차원에서 미국에서 공부하는 중국 유학생에

2 실제로 많은 국가들이 디아스포라를 공공외교와 연결 짓고 있다. 이스라엘 Public Diplomacy and Diaspora부, 세르비아의 Institute for Public Diplomacy의 Diaspora Network 등이 대표적이다.

대한 경제적 지원을 늘리기로 하고, 미국도 중국에 10만 명의 유학생을 보내는 '100,000 Strong Initiative'를 실행하기 시작했다.[3] 이렇게 많은 두뇌들이 미국과 중국 내에 머물면서 상대국을 배울 수 있을 뿐만 아니라 적지 않은 수가 상대국에서 일터를 잡으면서 상대국에 디아스포라 네트워크를 형성해 이를 본국과 연관지을 수 있는 가능성을 생각해보면, 이는 단순한 인적 교류가 아니라 새로운 외교의 패러다임이 될 수도 있다.

또한 미국은 세계 최대의 이민 국가로서 국내외의 이민 커뮤니티 등을 공공외교에 활용함으로써 소프트 파워를 증진하기 위하여 2011년 5월 세계디아스포라포럼(Global Diaspora Forum)을 개최하고, 미 국무부의 제도적 지원 아래에 국제디아스포라연계연합(International diaspora Engagement Alliance: IdEA)의 창설을 추진하였다.[4] 이제 디아스포라 외교의 새로운 도전이 본격적으로 시작되고 있다.

따라서 지리적으로 국내에 존재하는 것은 아니지만, 친분이나 심리적 및 경제적 고리 등으로 연결된 다양한 관계에 의하여 국내 사회구성원에 준하는 존재감을 지닐 수 있는 주체들로서 디아스포라야말로 공공외교의 중요한 대상이며 동시에 주체가 될 수 있다. 이런 견지에서 해외한인들도 한국 공공외교의 대상인 동시에 공공외교의 주체로서의 이중적 성격을 가지고 있다. 그러나 이들이 한국 공공외교의 중요한 자산이 될 수 있음에도 불구하고 해외 한인들에 대한 공공외교 전략은 그동안 매우 소극적 형태로만 이루어져왔다(전재호 2009; 정기웅 2008). 따라서

3 Xinhuanet, "China, U.S. to scale up student exchange program," 2010. 5. 25. http://news.xinhuanet.com/english2010/china/2010-05/25/c_13314782.htm(검색일 2011년 7월 5일); U.S. Department of State, "100,000 Strong Initiative," http://www.state.gov/p/eap/regional/100000_strong/index.htm(검색일 2011년 7월 6일).

4 International diaspora Engagement Alliance, http://www.diasporaalliance.org/(검색일 2011년 7월 5일).

한국에서도 디아스포라를 공공외교의 자산으로 새롭게 자리매김하려는 인식과 전략이 잘 준비되어 실행될 필요가 있다.

이미 디아스포라의 가능성에 주목하고 이들에 대한 공공외교를 강력히 추진해온 나라들도 있다. 따라서 한국도 현재의 재외동포재단이라는 조직을 통해 제한적으로 이루어지는 소극적 디아스포라 공공외교를 넘어 좀더 체계적이고 전략적이며 네트워크론적인 접근을 구사할 필요가 있다. 이를 위해서 해외 한인들에 대한 공공외교의 시행과 해외 한인을 공공외교의 주체로 만들기 위한 정책이 동시적으로 이루어져야 하며, 한국 정부 및 민간과 한인 디아스포라가 상호 협조하는 체계를 구축한다면 바람직한 공공외교의 중요한 축을 이룰 수 있을 것이다.

이러한 인식적, 전략적, 실천적 필요를 충족시키기 위하여 최근 논의되고 있는 디아스포라에 대한 네트워크론적 접근이 숙고될 필요가 있어 보인다(정성호 2008). 네트워크론적 접근은 정부와 같은 위계적 구성과 시장과 같은 탈위계적 구성의 중간 정도에 해당되는 관계망이 지니는 구조적 속성과 그 구조 내 행위자들의 상호작용을 포괄하여 설명하는 데 유용성을 가지고 있다(Kahler ed. 2009). 분산적 개체로서 '흩어진 자들'을 다양한 관계망 속에서 포착함과 동시에 이들에게 주체로서의 성격을 부여하는 초기적 자극과, 이후 벌어지는 생동감 있는 상호작용을 보완하고 관리하는 역할은 역시 국가, 특히 정부의 몫이 될 것이다. 따라서 정부와 민간 그리고 디아스포라를 함께 묶는 복합적 관계망을 형성하는 것이 현재 디아스포라 외교의 중요한 방향으로 설정되어야 할 것이다.

이 글은 우선 디아스포라를 공공외교의 자산으로 현실화하는 과제와 관련하여 디아스포라 공공외교에 대한 주요한 도전과 대응의 원칙이 무엇인가를 살피고, 디아스포라 공공외교에 대한 성공적 외국 사례들을 검토하여 이를 토대로 한국 디아스포라 외교의 현황을 살펴볼 것이다.

그리고 이러한 결과를 바탕으로 한인 디아스포라 공공외교의 과제를 현지 디아스포라 네트워크의 조직화와 국내 조응 조직의 네트워크화, 그리고 안과 밖의 네트워크화라는 세 방향성에서 검토함으로써 한국 공공외교의 발전을 위한 전략을 구성하는 데 기여할 논의를 도출해볼 것이다.

II. 디아스포라 공공외교의 가능성과 도전

디아스포라의 외교정책적 가치는 다음과 같이 정리될 수 있다(Mahroum et al. 2006).

첫째, 지식의 축적과 발전을 위한 두뇌의 순환고리를 만들 수 있는 좋은 기반을 제공해준다는 점이다. 이를 통하여 디아스포라 모국은 정보 공유와 상호 원조를 통하여 본국의 과학기술 발전을 위한 좋은 자산을 만들 수 있다. 특히 교통 및 통신 수단의 발전으로 과거와 달리 원거리 네트워크가 구축되어 이러한 가능성은 더욱 높아지고 있다.[5] 한국의 우수한 두뇌들은 세계 각지에서 명망 있는 전문가들로 활동하고 있다. 하지만 이들을 통하여 우리가 얻을 수 있고 그들을 또한 더 세울 수 있는 내외의 연결링크가 조직적으로 기능하고 있지는 못하다.

둘째, 디아스포라 네트워크는 모국에 대한 중요한 해외 투자의 주체가 될 수 있으며, 한국의 경제활동의 지구화를 국가와 기업이 주도하

5 이러한 지식이전의 네트워크의 성공적인 사례는 UNESCO의 Virtual Laboratory Toolkit이나 UNDP의 TOKTEN(Transfer of Knowledge Through Expatriat Naitonals) 사례에서도 찾아볼 수 있다. 이는 기본적으로 UNDP 차원에서 개별 국가의 두뇌 유출을 보상해주고, 외국에 있는 학자들이 본국에 도움을 주는 것을 가능하게 해주는 제도적 틀을 지향한다. 레바논의 "Visiting Scientist Programme" 같은 경우가 대표적인 사례가 될 수 있을 것이다.

는 형태가 아니라 지구적 네트워크의 관점에서 한 단계 업그레이드시킬 수 있는 자산이 될 수 있다는 점이다. 중앙아시아의 타지키스탄 등과 같은 저개발국의 경우 러시아 등지에 흩어져 있는 디아스포라의 송금으로 국가 재정의 상당 부분을 충당하는 경우도 있다. 인도의 경우 디아스포라 과학자들이 인도 내 사업에 대해 투자하는 사례가 적지 않다. 한국의 경우 세계한상(韓商)대회 등을 통하여 형성된 재외동포 상업 네트워크가 작동하고 있으나, 그 시너지 효과를 내기에는 아직 제도적이고 조직적인 보완을 더욱 필요로 하고 있다.

셋째, 디아스포라 네트워크는 모국의 외교적 목표를 지지하는 외국 내 로비세력으로 활동할 수 있다. 유대인 네트워크가 미국의 외교정책에 미치는 영향력에 대해서는 재론의 여지가 없다(Mearsheimer and Walt 2007). 한국의 경우 미국 내 한인 디아스포라의 국내 정치세력으로서의 영향력은 미미하다. 이는 수의 문제가 아니라 조직의 문제이다. 이런 견지에서 기존의 한국 정부에 대한 관계에 초점을 맞추고 있는 세계 각지의 한인회 모임과는 성격을 달리하는 디아스포라의 네트워크화가 필요하다. 현지 국가의 주류 사회와 동등한 기반에서 소통하고 주장할 수 있는 단체를 디아스포라 스스로가 조직할 수 있는 계기를 만들어야 한다.

넷째, 디아스포라 네트워크는 모국의 문화적 콘텐츠의 개발과 전파를 통한 인지도와 매력을 확산시키는 현지의 교두보로서의 기능을 담당할 수 있다. 최근 유럽에서는 한국의 영화와 음식에 대한 관심으로부터 촉발된 한류에 대한 관심이 만화와 대중가요 등을 비롯한 한국 문화 전반에 대한 관심으로 확산되고 있다. 한국 대중문화의 급속한 확산을 이벤트화시킨 숨은 공신은 막심 파케(Maxime Paquet)라는 한국계 입양아 청년이 조직한 '코리안 커넥션(Korean Connection)'이라는 한국 대중문화 애호가 모임이었다.[6] 이 사례는 자발적인 디아스포라의 활동이 안과 밖을 엮어주는 데 어떠한 폭발적인 효과를 낼 수 있는지 잘 보여준다.

위에서 열거한 활용 가능성 이외에도 디아스포라와 내국인들의 공존 및 상호 번영을 위한 다양한 영역의 협력 체제를 만드는 것이 가능하다. 따라서 한국 정부와 민간이 디아스포라 공공외교의 활성화를 위해서 할 수 있는 영역이 매우 급속한 속도로 확장되고 있으며, 이를 개념화하고 조직화하는 일이 과제로 부각되고 있다.

한편 디아스포라 공공외교를 수립하는 데 다양한 도전들을 상정해 볼 수 있는데, 이에 대한 대응의 원칙들은 기존 문헌들에 대한 검토를 통하여 다음과 같이 정리해볼 수 있다.

첫째, 디아스포라 외교의 내포적 측면과 외연적 측면이라는 이중성을 바로 이해하고 이 양자를 모두 종합해낼 수 있는 전략이 필요하다. 이미 지적한 바와 같이 공공외교의 목표는 외국의 정부 및 민간들의 관심을 끄는 매력을 고양시킴으로써 소프트 파워를 강화하는 데 있다. 이런 목표를 달성하기 위하여 두 가지 대조적인 접근법이 존재한다. 하나는 포괄적이고 분산적인 접근법이며, 다른 하나는 선택적이고 집중적인 접근법이다. 가령 캐나다와 노르웨이의 공공외교를 비교한 연구에 따르면, 캐나다는 분산된 공공외교, 노르웨이는 단일 혹은 집중된 공공외교를 추구하는 상이한 전략을 구사하고 있는 것으로 나타나고 있다(Bátora 2005: 9-20).

캐나다의 경우 외교부가 중심이 되어 'Promoting Canada Abroad Initiative'를 도입하면서 "Canada-Cool-Connect"라는 슬로건을 걸고 캐나다에 대해서 'Civil, Competitive, Creative, Caring, Cosmopolitan'의 이미지를 만들기 위해 노력하였다. 하지만 이렇게 포괄적이지만

6 손우현, "프랑스 韓流의 숨은 공신," 『조선일보』, 2011년 6월 24일.

파편화된 캐나다의 공공외교정책을 놓고 다양한 정부 조직과 비정부 기구 사이에 '조율'의 문제가 제기되었으며, 이에 따라 캐나다 대중들의 공공외교에 대한 관심이 줄어드는 문제가 있었다. 이를 극복하기 위하여 캐나다 정부는 'Policy e-Discussions'와 같은 정부 웹사이트를 적극적으로 활용하여 대중의 의견을 청취하고, 'Dialogue Paper'를 만들어 외교부에서 이를 참조함으로써 대중의 의견을 외교정책에 반영하려는 노력을 강화하였다.

한편 노르웨이의 경우 선택적이고 집중화된 공공외교 모델을 통하여 노르웨이가 지닌 비가시성(invisibility)을 극복하기 위한 노력에 집중하여, 선택된 시민사회 부문이 외교부와 협력하면서 컨퍼런스 및 위원회를 통해 공공외교정책에 의견을 반영하는 구조를 추구하였다. 따라서 노르웨이 외교부는 공공외교와 관련된 국내 조직들과 지방정부 관련 조직을 통합하여 'Innovation Norway'를 만들어 공공외교 정책을 전담하게 하였고, 외교부 산하에 NORAD(Norwegian Agency for Development Cooperation)를 설립하여 많은 노르웨이 비정부기구와 학술 기구를 네트워킹하는 협력구조를 설립하였다.

결국 많은 하드 파워의 자산을 소유하고 있는 강대국들과는 달리 그렇지 못한 중소국 외교에서는 주의를 끄는 것 자체가 중요하다. 국가의 비가시성 자체가 문제인 중소국 공공외교에서는 결국 비교우위를 지닐 수 있는 분야에 대한 선택과 집중의 전략이 필요한 것이다. 하지만 공공외교가 어떤 방향을 지향하든 외국에 대한 자국의 이미지 만들기 못지않게 중요한 것이 국내 행위자들로부터 어떻게 매력을 얻고, 국내 행위자들을 어떻게 조율할 것인가라는 중요한 과제가 있다는 사실이다.

바로 이 지점이 디아스포라가 위치한 중요한 지점이다. 디아스포라는 국내 행위자이면서 동시에 국외 행위자이다. 이런 의미에서 디아스포라의 이중성은 외부의 주의를 끄는 동시에 내부의 지지를 동원하는 양면성의 공공외교를 수행하기 위해 유용한 수단으로 평가되어야 한다. 이들을 외국인으로만 취급하거나 내국인으로만 취급하는 것 모두 불가능하다. 이들의 이런 이중성을 있는 그대로 인정하면서 시작하여야 한다. 따라서 디아스포라에 대한, 그리고 디아스포라를 통한 공공외교는 내포와 외연의 측면을 모두 담아내는 선택적이면서도 포괄적인 전략을 수립하는 방향으로 추진되어야 한다.

둘째, 디아스포라 공공외교가 지니는 위기적 측면과 기회적 측면에 대한 바른 진단과 대응이 필요하다는 점이다. 이민자들의 존재론적 기반이 지니는 취약성에 대한 지적은 많이 이루어졌다. 하지만 이러한 취약한 존재적 기반은 시간이 지나면서 정치, 경제 및 사회의 지구적 과정이 강화됨에 따라 점차 기회적 요인으로 작용할 수 있는 국제정치 구조의 변화가 일어난 것도 사실이다. 가령, 얼마 전까지만 해도 디아스포라 지식네트워크(DKN)에 대한 연구들은 이를 통한 두뇌 유출의 문제를 제기하면서 디아스포라의 가능성에 대한 의심과 회의가 많았다. 하지만 최근의 연구들은 디아스포라지식네트워크가 '두뇌 유출'이 아니라 '두뇌 이득'의 측면이 훨씬 강하게 나타나는 추세를 보여주고 있다(Biao 2005; Meyer and Wattiaux 2006). 물론 이 네트워크가 얼마나 효율적인가의 문제는 여전히 논란 중에 있지만, 이러한 네트워크는 꾸준히 증가하고 있으며 인터넷 등을 활용한 활동도 지속적으로 강화되고 있는 추세에 있다(Lowell and Gerova 2004). 또한 디아스포라에 대한 외교가 외교의 정치화 과정과 얽히면서 외교정책 결정 과정을 더욱 어렵고 복잡하게 만들 수 있는 가능성도 있다. 하지만 이러한 외교과정의 정치화 문제는 세계화와 민주주의의 진전 그리고 커뮤니케이션 수단의 발달에 따라 피할 수 없는 과제로 등장하였으며, 이를 정면으로 해결하지 않고는 외교의 새로운 영역의 가능성과 기회를 활용할 방도가 없다. 따라서 디아스포라를 통한 공공외교의 가능성과 실천 방안을 강구함에 있어서 이들의 도전적 요인에 대한 냉정한 분석과 더불어 긍정적 기여의 가능성을 동시에 파악하는 것이 급선무이다.

또한 콜롬비아와 남아프리카공화국의 디아스포라지식네트워크에 대한 한 연구는 디아스포라를 정책적 옵션의 하나로 고려할 만한 가능성을 입증하였다. 실제로 그들은 과학, 기술, 정치적인 정보들을 공유하면서 전문 지식을 이전하고, 전문가 및 과학자들의 외교 활동과 공동 프로젝트를 추진하며 자신의 출신 국가에 각종 도움을 베푸는 활동 등을 하고 있는 것으로 나타났다. 특히 이들을 연결해주는 고리가 출신 국가를 중심축으로 하여 형성되고 있다는 점에서 이를 단순히 초(超)국경공동체(transnational community)로만 파악하기는 어렵다(Meyer and Wattiaux 2006: 7-9). 따라서 디아스포라의 네트워킹 현상을 단순한 공동체 주의의 수준에서 파악해서는 곤란하며, 더 크고 포괄적인 정체성 근거의 창출로 보아야 한다는 점에 주목할 필요가 있다. 이러한 디아스포라의 새로운 정체성의 근거가 되는 초국경공동체가 활동하는 '초국경지리공간(transnational geographic space)'의 창출이야말로 디아스포라 공공외교가 제기하는 새로운 도전의 장이며 동시에 새로운 활동 영역의 근거인 것이다. 따라서 디아스포라 공공외교는 디아스포라의 초국경성을 어떻게 인정하고 활용할 것인지에 대한 가능성에 주목하면서 개방적이면서도 관리 가능한 대안들을 모색하는 데 깊은 주의를 기울여야 할 것이다.

셋째, 디아스포라 공공외교를 포함하여 모든 공공외교의 성공은 전통적인 외교의 발상을 넘어서 네트워크론적 사고에 따른 발상의 전환이 필요하다. 공공외교는 전통적인 위계적 조직에 의해 추진되는 외교 틀 속에 담아내기 어려운 특성을 지닌다. 지구화 시대의 외교는 다양한 수준과 주체들이 참여하는 개입(engagement)의 통로를 전제로 진행되고 있으며, 다양하고 복잡한 정책 네트워크에 의하여 대외정책이 실행되는 경우가 더욱 증대하고 있다(Hocking 2008: 63-74). 따라서 공공외교 조직이 위계적일수록 외부 행위자들의 네트워크와 관련을 맺기가 어렵게 될 것은 자명해 보인다. 외부 행위자들의 네트워크가 강한 영향력을 행사하지 못하는 경우에는 무방하지만, 특히 1999년 WTO 각료회의를 저지한 '시애틀 전투(Battle of Seattle)'나 2011년 중동 민주화의 과정에서 나타나고 있는 것처럼 분산적이면서도 IT와 연관된 다양한 소통 매체를 활용하고 다양한 상호작용을 조직화해내는 '직접행위자네트워크(Direct Action Network)' 및 '영리한 대중(smart public)'의 등장은, 공공외교의 영역에 대한 근본적인 인식 변화를 요구하고 있다. 결국 공공외교의 탈중앙화 내지 분산화된 접근이야말로 네트워크로 구성된 외부 행위자들과의 상호작용에서 필수적이며 핵심적인 과제가 되고 있다(Fisher 2010: 7-11).

냉전 시기에 소련과의 핵전쟁에 대비하여, 유지 가능한 다기적 통신망의 구축을 위한 구상의 일환으로 고안된 넷워(net war)와 유사한 관념으로부터 상업화된 월드와이드웹(www)이 출현했다는 사실이나 이 넷워 개념을 이용한 '시애틀 전투'에 대한 분석이 그 적실성을 평가받고 있는 점, 그리고 2008년 미국 국방과학위원회(Defense Science Board)가 미국 국방부로 하여금 현존하는 다양한 IT 기술 및 네트워크 기법을 이용한 '전략적 소통(strategic communication)'의 강화를 주문하였던 사실 등을 상기해보면(Defense Science Board 2008), 공공외교의 네트워크론적 접근은 단순한 탈중앙화의 전략만을 의미하는 것은 아니다. 즉 네트워크 시대의 외교는 분산적이며 네트워크적 속성을 가진 행위자들을 대함에 있어서 정부라는 집중화된 조직이 어떤 전략을 취할 수 있는가에 대한 답을 찾아가는 방법으로서, 네트워크론적 접근법을 필요로 한다. 디아스포라 공공외교의 경우에도 중앙화된 정부 내지 그 유관 조직이 파편적이고 분산적인 속성을 지닌 디아스포라와 어떤 소통의 통로를 구축하고 어떻게 상호작용할 것인지에 대한 전략을 통합적으로 만들어내는 과제를 해결하여야 한다. 이런 의미에서 최근 '디지털외교 PD 2.0'에 대한 논의나 인터넷, 블로그, 사회적 매체(SNS) 등을 활용하여 중앙화된 정부가 실행하는 공공외교의 네트워크화에 대한 논의가 디아스포라 공공외교에서도 중요한 방향성으로 숙고되어야 할 것이다.

III. 디아스포라 공공외교 추진 사례와 함의

1. 유대인 디아스포라와 이스라엘 정부의 정책

일반적으로 이스라엘은 정부 차원의 유대인 디아스포라와의 연계가 제한적인 것으로 평가받고 있다(Sheffer 2010: 28-29). 이스라엘 정부와 유대인 디아스포라 정책은 원래 이스라엘 재외동포의 이주와 귀환에 초점이 있었고, 이주와 관련이 없는 재외 유대인에 대한 정책은 주로 정부보다는 원래부터 존재하고 있던 전 세계적 유대인들의 비정부 조직이 담당하고 있었기 때문이다(전형권 2004: 210-211). 따라서 유대인 디아스포라정책의 공공외교적 성과는 주로 디아스포라 조직화의 성과에 크게 의존하는 측면이 강하며, 디아스포라 공공외교 성공의 조건은 본국 정부의 정책에서 먼저 찾기보다는 디아스포라의 자발적 조직화에서 찾아야 함을 보여준다.

유대인 디아스포라는 그 역사가 오래되었고, 특히 상업 네트워크가 잘 조직화되어 있다. 금융업계에서는 JP모건, 뱅크 오브 아메리카, 원유업계에서는 엑슨 모빌, 로열 더치 셸, 브리티시 페트롤리움, 언론계에서는 뉴욕 타임즈, 워싱턴 포스트, 월스트리트 저널, ABC, CBS, NBC 등 거대 기업이 유대인 소유이며, 전 세계 500개 다국적 기업에 속한 미국의 240여 개 회사 중 상위 그룹 대다수가 유대 자본 소유이다(임채완 2008: 483).[7] 이러한 유대인의 상업적 지배력은 바로 유대인 디아스포라의 세계적 연대로부터 나오고 있다. 이 유대인 디아스포라 네트워크의 중심에는 세계유대인총회(World Jewish Congress: WJC), 미국유대인협회(American Jewish Committee: AJC), 미국이스라엘공공문제위원회(The American Israel Public Affairs Committee: AIPAC) 등의 막강한 정치적 영향력을 지닌 단체들이 존재하고 있다.[8] 유대인 디아스포라는 그 자체의 촘촘한 네트워크를 기반으로 다양한 활동을 벌이고 있으며, 디아스포라가 소재한 정부 및 이스라엘 정부 등에 대한 영향력을 행사하면서 다양한 층위와 분야에서 국제정치적 영향력을 행사하기도 한다. 이들은 이미 디아스포라 외교의 내포와 외연 및 위기적 측면과 기회적 측면의 이중성을 넘어서는 밀도 높은 네트워크를 형성하고 있으므로, 이들에 대한 연구는 장기적으로 한국의 디아스포라 공공외교에 대한 커다란 시사점을 가진다. 유대인 디아스포라의 경험을 직접 수용하기에는 한국의 디아스포라와 양적 및 질적 차이가 너무 크지만 현지에서, 그리고 국

7 Jewish Achievement, "Fortune 500 CEOs," http://www.jewishachievement.com/domains/ceos.html(검색일 2011년 5월 1일).

8 World Jewish Congress, http://www.worldjewishcongress.org/en/about(검색일 2011년 5월 1일); American Jewish Committe, "Who We Are," http://www.ajc.org/site/c.ijITI2PHKoG/b.789089/k.D39C/About_Us.htm(검색일 2011년 5월 1일); AIPAC Policy Conference, http://www.aipac.org/pc/(검색일 2011년 5월 1일).

제적으로 다양하게 분화된 조직화라는 선결 조건에 주목할 필요가 있다.

한편 최근 들어 이스라엘은 정부 차원에서 디아스포라를 활용한 공공외교 정책을 적극적으로 추진해가고 있다. 먼저 이스라엘은 정부 차원에서 디아스포라 정책을 전담하는 부서를 설치하였다. 구체적으로 이스라엘 외교부에는 세계 유대인 관련 업무를 맡는 전담 부서(World Jewish Affairs Division)가 있다.[9] 이 부서는 전 세계 유대인 커뮤니티의 연결은 물론 외교부 외에 타 정부 기구와도 협력 네트워크를 구축하는 것을 목표로 한다. 이는 유대인 커뮤니티 업무 외에 외국에 이스라엘의 입장을 설명하고 반유대주의는 척결하는 등의 업무도 다룬다. 하지만 실제로 이스라엘 외교부의 디아스포라 분과의 활동은 미미한 것으로 평가된다. 오히려 이보다 더 주목해야 할 것은 이스라엘의 공공외교와 디아스포라 부(Ministry of Public Diplomacy and Diaspora Affairs, 이하 디아스포라 부)'이다. 현재 우크라이나 출신 귀환 유대인인 에델스틴(Yuli Edelstein)이 장관으로 있는 이 부서는 자체 웹사이트조차 구축되어 있지 않았다. 하지만 디아스포라 부는 유대인 디아스포라와 이스라엘 정부의 연계를 강화하기 위해 노력을 하고 있으며, 이를 위해 온라인과 오프라인 모두에서 미디어와 통신을 활용한 네트워크 구축을 모색하고 있다.

먼저 디아스포라 부는 이스라엘 국민들에게 국민 각자가 외교관임을 강조하고 이스라엘에 대한 잘못된 정보를 고칠 것을 호소하는 이스라엘 홍보(PR) 사이트인 마스비림(Masbirim)을 구축했다.[10] 이 웹사이트

9 Israel Ministry of Foreign Affairs, World Jewish Affairs Division, http://www.mfa.gov.il/MFA/About+the+Ministry/Structure+and+departments/World+Jewish+Affairs+Division.htm(검색일 2011년 4월 30일).

10 Masbirim 홈페이지, http://www.masbirim.gov.il/; The Jerusalem Post, "Government to Add English Habara Site to Existing Hebrew," 24 February 2010, http://www.jpost.com/Israel/Article.aspx?id=169590(검색일 2011년 4월 30일).

는 세계 역사에서 농업, 의학 등 이스라엘의 업적, 이스라엘에 대한 잘못된 정보, 이스라엘-아랍 관계를 소개하고 있다. 또한 방문자로 하여금 개개인이 이스라엘을 대표하는 외교관이 될 수 있음을 강조하고 각자가 처한 환경에서 이스라엘에 대한 왜곡된 이미지를 고치는 외교관 역할을 할 것을 역설하고 있다. 웹사이트는 구축한 지 2주가 되지 않아서 15만 명의 방문이 있었고, 디아스포라 부는 디아스포라 유대인들을 위해 히브리어 전용 사이트를 영어와 러시아어로 확장했다.

이스라엘 디아스포라 부가 온라인에서 미디어를 활용해 이스라엘 내국민과 디아스포라 유대인들에 대한 공공외교 정책을 펼쳤다면, 오프라인에서는 이스라엘과 디아스포라 유대인을 연계하기 위한 노력을 펼쳤다. 2010년 6월 공공외교와 디아스포라 부에서는 이스라엘 정부와 유대인 커뮤니티를 연결하는 소통센터(contact center)를 설립했다.[11] 이러한 부서 설립은 가자 지구에서의 분쟁, 이스라엘 군의 팔레스타인 공격에 대한 세계적인 비난이 고조되면서 이것이 이스라엘 정부 전체에 대한 비판으로 확장되자, 이스라엘 바깥의 유대인들에게 정확한 정보를 제공하고 본국과의 유대를 강화하려는 의도에서 출발했다. 소통 센터의 목적은 다양한 미디어에서 정보를 감시·갱신하고, 비디오와 사진 등 다양한 정보를 SNS에 올려서 유대인들에게 실시간으로 사실에 가까운 정보를 제공하는 데에 있다. 주목할 만한 것은 연계 센터 구축이 이스라엘 정부와 정부에 소속되지 않은 다양한 유대인 조직과의 협력에 바탕하고 있다는 점이다. 이 센터는 이스라엘 정부의 공공외교와 디아스포라 부

11 *TRCB News*, "Public Diplomacy and Diaspora Affairs Ministry Opens Contact Center for Diaspora," 3 June 2010, http://www.trcb.com/news/israel/general/public-diplomacy-and-diaspora-affairs-ministry-opens-contact-28221.htm(검색일 2011년 4월 30일).

서와 더불어 마카비(Maccabi World Union), 유대인 에이전시(Jewish Agency), 세계 유대인 학생 연합(World Union of Jewish Students) 등과의 협력에 의해 운영되고 있다.[12]

2. 화상 네트워크와 중국 정부의 정책

1949년 중화인민공화국의 건립 이후, 중국 정부는 해외 화교와의 관계를 강화하고 이들을 정치적으로는 통일전선의 일환, 경제적으로는 중국의 사회주의 건설을 위한 중요한 부분으로 생각했다(장공자 2007). 이에 따라 1950년대에는 해외 화교의 투자를 촉진하기 위한 투자 우대법이 있었다. 이러한 적극적 화교 활용 정책은 문화혁명 시기에 주춤하는 듯했으나, 개혁개방 이후로 화교가 중국의 현대화에 중요한 역할을 할 수 있음을 인정받게 되면서 중국은 적극적 화교망(華僑網) 건설 및 활용 정책을 펼치게 되었다.

중국의 경우에도 화교 커뮤니티의 조직화와 네트워크화가 디아스포라 공공외교의 중요한 출발점임을 보여준다. 유대인 상업 네트워크 못지않게 커다란 영향력을 가지고 있는 화상(華商) 네트워크는 특히 동남아시아 등지에서 그 영향력이 크다. 현재 화상들은 인도네시아, 싱가포르, 말레이시아 등 동남아 경제의 70%를 장악하여 영향력을 행사하고 있다. 동남아시아의 많은 초대형 기업의 소유주는 화교이다. 인도네시아의 싼린(三林) 그룹, 구당가람(Gudang Garam) 담배회사, 말레이시아의 곽씨 형제 그룹과 IOI 그룹, 싱가포르의 윌마르(Wilmar) 그룹, 태국의 화빈(華彬) 그룹 등은 대표적 화상 기업이다. 태국에서는 국가 경제의 90%를

12 Ibid.

화교들이 손에 쥐고 있으며, 태국 10대 재벌 중 6개 그룹이 화상 출신이다. 화상 네트워크는 해외에서만 막강한 것이 아니라 부상하고 있는 중국 경제의 큰 원동력이기도 하다. 2009년에는 중국에 대한 900억 달러 해외 투자 중 절반 이상이 화교 자본이었다.[13]

화상 네트워크는 전 세계 디아스포라의 상업네트워크들 가운데 결속력이 매우 강하고 네트워크적 지향성이 높은 것으로 평가받고 있다(임채완 2008: 482). 이러한 화상 네트워크는 화인(華人)이라는 문화적 동질성에 기초하면서 동시에 가족 관계, 동일한 언어, 선조의 고향 등과 같은 비공식 연줄에 기초하고 있기 때문에 그 어떤 조직들보다 강한 신뢰관계를 우선시하는 특징을 지닌다(정성호 2008: 120-121). 그러나 화상 네트워크의 공고함은 이러한 가족 관계, 언어, 문화 동질성과 같은 요인을 통해서만 유지되는 것은 아니다. 이들은 국제화교협회, 아시아화교네트워크, 세계화상대회와 세계화상네트워크와 같은 공식적 조직을 통해서 그 힘을 더욱 강화할 수 있었다. 그중 특히 주목할 만한 것은 세계화상대회와 세계화상네트워크이다.[14]

이 같은 화상네트워크는 화인으로서의 문화적 동질성에 기초한 네트워크로부터 시작하여 세계화상대회 및 세계화상네트워크와 같은 조직적 매개를 통해 긴밀하고 재생산 가능한 네트워크로 발전해나가고 있다. 화상네트워크는 중국 본토에 어마어마한 규모의 경제 투자를 해왔으며 이것은 중국 경제 부흥의 중요한 원동력으로 작용한 것으로 평가되고 있다(김진호 2008). 수적 차원에서는 미치지 못하더라도 한국의 디아스

13 『아주경제』, "부의 네트워크를 만들어라," 2011년 1월 16일, http://www.ajnews.co.kr/view_v2.jsp?newsId=20110116000215(검색일 2011년 5월 2일).

14 World Chinese Business Network, "About WCEC," http://english.wcbn.com.sg/index.cfm?GPID=3(검색일 2011년 5월 2일).

포라 상업 자원 역시 한국 디아스포라 공공외교의 중요한 자산이 될 수 있다. 화상네트워크의 상기 전략들은 일정 정도 우리 한상(韓商) 네트워크의 조직화에도 영향을 미쳤다. 하지만 조직화라는 측면에서 보면 아직 모자라다. 형식은 갖추어가고 있지만 그 내용을 채울 아이디어와 협력의 조밀한 네트워크 구축이 아쉽다.

한편 중국의 화교에 대한 적극적 정책은 개혁개방기 이후 본격적으로 전개되었다. 중국은 1978년 12월 22일 전국교무공작회의에서 현대화와 사회주의국가 건설을 위한 확고한 화교정책을 선언했다(장공자 2007: 372). 따라서 중국 정부는 화교들의 투자 유도, 화교들의 명예 회복과 화교들의 투자 이익 보장을 위한 여러 정책을 펼쳤다. 이러한 적극적 화교망 활용 정책의 결과로 개방 이후 초기 중국에서의 외국인 투자는 대부분 광동성, 복건성의 경제특구를 중심으로 홍콩과 같은 화교계 기업의 투자가 많은 부분을 차지했다(김재기 2005: 174). 1979~1991년 화교 자본은 총 179억 3천만 달러를 중국에 투자했는데, 이는 중국에 투자한 외국 자본의 66%에 해당하는 것이었다(김창도 2009: 49). 2008년에도 중국이 유치한 외국 자본에서 60% 이상이 화교의 자본이고, 외자기업의 70%가 화상 기업이었다. 또한 오늘날 화교의 중국 경제에 대한 기여는 단순한 투자를 넘어서 기술 전달, 중국 기업의 해외 진출 도움 등 여러 방면에서 이루어지고 있다.

개혁개방 이후 오늘날까지, 중국 정부의 화교 정책의 특징은 다음 세 가지로 요약될 수 있다(김재기 2005: 175). 첫째, 중국 정부는 화교의 적극적 활용을 위해 법적 토대를 마련했다. 앞서 언급했듯이 중국의 화교 우대 법령은 1950년대에도 존재했고, 이러한 성향의 정책은 특히 개혁개방기 이후로 두드러지고 있어, 화교 기업은 중국 진출을 위한 인허가 과정에서 외국 기업들보다 더 우대받아 투자가 더욱 촉진될 수 있었다. 1990년에 중국 정부는 '화교와 홍콩 마카오 대만 동포의 투자 규정'을 공포했고, 1991년 '중화인민공화국 귀국 화교 및 화교 가족의 권익보호법'을 발표해 화교와 가족을 중국 인민과 같이 평등하게 대해주고 적절히 배려할 것임을 규정했다(김창도 2009: 49; 장공자 2007: 375-376). 이렇듯 중국 정부는 화교 관련 주요 법규를 다양한 측면에서 정비하였다(조정원 2009: 134). 하지만 중국은 이중국적법을 허용하고 있지는 않다. 중국은 '중화인민공화국 국적법'을 통해서 화교의 현지 국가의 국적 취득을 장려하고 교민들의 현지화 정책을 추진하고 있다. 이러한 현지화 정책은 화교들의 주요 거주지인 동남아시아 국가들에서 화교들에 대한 반감이 생기고 또한 동남아 국가 정부와 중국과의 외교적 마찰이 생기자 이를 해결하기 위해서 나온 정책이었다(조정원 2009: 135-136).

둘째, 중국 정부의 화교 정책은 중국 중앙정부 여러 부처, 또한 지방 차원 등 다층적으로 이루어지고 있다. 현재 중국 정부에서는 중국공산당 통일전선부, 전국인민대표대회 화교위원회, 지방인민대표대회 화교위원회, 국무원 화교업무 판공실(교판), 전국교판 및 지방교판, 중화전국귀국화교연합회(교련), 전국교련 및 지방교련, 전국정치협상회의(정협), 중국의 해외화인 통일전선인 중국치공당과 같은 다양한 기구들이 중국의 중앙과 지방에서 중국 정부의 화교 정책을 담당하고 있다(장공자 2007: 383-386). 중국은 지방에서 29개 1급 행정구와 2,700개 현과 향에 8,000여 개 조직을 만들어서 해외 단체와 연락하고 있으며 중국은 정부 차원에서 이 조직들의 운영비를 조달하고 있다(김재기 2005: 180).

셋째, 중국 정부는 화교 활용을 위한 공식적, 법적 기구 측면에서 기반을 마련함과 동시에, 비공식적인 화교 네트워크를 짜기 위해서 부단히 노력하고 있다. 대표적으로 세계화상총회와 같은 각종 화교 친선단체에 대한 중국 정부의 관심과 통 큰 지원이다. 중국 지도자 중 화교 네트워크에 관심을 갖고 적극적으로 화교 친화 정책을 펼친 사람이 덩샤오핑이다. 덩샤오핑이 화교들과 가졌던 각별한 관계에 대해서는 잘 알려져 있다(김진호 2008: 483). 2001년 난징에서 열린 제6차 세계화상대회는 중국 중앙정부, 난징 시 정부와 같은 정부 기구로부터 도움을 받아서 열렸고, 당시 중국 총리였던 주룽지가 참여하여 개회 연설을 하였다. 중국 정부는 이 대회를 위해 무려 1조 4천억 원을 사용했다(김창도 2009: 49).[15] 또한 중국 정부는 홍콩에서 '세계화인(華人)운동회'를 개최하였다. 이는 본래 2004년부터 말레이시아, 인도네시아, 싱가포르 등 동남아시아 등지에서 소규모로 열리던 대회를 중국 정부가 통합하여, 대규모 대회를 열고 화교 네트워크를 도모하겠다는 취지에서 조직되었다.[16]

이러한 중국 정부의 화상 네트워크 활용이 중국 경제 부상에 큰 역할을 했음은 자명한 일이다. 중국 정부는 이제 화상 네트워크를 짜고, 국내 투자 유치에 치중하던 단계에서 나아가 해외 화상 기업들에 경제 지원을 하고 화상 네트워크를 중국 기업의 해외 진출을 위한 교두보로 활용하는 새로운 단계에 들어서고 있다. 중국 정부는 2008년 하반기에 저장성에 투자한 화교 기업이 자금난을 겪자 성 정부가 기업의 문제 해결을 돕기 위해 38억 위안을 빌려주었다(김창도 2009: 49). 중국은 이전에 화교 자본의 국내 유치에 주력하는 정책에서 나아가, 동시에 중국 기업이 해외 진출을 위해 해외 화교 기업을 활용하는 '양방향' 정책을 도모하고 있다(김재기 2005: 175).

15 World Chinese Business Network, "About WCEC," http://english.wcbn.com.sg/index.cfm?GPID=3(검색일 2011년 4월 25일).

16 송계신, "세계를 품는 국가전략 세우자: 부의 네트워크를 만들라," 『아주경제』, 2011년 1월 16일, http://www.ajnews.co.kr/view_v2.jsp?newsId=20110116000215(검색일 2011년 4월 15일).

3. 인상(印商) 네트워크와 인도 정부의 정책

이주의 역사가 길고, 모국에 대한 연대감이 강한 인도인들의 네트워크는 인도의 부상과 함께 유대인, 화상 네트워크와 더불어 주목받고 있다. 189개국에 분포해 있는 약 2천 5백만의 재외 인도인은 중국 화교에 이어서 세계에서 두 번째로 큰 규모이다.[17] 초기 인도인들의 이민은 이민국의 노동력 부족을 보완하기 위한 것이었지만, 20세기 후반에 들어서 인도인의 해외 이민은 전문 지식을 갖춘 의사, 약사, IT 종사자, 엔지니어, 언론인 등 전문가들의 이민으로 변화되는 양상을 보였다. 외국으로 이주한 인상은 그들 최고의 무기인 영어와 전문 지식을 바탕으로 이민국에서 성공을 거둘 수 있었다(박형기 2009: 146-148).

인상 네트워크 역시 유대인, 화상 네트워크와 같이 끈끈한 연대감을 특징으로 하고 있다. 인상의 경제는 가족경영과 자기가 속한 카스트의 공동체인 '자띠(jati)'라는 끈끈한 조직에 뿌리를 두고 있다. 인상은 가족에 기초한 비즈니스로 서로 강한 유대감을 가진다. 동시에 자띠 역시 한 가족과 마찬가지이므로 자신이 속한 자띠에 충성을 다하고 같은 자띠에 속한 사람끼리 상부상조하는 전통은 인상 네트워크의 중요한 특성으로 자리 잡고 있다(박형기 2009: 148-149). 또한 인상 네트워크는 지역을 중심으로도 강한 결속과 조직을 이루고 있다. 인도의 구자라트 지방 출신은 구자라티, 펀잡 출신은 자비, 마르와르 출신은 마르와리 등으로 불리는데 각각 내부적으로 강한 결속력을 가지고 활동한다. 구자라티들은 자기가 속한 지역에서 구자라트 연합(Gujarat Association)을 결성하고 있으며 이는 펀잡, 마르와르 등도 마찬가지이다(박형기 2009: 142-143).

17 Ministry of Overseas Indians Affairs, *Strategic Plan for Next Five Years*, p.2, http://moia.gov.in/writereaddata/pdf/Strategic_Plan.pdf(검색일 2011년 4월 26일).

이처럼 인상 네트워크는 가족경영, 자띠, 지역과 같은 비공식적 조직을 통해 촘촘히 이루어져 있지만, 이외에도 유대인, 화상 네트워크에서도 나타나는 공식적 조직을 통한 강한 네트워크도 구축하고 있다. 현재 전 세계에는 다양한 인상 네트워크들이 활동하고 있다. 세계인도혈통인기구(Global Organization of People of Indian Origins: GOPIO)는 해외 거주 인도 혈통인들의 국제조직으로서, 1989년 뉴욕에서 인도 혈통인 인권침해에 대항하기 위해 설립되었다. 하지만 이 기구는 이제 인권뿐만 아니라 인도 혈통인들의 네트워킹과 문화 정체성의 유지를 위한 기구로 활동 중이다.[18] 일례로, 세계인도혈통인기구에는 비즈니스 위원회(Business Council)와 문화 위원회(Cultural Council)가 있다. 미국인도재단(American India Foundation)은 2001년 인도 구자라트 지방의 구제를 위해서 실리콘밸리, 뉴욕, 시카고 등지에서 기금을 모으면서 시작한 단체로 현재 인도의 교육, 생활, 공중보건을 위해서 다양한 형태의 지원 활동을 벌이고 있다.[19]

또한 인상 네트워크는 업종별로 네트워크를 형성하여 다층적 연대를 형성해나가고 있다. 인도계 실리콘밸리 전문직협회(Silicon Valley Indian Professionals Association: SIPA)는 IT 업종에 종사하는 인도인들의 네트워크로서 IT 업종에 종사하는 인도인들의 지식과 정보를 공유하는 네트워크이다.[20] 또한 북미 인도인 전문가네트워크(North America Network of Indian Professionals)는 회원들의 전문성 고양, 문화적 정

18 Global Organization of People of Indian Origins, http://www.gopio.net/formation_gopio.htm(검색일 2012년 4월 26일).

19 American India Foundation, "Who We Are," http://www.aif.org/who-we-are.html (검색일 2012년 4월 26일).

20 Silicon Valley Indian Professionals Association, http://www.sipa.org(검색일 2012년 4월 26일).

체성 유지, 커뮤니티 봉사, 정치적 의식의 고양이라는 네 가지 목표를 기치로 북미 지역 약 35만 명의 인도인 전문가들 사이에 연대를 조직해나가고 있다.[21]

이러한 인상 네트워크들은 해외에서 인상들의 연대감을 강화하는 동시에 인도인으로서 정체성을 유지하는 기구로 기능하고 있으며, 인상들은 해외에서의 성공을 다시 모국으로 돌리고 있다. 2005년 인교는 고국에 217억 달러를 송금했는데, 이는 해외 화교들의 중국 송금액인 213억 달러를 최초로 앞지른 것이었다. 또한 2005년 인도의 해외 투자 금액 총 75억 달러 중 절반 이상이 인교의 자금이었다(박형기 2009: 142-143). 그리고 인도 경제에 인상이 기여하는 것은 단순한 송금이나 투자에만 그치지 않는다. 인상 네트워크는 현지의 법률, 규제, 외국 정부와 업계 관행에 관한 정보를 제공하거나 각국 시장에 침투해 들어가는 네트워크를 형성해주고, 인교가 보유하고 있는 자본과 기술 자산을 다시 인도로 보냄으로써 '두뇌 유출'이 아닌 인도로의 두뇌 유입과 고용 창출 효과로 작용하고 있다(전형권 2004: 206-207).

이처럼 인상네트워크는 규모나 전략 면에서 한국의 상업 네트워크 구축을 위한 전략을 수립하는 데 중요한 교훈을 주고 있다. 인상 네트워크는 디아스포라 외교가 지니는 위기의 측면을 적극적인 대처로 극복함으로써 기회적 요인으로 승화시킨 좋은 예라 할 수 있다. 특히 지역적 수준에서의 네트워크 구축과 광역적 네트워크 구축, 그리고 모국과의 네트워크 구축이라는 세 측면에서 인상네트워크의 경험은 복합적 네트워크 구축에 대한 좋은 모범적 사례로 평가될 수 있는데, 이러한 성공의 뒤에는 인도 정부의 정책적 뒷받침이 주효했다.

21 North America Network of Indian Professionals, http://na.netip.org/aboutus/our-history; http://na.netip.org/aboutus/four-pillars(검색일 2012년 4월 26일).

인도는 전 세계 국가 중 디아스포라 부서를 가장 처음 설치한 국가이다. 인도는 원래 해외에서 태어난 인도 혈통인(Persons of Indian Origin: PIOs)과 비거주 인도인(Non-Resident Indias: NRIs)으로 구분하여 주로 비거주 인도인을 보호하고 해외 인도인들의 인도 투자를 장려하는 디아스포라 정책에 초점을 맞추고 있었다(전형권 2004: 209). 하지만 이러한 인도의 정책은 1999년 인도인 카드(PIO Card)의 도입, 2004년 1월부터 재외인도인 이중시민권(dual citizenship) 허용, 그리고 같은 해 9월 해외 인도인부(Ministry of Overseas Indian Affairs)를 설치함으로써 적극적인 디아스포라 네트워크 활용이라는 새로운 국면을 열었다. 2004년 해외 인도인부의 설립을 통해서 인도 정부는 인도 혈통인과 비거주 인도인을 구분하지 않고 해외 인도인들 간 연대 강화와 네트워크 형성, 본국과의 결속을 강화하기 위해 노력하고 있다.

해외 인도인부는 디아스포라 네트워크 구축을 위해 많은 제도적 틀을 제공하고 있다.[22] 인도 정부는 단순한 해외 인도인의 본국 투자와 비즈니스 장려뿐만 아니라 해외 인도인의 네트워킹, 문화 정체성 유지, 해외 인도인에 대한 재정적 지원 등 다양한 정책을 펼치고 있다. 현재 해외 인도인부 산하에는 여러 기구가 설치되어 있다.[23] 먼저, '해외 인도인 촉진센터(Overseas Indian Facilitation Centre: OIFC)'는 해외 인도인들의 인도 투자, 비즈니스에 도움을 주는 기구이다. '인도개발기금(India Development Foundation: IDF)'은 인도의 사회 발전을 위한 디아스포라의 자선 활동을 조율하는 기구이다. 또한 인도 정부는 '인도 해외취업

22 Ministry of Overseas Indians Affairs, Strategic Plan for Next Five Years, pp. 4-5, http://moia.gov.in/writereaddata/pdf/Strategic_Plan.pdf(검색일 2012년 4월 16일).

23 Ministry of Overseas Indian Affairs, Diaspora Services, "an Overview," http://moia.gov.in/services.aspx?id1=24&idp=24&mainid=23(검색일 2012년 4월 16일).

위원회(Indian Council of Overseas Employment: ICOE)'라는 인도인과 해외 인도인의 해외 취업을 위한 씽크탱크이다. 이러한 기구뿐만 아니라 해외 인도인부설 산하에 '세계 인도인 지식네트워크(Global Indian Network of Knowledge: Global-INK)' 웹사이트를 만들어서 해외 인도인들의 전문 지식, 기술, 경험의 공유와 모국으로의 유입을 위해 온라인상 네트워크를 구축하고 있다.[24] 이 웹사이트에는 "나는 당신이 나라의 발전을 위해 공헌하기를 초청합니다. …… 우리는 돈을 말하는 것이 아니라, 아이디어, 개인의 이니셔티브, 공동체 행동을 말하는 것입니다"라고 명시하고 있는데, 이를 통해서 인도가 디아스포라의 송금, 투자와 같은 단순한 경제적 부의 유입이 아닌 혁신적 아이디어의 본국 유입을 중시하고 있음을 알 수 있다.

또한 해외 인도 부서는 이외에도 해외 우수 인도인들이 인도 정부에게 컨설팅을 해줄 수 있는 채널이 되는 '수상 직속 글로벌 자문위원회(Prime Minister's Global Advisory Council)'를 설치하고, 워싱턴과 아부다비에 해외인도인 센터(Overseas Indian Centre)를 설치했다. 이러한 기구들을 통해서 인도 정부는 인도인들의 네트워킹, 지식 네트워크 활용을 꾀하고 있다.

이외에도 인도는 인도인들의 문화와 정체성 고취를 위한 정책을 실시하고 있다. 해외 인도인부서가 주관하는 '프라바시 바라티야 디바(Pravasi Bharatiya Divas)'는 2003년 이후로 매년 1월 9일에 해외 인도인 공동체의 고국에 대한 공헌을 기념하는 날로서, 단순히 며칠간의 행사에 그치는 것이 아니라 해외 인도인들을 네트워킹하고 그들의 경험

24 Global Indian Network of Knowledge:Global-INK http://www.globalink.in/(검색일 2012년 4월 16일).

을 공유하게 하는 역할을 한다.[25] 또한 인도 알기 프로그램(Know India Programme)은 18~26세 사이의 해외 인도인 젊은이들을 대상으로 3주간 교육하는 프로그램으로, 인도인으로서 정체성 유지와 문화 자부심 고취 기능을 하고 있다.

또한 인도 정부는 해외에 있는 인도인들을 경제적으로 돕고 있다. 해외 인도인 부서는 '인도인 공동체 재정기금(Indian Community Welfare Fund)', '디아스포라 어린이를 위한 장학 프로그램(Scholarship Programmes for Diaspora Children)'을 통해, 해외에 있는 인도인 노동자들에 대한 재정적 지원을 해주고 있다.[26]

인도 정부의 디아스포라 정책은 중앙의 해외 인도인 부서뿐만이 아니라 다른 부서와 주(state) 정부 차원에서도 이루어지고 있다. 인도 과학·기술부(Department of Science and Technology: DST)는 해외 인도인부와 함께 '인도혈통 과학·기술자협회(Scientists & Technologists of Indian Origin Based Abroad: STIOs)'를 만들어 해외 인도인 과학 기술 인력의 프로젝트와 R&D를 지원하고, 인도인들의 국제 대규모 프로젝트 참여를 장려하고 있다.[27] 또한 구자라트 주의 경우 주 정부 차원에서 해외 인도인 네트워크를 활용하기 위해 주 정부에 해외 인도인 부서를 만들어 운영하고 있다.[28]

25 Ministry of Overseas Indian Affairs, "Pravasi Bharatiya Divas," http://moia.gov.in/services.aspx?id1=25&id=m1&idp=25&mainid=23(검색일 2012년 4월 16일).

26 Ministry of Overseas Indian Affairs, Diaspora Services, "Indian Community Welfare Fund," http://moia.gov.in/services.aspx?id1=346&idp=346&mainid=23(검색일 2012년 4월 16일).

27 Scientists & Technologists of Indian Diaspora http://stio.nic.in/(검색일 2012년 4월 16일).

28 Government of Gujarat, General Adnimistration Department, NRI Division, http://www.nri.gujarat.gov.in/(검색일 2012년 4월 16일).

인도는 과거 두뇌 유출국에서 적극적인 디아스포라 정책을 통해 해외 디아스포라의 경제 자산의 국내 투자뿐 아니라, 해외 인도인의 지식 네트워크를 활용해 아이디어를 인도로 전파하려는 노력을 꾀하고 있다. 또한 인도는 해외 인도인으로부터 도움만을 받는 모국이었던 과거와 달리 해외 인도인에게 도움을 주는 정책을 취하고 있다. 최근 2007년 인도 정부는 해외 인도인 부서에서 2012년까지의 5개년의 '전략 계획(Strategic Plan)'을 세우고 효율적 디아스포라 정책을 위해 노력하고 있다.[29]

4. 아르메니아의 디아스포라 정책과 공공외교

위에서 검토한 이스라엘, 중국, 인도의 경우 그 양적 및 질적 규모에서 디아스포라의 위상이 다르지만 아르메니아의 경우에는 우리와 비슷한 여건으로 좋은 참조 대상이 될 수 있다. 현재 아르메니아의 디아스포라 인구는 1,000만 명 정도로 약 720만 정도로 추산되는 우리와 비슷하다. 이들은 러시아에 약 2백만 명, 미국에 약 150만 명, 그리고 나머지 지역에 분산되어 있는 것으로 파악되고 있다. 또한 2008년 아르메니아에서 비즈니스를 개시한 외국 투자자의 70% 정도가 아르메니아 출신이거나 혹은 그들과 관계를 가진 것으로 알려져 있다.[30] 아르메니아 교회, 비정부 기구가 아르메니아와 디아스포라 연대를 강화해주고 있지만, 아르메니아는 2008년 디아스포라 부를 창설함으로써 정부 차원에서 디아스포라 정책을 조율하며 이를 활용한 공공외교정책을 펼치고 있다.

이중국적을 허용하고 있는 아르메니아 디아스포라 부의 공공외교

29 Ministry of Overseas Indians Affairs, Strategic Plan for Next Five Years, p.7.

30 International Labour Organization, RA Ministry of Diaspora, Handbook for Armenians Abroad, p.6.

정책의 중점은 디아스포라 아르메니아인들의 정체성 강화에 있다.[31] 아르메니아는 디아스포라 부의 창설 이전에도 디아스포라 아르메니아인들에 대한 여러 정책을 펼치고 있었는데, 여기에서도 발견할 수 있는 아르메니아 디아스포라 정책의 특징은 정체성 강화였다. 2000년에 창설된 아르메니아 자원봉사단(Armenian Volunteers Corps: AVC)은 모국의 발전을 위하여 아르메니아 디아스포라를 적극적으로 활용하였다. 이 프로그램은 해외 아르메니아인들이 아르메니아의 비정부기구나 정부조직에서 자원봉사를 하는 동시에 아르메니아 가정에서 홈스테이를 하며 언어를 배우고 문화를 체험할 수 있는 기회를 제공하였다.[32] 또한 2004년에 만들어진 'Depi Hayk' 프로그램은 젊은 디아스포라 층이 아르메니아를 알고, 또한 아르메니아 젊은 층과 연대를 강화할 수 있도록 하는 프로그램이었다.

이러한 정체성 강화를 강조하는 정책은 디아스포라 부가 만들어진 2008년 이후에도 강화되고 있다. 작년 2010년 디아스포라 부의 10대 프로젝트에는 아르메니아 젊은 층에게 아르메니아 방문 기회를 주는 'Ari Tun' 프로그램, 범 아르메니아 문화 축제를 개최하는 'One Nation, One Culture' 프로젝트, 아르메니아 정체성 유지, 교과서 문제, 아르메니아-디아스포라 관계 연구를 위한 전문가들의 포럼과 과학 컨퍼런스 프로젝트, 아르메니아 정체성 유지에 공헌한 최고의 학교 선정, 2010년 '모국어의 해' 당시 아르메니아 문학과 작가, 미술을 기념하는 에세이 및 그림 대회 개최, 디아스포라 교사의 교육, 디아스포라 아르메니아 학생

31 Ministry of Diaspora of the Republic of Armenia, "Dual Citizenship," http://www.mindiaspora.am/en/erkqaghaqaciutyun (검색일 2012년 4월 16일).

32 International Labour Organization, RA Ministry of Diaspora, Handbook for Armenians Abroad, p.10.

들이 모국 대학교에서 공부할 수 있는 기회 제공 프로젝트들이 있었다.[33] 이와 같은 정체성 관련된 정책은 2009년에도 디아스포라 부의 주요 프로젝트의 대부분을 차지했다.[34]

하지만 디아스포라 부의 정책이 단순한 정체성 강화만을 위한 정책이 아님에 주목할 필요가 있다. 실제로 아르메니아 정부는 디아스포라가 국가의 발전을 위한 중요한 자원이 될 수 있음에 주목하고 디아스포라를 활용한 개발 정책을 펼치고 있다.[35] '국외 거주자를 통한 지식전달(Transfer of Knowledge Through Expatriate Nationals: TOKTEN)' 프로젝트는 숙련된 디아스포라 아르메니아 인들에게 체류 비용을 제공하고 그들이 지방 정부, 공기업, 사기업, 대학교, 연구소 등에 기술적 전문지식을 제공할 수 있도록 하는 정책으로, 유엔개발계획(UNDP)의 지원을 받는 프로젝트이다. '이주 정책 개발 및 능력 배양(Support to Migration Policy Development and Relevant Capacity Building in Armenia)' 프로젝트는 해외에 거주하던 아르메니아인들의 귀환과 정착을 지원하는 프로그램으로서 영국위원회(British Council)와 유럽연합으로부터 지원을 받는다. 또한 디아스포라 부는 건축가, 변호사, 기자 등 전문직 디아스포라 아르메니아인들의 '범 아르메니아 네트워크 웹사이트'를 운영하고 있다.[36]

결국 아르메니아도 본격적인 디아스포라 공공외교의 추진을 위해서

33 Ministry of Diaspora of the Republic of Armenia, "Programs in 2010," http://www.mindiaspora.am/en/Activities_2010(검색일 2012년 4월 16일).

34 Ministry of Diaspora of the Republic of Armenia, "Projects of the Ministry in 2009," http://www.mindiaspora.am/en/Activities_2009(검색일 2012년 4월 16일).

35 International Labour Organization, RA Ministry of Diaspora, Handbook for Armenians Abroad, pp.6-7.

36 Ministry of Diaspora of the Republic of Armenia "Pan-Armenian Networks," http://www.mindiaspora.am/en/pan_armenian_networks(검색일 2012년 4월 16일).

는 흩어진 디아스포라들의 정체성 강화와 네트워킹을 통한 조직화를 든든히 하는 데서부터 시작되어 포괄적인 영역별 네트워크를 구축하는 방향으로 추진될 수밖에 없음을 보여준다.

IV. 한국의 디아스포라 공공외교

외국 사례의 검토를 통하여 공공외교의 자산으로서 한인 디아스포라를 재규정하고 한국의 공공외교를 발전시켜나가기 위해서는 다음과 같이 크게 세 부분의 네트워크를 점검하고 정비해나갈 필요성이 있다.

첫째, 디아스포라 공공외교의 리더십 구축을 어떻게 할 것인가의 과제이다. 이는 정책의 구심점이 될 조직을 확대 혹은 네트워킹하는 작업과 그 정책을 실현할 조건과 수단을 정비하는 작업으로 구분해 살펴보아야 한다.

디아스포라 공공외교를 조직화하고 추진해가는 리더십 모델은 크게 네 가지 정도가 작동되고 있는데, 정부가 주도하는 모델,[37] 커뮤니티가 주도하는 모델,[38] 국제기구가 주도하는 모델,[39] 이슈에 따라 대학이나 비정부기구 등의 기관이 주도하는 모델 등이다.

하지만 디아스포라 공공외교의 외국 사례를 검토하면서 디아스포라

37 Taiwan National Youth Commission, http://english.nyc.gov.tw/(검색일 2011년 7월 5일).

38 Armenian Engineers and Scientists of America http://www.aesa.org/(검색일 2011년 7월 5일); Network of Arab Scientists and Technologists Abroad http://science-islam.net/breve.php3?id_breve=531(검색일 2011년 7월 5일).

39 Noeleen Heyzer, "Digital Bridge to Africa: The Digital Diaspora Network for Africa," July 12 2002, UN Women 웹사이트, http://www.unifem.org/news_events/story_detail.php?StoryID=153(검색일 2011년 7월 5일).

공공외교의 리더십 모델 중 어떤 한 가지 유형이 절대적 우위를 가지기 어렵다는 점을 보았다. 이슈와 사안에 따라 각각의 모델이 가지는 장단점이 다르게 나타나기 때문이다. 따라서 디아스포라 공공외교의 리더십 모델은 이런 다양한 주도적 영향력이 모두 함께 결합된 네트워크형 조직을 만들어낼 때에 유연성과 효과성을 함께 담보해낼 수 있을 것으로 보인다.

현재 한인 디아스포라와 관련된 정부 정책의 중심에 있는 것이 재외동포재단이다. 1996년 2월 국무총리 소속으로 '재외동포위원회'를 설치한 이후 재외동포 지원을 담당할 조직으로 1997년 10월 외교통상부 산하에 '재외동포재단'이 설치되었고, 1999년에 '재외동포법'이 제정되었다. 재외동포재단은 한민족의 정체성을 유지하고 '재외동포들이 거주국 내 민족 정체성을 유지하고, 스스로의 권익과 지위를 향상시키며, 역량을 결집할 수 있도록 지원'하는 목적으로 설립된 단체로, 이를 위한 다양한 연구, 교육, 문화, 협력 사업들을 펼쳐왔다.[40] 현재 이 재단이 추진하고 있는 중점 추진 사업은 글로벌 코리안 네트워크 구축을 통한 온라인 한민족 공동체 형성, 세계한상정보센터 설립을 통한 모국의 재외동포사회 경제 번영 추구, 한인 정체성 함양 및 차세대 인재 육성을 위한 재외동포 교육 지원 강화, 조직 운영 효율화를 통한 재단 역량 강화 등 4가지이다.[41] 이러한 중점 추진 사업 아래에 부서별로 진행되고 있는 다양한 활동이 있다.[42] 재외동포재단의 중점 사업과 세부 사업으로부터 알 수 있

40 재외동포재단, "설립목적 및 배경," http://www.okf.or.kr/portal/PortalView.do?PageGroup=USER&pageId=1283437318490&query=(검색일 2011년 5월 1일); 전재호, 2008, pp.111-114.

41 재외동포재단, "중점 추진 사업," http://www.okf.or.kr/portal/PortalView.do?PageGroup=USER&pageId=1283437318490&query=(검색일 2011년 5월 1일).

42 재외동포재단, "세부 사업 소개," http://www.okf.or.kr/portal/PortalView.do?PageGr

는 재외동포재단 활동의 특징은 다음과 같다. 첫째, 재외동포재단 사업이 매우 다양한 스펙트럼에 걸쳐 있다. 둘째, 재외동포재단은 세계 한국인 '네트워크' 구축에 그 사업의 많은 부분을 할애하고 있다. 세계 한인 차세대 포럼, 세계 한인 정치인 네트워크, 재외동포 통합 네트워크, 세계 한상 네트워크를 통해 재외동포재단은 연령, 직종에 상관없이 재외 한국인을 통합하고 엮을 수 있는 네트워크를 구축하고자 한다. 최근 특히 강조되고 있는 사업은 '글로벌 코리안 네트워크' 구축이다.

가령, 벌써 14번 이상의 모임을 가진 세계 한인 차세대 포럼의 경우 세계 각지에서 성공한 젊은 지도자들이 한국과 무관히 살다가, 한국을 방문하고 자신의 뿌리를 발견하여 이를 보편적 세계 가치와 어떻게 결부시키며 자신의 존재를 발전시켜나갈 수 있을 것인가에 많은 자극이 되고 있다. 재단의 경우 매년 100명의 젊은 동포들을 초청하는 사업을 주도하였고, 여기에 참가하고 자기의 삶의 터전으로 돌아간 이들은 자발적으로 네트워크를 조직하면서 자신의 연구와 사업에서 상조하는 창조적인 네트워크를 구축해가고 있다. 이렇게 한국의 디아스포라는 새롭게 변화하는 세계 속에서 한인들의 네트워크의 가능성을 개발하고 현실화하는 바람직한 정책 지향을 보이고 있는 것이 사실이다.

하지만 이러한 폭넓은 사업을 추진하는 주체로서 재외동포재단이 지니는 한계도 엄연히 존재한다. 많은 외국 사례들이 외무부 내 부서나 독립된 부서(ministry)를 설립해 디아스포라 관련 정책 업무를 맡게 하고 있다는 점에 주목할 필요가 있다. 물론 한국의 경우 외교통상부에서 재외동포 관련 외무부 내 업무의 일부를 독립시켜 집중과 효율을 꾀하려 한 것이 사실이다. 하지만 720여 만 명으로 추산되는 한인 디아스포라가

oup=USER&pageId=1283437318490&query=(검색일 2011년 5월 1일).

처한 다양한 문제와 현안은 재외동포재단이 모두 맡을 수 있는 문제가 아니다. 가령 우크라이나의 고려인들의 법적 지위를 안정화하는 문제는 현지 한국 대사관과 외교통상부의 힘겨운 노력 끝에 문제 해결의 가닥을 잡았고 뒤에 살펴볼 상업 네트워크의 구축에도 단순 집합의 의미를 넘어서 유기적 결합의 역할을 감당하는 데에는 한계를 보이는 것이 사실이다. 디아스포라를 외교적 자원으로 고양시키기 위하여 필요한 재외동포 정책의 추진을 위해서는 무역 및 투자, 기술, 교육, 법적 지위 향상, 문화 등 다양한 분야에서의 업무가 필요한데 이를 재외동포재단이 홀로 떠맡기에는 한계가 있는 것이다.

따라서 재외동포재단은 물론 외교통상부, 문화부, 교육과학기술부, 법무부, 재정경제부 등 다양한 정부부처의 재외동포 관련 업무들을 통합적이고 유기적으로 조정·실행할 조직의 창설이 필요하다. 그리고 이 조직은 정부 내만 아니라 정부 외 민간 단체들과의 연대를 통하여 확장형 정책 네트워크를 조직하는 일이 필요하다. 이는 국내와 국외를 모두 지향하는 활동의 통로를 확충하는 작업이 될 것이다.

또한 한인 디아스포라에 대한 정책을 강화해가는 데 필수적인 문제가 재외동포 선거권의 확충과 이중국적 허용의 과제이다. 현재 재외 선거 제도는 한국 국적의 외국 일시 체류자와 외국 영주권자들의 투표권을 인정하고 있다(최유 2011: 22).[43] 하지만 이는 결국 해외에 거주하는 한인들을 부분적으로 인정함에 그침으로써 한인 네트워크를 모두 결집할 수가 없다는 한계가 있다. 그리고 이러한 선거가 해외 동포사회를 정치화하고 분열시키는 문제와 더불어 현지법과의 충돌 등으로 인하여 많은 난

43 중앙선거관리 위원회 홈페이지, "재외선거 안내", http://www.nec.go.kr/nec_2009/info_election/election04/20100118/1_1153.html(검색일 2011년 5월 3일).

제들이 제기되고 있는 상황이다.[44] 또한 우편 투표제와 같은 대안적 투표 방식의 개발 없이 제한된 투표 참여의 한계를 넘어서기도 어렵다. 이러한 문제들을 해결해나가려는 노력과 더불어 우리 실정에 맞는 재외동포의 정치 참여의 길을 보완하고 강화하는 과제를 풀어야 한다. 더불어 이 문제의 완전한 해결을 위해서는 이중국적 허용 문제가 관련된다(임지봉 2008: 362).

이중국적을 놓고 해외 인적 네트워크의 확대 및 활용이라는 취지에서 찬성론이 강하게 제기되고 있다. 많은 국가들도 해외 우수 인력의 유치와 이들의 모국 해외 진출 도움 가능성에 착안하여 이중국적 정책을 펼치고 있다. 1977년 캐나다를 필두로 하여 아르헨티나, 콜롬비아, 코스타리카, 이스라엘, 대만 등지에서 이중국적을 허용하여, 현재 전 세계 국가 절반 정도가 이중국적을 허용하고 있는 것으로 알려져 있다(석동현 2004: 294). 중국은 자국의 기술 발전을 위해서 엔지니어나 IT 종사자 등에 한정해 이중국적을 허용하고 있고, 인도는 역시 기술과 자본 유입을 목적으로 미국, 영국 등 7개국 국적자에게 한정해 이중국적을 허용하고 있다(임지봉 2008: 364). 하지만 이중국적 문제는 여전히 이중국적자들의 병역 의무 회피 가능성, 이중국적에 대한 전반적으로 부정적인 국민 정서, 실제 실행 시 예상되는 법적 차원의 문제 등 여러 면에서 논란이 있다(최유 2011: 21-24).

결국 디아스포라 공공외교의 실현에서 앞으로 우리 정부가 해결하여야 할 가장 논쟁적인 부분이 바로 이중국적 부여와 재외동포의 대표성을 보장하는 문제이다. 이 문제는 안과 밖의 갈등 그리고 해외 디아스포라 내의 갈등을 야기할 수 있는 민감한 문제이다. 따라서 정부는 디아스

44 『조선일보』 2011년 8월 5일.

포라 공공외교의 발전단계에 따른 점진적 접근 방식을 고려하여 이 문제를 풀어가야 할 것이다. 하지만 장기적으로 디아스포라 네트워크와 국내 조직들 사이의 온전한 결합과 시너지를 위해서 이 문제는 꼭 해결하고 넘어가야 할 문제로 보인다.

둘째, 한인 디아스포라 공공외교의 강화를 위해서 제기되는 문제로 한인 디아스포라의 현지 조직화 방식을 재검토해볼 필요가 있다. 현존하고 있는 다양한 한인 단체들과 네트워크가 이미 존재하고 있는데, 이들의 한계점을 넘어서는 새로운 조직화가 필요하다는 것이 필자의 판단이다. 한인 디아스포라가 집중적으로 거주하고 있는 미국의 경우를 들어 새로운 현지 조직화의 과제를 살펴보자.

미국의 대표적 한인 단체는 미주한인총연합회(The Federation of Korean Associations in the United States of America)이다. 1903년 도산 안창호 선생이 회장이었던 한인 친목회에 그 뿌리를 두고 1977년에 오늘날의 미주한인총연합회가 창립되어 한민족의 이민 정착과 권익 향상 및 공동체 건설을 목표로 활동하고 있다.[45] 현재 총연 산하에 미국 중서부, 중남부, 동남부, 서남부, 서북미, 플로리다, 워싱턴 지구, 동북부 등 총 8개의 지역 연합회가 있다. 미주한인총연합회는 가장 오래된 재외동포 단체로서 미주 한인들의 미국과 한국에서의 정치력 신장, 한국과 미국의 교류를 위해서도 노력하고 있다.

하지만 미주한인총연합회의 구체적인 활동은 회장에 따라 다르게 나타났다는 평가가 있다(임채완 외 2007: 45-46). 실제 활동 내용을 보면 회장이 누구였는가에 따라서 남북한 문제, 이민법 문제, 한미 교류, 해외 재난에 대한 자선 활동, 한국의 정치력 신장 등 미주한인총연합회가 역

45 미주한인회총연합회, "설립이념" http://www.koreanfedus.org/(검색일 2011년 4월 15일).

점을 둔 분야가 달랐다. 최근 총연합회의 활동 중에서는 해외 참정권 우편 투표 제도 도입을 위한 한국 정부로의 청원, 미국에서의 한인 정치력 신장을 위한 미국 정계 진출 연구와, 동시에 재미교포들의 참정권 도입을 위한 포럼과 같은 재미한인의 한국과 미국에서의 정치력 신장을 위한 활동이 눈에 띈다.[46] 이외에도 해외한민족 대표자 대회 참가, 세계한인회장대회와 같은 해외 동포들과의 교류도 이루어지고 있다.

최근 들어 미주한인총연합회의 특히 주목할 만한 활동은 한미 자유무역협정(FTA) 비준 촉구를 위한 노력이다. FTA 관련 활동은 총연합회의 홈페이지의 활동 현황 소개 부분에서 따로 한 카테고리를 차지할 정도로 중요하게 다루어지고 있다. 총연합회는 2009년부터 '한미 FTA 비준 촉구 전 미주 추진 위원회'를 결성하여, 지역의 연방 상·하원 의원실을 대상으로 한미 FTA 지지 결의서, 서명된 진정서를 전달하고 서한 송부, 지지 서명 운동, 미 의원과의 면담을 통한 로비 활동, 미국인을 대상으로 한 FTA 홍보 활동 등 한미 FTA의의 조속한 비준 결의를 위한 여러 활동을 벌였다.[47] 하지만 미주 한인 사회를 위한 봉사단체로서의 초기 목표가 변질되고 있으며, 그 활동이 지나치게 회장에 의존적이며, 회장 선거 제도가 미정비된 것과, 민족 정체성 확립 노력이 부족하고 지역 한인회 차원의 문제에 관심이 적다는 비판도 있다(임채완 외 2007: 47-48). 물론 한인들의 권익을 증진하기 위한 기존 단체의 필요성은 명확하다. 그런데 기존 조직들은 내향적 내지 고국 지향적 성향을 기본적 특성으로 한다. 그래서 현지 사회, 즉 미국 사회와 정부에 대해 가지는 영향력이 대단히 제한적이다. 이를 증진하기 위해서는 미국 내 한인 디아스포라

46 미주한인회총연합회, 총연활동현황, 공지사항, " http://www.koreanfedus.org/(검색일 2011년 4월 15일).

47 제23대 미주한인회총연합회, "2010 한미 FTA 비준 촉구를 위한 활동 보고서 2009-2010."

결사가 더욱 미국 사회를 지향하는 방식으로 전환될 필요가 있어 보인다. 그런 의미에서 한국계미국인커뮤니티재단(KACF: Korean American Community Foundation) 사례는 시사점이 크다.

2002년 창립된 한국계미국인커뮤니티재단(이하 한인커뮤니티재단)은 한인 1.5~2세대가 주축이 모여서 만든 비영리 단체로서, 한인을 비롯해 아시아계, 흑인, 라틴계 등 소수민족을 포함하는 미국 사회 전역의 자선단체와 봉사활동을 지원하는 단체이다. 참여 인원과 규모는 미국한인총연합회에 비해 작지만, 한인커뮤니티재단은 미국에서 가장 영향력 있는 한인 모임이라고 할 수 있다. 2007년 10월 17일에 있었던 한인커뮤니티재단의 저녁 정찬에는 반기문 유엔 사무총장과 마이클 블룸버그 뉴욕 시장이 참석하여 언론의 큰 주목을 받았다.[48] 이는 한국 이민 모임 행사에서는 이례적인 일이었다.

한인커뮤니티재단의 설립은 미국 사회에서 성공한 한인들의 네트워크가 부재했다는 점에서 출발했다. 2002년 가을, 5명의 교포와 2명의 총영사관 직원이 참석해 시작된 이 모임을 필두로 법률, 금융, 출판업계 등 미국 사회 각 분야에서 성공한 한인들이 당시 뉴욕 한국 총영사였던 조원일 총영사의 저택에서 첫 모임을 가졌다. 이들이 주축이 되어 한인 사회의 미국 내 역할을 강화하기 위해서, 또 한인 사회와 미국 사회 그리고 한인 사회와 다른 아시아계 사회 사이의 가교 역할을 하자는 취지에서 한인커뮤니티재단을 설립하였다.[49]

48 『중앙 Sunday』, "'반기문 총장도, 블룸버그 시장도 한인사회 미래 축복했어요' 한국 방문한 전 폭스TV 앵커, KACF 사무총장 윤경복 씨," 2010년 7월 18일, http://sunday.joins.com/article/view.asp?aid=18120(검색일 2011년 4월 15일)

49 Korean American Community Foundation, *2009 Korean American Community Foundation Annual Report*, p. 12 http://www.kacfny.org/public/2009_KACF_Annual_Report.pdf(검색일 2011년 4월 15일); 『중앙 Sunday』, 2010년 7월 18일, http://

운영 위원회가 주로 젊은 전문직 한인 2세들로 이루어진 한인커뮤니티재단은, 비정치적 성격을 띤 단체로서 자선활동에 그 초점이 맞춰져 있다. 그 뒤 이 모임에 한인들 이외에 ABC의 앵커우먼이었던 장현주(미국 이름 Juju Chang)를 비롯하여 랜덤하우스 아시아 지역 사장 지영성 씨 등과 같은 인사들이 참여하게 되고 뉴욕의 명사들도 몇몇 가세하였다. 첫 모임이 있은 뒤 1년 만에 열린 재단 설립 파티에는 뉴욕의 명사들이 다수 참석하였고, 이후 오래지 않아 익명의 한국계 사업가가 300만 달러를 재단에 쾌척하였다. 이 사건은 재단 발전에 커다란 충격과 자극이 되면서 기존 한인 사회에 커다란 반향을 일으켰다. 그리고 설립 4년 만에 400명의 인사들이 참여하는 재단으로 급속하게 성장하면서 뉴욕의 정계도 주목하는 단체가 되었다. 2006년부터 시작한 한인커뮤니티재단의 기금 마련을 위한 저녁 정찬 행사는 해를 거듭할수록 성황리에 이루어지고 있는데, 2006년 저녁 정찬 행사에서는 50만 달러를 모금할 수 있었다. 또한 2007년에는 반기문 UN 사무총장과 마이클 블룸버그 미 뉴욕 시장을 초대하였고 2009년 저녁 정찬 행사에서는 80만 달러를 모금할 수 있었다.[50] 2010년부터 한인커뮤니티재단은 추가로 골프 클래식 대회를 개최하여 기금을 모금하고 있다.

한인커뮤니티재단은 이러한 행사에서 모금한 기금을 '한국계미국인 가족센터(Korean American Family Service Center)'와 같은 한인사회 관련 단체뿐만 아니라, '평등을 위한 아시안계 미국인(Asian Americans for Equality)', '뉴욕시 재건(Restore NYC)' 등과 같은 아시아계 및 미국계 자선단체를 포함해 뉴욕의 20여 개의 단체에 재정 지원을 하는 데

sunday.joins.com/article/view.asp?aid=18120(검색일 2011년 4월 15일).

50 Korean American Community Foundation, "KACF_Galas," http://www.kacfny.org/kacf-gala.php(검색일 2011년 4월 15일).

에 사용하고 있다. 또한 포드재단으로부터 기금을 받고 아시아계, 라틴계, 흑인 등 다른 인종들과 '공동체 간 발전(Inter-Community Development)'을 위한 프로젝트를 추진하고 있다.[51]

이러한 한인커뮤니티재단의 활동은 비록 이것이 직접적인 정치 로비는 아닐지라도 미국 사회에서 한인사회의 새로운 형태의 네트워킹과 더불어 한인사회의 위상 제고에 대단히 긍정적인 영향을 미치고 있다. 한인커뮤니티재단의 이름이 갈수록 알려지면서, 이 재단의 활동에 미국 사회에서 성공한 한인들의 참여가 높아지고 저녁 정찬 행사에도 힐러리 클린턴을 비롯한 미국 정치인들의 축사와 관심이 늘어나고 있다.[52]

이 단체는 한국의 뉴욕 총영사관에서 이니셔티브를 가지고 시작했지만, 이후 자발적인 조직으로 성장하게 되었으며 현재 뉴욕의 명사들과 정치인들이 주목하는 단체로 발전하고 있다. 최근 주목할 만한 변화는 이러한 한인커뮤니티재단의 성공 사례가 다른 지역의 한인들에게도 자극이 되어 미국 북서부 도시들과 밴쿠버에서도 유사한 형태의 조직화가 시도되고 있다는 점이다. 밴쿠버 지역의 한인들은 한인커뮤니티재단의 활동과 노하우를 전수받기 위하여 인턴십 훈련생을 파견하여 근년 활동을 시작하려고 한다. 이러한 조직의 전파가 진행될 경우에 이들 사이의 네트워크가 진행될 수 있을 것이며, 이는 미국 내 한인사회 존재의 혁명적 변화로 귀결될 수도 있는 운동이 될 것이다.

한인커뮤니티재단은 민족 정체성의 보호 혹은 자국민 보호와 같은 배타적 네트워킹이 아닌 해외 국가와 사회에 기여할 수 있는 포괄적 의

51 Korean American Community Foundation, "Inter-Community Development," http://www.kacfny.org/icd.php(검색일 2011년 4월 15일).

52 『중앙 Sunday』, 2010년 7월 18일, http://sunday.joins.com/article/view.asp?aid=18120(검색일 2011년 4월 15일).

미의 공동체가 한인들의 위상을 제고할 뿐만 아니라 네트워킹에도 효과적임을 보여주는 사례이다.

역사는 오래지 않지만 중국한국상회(中國韓國商會, Korea Chamber of Commerce in China)의 사례도 현지 조직화의 과제와 관련하여 한인 디아스포라 공공외교에 시사하는 바가 크다.

중국한국상회는 1993년 설립되고 중국 내 중국 정부가 공식적으로 인증한 일곱 번째 외국인 상회로, 현재 중국에서 46개 지역별로 한국 상회가 구성되어 있다. 중국한국상회는 중국에 주재하는 한국 회사 간 경제 정보 교환, 중국 내 경영 활동 관련 권익 보호, 회원사·중국기업·재중 외국 기업 사이의 상호 교류 및 협력 증진을 목표로 하고 있다.

중국한국상회는 '코참차이나 뉴스레터'의 이메일 서비스를 통해 중국 경제 관련 정보, 법령, 정책 전달, 중국 진출 기업들의 경영 편의를 위한 '중국 경제 법령집' 발간, 홈페이지를 통한 뉴스레터와 저널에 있는 정보 제공, 중국에 진출하는 기업들에 유료 경영 상담 서비스 제공, 주중 대사관과 협력해 한국 기업의 불이익과 피해 사례 해결을 위한 노력, 정보 교류회의 정기적 개최, 중국 정부 및 주중 외국상회와 협력, 상회 회원사들 간 정보 교류 증진 등의 활동을 하고 있다.[53]

중국한국상회의 홈페이지에서는 중국 경제 단신, 경제 법령, 경제 통계 정보와 같은 중국 경제 정보, 중국 투자 정보, 중국 기업과 각종 전시회와 박람회에 대한 정보를 제공하고 있는데, 이 모든 정보가 회원 가입을 하지 않아도 볼 수 있도록 개방되어 있다. 또한 1994년에 설립된 중국한국상회의 유료 경영상담센터는 2008년에 122건의 상담 실적을 기록했다. 이외에도 중국한국상회 홈페이지에서는 각 지역별 한국상회

53 중국 한국 상회, "주요 업무" http://www.korcham-china.net/Service/Intro/appl/Task.asp(검색일 2011년 4월 16일).

소식과 한국 기업들의 정보를 제공해주고 있다.

재중국한인회는 이 단체보다 먼저 결성되었던 중국한인상회를 기초로 만든 단체로 1999년 창립되었다. 하지만 중국정부의 1국가 1단체 정책으로 인해서, 중국정부로부터 먼저 인정을 받은 중국한국상회 때문에 아직까지 중국 정부로부터 승인을 받지 못했다. 재중국한인회는 중국 각 지역에서 54개의 지역한인회를 대표하는 단체로 활동하고 있다.

재중국한인회는 "전 중국 네트워크 구축 및 지역 활성화, 한중 우호 증진 활성 극대화, 한국인의 정체성 및 위상 제고"라는 3대 방향을 가지고 운영되고 있다.[54] 재중국한인회는 경제와는 직접적으로 관련되지 않은 좀더 포괄적 의미의 한국인 네트워크 구축을 위해서 노력하고 있다. 구체적 활동 내용으로는 교민 소식지인 '중국한인회보' 발행, 한·중 문화 교류 사업, 중국 대학생 장학생 선발, 중국과 한국 도시 간, 중국과 한국 초등학교 간 자매결연 추진, 중국 불우이웃 돕기 등 중국에서의 봉사활동 또한 하고 있다. 또한 한글학교의 설립 및 지원, 교민 도서관, 중국어 웅변대회, 한국인 대학생 취업 박람회, 지역별 음악회, 한민족 체육대회, 전국체전 선수 선발, 한인 회관 및 노인정 건립, 문화·역사·교육원 건립 추진과 같이 한국인으로서 정체성을 제고하기 위해 노력하고 있다.[55]

현재 중국의 한상 네트워크는 중국한국상회와 재중국한인회를 중심으로 이루어지고 있다. 하지만 실제로 많은 활동 내용이 겹침에 따라, 대부분 지역에서 중국한국상회와 재중국한인회가 통합적으로 운영되어 "한인 사회 단체의 대표성과 기능적 분화가 미흡"하다는 비판이 있다(임

54 재중국한국인회, "재중국한국인회 3대 운영방향," http://www.koreanc.com/(검색일 2011년 4월 16일).

55 재중국한국인회, "주요사업안내," http://www.koreanc.com/(검색일 2011년 4월 16일).

채완 외 2007: 209-210). 또한 최근 중국한국상회의 회장이 "재중국한인회는 불법단체"라고 발언해 큰 물의를 빚었고, 재중국한인회와의 관계 설정을 놓고 중국한국상회 내부에서도 분열이 나타나기도 했다.[56] 이러한 갈등적 상황에 대한 관찰은 향후 새로운 디아스포라 네트워크가 기존 디아스포라 조직과 충돌하지 않는 방안의 구상이 지니는 중요성을 역설해주고 있다.

셋째, 한인 디아스포라 커뮤니티의 지역 간 혹은 글로벌한 네트워크 구축의 과제이다. 현지 한인 디아스포라 커뮤니티의 현지 정부 및 사회에 대한 네트워크적 영향력을 신장하는 과제 이외에도 또 다른 외부적 과제로는 세계 각지에 흩어진 한인 디아스포라 커뮤니티 간 새로운 네트워크의 구축을 고민해보아야 한다.

이와 관련하여 재외동포재단에서 재외 한국 경제인들의 네트워크 짜기는 가장 중요한 사업 중 하나이다. 재외동포 경제인들의 망을 짜는 것은 한국에게도 많은 경제적 이익을 가져올 수 있는 사업이기 때문이다. 이에 따라 재외동포재단 경제 사업팀에서는 우수한 재외동포 경제인 발굴을 통한 한상네트워크 구축의 중심 확보와 재외동포 간 교류 활성화, 그리고 재외동포 경제인들 간 연대 강화를 통한 경제적 지위 향상과 더불어 모국과의 네트워크 구축 지원을 통한 '한민족 경제 공동체 구현'을 위해 노력해왔다. 이러한 목표 달성을 위해 핵심적으로 추진되어 온 사업 중 하나가 '세계한상대회(The World Korean Business Convention)'였다(김재기 2010: 329).[57]

세계한상대회는 2002년 서울에서 처음 개최된 이래 2012년까지 총

56 『월드코리안뉴스』, "중국정부, 한국인회와 통합하면 한국상회 허가 취소한다 밝혔다," 2011년 4월 7일, http://www.worldkorean.net/news/articleView.html?idxno=3123 (검색일 2011년 4월 16일).

11차례가 개최되었다. 세계한상대회는 재외동포 경제인들과 국내 경제인·기업인들의 네트워크 구축을 위한 모임으로서 구체적 프로그램으로는 업종별 비즈니스 세미나, 일대일 비즈니스 미팅, 기업 전시회, 멘토링 세션, 재외동포 민원상담, 한상대회 초청 패션쇼 등이 있다.[58] 세계한상대회를 기획, 운영, 집행을 담당하는 한상본부사무국이 재외동포재단 내에 있어서 이를 전담하고 있다. 2002년 첫 개최 이후 세계한상대회는 국내외 경제인들이 서로 교류하고 정보 교환을 할 수 있는 기회를 제공해줌으로써 세계 한상 네트워크 경제 교류의 기초가 되어주었다. 이뿐만 아니라 세계한상대회에서 중소기업은 상품 전시회를 하고 수출 상담을 할 수 있는데, 이는 중소기업에도 이득이 됨과 동시에 대회 참가자들의 숙식비, 쇼핑 비용 지출 등으로 지역 경제에도 활력을 불어넣어주는 효과가 있다(김재기 2010: 328-329).

하지만 3~4일에 불과한 기간 동안의 교류가 회의의 목적인 '네트워크 구축'을 위해서는 부족한 것이 사실이었다. 이러한 일회성, 그리고 오프라인의 한계를 극복하기 위해서 재외동포재단은 2010년 6월 온라인 '세계한상정보센터'(www.hansang.net)를 구축했다. 이는 기존의 '세계한상대회'의 한계를 극복하고 온라인을 통해 지속할 수 있는 세계 한상 네트워크 구축을 위한 시도였다. 이 웹사이트는 크게 다음과 같은 4가지 꼭지로 이루어져 있다. 전 세계 한상들의 경제 단체, 기업과 인물, 비즈니스 정보를 제공해주는 '한상 인포,' 각 분야별로 사업 정보를 공유하는 '분야별 네트워크,' 한상들의 기업, 상품을 홍보할 수 있는 공간과 사업 관련 실시간 상담과 정보를 제공해주는 '비즈니스 서포팅,' 국내와 해

57 세계한상대회 홈페이지(http://hansang.korean.net/) 참고.

58 세계한상대회, "프로그램 소개," http://hansang.korean.net/?query=(검색일 2011년 3월 1일).

외 기업 성공 사례를 소개와 각 기업 분야별 자료를 공유하고 사업 정보를 교류하는 공간인 '비즈니스 지식인'이 그것이다.[59]

세계한상정보센터는 기존 '세계한상대회' 위주의 오프라인 일회성 이벤트에 의존해온 한상네트워크 구축이 가질 수 있는 제약을 온라인과 지속성으로 극복하고자 한 시도였지만, 실제 웹사이트 운영을 살펴보면 아직도 많은 한계가 나타나고 있다. 첫째, 웹사이트 운영이 활성화되어 있지 않다는 점이다. 세계한상정보센터의 '분야별 네트워크'를 보면 기업 중에서도 제조업, 서비스업, 금융업, 무역업만 있고 다른 업종의 네트워크는 없다. 또한 이미 웹사이트에 있는 게시판에도, 2010년 6월 개설 이후 2011년에 들어 새로운 글이 전혀 올라와 있지 않은 업종도 있다. '비즈니스 서포팅'을 보더라도 웹사이트가 개설된 이래 실시간 상담의 경우 총 상담 건수가 총 24건에 불과하고, 1대1 비즈니스 매칭은 단 1건만 올라와 있다. 둘째, 현재 세계한상정보센터의 기능이 많은 부분 이미 존재하고 있는 다른 단체들과 겹친다는 사실이다. 예를 들어, 기업인들 간의 정보 교류는 이미 각 국가에 있는 기업인들의 모임, 그리고 각 지역 비즈니스 정보 제공은 KOTRA와 같은 다른 단체들이 제공해줄 수 있는 것들이다.

V. 맺음말: 한국 디아스포라 공공외교의 새로운 모색

그렇다면 한국의 디아스포라 공공외교는 상술한 과제들을 풀어가기 위해 어떤 미래지향적 체제와 전략적 지향 속에서 추진되어야 할 것인가?

59 세계한상정보센터, http://www.hansang.net/portal/PortalView.do(검색일 2011년 3월 1일).

첫째, 한인 디아스포라 커뮤니티의 포괄적 형성 및 분화를 촉진하여야 한다. 해외에 흩어져 있는 한인들은 지역별 한인회 등을 중심으로 이미 모임을 결성하고 있으며, 현지에 진출한 상공인 연합회 등의 형태로 다수의 협력체를 구성하고 있다. 하지만 이런 다양한 모임들이 조직되어 있음에도 불구하고 취약한 부분은 현지 국가의 주류사회와의 상호작용을 통해 영향력을 발휘할 수 있는 단체가 많지 않다는 점이다. 특히 새로운 세대들이 기존의 한인회와는 무관하게 살고 있으며 이들 중 적지 않은 수가 현지 국가 내 주류사회에 진입해가고 있는 상황을 주목할 필요가 있다. 이미 검토한 한국계미국인커뮤니티재단(KACF)의 사례는 주목할 만하다. 이러한 사례는 현지의 한인 네트워크가 자발성의 원칙과 더불어 현지 사회에 대한 기여성의 원칙을 확보하는 것이 중요하다는 점을 일깨워준다. 네트워크의 중요한 기초는 이익에만 있는 것이 아니라 가치에도 있는 것이다. 성공한 한인들의 모임이 한인 사회만을 위해 존재하는 것이 아니라 현지 사회의 보편적 발전과 정치과정에 기여할 때에 강한 힘을 가지게 된다는 점을 보여준다. 다만 이러한 변화는 한국과의 소통에 용이한 기존 한인 커뮤니티와 현지와의 상호작용에서 더 큰 영향력을 가진 커뮤니티 사이의 갈등으로 비화되는 것을 방지하고, 분화된 역할 속에서 다양한 기능과 상호작용을 수행하는 현지 한인 커뮤니티 네트워크로 진화한다는 지향점을 지녀야 할 것이다. 이를 위해 정부의 영사업무의 방향성을 좀더 적극적으로 전환하고 한인 커뮤니티 간 상호작용을 위한 논의가 활성화되는 데 기여할 수 있어야 할 것이다.

둘째, 한인 디아스포라 네트워크와 조응할 수 있는 국내 민간 중심의 다양한 공공외교 주체들을 조직하고 활성화하여야 한다. 해외의 동포들이 조직화되는 것과 더불어 이들과 조응하여 해외 네트워크를 결집하고 방향성을 부여할 수 있는 민간 단체의 활성화와 조직화가 우선적으로 중요하다. 이는 다양한 분야에서 시도될 필요가 있다. 과학기술과 지식 창조 분야에서의 네트워크는 국가 경쟁력의 새로운 발전을 위해 대단히 중요한 분야이다. 상공업 관련 네트워크의 중요성은 재론할 필요가 없으며, 최근 들어 소프트 파워의 증진에 문화교류 네트워크의 중요성은 더욱 커가고 있다. 이러한 다양한 분야에서의 네트워크는 해외에서 디아스포라 네트워크의 형태로만 존재해서는 안 되며, 국내에서 이에 조응하는 민간 내지 민간에 준하는 네트워크가 설립되어 상호작용을 할 때에 커다란 시너지를 발휘할 수 있다.

가령, 재외동포재단을 비롯하여 세계한상대회사무국, 한국문화산업교류재단(KOFICE), 국제방송교류재단 등을 비롯한 다양한 공영(公營) 조직들이 있다. 하지만 민간 차원에서 시도되고 있는 다양한 네트워크는 주목받고 있지 못하다. 이러한 국내 민간의 노력들을 지원하고 힘을 실어줄 수 있는 제도적 뒷받침이 필요하다. 이미 지적한 '코리안커넥션'의 파케같이 한류(韓流) 전파의 전도사 역할을 하는 이들이 많이 나오고 있다. 이들은 불우한 환경에서 조국을 떠나야 했지만 이제는 성공적인 삶을 영위하면서 자신들의 뿌리인 한국과 한국 문화에 강한 애착을 가지고 있다. 이들은 그들이 태어난 대한민국의 성공을 자랑스럽게 생각하고 그들을 키워준 나라와 한국 사이의 가교 역할을 훌륭히 수행하고 있다. 우리 정부와 기업이 한국 소프트 파워의 중요한 숨은 자산인 이들에 관심을 가지고 지원하는 일이 필요한데, 이는 국내적으로 조응해 활동할 수 있는 자발적 조직을 활성화함으로써 가능할 것이다.

또한 세계적으로 다양하게 분포하고 있는 한인 디아스포라의 특성을 고려하여 지역별 디아스포라 네트워크에 대한 맞춤형 접근 전략이 필요하다. 가령, 미주 지역의 동포들과 중국 지역이나 구 소련 지역의 동포들은 안고 있는 삶의 역사와 환경이 다른 것이 사실이다. 남미 지역이나 새롭게 진출하고 있는 중동 및 아프리카 지역의 소수 동포들도 나름의 고민이 있다. 따라서 현지에서 성공하고 기반을 잡기가 쉽지 않은 지역에서 디아스포라 네트워크를 구축하는 문제는 조금 다른 각도에서 접근될 필요가 있다. 이들은 관리가 필요한 경우에 해당된다. 하지만 디아스포라 네트워크의 궁극적 지향점은 역시 자발성에 입각한 다양한 창발의 과정으로 연결되어야 한다. 따라서 이러한 지원은 정부의 협조를 얻어 민간단체나 기업 등이 주축이 되는 구조를 만들 필요가 있다.

가령 최근 한국의 대(對)러 협력에서 동시베리아·극동 지역 개발을 위한 노력이 주목을 받고 있는데 소통 채널의 부재로 인한 난관이 있는 것이 사실이다. 따라서 이 경우에는 지금까지와는 다른 방법으로 접근하는 '재외동포' 자원의 적극적인 활용 방안을 강구할 필요가 있어 보인다. 고려인들을 '한민족네트워크'에 합류시켜 인적자원 정보를 체계적으로 관리하는 것이 필요하고, 특히 중소 상공인을 포함한 기업가들은 하나의 한상네트워크로 통합시키는 것이 필요하다. 이는 정부가 주도할 일이 아니라 그 목적에 맞는 기업이나 민간단체의 주도로 이루어지는 것이 바람직하다. 이러한 과정을 통해서 자발성의 원칙을 강화해갈 수 있기 때문이다. 이처럼 자발성의 원칙과 아래로부터의 운동이야말로 디아스포라 공공외교를 활성화하고 견실하게 지탱하는 가장 기본적인 원동력이 될 수 있을 것이다.

셋째, 디아스포라 공공외교 정책은 기본적으로 정부의 수준에서 포괄적·분산적 전략을 지향하는 것이 필요하지만, 분야별 네트워킹 과정에서는 선택과 집중이 필요하다. 일단 한국 정부는 현재까지 그 충분한 가치를 인정받지 못한 디아스포라의 공헌 가능성을 인정하고 높이 사는 자세를 가질 필요가 있다. 그리고 정부는 본국의 과학, 경제, 산업, 문화 커뮤니티와 디아스포라 커뮤니티의 분야별 연결이 활성화되도록 노력해야 한다. 이러한 과제를 수행하기 위하여 우선적으로 과학기술, 문화, 경제 등 다양한 네트워크의 해외 디아스포라 인적 자산들에 대한 데이터베이스를 구축하는 작업이 시급하다. 실로 디아스포라 네트워크를 조직하고 동원하기 위해서는 초기에 적지 않은 재정적, 행정적 지원이 요구되는 것이 사실이다. 제한된 재원과 인력을 가진 정부로서는 이러한 지원의 우선순위를 정하고 이를 효과적으로 분배하기 위하여 관련된 데이터베이스 구축에 집중할 필요가 있다. 이러한 데이터베이스의 구축 작업은 단순한 정보의 구축에서 끝나서는 안 된다. 다양한 인터넷 사이트와 방송매체 등에 집중하여 디아스포라 및 디아스포라 공공외교 네트워크 관련 주체들에게 제공하는 것이 필요하다. 이러한 정보 수집 및 분석, 그리고 배포의 역할이야말로 정부가 해야 할 가장 중요한 역할 중 하나이다.

또한 정부는 현재 추진되고 있지만 개선의 여지가 많은 디아스포라 관련 교환 프로그램, 해외 경제인들에 대한 세금 우대 및 면제 프로그램, 이중국적 허용과 선거권 부여 등과 같은 구체적이고 가능한 정책으로 디아스포라와의 링크를 강화하는 정책적 기반을 마련하는 것이 중요하다. 이것은 단지 제도적인 기반을 마련하는 문제만은 아니다. 정부의 공공외교에 대한 인식과 실천의 정도가 새로운 수준으로 업그레이드 되는 것을 의미한다. 가령, 대통령의 외국 방문 시 본래의 외교적 목적에 준하는 높은 우선순위를 가지고 현지의 디아스포라를 격려하고 조직화하는 정책을 강화해나갈 필요가 있다.

넷째, 안과 밖을 네트워크로 엮어낼 수 있는 네트워크형 디아스포라 공공외교 조직을 정비하되, 특히 정부 내 유관 부처의 기능을 묶어 관련된 정책네트워크의 허브를 창설할 필요가 있다. 정부가 세계에 흩어진 디아스포라와의 소통의 채널을 구축하기 위해서는 '적극적인 건설자 역할'을 감당함과 동시에 디아스포라 공공외교 관련 국내외 단체들의 상호작용은 자율성의 원칙에 근거하여 보장하는 '최소주의 개입의 역할'을 견지해야 하며, 이 상호작용의 활성화 및 소통에 있어서의 장애와 저항을 제거를 위한 '보완적 역할'이라는 삼중 역할의 견지에서 추진체계를 정비하는 것이 필요하다.

이러한 이질적인 전략의 결합을 위해서는 정책네트워크적인 접근법이 필수적이며 이를 실현하는 과정에서 디아스포라 네트워크와의 지속적인 소통과 조율이 필요하다. 어쩌면 한국의 디아스포라 공공외교는 이제 막 시작 단계에 있다고 볼 수 있다. 물론 한국의 모든 분야의 발전은 정부가 주도하는 압축 성장의 과정을 거쳐 이루어진 것이 사실이다. 따라서 디아스포라 공공외교에서도 정부의 역할은 주요할 수밖에 없다. 하지만 디아스포라 공공외교에서 관건은 역시 자발성과 창발성의 원칙에 근거한 상호작용이다. 그렇다면 국가의 주도성과 다양한 주체들의 자발적 창발성을 결합할 수 있는 디아스포라 공공외교의 추진 체계를 재정비하는 과제는 극히 중요하다. 이때, 이러한 차별화된 기능을 수행할 수 있는 다수의 조직을 연합하여 하나의 긴밀한 네트워크화가 구축된 허브를 만들어야 하는데, 이런 조직을 통해서만 국가 차원은 물론 민간 차원에서 진행되는 공공외교를 조율할 수 있기 때문이다. 이에 각국 사례에서 나타난 디아스포라 정책 관련 부처의 기능과 역할에 대한 비판적 검토와 공공외교 관점에서의 창의적 재해석이 이루어질 필요가 있다.

결국 디아스포라 공공외교를 위한 정책네트워크 구축이 필요하다. 반복해서 강조하듯이, 디아스포라 공공외교에서 정부의 역할은 공공외교의 성패를 가르는 중요한 열쇠가 될 것이다. 하지만 무조건 주도적 역할을 정부가 감당하는 것만이 능사는 아니다. 분야에 따라 정부가 앞장서야 할 경우가 있지만, 상당한 분야에서 공공외교의 활성화는 민간의 참여가 주요한 변수가 될 수 있다. 따라서 정부는 쟁점에 따라 자신의 역할을 상이하게 규정하는 유연성이 필요하다. 정부가 디아스포라 관련 안팎의 네트워크에서 브로커(broker)의 역할을 할지, 코디네이터(coordinator)의 역할을 할지, 아니면 좀더 자원에 대한 통제력을 가진 디스트리뷰터(distributor)의 역할을 할지는 쟁점의 성격과 단계에 따라 다르다. 이러한 결정은 디아스포라 공공외교의 형태를 분산형으로 가져갈지 혹은 선택집중형으로 가져갈지에 따라 달라질 수도 있다. 따라서 이러한 선택과 결정을 위해서 디아스포라 공공외교를 정부와 유관 기관 및 전문가, 그리고 국내외 디아스포라 관련 단체들이 함께 참여하는 정책네트워크의 조직화를 추진하는 것이 중요하다. 그리고 정부는 장기적으로 자발성과 창발성의 원칙을 중시하면서 거시적 코디네이션의 역할에 주력하는 방향으로 움직여야 할 것이다.

참고문헌

김재기. 2005. "중화경제권 화교네트워크의 부상과 조직적 특성에 관한 연구." 『대한정치학회보』 제12집 3호.

_____. 2010. "글로벌 시대 '세계한상대회'의 성과와 활성화 방안," 『한국동북아논총』 제57호.

김진호. 2008. "중국의 대국굴기와 동남아 화상네트워크의 변화." 『중국연구』 제43권.

김창도. 2009. "스페셜 리포트: 중국의 성장 동반자, 화교; 화상 네트워크, 모국과 상생-자본, 인맥, 기술 갖춘 화상들, '귀하신 몸'." 『CHINDIA Journal』 Vol. 40.

박형기. 2009. 『친디아의 비밀병기: 화교 & 인교』. 서울: 교보문고.

석동현. 2004. "이중 국적에 관한 각국의 입법동향과 한국의 대응모색," 정인섭 편, 『이중국적』.

손우현. 2011년 6월 24일. "프랑스 韓流의 숨은 공신," 『조선일보』.

송계신. 2011년 1월 16일. "세계를 품는 국가전략 세우자: 부의 네트워크를 만들라." 『아주경제』, http://www.ajnews.co.kr/view_v2.jsp?newsId=20110116000215 (검색일 2011년 4월 15일).

임지봉. 2008. "이중국적 허용의 법적 문제." 『세계헌법연구』 제14권 3호.

임채완. 2008. "세계화 시대 '디아스포라 현상' 접근: 초국가네트워크사례를 중심으로." 『한국동북아논총』 제49집.

임채완·최협·오수열·윤성석·전형권·나형욱. 2007.『 재외 한인단체의 형성과 현황』. 파주: 집문당.

장공자. 2007. "중국의 화교정책과 화상망에 대한 연구." 『통일전략』 제7권 제 3호.

전달수. 2010. "기획논단: 재외동포정책 현황과 향후 방향." 『미드리』 Vol. 4.

전재호. 2009. "세계화 시기 한국 재외동포정책의 쟁점과 대안: 재외동포법과 이중국적을 중심으로." 『한국과 국제정치』 제24권 2호.

전형권. 2004. "글로벌 민족네트워크와 각국의 동포정책: 인도와 이스라엘 사례를 중심으로." 『한국동북아논총』 제33집.

정기웅. 2008. "정보화 사회에서의 국가역할과 공공외교." 『비교민주주의연구』 제4집 2호.

정성호. 2008. "코리안 디아스포라: 공동체에서 네트워크로." 『한국 인구학』 제31권 3호.

조정원. 2009. "특집: 각국의 재외동포 정책; 중국의 화교 정책에 대한 연구: 대만의 화교정책과의 비교를 중심으로." 『민족연구』 제37호.

최유. 2011. "정치영역에서의 차별에 관한 헌법적 고찰-재외국민선거제도와 여성대표할당제를 중심으로-." 『중앙법학』 제13권 1호.

『아주경제』. 2011년 1월 16일. "부의 네트워크를 만들어라." http://www.ajnews.co.kr/view_v2.jsp?newsId=20110116000215(검색일 2011년 5월 2일).

『월드코리안뉴스』. 2011년 4월 7일. "중국정부, 한국인회와 통합하면 한국상회 허가 취소한다 밝혔다." http://www.worldkorean.net/news/articleView.html?idxno=3123(검색일 2011년 4월 16일).

『중앙 Sunday』. 2010년 7월 18일. " '반기문 총장도, 블룸버그 시장도 한인사회 미래

축복했어요' 한국 방문한 전 폭스TV 앵커, KACF 사무총장 윤경복씨." http://sunday.joins.com/article/view.asp?aid=18120(검색일 2011년 4월 15일).

Bartora, Jozef. 2005. "Public Diplomacy in Small and Medium-sized States: Norway and Canada." Netherlands Institute of International Relations "Clingendael"(March).

Biao, Xiang. 2005. "Promoting Knowledge Exchange through Diaspora Networks(The Case of People's Republic of China)." ESRC Centre on Migration, Policy and Society(COMPAS)(March).

Cull, Nicholas J. 2009. *Public Diplomacy: Lessons from the Past*, L.A.: Figueroa Press.

Defense Science Board. 2008. *Report of the Defense Science Board Task Force on Strategic Communication*, Washington, D.C.(January).

Fisher, Ali. 2010. *Mapping the Great Beyond: Identifying Meaningful Networks in Public Diplomacy*. L.A.: Figueroa Press.

Heyzer, Noeleen. 2002. "Digital Bridge to Africa: The Digital Diaspora Network for Africa," July 12, UN Women 웹사이트, http://www.unifem.org/news_events/story_detail.php?StoryID=153(검색일 2011년 7월 5일).

Hocking, Brian. 2008. *Engagement: Public Diplomacy in a Globalised World*. London: Foreign and Commonwealth Office.

Kahler, Miles ed. 2009. *Networked Politics: Agency, Power, and Governance*. Ithaca and London: Cornell University Press.

Lowell, B. Lindsay and Stefka G. Gerova. 2004. *Diasporas and Economic Development: State of Knowledge*. Washington D.C.: World Bank.

Mahroum, Sami, Cynthia Eldridge, and Abdallah S. Daar. 2006. "Transnational Diaspora Options: How Developing Countries Could Benefit from their Emigrant Populations," *IJMS: International Journal on Multicultural Societies* Vol. 8, No. 1. www.unesco.org/shs/ijms/vol8/issue1/art2(검색일 2011년 7월 5일).

Mearsheimer, John J. and Stephen M. Walt. 2007. *The Israel lobby and U.S. foreign policy*. New York : Farrar, Straus and Giroux.

Meyer, Jean-Baptiste, and Jean-Paul Wattiaux. 2006. "Diaspora Knowledge Networks: Vanishing Doubts and Increasing Evidence." *International Journal on Multicultural Societies* "Transnational Knowledge Through Diaspora Networks" Vol. 8, No. 1.

Schneider, Cynthia P. 2004. "Culture Communicates: U.S. Diplomacy that Works," Netherlands Institute of International Relations "Clingendael." *Discussion Papers in Diplomacy* No. 94(September).

Sheffer, Gabriel. 2010. "Moshe Sharett, the Ministry of Foreign Affairs and the Jewish Diaspora." *Israel Studies* Vol. 15, No. 3(Fall).

U.S. Department of State, "100,000 Strong Initiative," http://www.state.gov/p/eap/regional/100000_strong/index.htm(검색일 2011년 7월 6일).

The Jerusalem Post. 24 February 2010. "Government to Add English Habara Site to Existing Hebrew." http://www.jpost.com/Israel/Article.aspx?id=169590(검색일 2011년 4월 30일).

TRCB News. 3 June 2010. "Public Diplomacy and Diaspora Affairs Ministry Opens Contact Center for Diaspora." http://www.trcb.com/news/israel/general/public-diplomacy-and-diaspora-affairs-ministry-opens-contact-28221.htm(검색일 2011년 4월 30일).

〈이스라엘 웹사이트 자료〉

AIPAC Policy Conference. http://www.aipac.org/pc/(검색일 2011년 5월 1일).

American Jewish Committe. "Who We Are." http://www.ajc.org/site/c.ijITI2PHKoG/b.789089/k. D39C/About_Us.htm(검색일 2011년 5월 1일).

Israel Ministry of Foreign Affairs. World Jewish Affairs Division. http://www.mfa.gov.il/MFA/A bout+the+Ministry/Structure+and+departments/World+Jewish+Affairs+Division.htm(검색일 2011년 4월 30일).

Jewish Achievement. "Fortune 500 CEOs." http://www.jewishachievement.com/domains/ceos.html(검색일 2011년 5월 1일).

Masbirim 홈페이지, http://www.masbirim.gov.il/

World Jewish Congress. http://www.worldjewishcongress.org/en/about(검색일 2011년 5월 1일).

〈중국 웹사이트 자료〉

World Chinese Business Network. http://english.wcbn.com.sg/index.cfm?GPID=3 (검색일 2011년 5월 2일).

Taiwan National Youth Commission, http://english.nyc.gov.tw/(검색일 2011년 6월 5일).

Xinhuanet, "China, U.S. to scale up student exchange program," 2010. 5. 25. http://news.xinhuanet.com/english2010/china/2010-05/25/c_13314782.htm(검색일 2011년 6월 5일).

〈인도 웹사이트 자료〉

American India Foundation. "Who We Are." http://www.aif.org/who-we-are.html (검색일 2011년 4월 26일).

Global Indian Network of Knowledge:Global-INK. http://www.globalink.in/(검색일 2011년 4월 16일).

Global Organization of People of Indian Origins. http://www.gopio.net/formation_gopio.htm(검색일 2011년 4월 26일).

Government of Gujarat. General Adnimistration Department, NRI Division. http://www.nri.gujarat.gov.in/(검색일 2011년 4월 16일).

Ministry of Overseas Indians Affairs. *Strategic Plan for Next Five Years*. http://moia.gov.

in/writereaddata/pdf/Strategic_Plan.pdf(검색일 2011년 4월 26일).
______. Diaspora Services, "an Overview," http://moia.gov.in/services.aspx?id1=24&idp=24&mainid=23(검색일 2011년 4월 16일).
______."Pravasi Bharatiya Divas." http://moia.gov.in/services.aspx?id1=25&id=m1&idp=25&mainid=23(검색일 2011년 4월 16일).
North America Network of Indian Professionals. http://na.netip.org/aboutus/our-history; http:// na.netip.org/aboutus/four-pillars(검색일 2011년 4월 26일).
Scientists & Technologists of Indian Diaspora. http://stio.nic.in/(검색일 2011년 4월 16일).
Silicon Valley Indian Professionals Association. http://www.sipa.org(검색일 2011년 4월 26일).

〈아르메니아 웹사이트 자료〉
Armenian Engineers and Scientists of America http://www.aesa.org/(검색일 2011년 7월 5일).
International Labour Organization, RA Ministry of Diaspora. Handbook for Armenians Abroad. http://www.ilo.org/public/english/region/eurpro/moscow/info/publ/handbook_armenians_en.pdf(검색일 2011년 4월 16일).
Ministry of Diaspora of the Republic of Armenia. "Dual Citizenship." http://www.mindiaspora.a/en/erkqaghaqaciutyun(검색일 2011년 4월 16일).
______. "Pan-Armenian Networks." http://www.mindiaspora.am/en/pan_armenian_networks(검색일 2011년 4월 16일).
______. "Programs in 2010." http://www.mindiaspo ra.am/en/Activities_2010(검색일 2011년 4월 16일).
______. "Projects of the Ministry in 2009." http://www.mindiaspora.am/en/Activities_2009(검색일 2011년 4월 16일).

〈한국 웹사이트 자료〉
미주한인회총연합회. "설립이념." http://www.koreanfedus.org/(검색일 2011년 4월 15일).
______. "총연활동현황, 공지사항." http://www.koreanfedus.org/(검색일 2011년 4월 15일).
______. 23대 미주한인회총연합회. "2010 한미 FTA 비준 촉구를 위한 활동 보고서 2009-2010."
세계한상대회. "프로그램 소개." http://hansang.korean.net/?query=(검색일 2011년 3월 1일).
재외동포재단. "설립목적 및 배경." http://www.okf.or.kr/portal/PortalView.do?PageGroup=USER&pageId=1283437318490&query=(검색일 2011년 5월 1일).
______. "세부 사업 소개." http://www.okf.or.kr/portal/PortalView.do?PageGroup=USER&pa geId=1283437318490&query=(검색일 2011년 5월 1일).
______. "중점 추진 사업." http://www.okf.or.kr/portal/PortalView.do?PageGroup=USER&pageId=1283437318490&query=(검색일 2011년 5월 1일).
재중국한국인회. "재중국한국인회 3대 운영방향." http://www.koreanc.com/(검색일 2011년

4월 16일).
______. "주요사업안내." http://www.koreanc.com/(검색일 2011년 4월 16일).
중국 한국 상회. "주요 업무." http://www.korcham-china.net/Service/Intro/appl/Task.asp (검색일 2011년 4월 16일).
중앙선거관리 위원회 홈페이지. "재외선거 안내." http://www.nec.go.kr/nec_2009/info_election/election04/20100118/1_1153.html(검색일 2011년 5월 3일).
Korean American Community Foundation. "Inter-Community Development." http://www.kacfny.org/icd.php(검색일 2011년 4월 15일).
______."KACF_Galas." http://www.kacfny.org/kacf-gala.php (검색일 2011년 4월 15일).
______. 2009 Korean American Community Foundation Annual Report. http://www.kacfny.org/public/2009_KACF_Annual_Report.pdf(검색일 2011년 4월 15일).

〈기타 웹사이트 자료〉

Network of Arab Scientists and Technologists Abroad http://science-islam.net/breve.php3?id_breve=531(검색일 2011년 7월 5일).

9

서울 컨센서스와 공공외교

손열 (연세대학교 국제학대학원 교수)

워싱턴 컨센서스란 본래 미국이 남미 개도국의 경제발전을 위해 구체적으로 마련한 정책 처방전을 일컫는 언어였으나 미국의 정치경제 모델 그리고 그 이면에 깔려 있는 미국의 자유주의 이념을 통칭하는 확장된 개념으로 사용되어왔다. 미국의 공공외교는 이러한 미국적 가치와 이념, 제도를 전파하는 기능을 해왔으나 아시아 금융위기 시 워싱턴 컨센서스 처방전의 한계가 노정되고 2008년 미국발 금융위기가 전 세계로 확산되면서 그 패권적 지위가 실추되었다. 그 대안으로 중국의 베이징 컨센서스가 회자되고 있으나 일당지배 경제 모델이 갖는 약점과 함께 경제 도약을 꿈꾸는 저개발국들에게 주로 어필함에 따라서 확장성의 한계를 안고 있다. 더 나아가 워싱턴 컨센서스와 베이징 컨센서스 공히 발신자의 패권적 속성이 담겨져 있어 향후 세계의 대안으로 자리 잡기는 용이하지 않다.

동아시아는 2008년 위기 이후 빠르게 회복하며 세계경제성장의 견인차 역할을 하고 있다. 유로존 위기로 신음하고 있는 유럽, 금융위기로부터 완만하게 회복세를 보이는 미국시장이 한계를 보이는 속에서 동아시아는 보다 높은 수준의 역내 경제적 상호의존과 제도적 통합을 추구하는 일종의 전략적 재균형(rebalancing)이 필요하다. 그 출발은 동아시아인들이 공유할 정치경제 모델을 새로이 마련하는 일이다. 동아시아 공생과 번영을 향한 신지역질서를 건축하기 위해서는 미국도, 중국도 아닌 한국의 역할이 필요하다. 한국은 평화적이고 비패권주의적이며 경제발전과 민주주의를 동시에 성취한 중견국으로서 실력과 책무를 가지고 있다. 한국의 공공외교는 이른바 서울 컨센서스란 한국발 동아시아 모델을 구성하여 전파하는 데 역량을 결집할 필요가 있다. 이 글은 서울 컨센서스 공공외교를 위한 시론이라 할 수 있다.

I. 머리말

한 국가는 특정국의 이념과 정책에 매력을 느끼거나 이에 정당성을 부여하고, 이를 추종하며 나아가 그 국가를 닮고 싶은 충동을 느끼곤 한다. 이럴 때 후자는 전자에 상당한 외교적 영향력을 미치기 마련이다. 공공외교는 이러한 영향력을 만들어내기 위해 타국의 정책 결정에 영향을 미칠 수 있는 민간 부문과 접촉, 대화하여 자국의 관점이나 견해에 대한 이해도를 높이는 전략적 수단이다. 여기서 일차적 관건은 콘텐츠이다. 어떤 콘텐츠를 발신, 교신하는가에 상대방을 끌어들이는 정도가 좌우된다. 콘텐츠 중 자국의 성공적인 경제발전 모델은 타국에 대하여 일종의 자장(磁場)과도 같은 역할을 한다고 알려져 있다. 이것은 넓게 보면 삶의 방식을 이야기하는 것이기 때문이다. 대표적인 사례가 한때 세상을 풍미하였던 워싱턴 컨센서스(Washington Consensus)라는 신자유주의 발전 모델이다. 시장(market)이라는 개념을 중심으로 신자유주의라는 이론적 기초 아래 구성된 이 발전 모델은 사유화, 탈규제, 감세, 사회복지 프로그램의 축소, 대외 개방 등 정책 처방을 구성 요소로 하여 전 세계로 발신되어왔다. 그 이면에는 세계에서 가장 부유한 미국이 모범으로 자리하고 있다. 신자유주의적 발전 모델은 사실상 미국적 이념과 제도가 구현된, 미국적 삶의 가치를 재현하는 정치경제 프로그램이며 따라서 미국 패권의 수용을 상징한다.[1]

지구촌이 워싱턴 컨센서스를 수용하게 된 까닭은 미국의 군사적, 경제적 압도에 의한 결과인 것도 있지만 미국을 부러워하고 모방하려는 힘이 작동한 측면도 분명히 있다. 탈냉전기에 들어와 남미에 대한 미국의 지배력이 강화되는 속에서 남미의 지식인들이 미국식 구조 개혁을 조소적으로 평가하면서 워싱턴 컨센서스라 불렀던 반면, 사회 다른 부문에서는 자발적 혹은 준자발적으로 이 정책 처방전을 수용한 측면도 있었다. 1997년 한국의 경우만 하더라도 IMF와 그 뒤 미국(재무부)의 조종으로 한국은 시장 기능을 대폭 강화하는 정책 처방전을 수용하였지만, 당시 김대중 정부의 구조 개혁은 최선의 정책으로서 신자유주의 이론의 자발적 추진인 측면도 강하였다. 심지어 정부조직 개정에서도 신자유주의 논리가 강하게 작동한 바 있다. 이런 점에서 신자유주의는 빠른 시간 내에

1 워싱턴 컨센서스는 1989년 윌리엄슨(John Williamson)이 최초로 사용한 개념이다. 그는 당시 상습적 위기에 흔들리는 남미경제를 개혁하기 위해 10개의 정책 처방전을 제시하면서 이들이 워싱턴 소재 행정부(재무부), IMF, 세계은행이 합의할 수 있는 정책의 최소 공동분모라는 의미에서 컨센서스란 표현을 사용하였다. 건전재정, 공공지출의 재조정, 세제개혁, 금리자유화, 무역자유화, 경정적 환율체제, 무역자유화, 외국인투자 자유화, 민영화, 탈규제, 재산권 보호라는 10대 원칙(합의)은 남미라는 공간, 1980년대 후반이라는 시간에 측정한 정책 처방전이었지만 시간이 흐르면서 워싱턴 컨센서스라는 언어는 보다 확장적이고 이념적인 성격을 띠게 된다. 특정 경제체제에 대한 정책 처방전이라는 전문적 영역을 넘어서 경제개혁의 "표준(standard)"이 되는 것이다.

패권적 지위(그람시적 의미의 패권)를 획득했다.

이렇게 볼 때 경제발전 모델은 이른바 소프트 파워의 중요한 자원이다. 소프트 파워는 넓은 의미의 문화가 표현하는 가치 및 그 국가의 정책과 제도가 갖는 모범(example)에서 도출되는데, 발전 모델은 가치, 정책, 제도의 결합체이기 때문이다(Nye 2004). 한류와 같은 대중문화의 경우 그 국가에 대한 호감도를 올려주는 효과를 갖긴 해도 정책(특히 외교정책)에 직접적인 영향을 가져다주기는 어렵다. 반면, 워싱턴 컨센서스와 같은 발전 모델은 일종의 이념 프로그램이어서 이를 수용하게 되면 그 하위 체계로서 통상, 금융, 조세, 복지, 교육 정책 등에서 미국과의 광범위한 정책적, 제도적 수렴이 가능하게 된다. 따라서 일종의 메타-정책적 성격을 갖고 있고 그 영향력은 광범위하고 강력하기 마련이다.

워싱턴 컨센서스라는 미국의 방식이 '모범'으로 전환되는 과정에서 미국 정부는 적극적인 공공외교를 추진하였다. 탈냉전기에 들면서 미국 정부는 공공외교 관련 예산을 증액시키는 한편, 다른 국가의 대중들과 미국 국민들이 소통하고 교류하는 프로그램을 확대하는 조치를 취했다. 또한 제도 개선을 추진하여 국무부에 공공외교 및 공보 담당 차관을 신설하고, 그 아래에 문화·교육 차관보, 홍보조정관, 공보차관보 등 3개 차관보를 두어 공공외교 총괄 조정 체제를 구축하였으며, 각 지역 담당 부서도 지역별로 공공외교 부차관보를 두어 본부에서의 지역별 기획과 공공외교 사업을 지원하는 체제를 갖추었다. 이와 함께 워싱턴 컨센서스의 확산에는 국제통화기금(IMF)과 세계은행(World Bank)라는 국제기구의 역할이 컸다. 그 결과 기존 국제경제 질서는 워싱턴 컨센서스라는 특정한 플랫폼을 깔게 되었으며 이러한 이념적, 제도적 환경하에서 지구촌의 여러 국가들은 무역 정책, 금융 정책, 개발협력 등 구체적인 정책에서 미국에 동조하게 된 것이다. 반대로 대항 운동은 신자유주의 이념 체계에 대한 공격만큼이나 미국 패권에 대한 도전의 색채를 강하게 띨 수밖에 없었다. 한국에서 IMF에 의한 구조 개혁이나 한미 FTA 추진 등이 거세게 비판받은 까닭은 이슈의 이념화와 함께 정치화 과정(미국화 반대)을 겪게 되기 때문이었다(이해영 2006).

1997년 동아시아 금융위기를 통해 워싱턴 컨센서스는 일본으로 대표되는 동아시아 발전 모델, 독일로 대표되는 유럽식 조정시장경제 모델을 제압하고 세계 표준(global standard)으로서의 지위를 획득하게 되었으나, 그 시점을 정점으로 하여 패권적 지위는 내리막길을 걸었고 2008년 9월 미국의 심장 월스트리트가 무너지면서 워싱턴 컨센서스의 패권적 지위는 사라졌다. 두 핵심 실행 기관인 국제통화기금(IMF)과 세계은행(World Bank)은 위기 앞에서 무기력하였고, 위기와 함께 대안으로 부각된 G20에서 워싱턴 컨센서스에 대한 본격적인 비판이 제기되었다. 이와 함께 중국의 부상에 따른 베이징 컨센서스(Beijing Consensus)가 대항 담론으로 떠올랐으며 유럽을 중심으로 위기 이후 신자본주의를 향한 다양한 시도가 전개되고 있다(National Intelligence Council 2010). 심지어 미국 내에서도 2008년 대통령 선거에서 민주당의 승리로 복지 자본주의, 케인스주의적 요소를 도입하는 추세가 확고하다.

그렇다면 한국의 선택은 어떠한가? 한국은 지역 혹은 지구를 이끌 수 있는 강대국 혹은 패권국의 지위에 있지는 않기 때문에 질서를 구성하고 이끄는 패권적 컨센서스를 생산할 수는 없다. 그렇다고 한국이 강대국의 컨센서스 중 하나를 선택해야 할 약소국의 지위에 있지는 않으며 그럴 수도 없다. 한국은 세계 4강에 둘러싸여 있기 때문에 스스로 소국의식을 가지게 되는 것도 사실이나, 동아시아 전체, 나아가 지구적으로 볼 때에는 세계 10위권의 경제력과 군사력을 가진 중견국(middle power)이다. 한국이 강대국의 의지를 좌우할 만큼의 힘을 가지게 된 것은 아니나, 강대국의 주요 정책에 반대할 수 있고 여러 강대국들이 한국을 자신의 편으로 만들고자 노력하며, 아시아 국가들이 함께 가는 주요 파트너로 여기는 위상을 확보한 것은 분명하다.

한국은 적지 않은 소프트 파워 자원을 보유하고 있다. 한국은 19세기 식민지화의 아픔을 딛고 한국전쟁의 잿더미 속에서 세계사에 유례없는 급속한 경제성장을 이룩하였다. 정보화에도 성공을 거둔 IT 강국으로서 초고속 인터넷망 등 정보 인프라의 구축, IT산업의 급속한 성장, 전자민주주의의 발전 등을 이룩하였다. 이러한 디지털 환경 속에서 한류(韓流)는 주요한 초국가적 문화 흐름으로 자리 잡아왔다. 또한 경제 발전과 함께 정치 발전을 이룩한 흔치 않은 국가이고, 민주주의와 인권 신장에 있어서 개발독재를 극복한 핵심 사례이기도 하다.

대외적으로 한국은 중견국으로서 타국에 강제력을 행사할 의도를 가지고 있지 않으며, 그러한 역사적 경험도 가진 바 없다. 한국은 주변 강대국들의 제국주의적 경쟁과 갈등으로 막대한 피해를 입었던 역사가 있다. 그렇지만 명시적으로 반제국주의, 반패권을 주창하지도 않았다. 한국은 모든 국가들이 타국에 대한 영향력을 부당하게 발휘하지 않는 체제를 실현하고자 하며, 그러한 노력 속에서 스스로 제국적 위상을 도모하지 않는다. 비제국주의 세력으로서 한국의 정체성은 사실 많은 약소국들이 인식하고 있는 내용이며, 따라서 그들은 한국의 진출에 위협감을 상대적으로 적게 느끼고 있다고 볼 수 있다. 이는 한국이 정책 목표를 실천하기에 적지 않은 자산으로 활용할 수 있다(손열 2007).

이러한 소프트 파워 자원을 가지고 한국이 제시할 수 있는 발전의 비전은 무엇인가? 서울 컨센서스는 가능한가? 혹은, 동아시아 지역을 대상으로 한 공공외교라 한정한다면 서울발 동아시아 컨센서스는 어떠한 것일 수 있나? 이러한 비전을 구성하는 데 있어서 유념해야 할 사항은 바로 소프트 파워의 속성에 대한 정확한 이해이다. 올바른 공공외교는 이를 기반으로 하여 성립될 수 있다.

첫째, 소프트 파워는 기본적으로 수동적 권력이라는 특징을 갖고 있다. 내가 주도적으로 행사하는 권력이라기보다는 남이 내게 부여하는 권력이다. 한류라는 언어는 한국이 만들어 세계에 확산시킨 개념이 아니라 주변국인 일본과 중국의 대중들이 한국의 특정한 문화를 매력적이라 평가하여 붙여준 이름이다. 따라서 한류의 힘은 대중에 분산되어 있고 간접적이며 눈에 보이지 않게 작용한다고 볼 수 있다. '컨센서스' 역시 문자 그대로 남들이 동의해야만 붙일 수 있는 이름이다. 이런 점에서 상당한 보편 규범을 갖춘 콘텐츠라야 컨센서스라는 이름을 가질 수 있다.

둘째, 이와 관련해서 소프트 파워는 관계적 속성을 갖고 있다. 상대방이 누구인가에 따라 동일한 권력자원도 서로 다른 효과를 가져다준다. 아랍 세계에서 미국식 민주주의가 대중에게는 매력적일지 모르지만 엘리트 계층에게는 그렇지 않고, 한류가 동남아시아에서 인기를 끌지만 북미에서는 그렇지 못한 까닭이 여기에 있다. 이런 점에서 공공외교는 상대방이 누구인가에 따라 발신하려는 콘텐츠의 효과가 차별적이라는 점을 인식해야 한다. 소프트 파워와 공공외교는 다분히 양자적 속성을 갖고 있다.

셋째, 소프트 파워는 구조 속에서 작동한다. 행위자가 갖고 있는 소프트 파워 자원과 실제 정책 실행에 따른 결과의 차이는 그 행위자가 놓인 구조의 양태와 구조 속에서의 위치에 따라 발생하기도 한다. 구조 혹은 관계 유형 여하에 따라 하드 파워보다는 소프트 파워가 더욱 용이하게 작동하는 현실이 도래할 수도 있고, 또 역으로 주어진 소프트 파워 자원을 통해 국제 제도를 활용하여 특정한 상황을 구조화함으로써 상대방이 자국의 이익에 동조하게 만드는 경우도 실현할 수 있다(김상배 편 2010).

넷째, 소프트 파워는 일종의 환경적 권력(milieu power)의 특징을 갖는다. 이는 상대적으로 분산적이고 간접적이며 눈에 보이지 않는 권력이어서, 직접적인 권력 행사 수단이 아니라 장기적으로 자국에 우호적인 환경을 조성하여 특정 외교정책 목표를 성취할 수 있게 한다. 이런 점에서 소프트 파워를 증진하는 공공외교는 단순히 국가 브랜딩이나 문화교류처럼 자국의 우호적 이미지를 조성하는 도구라는 좁은 시각을 넘어야 하고, 또 단기적 정책 성과에 연연해서는 안 되는 장기적 시야에서 추진되어야 할 외교라 하겠다.

II. 워싱턴 컨센서스

워싱턴 컨센서스는 민주주의와 시장경제라는 미국적 삶의 가치를 재현하는 이념적 프로그램이다. 윌리엄슨(John Williamson)은 워싱턴에 소재한 기구(세계은행, 국제통화기금, 미 재무부)들이 중남미 국가들에게 제공한 정책 제안의 최소 공통분모로서 자유화 경제개혁 프로그램을 워싱턴 컨센서스라 불렀으나, 이 언어가 본격적으로 회자되기 시작한 것은 앞서 언급한 바대로 남미의 지식인들이 이를 미국식 제도의 이식으로 비판하면서부터이다. 남미가 불러준 이 이름은 탈냉전기가 도래하면서 미국 스스로에 의해 본격적으로 가공되었다. 미국은 상품, 서비스, 자본의 자유로운 이동이 모두에게 상호 이득이 된다는 자유시장 이념에 기초하여 이를 전 세계 모두가 공유해야 할 보편적 가치로 전파하고자 하였다. 워싱턴 컨센서스는 윌리엄슨의 의도와 달리 정책 처방전이라는 차원을 넘어서서 신자유주의 혹은 시장근본주의(market fundamentalism)라는 좀더 포괄적인 경제 이념과 동일시되거나 혹은 더 나아가 미국이 제3세계 국가들이 걸어가야 할 미래를 제시하고 체제를 전환하는 이념 프로그램으로 확장되었다.

워싱턴 컨센서스의 전성기는 1997년 동아시아 금융위기였다. 한국을 비롯한 동아시아 국가들은 1990년대 초반 금융 자유화를 추진하였다. 이는 더 많은 국제자본이 필요해서가 아니라 국제적 압력, 즉 워싱턴 컨센서스의 전파 때문이었다. 개방에 따른 관리, 감독 체제의 미비와 비대칭적인(불균등한) 자유화의 결과로 동아시아는 금융위기에 함몰되었고, 이들에 구제금융을 공여한 국제통화기금은 강도 높은 워싱턴 컨센서스 처방전을 강요하였다. 한국은 고금리, 긴축 정책을 넘어 금융시장 구조조정, 자본거래 자유화, 무역 자유화, 기업 지배구조 개혁, 노동시장 개혁 등 전방위적인 신자유주의개혁을 요구받고 이행해야 했다. 요컨대, 동아시아의 금융위기는 워싱턴 컨센서스의 부적절한 수용으로 야기되었고 위기 극복을 위해 이를 더욱 철저히 수용하는 결과를 가져왔다(Stiglitz 2002).

2001년 이래 미국은 테러와의 전쟁을 벌였고 그 와중에 소프트 파워의 실추를 경험하였으며 경제 면에서도 쇠퇴 국면에 접어들었다. 1980년대 이래 신자유주의적 개혁을 통해 금융서비스 부문과 IT 벤처 부문을 경제의 양 날개로 삼아 지구화의 흐름을 적극적으로 주도한 미국은 2001년 IT 버블의 붕괴로 일차 타격을 입었고, 2008년 버블(특히 주택 및 금융버블)이 발생하고 붕괴하면서 재차 타격을 입었다. 그 결과 미국은 장기침체에 접어들었고, 위기 극복 과정에서 발생한 심각한 재정적자를 축소하기 위해 정부지출을 억제하게 됨으로써 지구적 리더십을 유지하는 것이 여의치 않은 상황이 되어버렸다. 경제력뿐만 아니라 군사력의 상대적 쇠퇴 역시 진전되었기 때문이다.

헨리 키신저(Kissinger 2009)는 미국발 지구 금융위기가 초래한 최대 사건으로 워싱턴 컨센서스의 추락을 지목하였다. 현실주의 권력정치의 대가가 하드 파워보다 소프트 파워, 즉 정치·경제 면에서의 미국 모델로서 워싱턴 컨센서스의 실추에 주목한 점은 흥미롭다. 금융위기가 미국의 소프트 파워의 추락을 가져왔다는 주장인데, 이 논거를 자세히 들여다보면 금융위기의 원인이 미국 소프트 파워의 주축인 워싱턴 컨센서스 자체에 있다는 인식을 발견할 수 있다. 금융위기에 대한 보수적 견해, 즉 시장과 기술의 신속한 변화에 정책적으로 적절히 대응하지 못한 결과로 위기가 발생하였다는 관점은 그린스펀(Greenspan 2010) 등 과거 정책 결정자나, 월스트리트 등 신자유주의 시대 주류의 사고와는 거리가 있는 인식이다.

미국식 자본주의에 대한 본격적 비판은 해외로부터 강하게 제기되었다. 프랑스 사르코지 대통령, 독일의 메르켈 총리, 일본의 하토야마 총리는 미국식 세계화가 위기의 원인이라 지적하면서 G20회의를 통해 위기 이후 신자본주의를 구축해야 함을 역설하였다(조홍식, 근간. "글로벌 금융위기와 유럽"). 이는 일종의 '구조실패론'으로서 주로 스티글리츠(Stiglitz), 크루그먼(Krugman), 라이쉬(Reich) 등 케인스주의자가 이론적 배경을 제시하고 있다. 스티글리츠(Stiglitz 2010)는 몇몇 개인의 잘못된 역할, 특정 은행가와 정책 결정자(그린스펀)에게 책임을 돌리는 경향을 비판하면서 실제 위기는 경제적 관념, 믿음의 문제, 즉 시장자본주의 체제의 근본적 결함에서 비롯된다고 주장한다. 자유시장은 반드시 실패하므로 시장의 역할과 국가의 역할이 균형을 이루어야 한다고 역설한다. 그에 따르면 금융시장은 자원 배분을 왜곡하고 과도한 부채를 조장했다. 금융은 산업의 수단이지 그 자체가 목적이 아님에도 불구하고 과도한 리스크를 감수하고 자기증식을 거듭해갔다. 자금이 생산적인 곳으로 흘러가기보다는 '위험 감수의 문화(culture of risk taking)' 속에서 왜곡

되어 분배되었다. 스티글리츠는 이런 시스템이 높은 사회적 비용을 초래하였다고 지적한다. 미국의 경우 인구의 20% 정도가 실업자거나 비정규직이며, 사회적 약자의 경우는 특히 심해서 흑인의 경우 공식적 실업률이 48%라고 이야기된다. 미국의 금융 실패는 미국 경제 전반의 실패를 상징하며, 나아가 이는 미국 사회의 한층 더 깊은 문제를 반영한다. 부의 불평등 심화, 정치 및 기업 지도자들의 책임 의식 결여, 장기적 관점보다는 단기적 관점의 이윤 추구 등이 그것이다. 미국은 지난 25년간 그 균형을 잃었으며 불균형 모델을 전 세계에 강요했다고 비판한다.

크루그먼(Krugman 2009) 역시 문제의 근원은 자유시장 근본주의(free-market fundamentalism)에 있다고 주장한다. 레이건 대통령 이래 탈규제가 만병통치약이라 믿는 데서 위기는 시작되었다는 것이다. 탈규제에 의해 번성한 파생상품이 금융시스템을 강화해줄 것이라 믿었으나 정반대의 결과를 가져왔다는 그린스펀의 시인처럼 시장 기능에 대한 과도한 믿음이 위기를 초래하였다고 본다.

끝으로 라이쉬(Reich 2010)는 금융위기의 원인은 미국의 무절제한 소비와 무책임한 대출에 있는 것이 아니라 소득 배분의 왜곡에 의한 중산층의 붕괴, 그리고 소득 최상위 계층의 정치적 동원 능력에 있다고 주장한다. 과거 케인스주의적 경제 운영에 의해 대기업과 중산층 노동자 간 유지된 대타협 혹은 그랜드 바겐(grand bargain), 즉 대기업에게 안정적인 경영 환경을 제공하는 대신 노동자에게 좀더 많은 혜택을 제공하는 정부 개입으로 경제 성장을 이룩하였으나, 1980년대 신자유주의적 세계화에 의해 중산층의 일자리가 축소되고 임금 소득이 저하되는 반면 소득 상위층의 부는 더욱 증가하여 대타협은 깨지게 되었다. 그 결과 중산층은 부채를 통해 기존의 생활 수준을 유지하려 하고 월스트리트는 파생상품을 개발하여 이들에게 부채를 제공하면서 공전의 호황을 누렸다는 것이다. 결국 중산층의 부채는 지속 가능한 것이 아니었기 때문에 붕괴되어 위기를 초래하였다는 것이다. 그에 따르면 소득 분배의 왜곡은 두 가지 문제를 가져온다. 첫째는, 경제적인 것으로서 중산층의 구매력 저하에 의해 경제 전체의 공급(생산)을 따르지 못하는 구조적 문제이고, 둘째는, 정치적인 것으로서 소득 최상위 계층의 정치적 영향력이다. 그의 해법은 국내적인 재균형으로서 소득 격차를 축소하는 케인스주의적 재분배 정책이다. 즉, '중산층을 위한 뉴딜'이 필요하다는 것이다.[2]

요컨대 워싱턴 컨센서스는 자국의 경험을 일반화하여(이른바 one-size-fit-all) 세계에 일률적으로 강요한다는 비판 이전에 자국의 경험 자체에 결함이 있음을 만천하에 알리게 되었다. 금융시장의 자원 배분 왜곡 현상, 경제의 불안정성 심화, 소득 격차와 중산층 붕괴 등이 그것이다.

III. 베이징 컨센서스의 도전

워싱턴 컨센서스가 사양길로 접어들 무렵 대안으로 등장한 것이 베이징

2 좀더 급진적인 입장은 신자유주의화를 폴라니의 사회로부터 탈각(disembedding)으로 이해하는 것이 아니라 사회의 일부와의 재내장(reembedding)으로 본다(Konings 2010). 따라서 위기의 해법은 국가의 역할 강화에 있는 것이 아니라 제도권 엘리트를 위한 제도를 해체하는 국가의 역할에 있다. 그 시작은 금융화의 담론을 깨는 것이다. 일반 대중도 금융화에 의해 제공되는 부채로 마이홈의 꿈을 실현할 수 있다는 신화를 제공했으나 실제로는 금융가들에게 막대한 이윤을 가져다준 수단이었다. 금융 부문은 고도록 복잡한 금융기법을 창조해 평범한, 일반 가계소득자로부터 이윤을 획득한다. 따라서 "금융의 민주화(democratization of finance)," "리스크의 시장화(marketization of risk)"가 필요하다. 이런 점에서 이들은 신자유주의 담론에 깔려 있는 사회적 권력관계의 구조를 타파해야 한다는 본원적 주장을 내놓는다. 신자유주의 담론에 가려져 있는 금융화의 추세를 되돌려놓는 개혁이 필요하다는 입장이며, 국제적으로도 월스트리트와 시티의 엘리트 권력구조를 깨고 남북(North-South) 간의 근본적인 재균형이 필요하다는 입장이다.

컨센서스이다. 이는 중국의 경제적, 군사적 부상(즉 하드 파워 부상)과 함께 대두되었다. 중국은 1978년 개혁개방 이후 두 자릿수 경제성장을 지속해왔고, 2008년 글로벌 금융위기에도 불구하고 빠른 회복과 함께 8%가 넘는 경제성장률을 지속하고 있으며 2012년 글로벌 경제 침체 속에서도 7.8% 성장을 거두었다. 2% 전후의 성장률을 기록한 미국의 고전 추세가 지속될 경우, 양국 간 GDP 균형은 2022년경 역전될 것으로 추산되고 있다.

중국의 군사력 발전도 눈부시다. 중국은 국방비를 연 15% 이상 늘려왔으며, 2011년 중국(1,200억 달러)은 미국(6,980억 달러)의 1/6 수준의 국방비를 지출하며 세계 2위를 기록했다. 중국은 향후 10년간 국방비 4,780억 달러를 감축해야 하는 군사력 최강 미국과의 군사비 격차를 더욱 줄여나갈 것이다. 아울러 중국은 우주선 개발, 위성 요격 미사일 및 핵무기 등 전략 무기 증강, 최신예 전투기 실전 배치, 핵잠수함 및 항공모함 건조 등 군사 현대화도 적극적으로 추진하고 있다. 중국군은 세력의 발판이 되는 동아시아에서 미국의 군사적 활동 범위를 제한하려는 이른바 반(反)접근, 지역 거부 전략을 적극적으로 추진하고 있다.

중국의 외교적 부상 역시 주목의 대상이다. 1990년대 말부터 중국은 증대하는 경제력을 정치 카드로 구사하면서 '책임 있는 대국'으로서 주변국들의 중국위협론을 무마하고 지역주의를 활용하려는 시도를 적극화하였다(Shambaugh 2004/5). 중국은 1998년 외환위기 시 인민폐 환율을 유지하여 역내 국가들로부터 높은 평가를 받았고, 2001년 중국-아세안 FTA에 전격적으로 합의하였으며 2003년 동남아시아우호협력조약(TAC)에 가입하였다. 또한 상하이 협력기구를 주도하고, 북핵문제 해결에 중심적 역할을 하는 등 중국은 역내 영향력을 증대시킬 수 있었다. 이런 외교적 행보는 이른바 '매력 공세'라 불릴 만큼 성공적이어서, 적어도 아시아에서 중국은 이전의 중국위협론을 대체로 불식시키고 새로운 리더십을 발휘할 수 있는 여건을 마련할 수 있게 되었다.

이러한 상황에서 미국의 신자유주의와 대별되는 이른바 베이징 컨센서스가 등장하였다. 워싱턴 컨센서스가 남미에서 불려졌듯이 베이징 컨센서스도 영국인 라모(Ramo 2004)가 미국의 경쟁자로서 중국의 발전 모델이 미국 모델을 대체하고 있다는 차원에서 부르기 시작했다. 이후 중국 정부의 '중국 특색의 발전 모델'로 그 내용이 계승되어 사실상 공식 주장이 되었다(조영남 2007, 2008).

워싱턴 컨센서스가 단순히 제3세계 국가에 대한 경제 정책의 차원을 넘어 더 넓은 맥락에서 국가발전 전략을 제시하는 프로그램인 것처럼 베이징 컨센서스 역시 경제뿐만 아니라 사회, 정치, 국제관계 전반에 걸친 개혁프로그램을 담고 있다. 이는 여타 국가들에게 '경제 발전 모델인 동시에 국제 질서 속에서 자립적 지위를 확보하는 방법, 자신의 삶의 방식과 정치적 선택을 보호하는 방법을 제시'하는 사회 발전 모델이기도 하다(Ramo 2004). 이 모델은 다음과 같은 세 가지 개념으로 요약될 수 있다. 첫째, 중국의 발전 모델은 혁신에 기초하고, 둘째, 지속 가능성(sustainability)과 평등성(equality)을 우선시하며, 셋째, 대외적으로 자결(self-determination) 혹은 독자성을 추구한다는 것으로서, 이는 곧 시장 기능의 전면적 도입에 의한 충격요법(shock therapy)이 아니라 국가 주도하에서의 점진적이고 단계적인 경제 개혁, 국내적 균형 발전, 독립자주 노선 등에 의한 사회 발전을 목표로 하는 전략이다. 특히 사회적 안정을 중시하는 세태 속에서의 개혁 프로그램은 후진타오 시대 중국이 강조한 '조화사회', 즉 도시와 농촌, 연해 지역과 내륙 지역, 경제와 사회, 인간과 자연, 국내와 국제 간의 균형 발전을 추구하는 전략으로 드러났다.

베이징 컨센서스가 갖는 결함은 일차적으로 일당지배의 국가주의 모델이라는 데 있다. 선진민주주의 국가들뿐만 아니라 형식적이라도 선거민주주의를 택하고 있는 개발도상국들에 매력적인 대안이 되지 못한다. 더욱 큰 결함은 베이징 컨센서스가 워싱턴 컨센서스와 마찬가지로 제국적, 패권적 발상을 담고 있는 데 있다. 개도국 모델로 중국이 선진국에 매력을 느끼게 하지 못하는 만큼, 개도국에게는 제국적, 패권적 국가로 비춰지기 때문에 닮고 싶은 표준으로 자리 잡기가 어렵다. 실제로 아시아와 아프리카 등 제3세계 국가들에게 중국은 경제적 기회를 제공하는 상대인 동시에 압도하는 괴물로 비쳐진다. 중국이 내거는 모델의 내용과 실제 행동과의 괴리 때문이다.

IV. 대안으로서 서울 컨센서스는 가능한가

워싱턴 컨센서스와 베이징 컨센서스가 한계를 노정하고 있는 상황에서 유력한 대안은 보이지 않는다. G20이라는 국제 제도를 통해서 위기 이후 새로운 국제경제 질서의 건축, 새로운 자본주의 모델을 구성하려는 시도들이 있어왔지만 유로권 재정 위기와 함께 경제 불황이 지속되면서 불황 탈출을 위한 노력에 경주하는 형국이다. 그렇다면 하나의 컨센서스가 등장하기보다는 복수의 컨센서스의 공존하는 세상이 될 가능성이 높고, 여기에 한국이 비집고 들어갈 여지는 있다.

그렇다면 과연 남들이 서울 컨센서스라 불러줄 만한 콘텐츠는 무엇인가. 서울 컨센서스라 부를 수 있을 만한 매력적인 한국 모델을 찾을 수 있는가. 워싱턴 컨센서스와 베이징 컨센서스의 경우 남들이 불러주고 이를 자국이 재생산, 확산하는 과정을 보인 것처럼 서울 컨센서스는 일차적으로 누구에게 매력을 주는 것인가.

경이로운 경제 성장을 기록했던 한국의 경제 발전 모델은 이른바 '발전국가(developmental state)'의 전형으로 불린다. 일본의 경제 발전 기적을 설명하기 위해 발전국가론을 창시한 찰머스 존슨은 정작 이 모델이 일본보다 한국을 더 잘 설명한다고 고백한 바 있다(Woo-Cumings ed. 1998). 이는 곧 한국의 발전 경험이 일반화될 수 있다는 이야기이다. 그에 따르면 발전국가는 (1) 경제 발전에 대한 사회적 합의의 존재, (2) 정치로부터 관료의 상대적 자율성 보장, (3) 유능한 기술관료의 존재, (4) 긴밀한 정부-기업 간 관계, (5) 수출 주도형 성장을 구성요소로 한 동아시아 경제 발전 모델로서 일본이 창시하고 한국이 뒤이어 완성한 것이다(Johnson 1982). 한국은 군사정권이 경제 성장을 국정의 최우선 가치로 설정하고 경제기획원과 관료조직을 동원하는 한편, 재벌이라는 집중화된 민간 부문과 긴밀한 협력관계를 구축하여 발전 계획을 일관되게 추진할 수 있었다. 여기서 경제 발전은 시장 기능의 작동에 의한 결과라기보다는 국가의 의도적인 계획과 민간 부문과의 긴밀한 협조 관계라는 제도적 결과라는 것이다. 이런 점에서 베이징 컨센서스는 분명 발전 국가 모델의 계보에 서 있다.

여기서 주목할 점은 이것이 '후진국의 중진국화' 모델이라는 데 있다(박세일 편 2010). 1963년 1인당 소득 100달러에서 1995년 1인당 1만 달러로 성장하는 비법을 보여주는 모델이어서 이를 매력적이라 받아들이는 국가는 주로 중진국화를 원하는 개도국들이라 할 수 있다. 예컨대, 중국이 한국의 발전 모델에 매력을 느낀 시기는 같은 발전 단계에 있던 1989~2000년대 중반이라 볼 수 있다. 아시아와 아프리카의 저개발국 혹은 개도국에 통할 수 있는 이 모델은 반면 일본이나 싱가포르와 같은 선진국에는 그다지 매력적이지 않다고 볼 수 있다. 자국들도 이미 유사한 경험을 한국보다 먼저 혹은 동시대에 했기 때문이다. 한국의 소프트 파워가 이 모델에 근거한다면 개도국 혹은 저개발국에 작동하는 권력으로 한정되는 결과를 가져오게 된다.

둘째, 고도성장기에 추구해온 이 모델은 1990년대 들면서 많이 수정되고 크게 변모하였다. 무역자유화와 금융자유화 추세에 제대로 적응하지 못한 한국은 1997년 위기를 맞아 IMF 구제금융을 받는 조건으로, 워싱턴 컨센서스에 입각한 구조 개혁을 전면적으로 수용하게 된다. 따라서 발전국가 모델은 신자유주의 체제로 전환해갔고 기업 수준에서도 미국의 실리콘밸리와 월스트리트가 모델로 받아들여지고 기업 지배 구조의 수렴 현상이 진전되었다. 이러한 흐름은 큰 변화 없이 노무현 정부에서도 이어졌다. 진보개혁 진영의 지지로 당선된 대통령은 '권력은 이미 시장으로 넘어갔다'는 등의 체념적 발언과 함께 자신과 자신의 정부를 '좌파 신자유주의'라고 칭하며 노동시장의 유연화나 한미 FTA 등과 같은 신자유주의 정책들을 강하게 추진하였다. 뒤이어 등장한 이명박 정부는 신자유주의 정책기조를 더욱 강화하였다. '한미 FTA 비준 추진과 함께 수출을 위한 저환율정책이 강화되었고 감세정책이 실행되었으며, 출자총액제한제도 폐지, 금산분리 완화, 상호출자제한 기준의 상향 조정, 법인세 감세, 고환율 정책 등과 같은 친재벌 정책이 중단 없이 추진되었다.

2008년 9월 리먼 쇼크와 세계 금융위기는 한국 경제를 위기 국면으로 몰아갔다. 외환 위기 상황이 전개되었고 일본, 중국, 미국과 외환스와프 협정을 맺음으로 가까스로 위기를 모면하였지만, 뒤이어 무역의 급격한 수축으로 경기 침체가 닥쳤다. 워싱턴 컨센서스의 한계가 노정되는 속에서 한국 역시 정책적 전환을 하지 않으면 안 되는 상황이 되었고, 복지와 경제민주화 담론이 본격적인 정치 쟁점으로 부각되었다. 2012년 국회의원 총선거와 대통령 선거를 거치면서 한국은 신자유주의를 넘는 새로운 자본주의 모델을 찾아야 하는 현실과 마주하고 있다.

V. 맺음말: 동아시아 경제 발전을 위한 서울 컨센서스

새로운 자본주의 모델에 대한 요구는 국내 정치경제뿐만 아니라 동아시아적 맥락에서도 유력하게 제기되고 있다. 세계경제가 금융위기를 겪은 후 그리스 국가 채무 위기가 유로존 전체의 위기로 전화되면서 유럽 경제의 침체가 장기화되고 있고 미국 경제의 전망도 밝지 않다. 이런 가운데 한국과 일본 등 동아시아 국가들은 수요를 유럽과 미국으로부터 아시아에서 찾는 일종의 재균형(rebalancing)을 강하게 요청받고 있다. 동아시아는 지역을 단위로 한 초국가적 산업 축적과 국제 분업에 따른 네트워크 무역을 확산, 심화하면서 성장 동력을 유지하고 있다. 일본과 한국은 다국적기업을 중심으로 역내 존재하는 서로 다른 입지와 부존자원을 네트워크적으로 활용하여 세계적으로 가장 역동적인 제조업 경쟁력을 축적해왔다. 이러한 역내 생산네트워크 혹은 공급사슬을 더욱 활성화하여 산업 경쟁력을 제고하는 동시에 역내 내수시장을 확보할 가능성은 충분하다.

반면 동아시아 경제를 이끄는 일본, 중국, 한국은 공히 사회 내부적으로 소득 불균형의 심화, 인구 고령화, 전력을 포함한 에너지 부족, 수자원 부족, 국제 식량·광물 가격의 급격한 변동, 환경 문제 등 여러 환경적인 제약 요건과 마주하고 있다. 향후 지속 가능한 발전을 이룩하기 위해서는 새로운 전략이 필요하다.

이런 점에서 발전국가 모델에 근거한 서울 컨센서스의 매력은 한정적이다. 앞서 언급하였듯이 국가 개입의 목표가 일국 중심적이고 중상주의적이기 때문이어서 경제 성장의 이륙 단계에 있는 개발도상국들에게는 일정한 효용성이 있을지는 몰라도 동아시아를 새롭게 엮으면서 재균형을 이루어가는 모델로는 거리가 있다. 반면 시장 기능 확대를 위한 개방과 자유화 모델도 21세기 경제의 복합적 문제군에 제대로 대처하기 어렵다.

동아시아 발전 모델은 경쟁을 통한 성장이라는 목표와 함께 협력을 통한 공생의 가치를 존중하면서 지속 가능한 발전을 추구하는 복합적 목표를 내걸어야 한다. 즉 성장과 분배, 지속 가능성을 함께 좇는 복합 모델이다. 시장적 경쟁에 의한 성장이 사회적 반발을 가져오지 않도록 국내 사회 부문 간의 갈등과 대립을 완화하는 방향으로 조정하는 동시에 국가 간 지정학적, 이념적 경쟁이 역내 국가 간 경제 협력을 저해하지 않도록 관리하는 모델이어야 한다. 그래서 경제적 협력이 지역의 전략적 경쟁을 완화시켜줄 수 있을 때 동아시아 국가들에게 컨센서스로 받아들여질 수 있다. 그 아키텍처의 플랫폼은 시장의 역동성을 유지하면서 분배적 가치를 존중하고 자원 고갈과 환경 파괴를 막는 지속 가능한 발전에 기초한 공생과 호혜의 자본주의 표준을 만들어가는 것이다. 그리고 이러한 플랫폼하에서 무역, 금융, 개발협력 등 구체 이슈 영역에서 정책이 도출되어야 한다.

이렇게 볼 때 한국의 역할은 동아시아 아키텍처 설계의 차원에서 첫째, 한국의 국익을 계몽된 공익(enlightened public interest)이라는 관점에서 지역이익(regional collective interest)과 연계하여 정의하되, 둘째, 21세기의 메가 트렌드에 부합하는 복합 이익을 구성하고, 셋째, 비(非)제국적 평화 국가로서 중견국의 이미지를 적극적으로 구축, 발신하여 베이징이나 워싱턴과의 차별성을 확보하며, 넷째, 설계에 있어서 아시아의 강대국(중국/일본)과 약소국 사이의 중개자가 되고, 다섯째, 아시아의 중견국 네트워크를 구성하는 정체성을 추구하여야 한다.

참고문헌

김상배 편. 2010. 『소프트 파워와 21세기 권력: 네트워크 권력론의 모색』. 한울
손열 편. 2007. 『매력으로 엮는 동아시아: 서울컨센서스를 향하여』. 서울: 지식마당.
이해영. 2006. 『낯선 식민지 한미 FTA』. 서울: 메이데이.
조영남. 2007. "중국의 소프트 파워와 그 외교적 함의." 손열 편. 『매력으로 엮는 동아시아』. 서울: 지식마당.
_____. 2008. "중국외교의 새로운 시도: 소프트 파워전략." 김태호 외. 『중국외교의 새로운 연구』. 파주: 나남.
박세일 편. 2010. 『서울 컨센서스 I』. 나남.

Greenspan, Alan. 2010. "The Crisis." *The Brookings Paper on Economic Activity.*(Spring)
Johnson, Chalmers. 1982. *MITI and the Japanese Miracle*. Stanford: Stanford University Press.
Kissinger, Henry. 2009. "An End of Hubris," The Economist Special Issue: The World in 2009(January).
Konings, Martijn. 2010. *The Great Credit Crash*. NY: Verso.
Krugman, Paul. 2009. *The Return of Depression Economics and the Crisis of 2008*. New York: W. W. Norton & Company
National Intelligence Council. 2010. "Global Trend 2025: A Transformed World."(http://www.dni.gov/nic/NIC_2025_project.html)
Nye, Joseph. 2004. *soft Power: The Means to Success in World Politics*. New York: Public Affairs.
Ramo, Joshua Cooper. 2004. "The Beijing Consensus." The Foreign Policy Centre.
Reich, Robert. 2010. *Aftershock*. NY: Knopf.
Shambaugh, David. 2004-5. "China Engages Asia: Reshaping the Regional Order." *International Security* 29, p.3(Winter).
Stiglitz, Joseph. 2002. *Globalization and Its Discontents*. NY: Norton.
Stiglitz, Joseph E. 2010. *Meltdown*. NY: Verso
Woo-Cumings, Meredith ed. 1998. *The Developmental State*. Ithaca: Cornell University Press.

결론

중견국의 공공외교 전략

이승주 (중앙대학교 정치국제학과 교수)

이 책에서 제기한 중견국의 공공외교에 대한 논의를 마무리 지으며, 이 장에서는 중견국의 효과적인 공공외교 전략을 검토한다. 일반적으로 중견국가들이 국제 무대에서 일정한 영향력을 행사할 수 있는 조건과 이를 현실화할 수 있는 전략은 무엇인가? 또한 중견국으로서 한국이 지향해야 할 공공외교의 목표와 전략은 무엇인가? 이 글에서는 지금까지의 이론적 논의에서 도출된 중견국의 공공외교와 관련된 실천적 함의를 중점적으로 검토하고, 한국의 공공외교를 위한 제언을 하고자 한다.

I. 중견국 위치의 전략적 활용

21세기 공공외교는 하드 파워뿐 아니라 소프트 파워, 규범권력(normative power)과 지식권력(knowledge power)을 활용하는 능력, 다양한 국제 제도들을 아우르는 설계권력(architectural power) 등 다양한 권력장 속에서 전개되고 있다는 점에서 하드 파워에만 기반하여 형성된 과거의 전통 외교와는 질적으로 다르다. 이는 중견국 공공외교를 위한 전략적 공간이 어느 정도 열려 있음을 의미한다. 한편 21세기 공공외교는 미·중관계라는 구조적 틀 속에서 진행되고 있다는 냉철한 인식 위에 전개되어야 한다. 미국과 중국이 협력을 추구하는 가운데 상대국에 대한 전략적 불신을 해소하지 않고 있다는 점을 감안할 때, 향후 지구적 차원의 주요 쟁점에 대한 양국의 합의가 자연스럽게 도출되기를 기대하기는 어렵다. 한국과 같은 중견국들이 공공외교를 통해 미국과 중국 사이에서 적절한 조정자 역할을 함으로써 국제사회에서 일정한 지위와 영향력을 성공적으로 확보할 수 있을 것이다. 특히 한국은 비(非)제국적 평화 국가로서 중견국의 이미지를 적극적으로 구축하고 발신함으로써 미국 및 중국과의 차별성을 구축할 필요가 있다. 유사한 맥락에서 한국은 동아시아에서도 역내 강대국인 중국과 일본 사이, 그리고 강대국과 약소국 사이의 중개자 역할을 할 수 있는 중견국의 위치를 적극 활용할 필요가 있다. 이를 위해 한국은 중견국들 사이의 네트워크를 구성함으로써 집합적 정체성을 형성할 수 있는 수단으로서 중견국 공공외교를 실천하여야 한다.

II. 매력자산의 통합적 활용

중견국 공공외교의 핵심은 '매력 발산하기'이다. 하드 파워를 결여한 공공외교는 한계가 있을 수밖에 없다. 따라서 압박 또는 경제적 보상 능력과 같은 하드 파워가 제한적일 수밖에 없는 중견국들은 소프트 파워의 활용을 극대화할 수밖에 없다. 이때 고민의 핵심은 소프트 파워를 증대하기 위한 보완적 자산으로서 하드 파워를 어떻게 활용할 것인가이다.

즉 소프트 파워를 증진시키기 위한 노력을 하되, 이를 위해 하드 파워와 소프트 파워를 유기적으로 결합하는 능력이 중견국에게 요구된다.

21세기 공공외교에서 IT의 활용이 중요한 과제로 대두되고 있다. 소프트 파워의 핵심이라고 할 수 있는 정보, 문화, 커뮤니케이션 권력을 확대하기 위해 디지털 정보기기들을 동원하는 현상이 전개되고 있는 것이다. 여기서 중요한 것은 IT의 구성적 성격을 이해할 필요가 있다는 점이다. 즉 인터넷 또는 SNS를 활용하는 정치적 주체의 마인드와 전략에 따라서 그 결과는 크게 달라진다는 점에서 IT를 단순히 수단으로만 인식하는 오류를 범해서는 안 된다. 결국 공공외교의 프레임을 짜는 데 있어서 IT를 어떻게 활용할 것인가 못지않게, 어떠한 내용을 담을 것인가도 중요한 문제이다. 상대방 국가나 전 세계 시민들을 상대로 자신의 매력 자산을 보편성에 기초하여 21세기 세계정치의 표준을 형성하는 데 활용하는 것이 향후 한국 공공외교의 핵심이 되어야 할 것이다.

III. 보편적 규범에 기반을 둔 국익의 추구

공공외교의 성패는 협소하고 조급한 국익 추구에서 벗어나 좀더 포괄적이고 장기적 관점에서 국익을 증진하는 데 있을 것이다. 특히 21세기 공공외교에서 윤리적·규범적 요소가 중요성을 더해가고 있다는 점을 감안하면 협소한 국익의 추구는 오히려 국익의 실현을 저해할 가능성이 높다. 보편적 규범에 기반하지 않고 모든 것을 국익으로 귀결시키려는 현실주의적인 시도는 역효과를 초래할 수 있는 것이다. 이런 점에서 타국에 대한 도덕적 의무감에 기초한 외교를 통해 국제평화를 증진하고, 해외원조를 통해 경제적 불평등을 해소하고 국제적 연대를 형성하는 노력을 전개한 북유럽 국가들의 경험을 참고할 필요가 있다. 이 국가들은 국익을 좀더 광범위하게 정의함으로써 국제적 위상과 영향력을 증대시키는 데 성공했다고 할 수 있다.

보편성의 추구는 크게 두 가지 방식으로 시도할 수 있다. 우선 국제규범과 한국의 실상 사이에 괴리가 존재하는 분야에서 이를 신속하게 메우는 노력을 경주해야 할 것이다. 한국은 무역, 개발협력, 평화 유지, 환경, 글로벌 거버넌스 등 다양한 분야에서 국제규범을 빠른 속도로 습득하해온 것은 사실이다. 규범 수용자(norm taker)의 역할을 비교적 충실히 수행한 셈이다. 그러나 이 분야에서도 한국이 국제규범을 국내적으로 체화한 수준까지 도달했다고 볼 수 있는지에 대해 의문이 있는 것도 현실이다. 예를 들어, 무역 분야의 경우 한국이 무역 자유화를 지속적으로 실행하고 FTA를 적극적으로 체결하는 등 국제규범에 부합하는 모습을 보여왔다. 무역을 통한 성장을 실현한 대표적인 국가로서 한국은 다른 개도국에 충분히 모범 사례가 될 만하다. 그러나 일부 민감 분야에 대한 비관세 장벽과 경쟁 정책 등에서 아직 국제규범이 체화되었다고 하기는 어렵다. 따라서 한국은 국제규범을 수용하는 데 있어서 진화하는 모습을 보일 필요가 있다. 즉 개도국 단계에서 국제규범을 수용하는 양상과 선진국에 진입하는 단계에서 국제규범을 수용하는 모습은 달라질 필요가 있는 것이다.

한국은 또한 단순한 보편적 규범의 추구가 아니라 새로운 규범의 형성을 주도하는 데도 노력을 기울일 필요가 있다. 즉 규범 수용자에서 규범 제정자(norm setter)로서의 역할 변화를 모색할 필요가 있는 것이다. 이러한 시도는 동아시아 지역 차원에서 우선 시도할 수 있다. 구체적으로 한국은 동아시아 발전이라는 공통의 목표를 위해 경쟁을 통한 성장과 협력을 통한 지속 가능한 발전이라는 복합적 목표를 제시하고, 이를 동아시아 국가들이 공유할 수 있는 규범으로 만드는 노력을 할 수 있을 것이다. 즉 시장의 역동성을 유지하면서 분배적 가치를 존중하는 공생과 호혜의 새로운 자본주의 표준을 만들어가는 과정을 한국이 선도할 수 있는 가능성을 적극 모색해야 할 것이다.

IV. 지구적 문제에 대한 대응에 적극 참여

세계화의 진전과 기후 변화에 따른 환경 문제의 심화는 세계 각국이 공통의 도전에 직면하고 있다는 인식을 제고하고 있다. 한국은 지구적 문제의 해결을 위한 노력에 좀더 적극적으로 참여함으로써 중견국으로서 위상을 높일 수 있을 것이다. 예를 들어, 지구 온난화에 대한 대응의 일환으로서 치열한 논의가 전개되고 있는 탄소 감축의 경우, G2인 미국과 중국이 합의의 기반을 찾지 못하고 있는 상태이다. 강대국들 사이의 합의가 어려운 지구적 문제에 대한 해법을 중견국들이 적극적으로 제시할 필요가 있다.

지구적 문제에 적극 참여하기 위해서는 몇 가지 전제 조건이 충족되어야 할 것이다. 첫째, 과학기술 분야의 전문성과 같은 지식권력(knowledge power)을 체계적으로 활용할 수 있는 제도적 방안이 마련되어야 한다. 기후 변화 등 세계사회가 당면한 공동의 문제를 해결하기 위한 다자간 과학기술협력에 지식권력의 뒷받침이 없을 경우, 중견국이 리더십을 발휘하기란 매우 어려울 것이다. 한편 지식권력은 과학기술 분야의 전문성에만 국한되는 것은 아니다. 현재 직면한 문제에 대한 과학적 발견과 해법의 제공, 정부 간 정책 조정, 지구적 차원의 거버넌스의 형성 등 다양한 차원에서 지식권력을 발휘할 수 있는 것이다. 둘째, 중견국으로서 지구적 차원의 모든 문제에서 적극적인 참여를 하기 어려운 현실을 감안하여 선택과 집중의 원칙을 견지할 필요가 있다. 이때 선택과 집중의 기준은 지구적 차원의 공공외교를 실행하기 위한 국내적 차원의 정책적, 제도적, 사회적 지원이 가능한지 여부가 될 것이다. 셋째, 한국이 현재 펼치고 있는 외교 활동을 지구적 차원의 문제라는 관점에서 재정의할 필요가 있다. 현재 한국은 공적개발원조 사업을 강화하고 있는데, 이를 공여국과 수원국이라는 양자적 관계로만 접근할 것이 아니라, 지구적 차원의 지속 가능한 발전을 위한 노력이라는 점을 부각시킬 필요가 있다.

V. 특수의 역설 활용

중견국이 공공외교를 효과적으로 실행하기 위해서는 보편성에 입각할 필요가 있다는 점은 아무리 강조해도 지나치지 않다. 그러나 보편성의 추구는 자국의 경험에 구체적으로 기반할 때에만 그 의미를 찾을 수 있다. 자국의 경험과 유산에 근거하지 않은 보편성의 추구는 대외적으로 신뢰를 얻기가 어렵기 때문이다. 역사적으로 형성된 자국의 인적 및 물리적 인프라에 기초하여 공공외교를 추진해야 하는 것이다. 무역장벽을 강화하는 방안으로서 '신토불이 무역 정책'의 시대는 지나갔지만, 주체적이고 구체적인 역사적 산물로서 '신토불이 문화'의 형성은 오히려 그 어느 때보다 더 많이 요구된다. 이른바 특수의 역설이다. 예를 들어, 유럽의 국가들은 고전 음악의 이탈리아와 독일, 미술과 조각의 프랑스, 연극과 뮤지컬의 영국 등 나름 국가별로 특화된 문화적 전통과 자산을 자랑한다. 그리고 이러한 전통은 오랫동안 누적된 인프라와 관습과 정책에 기초한다. 이 국가들이 국제사회에서 매력을 발산할 수 있는 것은 이러한 공공외교의 자원들이 전략적 의도를 갖고 단기간에 만들어진 것이 아니라, 오랜 기간에 걸쳐 점진적으로 형성된 역사성과 현재적 의미를 동시에 갖고 있기 때문이다. 이러한 관점에서 볼 때, 단기적 손익 계산에서 벗어나 우리의 현재 삶, 문화, 정책으로 일체화하는 장기적 관점이 반드시 필요하다. 문화 소프트 파워를 통한 국격의 상승은 하나의 종합적 이미지를 형성하는 데 기여하고 그 포괄성은 공공외교의 가장 견고한 기반으로 작용한다는 점을 인식할 필요가 있는 것이다.

VI. 비전략의 전략 활용

외교에 전략이 필요하다는 것은 상식이라는 주장을 받아들인다면, 공공외교에도 당연히 전략이 필요하다. 그러나 때로는 우리의 전략적 의도를 잘 갈무리하는 것이 오히려 공공외교의 효과를 제고할 수 있음을 고려할 필요가 있다. 한국이 G20 정상회의, 부산세계개발원조총회, 핵안보정상회의 등을 잇달아 주최하고 한류도 동남아시아를 넘어서 세계로 그 범위를 넓혀가면서 한국의 국제적 위상이 제고되었다. 이러한 가시적 성과가 한국 공공외교의 중요한 자산인 것은 분명하다. 다만 이러한 무형의 자산을 서둘러 가시적 성과로 연계하려는 조급한 시도는 오히려 역효과를 초래할 가능성이 높다는 사실을 명심해야 한다.

공공외교는 기본적으로 우리의 소프트 파워, 즉 상대방이 우리가 원하는 바를 자발적으로 하도록 하는 힘을 배양하는 데 있다. 이를 위해 우리의 전략적 의도를 지나치게 강조할 경우 공공외교의 자산으로서 소프트 파워의 효능은 당연히 떨어질 수밖에 없다. 공공외교는 하드 파워 중심의 전통 외교와 달리 우리의 전략적 의도가 표면화되지 않을 때 효과적일 수 있는 것이다. 상대국 정부 또는 국민들이 우리가 원하는 바를 하도록 전략적으로 접근하는 것은 일회성 효과는 있을지라도, 장기적 성과를 담보하기는 어렵다. 중요한 것은 상대국 정부와 국민들이 우리의 매력을 스스로 발견하고 우호적으로 행동할 수 있도록 하는 것이 소통적 합리성을 갖추는 것이다. 즉 공공외교에는 무(無)전략이 아니라 비(非)전략이 필요하다.

VII. 다차원적 네트워크의 형성

중견국이 독자적인 틈새외교(niche diplomacy)를 통해 일정한 효과를 기대할 수는 있지만, 그 이상의 영향력을 확보하기란 쉽지 않다. 이러한 중견국의 한계를 극복하기 위해서는 다양한 차원의 네트워크를 형성할 필요가 있다. 공공외교의 핵심이 공공 부문과 민간 부문을 유기적으로 결합하는 데 있는 만큼, 국내외의 민간 행위자와의 네트워크를 형성하는 것을 우선 고려해야 할 것이다. 기업, NGO, 재외 한인 등 다양한 민간 행위자와 네트워크를 다차원적으로 형성하되, 정부는 네트워크의 허브로서 이들을 유기적으로 연결하는 중개자의 역할을 확보하여야 한다. 또한 정부는 개별 행위자들이 보유한 비교우위를 사안에 따라 전략적으로 활용할 필요가 있다. 예를 들어, 개도국에 공적개발원조를 제공하는 데 있어서 정부는 현지 사정에 밝은 기업 및 NGO와 협력적 관계를 구축할 필요가 있다. 개도국에는 공식적으로 업무를 추진할 때 발생하는 문제를 비공식적으로 해결해야 하는 경우가 있을 수 있는데, 현지인들과의 교류 경험이 풍부하고 그들의 문화를 잘 이해하고 있는 기업과 NGO들이 유용한 역할을 할 수 있을 것이다. 정부는 현안이 발생할 때 사안별로 이들과 협력하는 형식에서 탈피하여, 이들과 상시적으로 소통할 수 있는 네트워크를 형성할 필요가 있다.

선진국에 대한 공공외교를 위해서는 재외 한인 네트워크를 활용할 필요가 있다. 이때 유의할 것은 재외 한인 네트워크가 그들의 이익을 증진하는 배타적인 성향을 보여서는 안 된다는 점이다. 물론 한인 커뮤니티가 자신들의 이익을 증진시키기 위한 노력을 하되, 이것이 어디까지나 현지 사회의 보편적 발전에도 기여할 수 있는 것이어야 한다는 것이다. 정부는 재외 한인 커뮤니티의 이러한 노력을 상시적으로 지원할 수 있는 체계를 갖출 필요가 있다.

다차원적 네트워크 형성의 또 하나의 축은 국제적으로 한국과 유사한 생각을 하고 한국에 우호적인 동류 집단(like-minded group)을 만드는 것이다. 동류 집단의 형성은 정부와 비정부 수준에서 동시에 진행될 수 있다. 북유럽 국가들이 개발협력 분야에서 리더십을 행사할 수 있는 것도 이러한 동류 집단을 구성하였기에 가능하였다. 주목할 점은 동류 집단의 형성은 사안에 따라 대상을 달리 하여 일시적으로 협력하는 것과는 구분된다는 점이다. 동류 집단의 형성을 위해서는 기본적으로 지향하는 가치와 규범를 바탕으로 하여 해당 협력 분야에서 실현하고자 하는 정책 목표와 기준, 공동의 행동 지침, 결과에 대한 공유를 필요로 하기 때문이다. 중견국으로서 공리적인 차원이 아닌 가치와 규범을 공유하는 동류 집단을 형성하는 것이 한국의 중견국 공공외교에 반드시 필요하다.

찾아보기

저자

김상배 서울대학교 정치외교학부 교수(정보세계정치론, 탈근대세계정치론)

서울대학교 외교학과 학사 및 석사, 미국 인디애나대학교 정치학 박사.
"네트워크 세계정치이론의 모색: 현실주의 국제정치이론의 세 가지 가정을 넘어서" 『국제정치논총』 48(4)(2008, 겨울), pp.35-61
『정보혁명과 권력변환: 네트워크 정치학의 시각』(한울, 2010)
『복합세계정치론: 전략과 원리, 그리고 새로운 질서』(공편)(한울, 2012)

박종희 서울대학교 정치외교학부 부교수(국제정치경제, 방법론)

서강대학교 정치외교학과 학사, 서울대학교 외교학 석사, 미국 워싱턴대학교 정치학 박사
"제 18대 대선 여론조사에서 나타난 조사기관 편향" 『한국조사연구학회』 14(1), 2013. pp.1-30.
"What Determines the Specificity of Subsidies?" *International Studies Quarterly* 56-2, pp.413-426. June 2012.
"A Unified Method for Dynamic and Cross-Sectional Heterogeneity: Introducing Hidden Markov Panel Models" *American Journal of Political Science* 56-4, pp.1040-1054. October 2012.

배영자 건국대학교 정치행정학부 정치외교학과 부교수(국제정치 경제, 해외투자의 정치경제, 과학기술과 국제정치, 인터넷과 국제정치, 과학기술외교, 과학기술정책)

서울대학교 외교학과 학사 및 석사, 미국 노스캐롤라이나대학교 정치학 박사
"공공외교로서 과학기술외교: 이론적 이해와 현황" 『국가전략』 17(1), 2011.
"기술표준의 정치: 행위자-네트워크 이론과 중국AVS 사례" 『대한정치학회보』 19(2), 2011.

김준석 가톨릭대학교 국제학부 국제관계학과 조교수(비교정치 및 국제정치, 정치사상)

서울대학교 외교학과 학사, 정치학 석사. 미국 시카고대학교 정치학 석박사
"규범권력과 유럽연합: 새로운 국제정치 행위자의 등장?" 『국제지역연구』 16(2), 2007.
"중견국가와 인도적 국제주의 외교정책: 스칸디나비아 국가들의 대외원조정책을 중심으로" 『세계지역연구논총』 28(1), 2010.

조홍식 숭실대학교 정치외교학과 교수(국제정치 경제, 유럽지역 연구, 정체성의 정치)

프랑스 파리정치대학 정치경제학 학사, 동 대학 정치학 박사
"프랑스의 민족 정체성과 포도주" 『프랑스학연구』 46, 2008.
『하나의 유럽: 유럽연합의 역사와 정책』(공저)(푸른길, 2009).
『유럽통합과 '민족'의 미래』(푸른길, 2006).
『똑같은 것은 싫다: 조홍식 교수의 프랑스 문화 이야기』(창비, 2000).

이승주 중앙대학교 정치국제학과 교수(일본정치론, 국제정치경제론, 동아시아정치경제론)

연세대학교 정치학과 학사 및 석사, 미국 캘리포니아 버클리대학교 정치학 박사
"세계질서의 복합네트워크화와 개발협력모델의 분화" 『한국정치외교사논총』 34(2), 2013.
"글로벌 금융위기와 동아시아의 대응" 『세계정치』, 서울대학교 국제문제연구소(2011)
"FTA의 확산과 동아시아 지역주의의 중층화" 한국정치외교사논총 서울: 한국정치외교사학회(2010)

최성재 중앙대학교 정치국제학과 석사과정 재학

조동준 서울대학교 정치외교학부 조교수(국제기구, 한반도와 국제정치)

서울대학교 외교학과 학사 및 석사, 미국 펜실베이니아주립대학교 정치학 박사

Bringing International Anti-Landmine Norms to Domestic Politics. *Review of Korean Studies* 11(3):81-95, 2008.

"The Interaction between Sino-US Rapprochement and Inter-Korean Relationship in the 1960-70s." *Journal of Peace Studies* 8(2):447-478, 2007.

"미·중대화에서 나타난 적수게임과 동맹게임: 한반도 사례와 월남 사례 비교 연구" 국제정치논총 45(3): 57-79, 2005.

신범식 서울대학교 정치외교학부 부교수(러시아지역연구, 러시아정치 및 외교정책)

서울대학교 외교학과 학사 및 석사, 러시아 모스크바국제관계대학(MGIMO) 정치학 박사

"러시아의 네트워크 국가전략: 푸틴시기 에너지수송망 구축사업을 중심으로" 『세계지역연구논총』 27(3), 2009.

"남·북·러 삼각협력의 전망과 과제" 『국제문제연구』 7권 3호 (2007년 가을), 129-171쪽.

"사회주의 체제전환과 기독교: 러시아 사례" 한반도평화연구원 주최 학술회의 「사회주의 체제전환과 기독교: 국제비교연구」(백범김구회관 대회의실, 2007년 10월 4일).

"북핵문제와 러시아의 대응: 2·13합의 후속조치에 대한 전망을 중심으로" 『국제평화』 4권 1호(2007년 6월), 105~142쪽.

손열 연세대학교 국제학대학원 교수(일본정치 및 대외정책, 일본정치경제, 지역정치경제)

서울대학교 정치학과 학사, 시카고대학교 정치학 석박사

『근대한국의 사회과학 개념 형성사 2』(공편)(창비, 2012)

"Attracting the Neighbors: Soft Power Competition in East Asia"

"Securitizing Trade: The Case of US-Korea FTA"

"Japan's New Regionalism: China threat, Universal Values, and the East Asian Community"